Dietz
Taschen
buch 78

Inhalt

5

Der Umsturzversuch auf breiter Front

Jugend gegen Hitler

Innere Emigration und intellektuelle Opposition

Widerstand hinter Stacheldraht

Deutscher Widerstand im besetzten Europa

Vorwort zu dieser Ausgabe

Das rege Interesse am vorliegenden Sammelband hat Herausgeber und Verlag dazu bewogen, sechzehn Jahre nach seinem Erscheinen eine Neuausgabe herauszubringen. Der Text wurde unverändert gelassen, wohl aber wurde die Bibliographie um wichtige inzwischen publizierte Titel erweitert.

Die durchweg freundliche und zustimmende Aufnahme der ersten Auflagen hatte gezeigt, daß die Gegenüberstellung von historischer Darstellung und persönlichem Erlebnisbericht es vermocht hat, die Aufmerksamkeit eines interessierten Leserkreises auch außerhalb der engeren historischen Fachwelt zu wecken. Auch der Zeitpunkt für die Veröffentlichung des Sammelbandes lag 1981 noch gerade rechtzeitig, vor allem mit Blick auf die ständig schrumpfende Zahl der Augenzeugen.

Heute wäre diese Publikation nicht mehr möglich. Acht von neun Verfassern von Erlebnisberichten sowie ein jüngerer Historiker sind inzwischen verstorben. Zu den Toten gehört auch mein Mitherausgeber Richard Löwenthal, über dessen Bedeutung als Wissenschaftler und politischer Intellektueller sich längere Ausführungen erübrigen. Seinem Andenken möchte ich diese Neuausgabe widmen.

Bonn, im Sommer 1997   Patrik von zur Mühlen

Vorwort zur 1. Ausgabe

Das Herannahen des 50. Jahrestages der Machtergreifung Hitlers ist ein guter Anlaß, aus historischer Sicht der Rolle des deutschen Widerstandes und der Menschen der verschiedenen politischen und weltanschaulichen Richtungen zu gedenken, die es oft unter Einsatz ihres Lebens zwischen 1933 und 1945 gewagt haben, sich einer in der deutschen und europäischen Geschichte beispiellosen Tyrannei entschlossen zu widersetzen oder doch still zu verweigern.

Die Absicht der Friedrich-Ebert-Stiftung und der von ihr beauftragten Herausgeber war dabei nicht, den vielen Werken spezialisierter historischer Forschung ein neues an die Seite zu stellen, sondern dem nicht spezialisierten Leser einen Überblick über die Vielfalt der politischen Strömungen und praktischen Formen des deutschen Widerstandes zugänglich zu machen, der dem heutigen Stand der Forschung entspricht, und damit ein historisches Urteil über seine Bedeutung im Zusammenhang der deutschen Geschichte unseres Jahrhunderts zu ermöglichen.

Es ist dieser Aufgabe sicher dienlich gewesen, daß die beiden Herausgeber sowohl verschiedenen Generationen wie verschiedenen wissenschaftlichen Disziplinen angehören. Richard Löwenthal hat in seiner Jugend die hier behandelten Ereignisse teilnehmend miterlebt; er ist von Fach Politikwissenschaftler, wenngleich mit stark historischer Ausrichtung. Patrik v. zur Mühlen ist ein junger Historiker, der sich mit dem Gegenstand durch eigene Forschungen vertraut gemacht hat; von ihm stammen auch Zeittafel und Bibliographie im Anhang dieses Bandes.

Die Herausgeber haben eine Reihe von ausgewiesenen Kennern der verschiedenen Teilprobleme herangezogen, um in separaten Kapiteln das ganze Spektrum vom kommunistischen, sozialdemokratischen und gewerkschaftlichen Widerstand über den institutionellen Widerstand der Kirchen und den weitergehenden Widerstand einzelner Personen und Gruppen *in* den Kirchen bis zu jener Kampfgemeinschaft auf breiter Front hier zu behandeln, die aus der Zusammenarbeit von Offizieren und Zivilisten, von freiheitlich konservativen, christlichen, sozialdemokratischen und gewerkschaftlichen Hitlergegnern hervorging und in dem tragisch gescheiterten Umsturzversuch des 20. Juli 1944 gipfelte. Sie haben auch von Kennern des Jugendprotestes und der intellektuellen „inneren Emigration", des Widerstandes in den Konzentrationslagern und der Mitarbeit geflüchteter deutscher Regimegegner an den Widerstandsbewegungen besetzter Länder sachkundige Beiträge herangezogen, um das Bild so vollständig zu machen, wie es in einem Bande von beschränktem Umfange möglich war. Dagegen wird die Tätigkeit der deutschen politischen Emigration außerhalb der Machtsphäre Hitlers nur am Rande erwähnt und nicht zum Gegenstand der Darstellung gemacht: ihre Möglichkeiten und Probleme waren anderer Art als die des Widerstandes unter unmittelbarer Gefahr.

Neben den vielfältigen Sachproblemen waren sich die Herausgeber auch des darstellerischen Problems bewußt, daß die spätere historische Forschung zwar unsere Kenntnis der Zusammenhänge bedeutend erweitert hat, aber verglichen mit den inhaltlich meist beschränkteren Kenntnissen der Akteure und Augenzeugen des Widerstandes oft der für das Verständnis des Lesers wichtigen Atmosphäre, der Anschaulichkeit des selbst Erlebten, ermangelt. Sie haben sich daher bemüht, die historischen Teilkapitel durch Erlebnisberichte von möglichst noch lebenden Teilnehmern des Widerstandes zu ergänzen, um so die ursprüngliche doppelte Bedeutung von „Geschichte" – als wissenschaftliches Fach und als erzählte Begebenheit – sichtbar werden zu lassen. Das ist fast durchweg gelungen; nur in einem Falle mußten wir auf Tagebuchaufzeichnungen des verstorbenen Dichters Oskar Loerke zurückgreifen; der Autor eines anderen Beitrages, Ludwig Linsert, ist zwischen Abfassung und Drucklegung verstorben.

Es liegt in der Natur der in den Sachkapiteln geforderten analytischen Beurteilung eines historischen Gegenstandes, der uns noch so nahe liegt, daß sie weder frei von Bewertungen sein konnten noch sollten. Die Herausgeber haben auf diese Bewertungen ihrer Mitarbeiter nicht eingewirkt: sie übernehmen die Verantwortung für deren historische Sorgfalt, nicht für deren persönliche Anschauungen. Den Versuch einer Gesamtbeurteilung hat der ältere der beiden Herausgeber in seinem einleitenden Kapitel über „Widerstand im totalen Staat" gemacht – und es versteht sich, daß dieser Versuch ebensowenig für seinen Mitherausgeber und die anderen Autoren verbindlich ist. Doch will er auch an dieser Stelle seine Auffassung wiederholen, daß die nachhaltigste und wertvollste Wirkung des deutschen Widerstandes in der Herbeiführung jenes demokratischen Konsenses lag, der zur Grundlage der Schaffung der Bundesrepublik Deutschland wurde und ihre Entwicklung durch viele Jahre begleitet hat: Heute, wo dieser Konsens in vielen Köpfen verblaßt ist und oft gefährdet erscheint, sollte das Gedenken an den deutschen Widerstand auch als Mahnung an die Heutigen dienen, die Lebenswichtigkeit eines solchen Grundkonsenses für ein demokratisches Gemeinwesen nicht zu vergessen.

Es bleibt den Herausgebern die angenehme Pflicht, allen Mitarbeitern für ihre Mühe und der Friedrich-Ebert-Stiftung für ihre Initiative Dank zu sagen: Wenn das Buch seine Aufgabe erfüllt, so wird es ihrer aller Verdienst sein.

Berlin und Bonn, im Sommer 1981

9

Abkürzungen

ADGB	–	Allgemeiner Deutscher Gewerkschaftsbund
BDM	–	Bund Deutscher Mädel
CALPO	–	Comité „Allemagne Libre" pour l'Quest
DAF	–	Deutsche Arbeitsfront
DGB	–	Deutscher Gewerkschaftsbund
DMV	–	Deutscher Metallarbeiterverband
EKKI	–	Exekutivkomitee der Kommunistischen Internationale
FAUD	–	Freie Arbeiter-Union Deutschlands
FFI	–	Forces Françaises de l'Intérieur
FFL	–	Forces Françaises Libres
FNL	–	Front National pour la Libération
FTPF	–	Francs-Tireurs et Partisans Français
Gestapo	–	Geheime Staatspolizei
HJ	–	Hitler-Jugend
IAO	–	Internationale Arbeitsorganisation
IBP	–	Internationaler Bund der Privatangestellten
IGB	–	Internationaler Gewerkschaftsbund
ISK	–	Internationaler Sozialistischer Kampfbund
ITF	–	Internationale Transportarbeiterföderation
KFDW	–	Komitee „Freies Deutschland" für den Westen
KJVD	–	Kommunistischer Jugendverband Deutschlands
Komintern	–	Kommunistische Internationale
KPD	–	Kommunistische Partei Deutschlands
KPO	–	Kommunistische Partei Deutschlands/Opposition
KZ	–	Konzentrationslager
LDG	–	Landesgruppe Deutscher Gewerkschafter in Großbritannien
MOI	–	Main d'oeuvre immigrée
NSBO	–	Nationalsozialistische Betriebszellenorganisation
NSDAP	–	Nationalsozialistische Deutsche Arbeiterpartei
OKW	–	Oberkommando der Wehrmacht
PCF	–	Parti Communiste Français
PV	–	Parteivorstand (der SPD)
RGO	–	Revolutionäre Gewerkschaftsorganisation
SA	–	Sturmabteilung (der NSDAP)
SAI	–	Sozialistische Arbeiter-Internationale
SAP	–	Sozialistische Arbeiterpartei Deutschlands
SPD	–	Sozialdemokratische Partei Deutschlands
SS	–	Schutzstaffeln (der NSDAP)
TA	–	Travail Anti-allemand
ZdA	–	Zentralverband der Angestellten
ZK	–	Zentralkomitee

10

Einleitung

Richard Löwenthal
Widerstand im totalen Staat

Wer die Jahre der nationalsozialistischen Diktatur zuerst als ihr Gegner in Deutschland, später mit Einschluß des Zweiten Weltkrieges als politischer Emigrant erlebt hat, und wer auch in der Nachkriegszeit viele Diktaturen in Europa und Übersee hat kommen und gehen sehen, der weiß, daß die Machtgrundlagen und Herrschaftsmethoden moderner Diktaturen und damit auch die Möglichkeiten und Formen des Widerstandes gegen sie radikal verschieden sein können. Als Diktaturen bezeichnen wir Regime, die sich von den freien demokratischen Entscheidungen ihrer Völker unabhängig gemacht haben und entschlossen sind, diese Unabhängigkeit durch Einsatz ihrer Machtmittel zu behaupten. Aber unter solchen Diktaturen gibt es vor allem zwei für die Chancen des Widerstandes entscheidende Arten von Unterschieden; und ich meine hier nicht den − in anderen Zusammenhängen so wichtigen − Unterschied zwischen kommunistischen und faschistischen Diktaturen.
Der eine für den Widerstand relevante Unterschied besteht zwischen den modernen Einparteisystemen einerseits, den autoritären Regimen, die sich primär auf militärische Gewalt und zum Teil auch noch auf monarchische Traditionen stützen, andererseits. Diese autoritären Regime sehen das Bestehen einer Vielfalt organisierter *gesellschaftlicher* Kräfte durchaus als normal an und tolerieren teilweise sogar eine begrenzte Auswahl von Parteien − nur versuchen sie, jeden wirksamen demokratischen Einfluß dieser Kräfte auf den *politischen* Entscheidungsprozeß zu verhindern: Sie stellen, auch wo sie spät entstanden sind, eine im Grunde *vor*demokratische Regierungsform dar, die jeder selbständigen politischen Aktivität der Volksmassen mißtraut.
Im Gegensatz dazu stützen die modernen Parteidiktaturen sich selbst auf eine politische Massenbewegung und setzen insofern die historische Erfahrung der Demokratie voraus. Doch sie suchen das Herrschaftsmonopol der staatstragenden Partei nicht nur durch das Verbot aller anderen Parteien, sondern auch durch die Gleichschaltung aller gesellschaftlichen Organisationen und die Ausrichtung aller Informationsmittel unter Kontrolle dieser Partei zu sichern: Parteimonopol, Organisationsmonopol und Informationsmonopol sind die drei institutionellen Merkmale, die zusammen den neuen Typ des totalen oder, nach dem Wort Mussolinis, totalitären Staates definieren. Zu-

11

gleich sind diese Parteidiktaturen gesellschaftlich und ideologisch nicht etwa konservativ, sondern Träger dynamischer Veränderungen der Gesellschaftsstruktur, deren Mittel oft die physische Vernichtung ganzer Bevölkerungsgruppen einschließen, und Befürworter eines Bruchs mit wichtigen kulturellen Traditionen.

Es versteht sich, daß Widerstand gegen eine totalitäre Parteidiktatur, die sich im Ursprung auf eine Massenbewegung stützt und mit Hilfe von deren Kadern alle Sphären des gesellschaftlichen und geistigen Lebens organisatorisch und ideologisch zu durchdringen sucht, normalerweise weit engere Grenzen hat und ganz andere Formen annehmen muß als Widerstand gegen eine autoritäre Diktatur, die grundsätzlich weite Bereiche gesellschaftlichen Eigenlebens duldet und ihre Macht wesentlich mit militärischen, polizeilichen und allgemein bürokratischen Mitteln zu behaupten sucht.

Ein zweiter, für die Möglichkeiten und Formen des Widerstandes nicht minder wichtiger Unterschied ist der zwischen einer im nationalen Sinne „bodenständigen" und einer unter dem Druck einer fremden Großmacht geschaffenen und von dieser abhängigen Diktatur. „Quislingregime" oder „Satellitenregime" verfügen, auch wenn sie die Formen der Parteiherrschaft ihres Vorbildstaates gewissenhaft nachahmen, nicht über die gleiche Massenbasis in ihrer Entstehungszeit und daher nicht über die gleiche Fülle verläßlicher, freiwilliger Helfer ihrer Unterdrückungsmaßnahmen, wie Diktaturen, die aus einer unabhängigen, einheimischen Machtergreifung hervorgegangen sind. Auch da, wo solche fremdbestimmten Diktaturen nicht als Produkte eines noch fortdauernden Krieges gegen lebendige Befreiungshoffnungen anzukämpfen haben, sondern sich mit Zeitablauf konsolidieren und sogar eine gewisse Autonomie von ihrer „Schutzmacht" erlangen, werden sie niemals von einer Mehrheit der Bevölkerung als Ausdruck des eigenen Willens empfunden, sondern im besten Falle „realpolitisch" akzeptiert. Nur eine „hausgemachte" Parteidiktatur kann sich der Idee des „totalen Staates" in der Wirklichkeit annähern.

Ich habe diese beiden Unterscheidungen an den Anfang meiner Überlegungen über Widerstand, Verweigerung und Dissidenz im Dritten Reich gestellt, weil viele anfängliche Vorstellungen der deutschen Hitlergegner auf einer Verkennung des ersten Unterschiedes beruhten, während vielen zeitgenössischen und späteren Kritiken des deutschen Widerstandes durch ausländische Beobachter eine Verkennung des zweiten Unterschiedes zugrunde lag und liegt. Am Anfang des Widerstandes vieler deutscher Sozialdemokraten gegen das Hitlerregime standen vage Erinnerungen an die Unterdrückung der Sozialdemokratie unter Bismarcks „Sozialistengesetz" — eine Unterdrückung durch ein nach heutigen Begriffen gemäßigt autoritäres Regime, das die legale Opposition anderer Parteien zuließ und sich bei der Verfolgung der Sozialdemokraten an die „rechtsstaatlichen" Methoden einer wenn auch noch so einseitigen Justiz hielt. Die deutschen Kommunisten erinnerten sich an das harmlose, wenige Monate dauernde Verbot ihrer Partei unter dem Ausnahmezustand der Weimarer Republik im Winter 1923/24.

Die deutschen Gewerkschaftsführer glaubten noch am 1. Mai 1933, ein formales Bekenntnis zu den patriotischen Zielen des neuen Regimes werde ihnen die reale Bewahrung ihrer organisatorischen Unabhängigkeit ermöglichen, und wurden erst am folgenden Tag durch die Beschlagnahme ihrer Gewerkschaftshäuser und ihres Vermögens und die Zwangsüberführung ihrer Mitglieder in die „Deutsche Arbeitsfront" eines Schlimmeren belehrt.

Die Kirchen waren anfänglich ebenso überzeugt, ein Bekenntnis zur vaterländischen Loyalität werde genügen, der Fortbestand ihrer Autonomie in der Verkündung der christlichen Botschaft zu sichern; im Falle der Protestanten wurde dies alsbald durch massive Eingriffe in die Kirchenleitung widerlegt — die Katholiken vermochten mit Hilfe des Konkordats ihre hierarchische Autonomie zu wahren, konnten aber auf die Dauer weder die systematische Einschränkung ihrer Jugendarbeit, noch den schließlichen Konflikt mit dem amoralischen Vernichtungswillen des Regimes vermeiden — so wenig wie ihre protestantischen Brüder.

Wie der Vergleich mit der begrenzten Unterdrückung durch frühere Regime in Deutschland zu anfänglichen Illusionen führte, so der spätere Vergleich des Auslandes mit den nationalen Widerstandsbewegungen einer Reihe von besetzten Ländern zu unberechtigten Vorwürfen. Widerstand im totalen Staat kann immer nur der Widerstand einer Minderheit sein — nach der anfänglichen Konsolidierungsphase einer kleinen, dann wieder zeitweise einer wachsenden Minderheit, aber niemals der Repräsentant „des" Volkswillens: Darum haben auch die politisch erfahrenen und verantwortlichen Elemente unter den deutschen Emigranten nicht den Versuch gemacht, eine deutsche „Exilregierung" zu bilden. Einen deutschen „Untergrundstaat" wie in Polen, ein deutsches „Maquis" des offenen Partisanenkampfes wie in Jugoslawien, in einigen Gebieten Frankreichs und in Norditalien nach dem Herbst 1943 hat es nicht gegeben und nicht geben können, so wenig wie deutsche offene Massenstreiks nach dem Vorbild etwa der holländischen und dänischen „Volksstreiks".

Dennoch ist auch in Deutschland mutiger Widerstand gegen die Macht des totalen Staates geleistet worden — mit Tausenden von Todesopfern und Hunderttausenden von zu Gefängnishaft Verurteilten oder in Konzentrationslagern Gequälten. Er hat das Regime nicht stürzen können — das konnte erst der verlorene Krieg. Doch er hat es geschwächt; er hat viele potentielle Opfer vor Verfolgung gerettet; und er hat Kämpfer erzogen, die nach der Katastrophe des Dritten Reiches mit von nationalsozialistischem Nebel freien Köpfen den Neuaufbau beginnen konnten. Dieses Buch beschreibt die vielfältigen Motive und Typen solchen Widerstandes. Doch es will mir scheinen, daß man drei Grundformen des Widerstandes gegen den nationalsozialistischen Totalitarismus unterscheiden kann: Den bewußten politischen Kampf, die gesellschaftliche Verweigerung und die weltanschauliche Dissidenz. Sie überschneiden sich vielfach, doch sie richten sich im Kern gegen die drei institutionellen Monopole der herrschenden Partei — die Monopole der politischen Macht, der gesellschaftlichen Organisation und der Information.

Die drei Grundformen des antitotalitären Widerstandes

Unsere Unterscheidung zwischen bewußter politischer Opposition, gesellschaftlicher Verweigerung und weltanschaulicher Dissidenz bedarf einer Erklärung. Die erste bezieht sich auf Aktivitäten, die bewußt gegen die nationalsozialistische Parteidiktatur gerichtet waren, ihre Untergrabung und ihren schließlichen Sturz anstrebten und daher notwendig von vornherein illegal waren und konspirativ betrieben werden mußten; manche Autoren neigen dazu, den Begriff des Widerstandes auf solche bewußt politische Opposition zu beschränken. Viel breitere Unterstützung und oft größere Wirksamkeit hatte jedoch eine Form des Widerstandes, die sich ohne politische Flagge konkret, praktisch und relativ offen gegen die Eingriffe des Nationalsozialismus in das gesellschaftliche Leben und seine Organisationen richtete — in den Betrieben und auf dem Lande, in den Kirchen und in der Nachbarschaft: Dies habe ich hier als „gesellschaftliche Verweigerung" bezeichnet [1].

Schließlich hat sich, ebenfalls ohne politisches Etikett, in Teilen von Literatur, Kunst und Wissenschaft eine bewußte Ablehnung der nationalsozialistischen Weltanschauung gezeigt, die häufig als „innere Emigration" beschrieben wird; diese weltanschauliche „Dissidenz", um den heute in anderem Zusammenhang üblichen Ausdruck zu gebrauchen, hat die Aktionen des Regimes zunächst kaum praktisch behindert, doch durch ihre Wirkung auf das Bewußtsein wichtiger Minderheiten die kulturellen Traditionen des früheren Deutschland über die Jahre des Schreckens hinweg zu retten geholfen.

---

1 Auf diesen wichtigen Unterschied zwischen dem, was ich als „politische Opposition" und als „gesellschaftliche Verweigerung" bezeichne, hat jüngst in eindrucksvoller Weise Martin Broszat in seinem Nachwort zu Band IV des großen Sammelwerks des Münchener Instituts für Zeitgeschichte über „Widerstand und Verfolgung in Bayern 1933–1945" hingewiesen. (Martin Broszat: „Resistenz und Widerstand", in: Broszat/Fröhlich/Grossmann: Bayern in der NS-Zeit, Band IV, München 1981, S. 691–709). — Broszat hat es jedoch vorgezogen, den Begriff des „Widerstands" für die bewußt politische Opposition zu reservieren, und das, was ich hier „gesellschaftliche Verweigerung" nenne, als „Resistenz" zu bezeichnen. Ich halte seine Unterscheidung für verdienstvoll, aber seine Wortwahl für unglücklich — nicht nur, weil sie den üblichen Begriff des Widerstandes in einer Weise einengt, die den nicht bewußt politischen Formen Unrecht tut, sondern vor allem auch, weil die Unterscheidung von „Widerstand" und „Resistenz" unübersetzbar ist — Widerstand heißt im Englischen und Französischen resistance bzw. résistance — was ihre Verwendung im internationalen Vergleich praktisch unmöglich macht.

Die offen politische Opposition begann eindeutig auf der Linken, in den Reihen der Arbeiterbewegung. Die Kommunistische Partei wurde als erste noch vor Hitlers Wahlen verboten und blutig verfolgt, und rief sofort zum illegalen Widerstand gegen das Regime auf. Die Sozialdemokratie versuchte trotz auch sie treffender Verfolgungen zunächst noch ihre Legalität zu erhalten, doch stimmte sie als einzige Partei im Reichstag gegen Hitlers Ermächtigungsgesetz; und Teilgruppen der Partei nahmen sofort den illegalen Kampf auf, den später der emigrierte Parteivorstand legitimierte. Einzelne Gewerkschaftsführer — vor allem bei den Eisenbahnern und den Angestellten — erklärten sich ebenfalls von vornherein für illegalen Widerstand; den Umschwung der Führung des Allgemeinen Deutschen Gewerkschaftsbundes vom Versuch, durch Anpassung die organisatorische Autonomie zu bewahren, zur Organisation illegalen Widerstandes, haben wir schon erwähnt.

Das mangelnde Verständnis der Parteien der Linken für die völlig neue Form der totalen Unterdrückung, gegen die sie zu kämpfen hatten, hatte für die illegale Aktivität besonders der Kommunisten, aber in den ersten Jahren auch der Sozialdemokraten verhängnisvolle Folgen: Es erzeugte die Vorstellung, man könne auch unter den neuen Bedingungen weiter breite Propaganda treiben, nur „illegal". Die bitteren Verluste, die der nationalsozialistische Terror diesen Organisationen zufügte, belehrten sie schneller oder langsamer, daß illegale Massenpropaganda im totalen Staat keine durchführbare Aufgabe war — am langsamsten die Kommunisten. Eine Reihe von kleineren sozialistischen Gruppen am linken Rande der Sozialdemokratie und zwischen den beiden großen Parteien hatten auf Grund eines rechtzeitigen Studiums der Erfahrungen mit dem italienischen Faschismus von vornherein mit dieser Einsicht begonnen. So setzte sich allmählich die Erkenntnis durch, daß in Abwesenheit einer akuten Krise des Regimes die Hauptaufgaben des politischen Widerstandes die Wahrung des eigenen Zusammenhalts, die solidarische Hilfe für die Opfer der Verfolgung und ihre Familien und die Fortentwicklung des politischen Informationsstandes der eigenen Kader durch Schulung und Berichterstattung, einschließlich der Berichterstattung an die Auslandszentralen, waren.

Es ist bemerkenswert, daß der Lernprozeß in umgekehrter Richtung — vom Versuch der Anpassung zum illegalen Widerstand — den eine Reihe von Gewerkschaftsführern durchgemacht hatten, zu einem ganz ähnlichen Resultat führte: sie verstanden schnell, daß es unter den neuen Bedingungen nicht möglich war, „illegale Gewerkschaften" mit breiter Mitgliedschaft aufzubauen. Illegale Gewerkschaften sind im totalen Staat so wenig möglich, wie „illegale Streiks" eine seltene Ausnahme sind. Es gab beachtliche Ansätze zu illegalen Gewerkschaften in der Spätphase des Francoregimes, das ein autoritärer, kein totalitärer Staat war; es gab illegale Streiks wiederholt im letzten

Jahrzehnt im polnischen Einparteistaat, doch sie waren der Beginn des Durchbruchs zur Anerkennung *legaler* unabhängiger Gewerkschaften, und damit zu einem faktischen Verzicht auf das totalitäre Organisationsmonopol. Was die deutschen Gewerkschaftsführer, einmal zum Widerstand gegen Hitlers totalen Staat entschlossen, tun konnten und wirklich taten, war der Aufbau einer illegalen Reichsleitung und illegaler Verbandsleitungen mit dem Ziel, aller Unterdrückung zum Trotz einen Kern von verläßlichen Vertrauensleuten im Reich zusammenzuhalten. Deren Aufgaben waren, neben der Berichterstattung über die Probleme und die Stimmung der Arbeiter in den Betrieben, anfänglich auch die Beeinflussung der „Wahlen" der nationalsozialistischen Betriebsvertrauensräte im Sinne der Stimmenthaltung oder Abgabe ungültiger Stimmen; die Nazis zogen es nach zwei Jahren vor, auf diese Wahlen zu verzichten. Viele der illegalen gewerkschaftlichen Vertrauensleute waren noch am Umsturzplan des 20. Juli 1944 beteiligt – und eine Reihe von ihnen hat ihr Leben dafür geopfert, mit Wilhelm Leuschner an der Spitze.

Die Solidarität der Kader erwies sich schließlich als Grundlage eines politischen Widerstandes bis in die Konzentrationslager hinein: Hier, wo die Gesinnung bekannt und nur noch die Technik der Zusammenarbeit zu verheimlichen war, wo es weniger als draußen auf Vorsicht und oft entscheidend auf Wagemut ankam, konnten auch die Kommunisten wieder eine positivere Rolle spielen.

Im ganzen aber brachten die mittleren dreißiger Jahre eine stetige Schwächung der politischen Opposition – teils durch die immer wirksameren Verfolgungen, teils aber auch auf Grund der außenpolitischen Erfolge Hitlers. Auch die beginnenden Versuche einzelner konservativer Opponenten des Regimes, einflußreiche Kontakte in Bürokratie und Militär aufzunehmen, fanden zunächst kaum ein Echo. Erst 1938, am Vorabend der Sudetenkrise, bildete sich der Kern von politisch oppositionellen Militärs, der bereit und in der Lage war, Vorbereitungen für einen Sturz Hitlers im Kriegsfall zu treffen, und zu diesem Zweck Kontakte zu politischen Hitlergegnern der verschiedensten Lager, von konservativen hohen Beamten bis zu führenden Gewerkschaftlern und Sozialdemokraten aufnahm.

Es ist also nicht wahr, daß diese breiteste und ernsteste Verschwörung der politischen Opposition gegen den totalen Staat, die später in den tragisch gescheiterten Umsturzversuch des 20. Juli 1944 mündete, erst der unmittelbar bevorstehenden Niederlage Deutschlands ihre Entstehung verdankte: Vielmehr sahen ihre Initiatoren den katastrophalen Ausgang von Hitlers Krieg voraus, noch bevor er ausgebrochen war, und wollten unabhängig davon schon seinen Ausbruch verhindern. Wahr ist dagegen, daß Hitlers erneuter diplomatischer Sieg mit dem Münchener Abkommen der 1938 geplanten Aktion den vorgesehenen Anlaß nahm und die Vorbereitungen zum politischen Handeln mit Hilfe oppositioneller hoher Offiziere um Jahre zurückwarf. Dennoch wurde nicht nur der politische Kontakt zwischen den beteiligten Kreisen, sondern auch die programmatische Diskussion über die innere und internationale Zukunft Deutschlands zwischen ihren sozialdemokratischen, christlichen und freiheitlich-konservativen Köpfen, etwa im „Kreisauer Kreis" auch während der folgenden Jahre fortgeführt.

Mit der Ausdehnung des Krieges auf Rußland und Amerika, mit den zunehmenden Verlusten an der Ostfront und schließlich mit dem „Wendepunkt des Krieges" nach El Alamein und Stalingrad begannen dann spontan neue politisch oppositionelle Gruppen in der Jugend zu entstehen. Die Jahre 1942/43 sahen die kurzlebige aber eindrucksvolle Flugblattkampagne der „Weißen Rose" gegen Hitlers Krieg und sein Regime. 1942—44 wurden auch kommunistische Untergrundgruppen in verschiedenen Teilen des Reiches erneut aktiv – zum Teil unabhängig von den Instruktionen der Moskauer Zentrale und mit bemerkenswerter Verankerung in Großbetrieben und Kontakten auch zu Gruppen von Fremdarbeitern; sie wurden jedoch im Laufe des Jahres 1944 abermals vernichtet.

Es war im Sommer 1944, daß die seit 1938 zusammengewachsene, überparteiliche militärisch-politische Opposition sich erneut zum Handeln entschloß – teils weil der Verlauf des Krieges nun die Gewinnung weiterer Teile der Wehrmacht als aussichtsreich erscheinen ließ, wenn nur Hitler zuerst beseitigt war, teils weil beginnende Verhaftungen, wie die von Julius Leber nach einem Kontakt mit Kommunisten, weiteres Warten als unverantwortlich erscheinen ließen. Das Scheitern der militärischen Aktion, beginnend mit dem Fehlschlag von Stauffenbergs Attentat auf Hitler, hat in den Augen vieler Beobachter verdunkelt, wie breit ihre zivile politische Basis angelegt war – daß in den Provinzen ein Netz von lokal angesehenen Vertrauensleuten, vor allem aus der ehemaligen freien und christlichen Gewerkschaftsbewegung, bereit stand, die lokale und regionale Führung zu übernehmen. Auch aus diesem Grunde stellt der 20. Juli mit seinem tragischen Ausgang den wirklichen Höhepunkt der politischen Opposition im Dritten Reich dar.

Nach der neuen, schweren Verfolgungswelle, die auf diesen Höhepunkt folgte, hat es politisch oppositionelle Aktivität wohl nur noch im Stadium der unmittelbaren Vorbereitung für den Zusammenbruch und den Einmarsch der Alliierten gegeben – vor allem in der Form lokaler „Antifaschistischer Komitees": Der politische Widerstand endete so, wo er begonnen hatte – bei den Aktivisten verschiedener Richtungen der sozialistischen Arbeiterbewegung. Diese Gruppen sind zunächst von den einziehenden Siegermächten nirgends als Gruppen anerkannt worden – weder im Osten noch im Westen; wohl aber sind überall führende Personen aus ihren Reihen auf lokale Verwaltungsposten berufen worden. Von der ersten Stunde an erwiesen sich so die letzten freien Aktivisten der politischen Opposition, ebenso wie die Überlebenden der Konzentrationslager und bald auch die ersten zurückkehrenden Emigranten, als Kernelemente eines demokratischen Neuaufbaus.

Hier darf schließlich auch ein Wort über die Teilnahme deutscher politischer Flüchtlinge am Widerstand gegen Hitlers Eroberungen nicht fehlen. Die meisten deutschen politischen Emigranten waren zunächst wohl bereit, durch Propaganda mit ihren eigenen Argumenten gegen das nationalsozialistische Regime, nicht aber mit der Waffe in der Hand gegen deutsche Soldaten zu kämpfen: Jene Flüchtlinge, die durch den Dienst in der amerikanischen Armee die Staatsbürgerschaft der U.S.A. erwarben, und auch die meisten, die dem britischen Pioneer Corps beitraten, hatten nicht die Absicht, als Deutsche nach Deutschland zurückzukehren, und konnten insofern auch nicht mehr dem deutschen politischen Widerstand zugerechnet werden. (Im Falle der französischen „Prestataires" und gar der Fremdenlegion war das weniger klar, weil ihre deutschen Angehörigen zum Teil nicht freiwillig zu ihrer Rolle kamen.)

Aber die Situation änderte sich radikal, als eine Reihe europäischer Länder von deutschen Truppen besetzt wurde. Nun erschien die praktische Solidarität mit dem Widerstand der unterworfenen Völker als selbstverständliche Pflicht für die deutschen Hitlergegner, die zunächst in diesen Ländern Asyl gefunden hatten; und bei denen, die sowohl Kontakt zu den einheimischen Gesinnungsgenossen wie Erfahrungen im illegalen Widerstand hatten, nahm dies häufig die Form einer direkten Mitarbeit in den Organisationen des nationalen Widerstandes an. Wohl das bekannteste Beispiel ist die sichtbare Rolle „altkommunistischer" Emigranten und „neukommunistischer", bekehrter deutscher Kriegsgefangener in der Sowjetunion. Doch die Mitarbeit im Widerstand anderer Länder war keineswegs auf Kommunisten beschränkt: So hat Willy Brandt zwar keineswegs, wie Neonazis ihm später nachsagten, in norwegischer Uniform gegen Deutsche gekämpft, aber er hat nach der deutschen Besetzung Norwegens noch von seinem zweiten, schwedischen Exil aus eine wichtige Rolle bei der Organisation des norwegischen politischen Widerstandes gespielt — und solche Beispiele gab es in einer Reihe von Ländern.

Die gesellschaftliche Verweigerung

Während es zum Verständnis der Rolle der politischen Opposition zu allererst darauf ankam, die notwendigen Grenzen der Wirksamkeit solcher Opposition im totalen Staat zu verstehen, ist der Ausgangspunkt zum Verständnis der Rolle der gesellschaftlichen Verweigerung umgekehrt die Erkenntnis der notwendigen Grenzen, die vorgefundene gesellschaftliche Strukturen und Traditionen der angestrebten Allmacht des totalen Staates setzen: Der totale Staat *will* die Gesellschaft total erfassen und nach seinen Vorstellungen umwälzen, doch es gelingt ihm nie vollständig. Mit Recht hat darum Martin Broszat die Formen des Widerstands, von denen hier die Rede sein soll, als Ausdruck des „Konflikts zwischen Herrschaft und Gesellschaft" bezeichnet[2]. Die objektive politische Wirkung solchen Widerstandes ist dabei unabhängig von seinen primär unpolitischen Motiven: Auch ein Teilwiderstand aus religiöser oder moralischer Überzeugung, aus Anhänglichkeit an überlieferte soziale Bindungen und Lebensformen, aus der Suche junger Menschen nach einem freieren und aufrichtigeren Leben oder auch aus materiellen Teilinteressen setzt dem totalitären Machtwillen Grenzen.

Hier ist zunächst zwischen institutioneller und individueller Verweigerung zu unterscheiden. Institutioneller Widerstand im totalen Staat setzt voraus, daß dieser seinen Grundsätzen zuwider einzelnen Institutionen eine gewisse Autonomie gewährt. Das gilt in erster Linie für die Kirchen – in höherem Grade für die katholische als für die protestantische –, aber in gewissem Maße auch für die Wehrmacht und die Bürokratie. Die Gewerkschaften, die anfänglich zur Anpassung unter der Bedingung der Wahrung ihrer Autonomie bereit waren, hätten sich im Falle des Gelingens ebenfalls auf den Versuch der unpolitischen Wahrung von Teilinteressen beschränkt: Es war die Verweigerung der Autonomie, die sie in politische Opposition und Illegalität zwang.

Zweifellos die bedeutsamste Form teilweiser institutioneller Verweigerung ist von den Kirchen ausgegangen. Die protestantische Kirche wurde schon bald Gegenstand einer zunächst großenteils gelungenen Gleichschaltung mit Hilfe der „Deutschen Christen" und konnte Kirche im christlichen Sinne nur bleiben, soweit sich Teile von ihr dieser Gleichschaltung erfolgreich widersetzten. Die katholische Kirche wurde durch das Konkordat von diesem frühen Konflikt um die Wahrung ihrer Autonomie bewahrt. Aber der Widerstand gegen die Überschreitung der vom Glauben gezogenen Grenzen der weltlichen Macht, aus dem bei den Protestanten die Bekennende Kirche hervorging, blieb auch den Katholiken auf die Dauer nicht erspart: Er entzündete sich später zum Beispiel an der nationalsozialistischen Politik der „Vernichtung lebensunwerten Lebens" und an der Weigerung des Regimes, getaufte Juden von seiner Rassenverfolgung auszunehmen – auch dann, wenn sie Geistliche geworden waren. Die allgemeine Judenverfolgung ist freilich nur von einzelnen, zum Teil bedeutenden Vertretern des katholischen Klerus, nicht von der Institution der Kirche angeprangert worden. Dagegen ergaben sich institutionelle Konflikte mit dem Regime auch um die Frage der katholischen Jugendgruppen und allgemein der außerkirchlichen Gemeindearbeit. Was schließlich keine Aufzählung der offenen Konflikte wiedergeben kann, ist die Auswirkung der von der nationalsozialistisch be-

---

2 A.a.O., S. 694.

stimmten Öffentlichkeit so radikal verschiedenen Atmosphäre des Gottesdienstes auf die moralische Haltung vieler gläubiger Christen: auch dann, wenn die Kirche kein Faktor des gewollten Widerstandes gegen den Nationalsozialismus war, blieb sie überwiegend ein Faktor der Entfremdung von seinem Geist. Nur auf diesem Hintergrund sind die Haltungen der vielen Einzelnen verständlich, die im Widerstand gegen den Vernichtungswillen des Regimes und in der Hilfsbereitschaft für seine politischen, jüdischen und ausländischen Opfer aus christlichen Motiven weit über die institutionelle Haltung der Kirchen hinausgingen; im Falle der Protestanten gilt dies nicht nur für Einzelne, sondern mehr oder weniger für den ganzen radikalen Flügel der Bekennenden Kirche.

Der institutionelle Widerstand von Militär und Bürokratie, der nicht mit dem politischen Widerstand einer Reihe einzelner Offiziere und hoher Beamter verwechselt werden darf, richtete sich bewußt nicht gegen das Regime und seine allgemeine Politik, sondern gegen die Durchdringung der eigenen Apparate mit nationalsozialistischen Eindringlingen und Aufpassern, die den Traditionen dieser Institutionen fremd waren. Er hatte nur in einzelnen Fällen den moralischen Ernst des kirchlichen Widerstandes. Doch er trug nicht nur dazu bei, daß sich die Wehrmacht meist aus den Greueltaten in den besetzten Ländern und den Judenvernichtungsaktionen herauszuhalten suchte, sondern daß viele gefährdete Kritiker des Regimes in der Wehrmacht Unterschlupf fanden − nicht, weil die zuständigen Stellen sich mit ihren politischen Auffassungen solidarisierten, sondern weil sie sie als Personen respektierten und nicht der Terrormaschine ausliefern wollten. In ähnlicher Weise haben auch nicht-nationalsozialistische hohe Beamte, die nach eigener Rechtfertigung dem Regime dienten „um Schlimmeres zu verhüten" und dabei oft für das Schlimmste Mitverantwortung übernehmen mußten, in Einzelfällen oft Menschen gerettet, die sie aus den Zeiten der Republik als Kollegen oder achtenswerte Partner im öffentlichen Leben kannten. Es ist zum Teil solchen persönlichen Beziehungen zu verdanken, daß ein beachtlicher Teil der politischen und administrativen Eliten der Demokratie der Vernichtungsmaschine entgingen, und daß umgekehrt ein beträchtlicher Teil der militärischen und bürokratischen Eliten des Dritten Reichs nach 1945 als eine Art von begrenzten Mitläufern mit moralischen Vorbehalten entnazifiziert werden konnte. Ein Teil des neuen, demokratischen Grundkonsenses von politischen und administrativen Eliten verschiedenster Richtung nach 1945 wurzelte in solchen Erfahrungen.

Außerhalb solcher privilegierter Institutionen war das, was wir als „individuelle Verweigerung" bezeichnet haben, im allgemeinen nicht die Haltung von isolierten Einzelnen, sondern das Produkt bestimmter gesellschaftlicher Milieus mit gemeinsamen Traditionen. Am deutlichsten ist das wohl bei der Wahrung einer gewissen Solidarität der Industriearbeiter in den Betrieben, die ja keineswegs auf die relativ wenigen Vertrauensleute illegaler Parteien oder Gewerkschaftler beschränkt war: Es kann nicht bezweifelt werden, daß sie sich auch ohne Streiks, die nur ganz ausnahmsweise gewagt wurden, auf Tempo und Qualität der Arbeit, damit aber auch auf Löhne und Arbeitsbedingungen ausgewirkt hat. Nicht weniger hat der Zusammenhalt der Bauern auf dem Lande unabhängig von den Losungen des „Reichsnährstandes" wirksam ihre Interessen gewahrt – in Zeiten der Not nicht selten auf Kosten der Städter, aber zu allen Zeiten auf Kosten der staatlichen Planung: Hier wird besonders deutlich, daß die objektive Bedeutung dessen, was wir gesellschaftliche Verweigerung genannt haben, für die Effektivität des Regimes ganz unabhängig von der Qualität der ihr zugrunde liegenden Motive ist.

Ein ganz anderes Milieu gesellschaftlicher Verweigerung ist das der unter dem Nationalsozialismus nachwachsenden Jugendgruppen außerhalb der Hitlerjugend. Wir denken hier nicht an die in den ersten Jahren illegal fortbestehenden Überreste der Jugendorganisationen der politischen Linksparteien, und auch nicht an das Aufleben neuen, bewußt politischen Widerstandes während des Krieges in der „Weißen Rose". Auch der Überlebenskampf der katholischen Jugendvereine wird schon von dem gedeckt, was wir über den Kampf der Kirchen um ihre institutionelle Autonomie gesagt haben. Hier ist vielmehr von jenen Gruppen die Rede, die in den mittleren und späten Jahren des Regimes aus dem Widerwillen gegen den Muschkotenton der Hitlerjugend und aus dem Wunsch nach mehr Freiheit und „Echtheit" im Sinne der alten Jugendbewegung, zum Teil aber auch aus der Sehnsucht nach mehr Schönheit und kultureller Bereicherung entstanden. Gewiß waren diese Gruppen feindlich zum „Geist" des Naziregimes eingestellt und wurden auch so von ihm empfunden; besonders in den Kriegsjahren hörten nicht wenige ihrer Angehörigen ausländische Sender. Dennoch waren sie nicht Teil einer illegalen „politischen Opposition" im Sinne eines bewußt angestrebten Ziels, sondern Ausdruck einer gesellschaftlichen Verweigerung, die in ganz verschiedene Richtungen ging – hier in die freie Natur, aber ohne zu marschieren, dort auf den Tanzboden oder auch ins Konzert. Was sie gemeinsam hatten, war eben die Verweigerung dessen, zu dem sie hatten erzogen werden sollen.

Schließlich soll hier noch von einigen Formen der Verweigerung von Einzelnen und kleinen Gruppen die Rede sein, die nicht an ein bestimmtes gesellschaftliches Milieu gebunden waren. Die eine war das – einzelne oder gemeinsame – Abhören ausländischer Sender. Dieses *konnte* natürlich Teil einer zielbewußten politischen Aktivität sein, die auf das Weitergeben des Gehörten innerhalb einer illegalen Gruppe gerichtet war, war es aber in den meisten Fällen nicht. Die meisten heimlichen Hörer behielten ihre Kenntnisse für sich, beschränkten sich auf „wissende" Bemerkungen in Gesprächen oder diskutierten sie allenfalls in einem kleinen Freundeskreis. Das blieb noch diesseits der Grenze zielbewußter politischer Opposition; doch in der im Verlauf des Krieges zunehmenden Masse der Fälle beeinflußte es fraglos die „Kriegsmoral" — und wurde, wenn entdeckt, entsprechend hart bestraft.

Die andere häufige, weder ideologie- noch milieugebundene Form individueller Verweigerung war die Hilfe für vom Regime Verfolgte. Auch diese war natürlich ein wichtiger Teil der normalen Widerstandstätigkeit illegaler politischer Organisationen; und wir haben gesehen, daß sie für die entschiedenen Teile des kirchlichen Widerstandes eine wichtige Aufgabe war. Doch weit darüber hinaus wurde immer wieder spontan von Menschen geholfen, die keiner organisierten Gruppe oder aktiven kirchlichen Gemeinde angehörten: Mit dem Schicksal eines Freundes oder auch bloßen Bekannten, eines jüdischen Nachbarn, eines bei der Arbeit getroffenen Fremdarbeiters oder in seltenen Fällen eines Flüchtlings aus dem Konzentrationslager konfrontiert, konnten sie sich nicht von ihm abwenden; sie versteckten ihn für längere oder kürzere Zeit oder verhalfen ihm zur Flucht, und fielen so der Vernichtungsmaschine um der Menschlichkeit willen in den Arm. Nicht wenige solcher spontanen Helfer wurden entdeckt und damit selbst zu Märtyrern; erst in den späteren Kriegsjahren, als die Zerstörung vieler Städte die Kontrolle der Personalpapiere mehr und mehr erschwerte, wurden die Aussichten der Rettung besser. Diese Taten sind vielleicht der eindruckvollste Beweis, daß ziviler Mut gegenüber einer totalitären Diktatur eine „politische" Qualität auch dann hat, wenn er keineswegs um eines bestimmten politischen Zieles willen gezeigt wird.

Die weltanschauliche Dissidenz

Natürlich waren alle Gegner von Hitlers totalem Machtanspruch auch Gegner der „nationalsozialistischen Weltanschauung" — von den Trägern der politischen Opposition über die Kirchen bis zu den Jugendgruppen auf der Suche nach einer anderen Lebensform. Hier soll noch von der kulturellen Dissidenz als einer besonderen Form des Widerstandes die Rede sein — als dem Widerstand der kulturell Schaffenden, vor allem der Schriftsteller und Künstler, die ihre Abwehr von Hitlers nihilistischem Aufstand gegen alle Werte unserer humanen Zivilisation in ihrem Werk ausdrückten. Während die Stärke der politischen Opposition zuerst mit zunehmender Konsolidierung des Systems abnahm, um dann bei der Annäherung des Krieges und erneut und in seinem späteren Verlauf wieder anzusteigen, während Umfang und Vielfalt der gesellschaftlichen Verweigerung mit dem immer härteren Druck des totalen Staates auf alle Schichten und Institutionen der Gesellschaft zunahmen, ist die Rolle der kulturellen Dissidenz nach dem ersten Erwachen von den anfänglichen Illusionen Einzelner über das neue Regime im großen und ganzen konstant geblieben.

Es ist oft bemerkt worden, daß die bedeutenden Autoren dieser „inneren Emigration" – ob Ernst Wiechert oder Ernst Jünger, Werner Bergengruen, Reinhold Schneider oder Oskar Loerke – im allgemeinen einen entweder konservativen, „nationalrevolutionären" oder völlig unpolitischen weltanschaulichen Hintergrund hatten – kein Wunder, da liberale oder weiter links stehende Autoren im Dritten Reich nicht geduldet wurden. Es ist auch zutreffend hervorgehoben worden, daß viele ihrer entscheidenden Werke entweder erfundene, ferne geschichtliche Vorgänge erzählen oder die Form einer reinen Natur- und Stimmungslyrik annehmen, was ebenso zutreffend mit der Notwendigkeit erklärt wird, dem wachsamen Auge der Staatsmacht auszuweichen, das bei einem offen die Gegenwart behandelnden Thema leicht die Staatsfeindschaft des Autors erkannt hätte. Dennoch ist gegen diese Autoren gelegentlich der neomarxistische Begriff des „hilflosen Antifaschismus" ins Feld geführt worden – der Vorwurf also, auf eine politische Analyse der Gegenwart zu verzichten und der realen geschichtlichen Macht des Dritten Reiches das bloße Beharren auf der überzeitlichen Gültigkeit der Werte eines konservativen bürgerlichen Denkens entgegenzusetzen.

Ich will nicht verhehlen, daß ich den Vorwurf der politischen „Hilflosigkeit" gegen solche Autoren für unfair und irrelevant halte. Ihr Widerstand wirkte nicht im Sinne eines aktuell-politischen Programms, schon gar nicht im Sinne des in seiner bloßen Negativität völlig hohlen kommunistischen Schlagworts vom „Antifaschismus", sondern im Sinne der Bewahrung der humanen und humanistischen Tradition unserer Zivilisation – einer Tradition, die älter ist als das „konservative Bürgertum" und es überdauern wird – um sie weiterführend zu erneuern. Nach dem Hitlerschen Nihilismus konnte nur ein erneuerter Humanismus die Grundlage eines wiedererstandenen Deutschland sein.

Diese Erkenntnis war damals, mehr oder weniger klar bewußt, allen Hitlergegnern gemeinsam – und ich möchte diesen Anlaß benutzen, um ausdrücklich zu sagen, daß sie auch dem Widerstand der Kommunisten zugrunde lag. Sie kämpften gegen Hitler und erlitten Folter und Tod für ihre Überzeugung nicht im Namen des ebenso verbrecherischen Regimes Stalins, dessen wahre Natur sie vor 1933 nicht kannten und auch in den Jahren der Moskauer Prozesse nicht glauben wollten, weil sie von diesen aus der Nazipresse erfuhren. Sie kämpften für das Vorbild einer erträumten Sowjetunion, „wo das Herz so frei dem Menschen schlägt". Es wäre ebenso unhistorisch, sie wegen dieser Illusion aus den Reihen des deutschen Widerstandes streichen zu wollen, wie sie mitsamt dieser Illusion zu Vorbildern eines „realen Antifaschismus" zu erklären.

Die bleibende Wirkung

Es hat Widerstandsbewegungen gegen autoritäre Diktaturen gegeben, die zu ihrem revolutionären Sturz geführt haben, wie in einigen Ländern Lateinamerikas und in Griechenland – oder sogar zu ihrer Abschaffung auf dem Wege der Reform, wie in Spanien nach Francos Tod. Während dies geschrieben wird, erleben wir, wie der von außen geschaffene polnische Einparteistaat, der schon seit langem unter dem Druck des Volkswiderstandes seinen totalitären Charakter verloren hatte, auf dem Wege der Reform auf sein Organisationsmonopol verzichtet und die Existenz autonomer gesellschaftlicher Organisationen anerkennt. Der deutsche Widerstand dagegen war immer die Leistung einer Vielzahl zersplitterter, wenn auch qualitativ und manchmal quantitativ bedeutender Minderheiten – niemals eine Massenbewegung mit umwälzender Wirkung. Die totalitäre Diktatur Hitlers, gleich der Mussolinis, hat sich so je länger je mehr verhärtet, bis die Niederlage im Weltkrieg ihrer Herrschaft ein Ende setzte. War der deutsche Widerstand also umsonst?

Natürlich nicht. Die Entschlossenheit der Träger des Widerstandes, daß sich die unkontrollierte Herrschaft der aller moralischen Maßstäbe baren Führer einer fanatisierten Bewegung niemals auf deutschem Boden wiederholen dürfe, teilte sich unter dem Eindruck der schließlichen nationalen Katastrophe und des Bekanntwerdens des vollen Umfangs der Verbrechen des Regimes der großen Mehrheit der Bevölkerung mit. Sie wurde die Grundlage für einen neuen demokratischen Konsens, der sich in den Westzonen und Berlin auch institutionell verwirklichen konnte. Die Menschen, die aus den Gefängnissen und Lagern kamen, wie Kurt Schumacher und Fritz Erler, oder die aus der politischen Emigration heimkehrten, wie Ernst Reuter und Willy Brandt, leisteten einen entscheidenden Beitrag zum demokratischen Wiederaufbau – und das gleiche gilt auch für jene, die ohne aktiven politischen Kampf in schweigender Verweigerung ihre Integrität bewahrt hatten, wie Konrad Adenauer, und für die Schriftsteller der „inneren Emigration", die nun ihre Schubladen öffnen konnten. Sie alle haben auch wesentlich zur Glaubwürdigkeit des neuen demokratischen Deutschland gegenüber den Siegermächten und der Außenwelt im allgemeinen beigetragen.

Sie alle haben so mitgeholfen, über die Jahre der Barbarei hinweg die moralischen und kulturellen Traditionen zu bewahren, die ein menschenwürdiges Deutschland braucht. Doch die meisten von uns Älteren, die sowohl die Schreckensjahre wie den Wiederaufbau erlebt haben, haben auch das Bewußtsein davongetragen, daß in einer Welt rapiden Wandels diese Traditionen immer wieder gefährdet sein werden und immer wieder erneuert werden müssen. Zu solcher Erneuerung will auch dieses Buch beitragen.

Gewerkschafter im Widerstand

Gerhard Beier
Die illegale Reichsleitung der Gewerkschaften

1. *Der Kampf gegen den Faschismus ist älter*

Wo demokratische Gewerkschaften ihre politische und gesellschaftliche
Funktion ernst nehmen, sind sie nicht nur Ordnungsfaktoren, sondern im-
mer wieder Gegenmacht: Bollwerk der Demokratie, und zwar nicht nur zum
Schutz gegen Übergriffe, sondern auch zum Angriff auf die Bastionen der
Diktatur.

Der Kampf gegen das Hakenkreuz hatte bereits in der Kapp-Putsch-Abwehr
vom März 1920 einen ersten Höhepunkt erreicht. Während Arbeiter, Angestellte und Beamte im Deutschen Reich durch das Mittel des Generalstreiks
siegten, gelangten in Italien erstmals Faschisten an die Spitze einer europäischen Großmacht. Nach dem ,,Marsch auf Rom" begann der Terror gegen
die Arbeiterschaft. ,,Der Organisator der Metallarbeiter", so berichtet
Ignazio Silone in seinem Buch über den Faschismus, ,,wurde mit den Füßen
an einen Rollwagen gebunden, durch die Straßen von Turin geschleift und
dann als Leiche am Rand einer Wiese liegengelassen".

Nachdem der italienische Abgeordnete und Sozialist Giacomo Matteotti
(1885–1924) den faschistischen Terror öffentlich angeprangert hatte, wurde er überfallen, niedergeschlagen, entführt und ermordet. Er war keineswegs ein besonders radikaler Arbeiterführer gewesen. Seine Ermordung war
ein Signal für die gewerkschaftliche Internationale, den Widerstand gegen
den Faschismus auf europäischer Ebene zu organisieren. Die Internationale
Transportarbeiterföderation (ITF) unter Führung von Edo Fimmen (1881–
1942) erwies sich als besonders opferwillig und organisationsstark. Seeleute
und Eisenbahner bildeten das Rückgrat dieses ersten gewerkschaftlichen
Widerstandes. Das Matteotti-Komitee unterstützte Verfolgte und Flüchtlinge, bevor Hitler an die Macht kam.

In Absprache mit dem Generalsekretär der ITF machte der deutschen Eisenbahner Hans Jahn (1885–1960) sich ab 1930 an den Aufbau einer illegalen
Organisation. Die Aufdeckung der Boxheimer Dokumente im November
1931 verdeutlichte die Gefahren einer nationalsozialistischen Machtergrei-

fung in dramatischer Weise. Es handelte sich um Entwürfe für nationalsozialistische Gewaltakte, die der Assessor Dr. Werner Best in Absprache mit hessischen Nationalsozialisten ausgearbeitet hatte. Die Vossische Zeitung meinte dazu: „Der Entwurf atmet den Geist brutaler Gewalt. Fast jede Zuwiderhandlung wird mit dem Tode bedroht, und darüber hinaus kann auch sonst auf Todesstrafe erkannt werden, ja bei gewissen Zuwiderhandlungen soll Erschießung ohne Verfahren vorgenommen werden".

Das Schicksal Matteottis und der Inhalt der Boxheimer Dokumente machten deutlich, daß Widerstand aller Art ein lebensgefährliches Unterfangen war. Gewerkschafter wie Wilhelm Leuschner (1890–1944), damals hessischer Innenminister, sorgten gleichwohl für die Veröffentlichung. Sie organisierten den Widerstand von Gewerkschaften, Reichsbanner und Sportverbänden in der Eisernen Front gegen die Nazi-Welle. Aber die freiheitlichen Kräfte hatten nicht den Mut – es fehlte auch an Machtmitteln –, um nach dem Staatsstreich in Preußen am 20. Juli 1932 den offenen, solidarischen Kampf zu wagen. Bewaffnete Gruppen standen in den Gewerkschaftshäusern der Industriezentren bereit, um loszuschlagen. Mit Tränen der Wut und der Trauer in den Augen erfuhren sie erst spät in der Nacht aus Berlin, daß der Befehl zum Losschlagen nicht gegeben wurde. Deprimiert zogen sie sich in die Arbeiterwohnbezirke zurück.

Der Vorsitzende des Eisenbahnerverbandes, Franz Scheffel, hatte von einem Generalstreik abgeraten. Aber die ITF und die Gruppe innerhalb des Eisenbahnerverbandes um Hans Jahn bestanden auf energischer Gegenwehr. Am 23. August 1932 wandte sich Edo Fimmen von Amsterdam aus an den Internationalen Gewerkschaftsbund (IGB), der seinen Sitz noch in Berlin hatte. Rasche Maßnahmen scheiterten aber an Kompetenzstreitigkeiten zwischen dem internationalen Dachverband und dem straffer organisierten Berufssekretariat. Walter Schevenels, Generalsekretär des IGB, fürchtete nicht zuletzt, durch den radikaleren und tatkräftigeren Fimmen überflügelt zu werden.

Als am 17. Februrar 1933 endlich die geforderte Besprechung zwischen ITF und IGB in Berlin stattfinden konnte, war Hitler schon seit vierzehn Tagen Reichskanzler. „Noch erboten sich die Vertreter der ITF dazu – diesmal unterstützt von verschiedenen Mitgliedern des Vorstandes des IGB –, die deutsche Arbeiterschaft bei jeder Aktion, die sie noch gegen den Faschismus einleiten sollte, zu unterstützen . . ." Es ging insbesondere um einen Wirtschaftsboykott des Auslandes, wie es im Bericht der ITF heißt: „Es war vergeblich. Die Vertreter der deutschen Organisationen legten auf diese Hilfe keinen Wert."

Wilhelm Leuschner

2. Der Führerkreis der vereinigten Gewerkschaften und die Dialektik von Gleichschaltung und Widerstand

Die Schwäche der deutschen Gewerkschaftsbewegung erklärte sich einmal aus der hohen Arbeitslosigkeit, zum anderen aus der berufsgewerkschaftlichen und richtungsgewerkschaftlichen Spaltung. Es gab im Deutschen Reich unter drei Dachverbänden über 200 Organisationen, die oft genug miteinander konkurrierten. Feindliche Behörden und Unternehmer nutzten den Zwiespalt, um die Gewerkschaften von der Betriebs- bis zur Reichsebene gegeneinander auszuspielen.

Seit Gründung der ersten großen Dachverbände im Jahre 1868 war immer wieder versucht worden, die rivalisierenden Organisationen zu vereinigen. Es gab auch eine Konzentrationsbewegung und eine kartellähnliche Annäherung der Richtungsgewerkschaften, insbesondere der sozialdemokratisch orientierten, der christlich-sozialen und der Hirsch-Dunckerschen Organisationen. Der Angriff des Nationalsozialismus forderte aber einen viel weitergehenden Zusammenschluß heraus. Die Bildung der Einheitsgewerkschaft wurde immer dringlicher.

Anton Erkelenz (1878–1945) von der kleinen Hirsch-Dunckerschen Metallarbeiterorganisation bewegte zuerst die Einsicht in die Notwendigkeit der Einheitsgewerkschaft. Seine schmächtige Organisation war äußeren Pressionen leichter ausgesetzt als andere. Als 1930 die Notstandsdiktatur unter Reichspräsident von Hindenburg und Reichskanzler Heinrich Brüning begann, trat Erkelenz von der liberalen Partei zur Sozialdemokratie über. Er wollte alle Kräfte gegen die autoritäre Entwicklung im Reich konzentrieren. Es war nur konsequent, daß er an den sozialdemokratisch geführten Deutschen Metallarbeiterverband (DMV) unter Alwin Brandes (1866–1949) und an den Allgemeinen Deutschen Gewerkschaftsbund (ADGB) unter Theodor Leipart (1867–1947) herantrat, um die Einheitsgewerkschaft zu gründen. Dabei verknüpfte er recht geschickt die öffentliche Kampagne mit verdeckten Kontakten und versteckten Verhandlungen. Die heimlichen Verbindungen zwischen den Verbandsspitzen wurden schon 1931/32 hergestellt, der verschwiegene Widerstand vorbereitet.

Der Sturz Brünings im Reich und der Staatsstreich gegen die Regierung Braun/Severing in Preußen förderten in der zweiten Hälfte des Jahres 1932 den Brückenschlag zu christlichen Gewerkschaften, die unter Brüning noch mit Regierungsverantwortung belastet waren. Jüngere christliche Gewerkschaftsführer wie der Bergarbeiter Heinrich Imbusch (1878–1945) und der Buchbinder Jakob Kaiser (1888–1961) drängten auf den Zusammenschluß, bevor es zu spät sein würde. Brüning und der ehemalige Reichsarbeitsminister Adam Stegerwald (1874–1945) sahen dem mehr oder weniger wohlwollend zu. Eine Bedingung für ihre Teilnahme war die Ausklammerung der kommunistischen Revolutionären Gewerkschaftsopposition (RGO). Erke-

Jacob Kaiser

lenz und Leipart stimmten damit prinzipiell überein, wenngleich sie den dogmatischen Antimarxismus im rechten Spektrum der christlichen Verbände nicht billigen konnten.

Unter dem Druck der Machtergreifung, der Gleichschaltung der Länder und des SA-Terrors in den Straßen kam es Ende April 1933 endlich zu der Vereinbarung über den „Führerkreis der vereinigten Gewerkschaften". Es war gleichzeitig ein Dokument der freiwilligen Gleichschaltung und des beginnenden Widerstandes. Einmal war es ein Versuch, die Situation zu erkunden. Zum anderen bildete es die Grundlage für die illegalen gewerkschaftlichen Aktivitäten bis hin zum 20. Juli 1944. Die verräterisch wirkenden Eingangssätze lauteten: „Die nationale Revolution hat einen neuen Staat geschaffen. Dieser Staat will die gesamte deutsche Volkswirtschaft einheitlich zusammenfassen und machtvoll zur Geltung bringen. Aus diesem volklichen Einheits- und Machtwillen heraus kennt er weder klassenmäßige Trennung noch volksabgewandte Internationalität. Diese Tatsache stellt das gesamte deutsche Volk, jeden seiner Stände und jeden einzelnen vor die Notwendigkeit, seine Haltung zu diesem Staat festzulegen". Die Gewerkschaften wären, so hieß es weiter, „getreu ihrer staatspolitischen Tradition, zu positiver Mitarbeit am neuen Staat bereit". Aber unterzeichnet wurde diese Vereinbarung von Männern, die den Widerstand organisierten, die illegalen Reichsleitungen aufbauten und am 20. Juli 1944 ihr Leben aufs Spiel setzten.

Hier stellt sich die Frage nach der Dialektik von Gleichschaltung und Widerstand. Wer kein Zeitgenosse war, kann dieses ambivalente Verhältnis nur schwer verstehen. Wer den Widerstand vorbereiten wollte, mußte sich innerhalb der veränderten Verhältnisse neue Voraussetzungen suchen. Das galt sowohl für die betriebliche Ebene, wo die Kollegen sich mit Deutscher Arbeitsfront (DAF) und NS-Unternehmertum abfinden mußten. Das erwies sich ebenso in den Spitzenorganisationen.

Als am 2. Mai 1933 die Gewerkschaftshäuser gestürmt und die Vorstände der Freien Gewerkschaften verhaftet wurden, zeigte sich, daß Theodor Leipart den Strapazen weder körperlich noch seelisch gewachsen war. Der Bundesvorstand, soweit er sich im Untersuchungsgefängnis absprechen konnte, betraute Wilhelm Leuschner mit der Nachfolge. Zusammen mit Dr. Robert Ley, dem Reichsorganisationsleiter der NSDAP und Führer der DAF, reiste Leuschner im Juni 1933 nach Genf, angeblich um sein Mandat bei der Internationalen Arbeitsorganisation (IAO) auf Ley zu übertragen. War auch das ein Akt der Anpassung? Mitnichten: Leuschner schwieg in Genf, wo immer die Nazis ihn zu öffentlichen Erklärungen über die Herrlichkeiten des Dritten Reiches verpflichten wollten. Er nutzte die informellen Möglichkeiten des internationalen Forums, um Kollegen im Ausland über die Vorgänge im Reich aufzuklären und sein Amt als Nachfolger Leiparts auszuüben. Das geschah heimlich und für Ley nicht kontrollierbar. Der hilflose Organisationsleiter wurde ausfallend und erlitt in Genf eine empfindliche Niederlage. In der Reichskanzlei wurde seine Ablösung vorbereitet. Allein das Wohlwollen Hitlers hielt ihn im Amt.

Wilhelm Leuschner kehrte nach Deutschland zurück, wohl wissend, daß er sich nach Hessen in den Machtbereich jenes Dr. Werner Best begab, der die Boxheimer Dokumente verfaßt hatte. Leuschners Schutz war allein seine internationale Prominenz. Märtyrerfiguren vom Ansehen Matteottis hat das Hitlersystem in diesen Jahren noch nicht schaffen wollen. Leuschner wurde hinter der Grenze verhaftet, nicht vor Gericht gestellt, sondern ins KZ Börgermoor gesperrt. Dort gehörte er zu den „Moorsoldaten". Das Lied wurde in seinem Tagesmerkheft in seiner Handschrift überliefert.

Die Organisation des Widerstandes ging im Konzentrationslager weiter. Die Schicksalsgemeinschaft von verfolgten Kommunisten und Sozialdemokraten führte die verfeindeten Richtungen zusammen, bevor die sogenannte Brüsseler Konferenz der Kommunistischen Internationale auf Zusammenarbeit umschaltete. Überall wurde das Prinzip der autonomen Einheitsgewerkschaft zur Grundlage der weiteren Arbeit gemacht.

3. Solidarität in den Betrieben

Die entlassenen, verhafteten und verfolgten Funktionäre wurden nicht in die Betriebe vermittelt, sondern blieben viele Jahre arbeitslos oder machten sich selbständig. Auf diese Weise wurde die soziale Kluft, der Abstand in der Klassenerfahrung zwischen Führung und Basis, auf dem sowohl die Propaganda der Nazis als auch der Kommunisten schon am Ende der Weimarer Republik herumgehackt hatte, weiter vertieft. Aber die Solidarität in den Betrieben war fester verankert, als die Nationalsozialisten erwartet hatten. Durch die Möglichkeiten des Reichsbetriebsrätegesetzes von 1920 entstand während der Weimarer Republik im gesamten Reich ein stattliches „Heer" von etwa 300 000 Betriebsräten, die sich dem Gedanken der sozialen Republik, der Wirtschaftsdemokratie und der Gewerkschaftsbewegung verpflichtet fühlten. Die Betriebsratswahlen vom Frühjahr 1933 zeigten, daß dieses Bollwerk der Demokratie in den Betrieben dem Ansturm des Nationalsozialismus widerstand. Nach der Wahl von knapp 10 000 Betriebsräten ergab sich folgendes Verhältnis: Freie Gewerkschaften 73,4 %, Christliche Gewerkschaften 7,6 %, Hirsch-Dunckersche Gewerkschaften 0,6 %, Revolutionäre Gewerkschaftsopposition 4,9 %, Nationalsozialistische Betriebszellenorganisation 11,7 %. Es gelang den Freien Gewerkschaften, diese Zahlen noch Ende 1933 zu veröffentlichen, nachdem die Wahlen gestoppt und der Einfluß der Nazis und Unternehmer durch das Gesetz über Betriebsvertretungen vom 4. April 1933 abgesichert worden war.

Vernünftige Unternehmer, deren Betriebe seit Jahrzehnten einen hohen Organisationsgrad besaßen, wo die Vertrauensstellung der gewählten Betriebsräte unerschütterlich war, arrangierten sich mit den alten Kollegen – um des reibungslosen Produktionsablaufs willen. Da alle „Gefolgschaftsmitglieder", wie sie nach dem Führersystem der Nazis genannt wurden, der DAF angehören mußten, brauchte der Unternehmer gelegentlich nur für die „Gesinnung" und einwandfreie „Führung" der betreffenden Kollegen gutzusagen. Der alte Betriebsrat blieb dann augenzwinkernd in seiner Position oder rückte nach und nach wieder ein. Auch hier bildete sich eine Dialektik von Anpassung und Widerstand heraus – wie auf der Spitzenebene der abgesetzten Bundesvorstände.

In manchen Betrieben kam es zu einer förmlichen Doppelherrschaft. Neben dem belächelten, gefürchteten oder verachteten, immer von oben eingesetzten NS-Vertrauensrat brauchte die Betriebsführung in den verschiedenen Produktionsabteilungen echte Arbeitervertreter, die in schwierigen Situationen von der Belegschaft wirklich respektiert wurden. Das waren oft die alten Betriebsräte oder bewährte Gewerkschafter, die zugleich als Fachkräfte ihre Unentbehrlichkeit bewiesen hatten, später auch vom Wehrdienst freigestellt wurden, weil der Unternehmer eines Rüstungsbetriebs sie reklamierte.

In den Jahren 1934 und 1935 fanden in den Betrieben noch verhältnismäßig freie Vertrauensratswahlen statt. Jedenfalls gab es die Möglichkeit der Stimmenthaltung oder der ungültigen Stimmabgabe. Die ITF berichtete aus Amsterdam in einem Informationsdienst mit dem Titel „Hakenkreuz über Deutschland":

„Im April 1934 ließen die Nationalsozialisten Betriebs-Vertrauensräte wählen. Es wurde ein starker Druck zur Wahlbeteiligung ausgeübt, die Aufstellung einer eigenen Liste war der Belegschaft untersagt, die einzige zur Wahl stehende Liste wurde vom Unternehmer selbst in Fühlungnahme mit der NSBO-Zelle aufgestellt. Vorsichtig hatte die Regierung in allen Betrieben, in denen keine nationalsozialistische Zelle bestand, die Wahlen verboten. Aber selbst in Betrieben mit rein nationalsozialistischer Belegschaft war der Protest gegen die großkapitalistische Politik der nationalsozialistischen Führung so stark, daß die Veröffentlichung der Wahlergebnisse nach Möglichkeit unterdrückt wurde und nur in den vertraulichen Berichten an die nationalsozialistischen Gauleitungen die wirklichen Ergebnisse mitgeteilt wurden. Es sind deshalb bisher erst wenige *zuverlässige* Angaben über den Ausgang dieser Wahlen bekannt, die ohne Gefährdung tapferer antifaschistischer Arbeiter veröffentlicht werden können. Es ist ein überraschend einheitliches Bild. In fast allen Betrieben, in denen der Unternehmer die Liste nach eigenem Gutdünken aufstellte und die Wahl wirklich geheim war, hat die Mehrzahl der Arbeiter trotz Terror und Massenarbeitslosigkeit durch Stimmenthaltung oder Ungültigmachung des Stimmzettels gegen das Bündnis von Unternehmern und nationalsozialistischem Apparat opponiert".

Die Wahlen vom Frühjahr 1935 wurden sorgfältiger vorbereitet, um eine erneute Blamage zu vermeiden. In seiner prahlerischen Art meldete Robert Ley Ende 1935: Die Vertrauensratswahlen gäben dem Wähler „jede Gelegenheit seiner Meinungsäußerung". Sie seien in ihrer Form „einzigartig in der ganzen Welt". Wenn „von 7.147.802 wahlberechtigten schaffenden deutschen Menschen in 70.258 Betrieben 5.731.008 Mitglieder der Gefolgschaften, also 83 %, in der Vertrauensratswahl mit Ja gesprochen hätten, so könne man mit Stolz und Freude feststellen, daß der Nationalsozialismus auf dem Gebiet der Arbeiterpolitik den richtigen Weg gegangen sei. Das erhelle allein aus der Tatsache, daß sich bei den Wahlen im Vorjahr noch 40 % von der Urne ferngehalten hätten".

Aus internen Papieren der Parteileitung der NSDAP ist bekannt geworden, daß diese Erfolgsmeldungen manipuliert waren, weil nur die abgegebenen Stimmen gezählt wurden, während in einer ganzen Anzahl von Betrieben nicht einmal die halbe Belegschaft zur Wahlurne ging. Die illegale Reichsleitung der Gewerkschaften und die verbotenen Arbeiterparteien stellten sich immer mehr auf oppositionelle Betriebsarbeit ein, bis hin zu der Zielsetzung, zunächst die Vertrauensräte, dann die DAF und schließlich das NS-System von der Basis militanter Widerstandsgruppen in den Betrieben her aufzubrechen.

Hitler war sowohl über die Täuschungsmanöver Leys als auch über die Pläne der Illegalität ausreichend informiert. Als im Frühjahr 1936 wieder Vertrauensratswahlen bevorstanden, untersagte der Diktator ihre Durchführung. Bis zum Ende seiner Herrschaft wurden niemals wieder Vertrauensratswahlen geduldet. Die alten Vertrauensräte amtierten zunächst weiter. Sie wurden später in einem komplizierten Verfahren durch Unternehmer, Obleute und Treuhänder der Arbeit eingesetzt. Sie traten in ihrer Bedeutung hinter die NS-Betriebsobleute zurück. Dagegen wahrten manche alte Betriebsräte ihre informelle Vorzugsstellung bis zur Stunde der Befreiung durch alliierte Truppen, um die Produktionsstätten vor dem Untergang zu schützen und die Belegschaften bei den ersten Wiederaufbauarbeiten anzuleiten.

Wirtschaftliche und politische Streiks wurden während des gesamten „Dritten Reiches" mit drakonischen Maßnahmen unterbunden. In besetzten Gebieten wie in Holland (Februar 1941) kam es dennoch zu Massenstreiks. Im Reich gingen entsprechende Aktionen kaum über die Betriebsebene hinaus und wurden rasch erstickt. Bei Blohm & Voß in Hamburg und in der Adam Opel AG in Rüsselsheim kam es zu Streiks. Aber es gibt keine Streikstatistik des Hitlerregimes. Wo eine solche nachträglich erstellt wird, bleiben ihre Angaben höchst fragwürdig. Was quantitativ an Streiks, an Teilnehmerzahlen und Ausfalltagen zu ermitteln ist, muß minimal genannt werden.

Wer den Widerstand auf der Betriebsebene ermitteln will, geht prinzipiell fehl, wenn er nach offenen Streiks fragt. Er verkennt den Herrschaftscharakter des Hitlerfaschismus und ignoriert den gewerkschaftlichen Aktionswandel, der notwendigerweise eintreten mußte. Der Arbeitskampf nahm verdeckte Formen an: Er reichte vom Flüsterwitz über das Flugblatt bis zu primitiven „Scheißhausparolen". Am wirksamsten waren das Bummeln, der Dienst nach Vorschrift und die Sabotage empfindlicher Produktionsabläufe oder Maschinenteile.

Als der Anteil der Fremdarbeiter und Kriegsgefangenen in den deutschen Betrieben stieg, wurde es zu einer besonderen Form betrieblicher Solidarität, diesen geschundenen Kollegen die Sklaverei in der Fabrik, im Straßen- und Festungsbau erträglicher zu machen. Es wurden Lebensmittel und Kleidungsstücke beschafft. Wenn es hoch kam, konnten Leibstrafen verhindert oder Fluchtversuche erleichtert werden. Auch der Einsatz von Betriebsgruppen gegen Hitlers Nero-Befehl vom 19. März 1945, die Behinderung einer Politik der verbrannten Erde − beispielsweise durch die Bergleute an der Ruhr − ist in diesem Zusammenhang zu nennen. Auch das war solidarischer Widerstand auf der Betriebsebene.

Es gab viel Heroismus im kleinen, der keine Statistiken füllt, aber das Bild des Widerstandes qualitativ abrundet. Dabei schwindet der Unterschied zwischen politischer und gewerkschaftlicher Widerstandsarbeit: Es war *Arbeiter*widerstand in seiner elementarsten Form.

4. *Das Konzept der illegalen Reichsleitung vom November 1933 und die Widerstandstätigkeit der Angestellten*

Die stärkste Angestelltenorganisation, der deutschnationale Handlungsgehilfenverband, war traditionell antisemitisch eingestellt. Daraus erklärt sich, daß die schwächeren freiheitlich-sozialistischen und Hirsch-Dunckerschen Angestelltengewerkschaften stärker sensibilisiert waren, als die nationalsozialistische Machtergreifung gewaltsame Formen annahm. Bei gemeinsamen Konferenzen von Angestellten- und Arbeitergewerkschaften waren es stets die Angestelltenvertreter, die den ADGB-Bundesvorstand unter Theodor Leipart vor den Folgen einer fatalistischen Anpassungspolitik warnten.

Ludwig Rosenberg (1903−1977), seinerzeit Angestellter des Gewerkschaftsbundes der Angestellten (H.-D.) wanderte wenige Wochen nach der Machtergreifung nach England aus, weil er als Jude keine Zukunftsaussichten in Deutschland sah. Hans Gottfurcht erhielt am 28. April 1933 vom Zentralverband der Angestellten (ZdA) ein Entlassungszeugnis ausgestellt, in dem der alte Verbandskassierer schrieb: „Ab 28. April 1933 wurde infolge Neuordnung der Gewerkschaften auf die Dienstleistungen des Herrn Gottfurcht verzichtet". Gottfurcht war Jude von Geburt − später Dissident. Er bereitete den gewerkschaftlichen Widerstand der Angestellten vor, noch ehe es zur gewaltsamen Gleichschaltung kam.

Der prominenteste Jude und Angestelltenführer war Siegfried Aufhäuser. Er hatte am 13. März 1920 zusammen mit Carl Legien den flammenden Aufruf zum Generalstreik gegen den Kapp-Lüttwitz-Putsch unterzeichnet. Ihn hätte die Rache der Nazis bald getroffen. Bis Ende März setzte er sich gegen die Politik der Anpassung, wie sie von Theodor Leipart verfolgt wurde, zur Wehr. Dann trat er unter Protest von seinem Vorsitz zurück und reiste nach Wien, um von dort aus gegen die Faschisierung der deutschen Gewerkschaften zu kämpfen.

Unterdes hatten Angestellte in Berlin bereits eine zentrale Widerstandsgruppe unter der Leitung Bernhard Görings (1897–1949) gebildet. Göring war religiöser Sozialist und Sekretär Siegfried Aufhäusers. Was er in diesen Wochen und Monaten tat, geschah nicht ohne Abstimmung mit dem früheren Vorsitzenden des AfA-Bundes. Da Göring kein Jude war und durch seine christlichen Brüder mit einer zweiten Illegalität in Verbindung stand, konnte er sich leichter versteckt halten. Trotz seiner Verbindungen zum 20. Juli überstand er auch das Ende des Schreckens im Reich. Er berichtete, solange es nur möglich war, ins Ausland und knüpfte nach 1945 unverzüglich die Verbindung zu den emigrierten Kollegen.

Für das Konzept der illegalen Reichsleitung war die Verbindung eines zentralen Widerstandes im Reich mit einer entsprechenden Gruppierung im Ausland konstitutiv. Während im Inland keinerlei Aufzeichnungen angefertigt werden durften, weil jedes Schriftstück zum Beweismittel für die Staatsanwaltschaft werden konnte, arbeitete Aufhäuser in Prag an einem revolutionären Programm und an einem Schema für den Aufbau des Widerstandes. Aufhäusers Pläne wurden durch einen „Gewährsmann" der Nazis frühzeitig verraten, führten aber zu keinen Verhaftungen, da in ihnen nur allgemeine Strukturen aufgezeigt, aber keine Namen genannt wurden.

Am 26. November 1933 wurde in Zürich am Schluß einer Tagung des erweiterten Büros der Zweiten Sozialistischen Internationale über Aufhäusers Organisationsplan für die Errichtung von illegalen Gewerkschaften in Deutschland gesprochen. Am Anfang stand eine Analyse der Lage im Reich. Weder Partei noch Gewerkschaften hatten bis dahin die Hoffnungen auf einen aktiven Widerstand erfüllt. Gleichwohl hieß es, „die Organisierung der Arbeiterklasse" bleibe „die wichtigste Aufgabe". In diesem Zusammenhang wurde die Deutsche Arbeitsfront als „Einheitsorganisation" besonders gewürdigt: „Unsere sämtlichen alten Mitglieder und Funktionäre sind Mitglieder der Arbeitsfront. Sie bilden dort den gewichtigsten Block", und zwar nicht nur quantitativ, sondern auch qualitativ. Weil die alten Kollegen und Genossen in der Zwangsorganisation der Arbeitsfront als gewerkschaftlich und politisch besonders geschult galten, wurde von ihnen letztlich eine Umformung der DAF im Sinne gewerkschaftlicher Prinzipien erwartet.

Gleichzeitig sollten illegale Gewerkschaften organisiert werden, und zwar nach einheitsgewerkschaftlichen Prinzipien. Dabei wurde auch der Zusammenschluß christlicher, Hirsch-Dunckerscher und freiheitlich-sozialistischer

Richtungen im Sinne der letzten Verhandlungen vom April 1933 berücksichtigt. Das neue Konzept sollte ab 1. Januar 1934 als Richtschnur für die Arbeit im Reich und im Auslande dienen. Gewiß konnte es nicht in seiner ursprünglichen Form durchgesetzt werden, denn der Zusammenhalt in der Illegalität fußte auf gewachsenen persönlichen und organisatorischen Beziehungen. Das galt auch für den Widerstand der Angestellten. Er hielt sich nicht nur an Prag, an Aufhäuser und an den IGB, sondern insbesondere an Amsterdam, an Wim Spiekmann (1899–1975) und den Internationalen Bund der Privatangestellten (IBP). In dieser Verbindung war die Aufgabe Hans Gottfurchts von 1934 bis zu seiner Emigration nach London im Jahre 1938 zu sehen.

Solange Gottfurcht im Reich war, hielt er sich an das Gebot, nichts Schriftliches über seine Aktivitäten zu produzieren. In seinen Papieren finden sich nur jene Schriftstücke, die gegenüber den Behörden im Reich nützlich sein konnten – beispielsweise der DONOVANG & Co. Versicherungs-Vermittlungsgesellschaft, für die er „Agenten" anwerben durfte. Seine wirkliche Tätigkeit im Widerstand wurde später durch Bernhard Göring, Wim Spiekmann und viele andere Kollegen bezeugt. Er selbst notierte unmittelbar nach seiner Ankunft in London aus dem frischen Gedächtnis eine Liste mit insgesamt zehn Reisen vom März 1934 bis Juli 1938, die ihn durch Deutschland, nach Amsterdam und London führten. Durch diese Aufstellung werden die Erinnerungen objektiviert und ergänzt, in Kleinigkeiten auch korrigiert. Insgesamt läßt sich über Gottfurchts Erzählungen sagen, daß sie sich an das englische „Understatement" halten – also eher unter- als übertreiben. Regierungsstellen in London rechneten Gottfurcht zu den Spitzenvertretern des gewerkschaftlichen Widerstandes im Reich.

Obwohl es zur Taktik der illegalen Reichsleitungen gehörte, das Risiko, das jeder persönlich auf sich nahm, möglichst gering zu halten, waren all diese Reisen mit Gefahr für Leib und Leben verbunden. Gottfurcht bewies ein außerordentliches Geschick, seine Aktivitäten familiär und geschäftlich zu tarnen, so daß seine Verbindungen trotz der Verhaftung vom Sommer 1937 durch die Gestapo niemals aufgedeckt wurden. Anders als die Arbeit in kommunistischen Gewerkschaftsgruppen war die Arbeit im Rahmen der illegalen Reichsleitungen darauf abgestimmt, Opfer zu vermeiden. Das provozierte Martyrium gehörte nicht ins Kalkül dieser gewerkschaftlichen Widerstandsarbeit. Ihr Ziel war nicht der Untergang, sondern das organisierte Überleben.

Solche Vorsicht schützte auch die verbleibenden Freunde in Berlin, wo Göring weiter seine Fäden knüpfte, die im Laufe des Krieges auf Beteiligung am 20. Juli zuliefen. Dr. Otto Suhr (1884–1957), wissenschaftlicher Spezialist für das Angestelltenproblem, später Regierender Bürgermeister von Berlin, stieß zu dieser Gruppierung.

Sogar ein alter Antisemit, der 1933 die Gleichschaltung der Gewerkschaften betrieben hatte, Max Habermann (1895–1944) vom DHV, ging zum gewerkschaftlichen Widerstand über, als er die Verbrechen der Nationalsozialisten nicht mehr mit seinem Gewissen vereinbaren konnte. Im Verhör vor der Gestapo machte Wilhelm Leuschner im September 1944 detaillierte Angaben über die Rolle Habermanns in den Plänen, die zur Verschwörung vom 20. Juli 1944 führten. Einmal sollte Habermann in der Finanzverwaltung eine Abteilung übernehmen, weil das gesamte Bankpersonal in seinem alten Verbande organisiert gewesen war. Weiter hieß es über die Aufgaben Habermanns: „Die Angestelltenfrage wollte Habermann persönlich übernehmen, da er als früherer stellvertretender Vorsitzender des DHV die größeren Erfahrungen gehabt habe. Die kaufmännischen Angestellten sollten unter Einbeziehung der Versicherungs- und Bankangestellten unter einem früheren Funktionär des DHV zusammengefaßt werden". Habermann wurde nach dem 20. Juli von der Gestapo verhaftet. Er beging Selbstmord, um keine Aussagen gegen seine Kollegen im Widerstand machen zu müssen.

In modernen Faschismusanalysen wird gerne auf profaschistische Einstellungen und Attitüden in Angestelltenkreisen verwiesen. Hingegen ist der Widerstand von Kollegen aus der Angestelltenbewegung im historischen Bewußtsein weitgehend verlorengegangen. Wenn heute die Erinnerung an den Widerstand der Arbeiter und ihrer Organisationen stärker betont wird, darf in dem Zusammenhang der qualifizierte Widerstand der Angestellten, ihrer Organisationen und Funktionäre, nicht unterschlagen werden. Er stand bisweilen im Widerspruch zum sozialen Milieu der Angestelltenschaft. Um so stärkere moralische Kraft verlangte der Kampf gegen den Strom der faschistischen Massenbewegung.

5. Die illegale Reichsleitung der Arbeitergewerkschaften, die Reichenberger Konferenz und die Gründung der Auslandsvertretung

Aus verschiedenen Quellen verlautet, daß unmittelbar nach der Erstürmung der Gewerkschaftshäuser, am 2. Mai 1933, mit der Organisation gewerkschaftlichen Widerstandes begonnen wurde. Die Ansätze waren recht unterschiedlicher Art. Soweit die Verbandsspitzen in größeren Gruppen inhaftiert wurden, kam es zu ersten Absprachen über die Zusammenarbeit nach der Entlassung. Funktionäre, die durch günstige Zufälle der Verhaftung entgangen waren (Krankheit, Dienstreisen etc.), trafen sich heimlich, um die weitere Zusammenarbeit zu besprechen. Gewerkschaftsnahe Vereine (Liedertafeln, Sportvereine, Geselligkeitsvereine etc.) dienten als Ersatzorganisationen. Die Vereinslokale wurden zu gewerkschaftlichen Treffpunkten. Da der Rechtsstaat noch nicht in allen Gliederungen zerstört war, ergaben sich auch legale Möglichkeiten der Zusammenarbeit. Alle hauptberuflichen Funktionäre waren in ihren Versorgungsrechten betroffen. Dagegen stand ihnen der

Rechtsweg offen. Sie bildeten Gemeinschaften von Geschädigten und betrauten einzelne Kollegen oder Rechtsanwälte, ihre Ansprüche auf dem Weg der Klage durchzusetzen. Auf diese Weise konnten zahlreiche Kollegen sich jahrelang verabreden, miteinander korrespondieren, sogar kleinere Versammlungen durchführen, ohne sich der Anklage des Landes- und Hochverrats auszusetzen.

Heinrich Schliestedt (1883–1938) und Hermann Schlimme (1882–1955) bildeten während der Haftzeit Wilhelm Leuschners ein Doppelgespann gewerkschaftlichen Widerstandes, das einer illegalen Reichsleitung gleichkam. Die Ähnlichkeit der Anfangsbuchstaben bot ihnen die Möglichkeit zu manchem Verwirrspiel gegenüber allzu neugierigen Beobachtern. Noch heute fällt es gelegentlich schwer, in den Akten zwischen H. Schl. und dem anderen H. Schl. zu unterscheiden. Beide hielten sich auch an das lebenswichtige Gebot, keine schriftlichen Aufzeichnungen zu machen. Schliestedt wurde im November 1933 einige Tage verhaftet. Er konnte anschließend mit Hilfe der Kollegen in Berlin untertauchen. Erst nachdem ein Vertrauensmann und einige Angehörige verhaftet waren und mehrere Posten der Gestapo auf der Lauer lagen, ist Schliestedt am 2. Oktober 1934 mit dem Kraftwagen aus Berlin geflüchtet. Auf den dringenden Rat aller Freunde ging er über die Grenze nach Prag.

Um die Jahreswende 1934/35 schrieb Schliestedt einen umfangreichen Bericht an den Vorstand des Internationalen Gewerkschaftsbundes in Paris. Darin schilderte er als erste Aufgabe der illegalen Arbeit im Reich, „die Isolierung des einzelnen zu durchbrechen, die furchtbare Lähmung zu überwinden, das Selbstvertrauen wieder zu wecken und zu fördern. Hier hat die Arbeit der aktiven früheren Gewerkschaftsfunktionäre schon bald nach dem Zusammenbruch am 2. Mai 1933 eingesetzt. Die Metallarbeiter waren die ersten, welche die Verbindung mit allen Teilen Deutschlands wieder herstellten und ein Netz von Vertrauensleuten schufen. Vorerst zu dem einzigen Zweck, die Verständigung aufrecht zu erhalten, Informationen einzuziehen aus den Betrieben und an eine zentrale Stelle weiter zu leiten. Diese Nachrichten wurden zusammengefaßt, bearbeitet und, ergänzt durch wirtschaftliche und politische Nachrichten, wieder hinausgeschickt. Neben diesem schriftlichen Verkehr wurde auch die Rechtsberatung soweit als möglich aufrechterhalten, zentral sowohl, als auch in den einzelnen Orten. Auch die Vertretung vor den Arbeitsgerichten, wenn es ohne Gefahr für die Rechtsuchenden möglich war, wurde aufrecht erhalten. Dieser Brief- und Zirkulardienst wurde ergänzt durch gelegentliche mündliche Aussprachen, die allerdings viel zu selten stattfinden konnten, weil dafür die Mittel fehlen". Aus Gründen der Vorsicht nennt Schliestedt keine Namen. Aber heute wissen wir, daß Ernst Fraenkel (1898–1975), der frühere Syndikus des Deutschen Metallarbeiterverbandes (DMV), sich bei der Rechtsberatung der Kollegen hervorragend bewährte, bis er 1938 selber Deutschland verlassen mußte.

Für Schliestedts Bericht ist es typisch, daß er als gelernter Schlosser seinen Metallarbeiterverband in den Vordergrund stellt. Aber er nennt auch den allgemeinen gewerkschaftlichen Zusammenhalt: „Um die Arbeit zu vereinfachen, planmäßiger zu gestalten, sich gegenseitig zu unterstützen und zu ergänzen, die wenigen verfügbaren Mittel auf wirtschaftliche Weise zu verwenden, bildeten die Genossen, welche die zentrale Arbeit für die einzelnen Verbände leisteten, gewissermaßen eine Spitzenkörperschaft mit einigen Genossen aus dem ADGB. Regelmäßige wöchentliche Besprechungen dieses Personenkreises mit Berichterstattung und Materialaustausch, daneben viele Einzelbesprechungen neben der schriftlichen und mündlichen Arbeit für das ganze Reich ergeben eine intensive Arbeit, welche die Kraft einzelner bereits aufs Äußerste beansprucht".

Um aussichtsreich weiter kämpfen zu können, wurde die finanzielle Unterstützung durch die Internationale notwendig. Dort war die Bereitschaft, Gelder für deutsche Kollegen zu opfern, die im Reich ihr Leben riskierten, keineswegs groß. Es bedurfte der Fürsprache emigrierter Gewerkschafter, um die notwendige Unterstützung zu mobilisieren. Martin Plettl (1881–1962), bis 1933 Vorsitzender des Deutschen Bekleidungsarbeiter-Verbandes (DBAV), war im Frühjahr 1933 nach Amsterdam geflüchtet und amtierte dort bis 1935 als Präsident der Internationalen Bekleidungsarbeiter-Föderation. Er kannte Schliestedt aus den Berliner Tagen und nutzte seine Verbindung zu den einflußreichen amerikanischen Bekleidungsarbeitern für die zu gründende „Auslandsvertretung deutscher Gewerkschaften", die von Schliestedt in der Tschechoslowakei organisiert werden sollte. Gerhard Kreyssig (geb. 1899) war als Leiter der wirtschaftspolitischen Abteilung des IGB mit nach Paris gegangen. Er meinte, die illegale Gewerkschaftsarbeit im Reich müsse „systematischer bearbeitet" und zusammengefaßt werden: „Wir brauchen also ein Gremium! Eine Art Auslandsvertretung des ADGB, die im engsten Kontakt mit den illegal arbeitenden Gewerkschaften stehen müßte". Auch Kreyssig sah in Schliestedt den geeigneten Koordinator.

Unter der Deckadresse Fritz Heinrich, Komotau – Tschechoslowakei, Lessingstr. 23, entwickelte Schliestedt sein organisatorisches Konzept. Aufgrund seiner Erfahrungen im Reich betonte er die hervorragende Rolle der Inlandsarbeit. Die Auslandsvertretung sollte keine fremden Vorstellungen in das Reich hineintragen, sondern die Pläne und Programme der illegalen Reichsleitung aufnehmen, entwickeln und mit internationaler Hilfe wieder an die Kollegen in Deutschland vermitteln. Die Auslandsvertretung sollte kein Exilvorstand sein, sondern verstand sich als Organ der gewerkschaftlichen Illegalität im Lande. „Am besten", so schrieb Schliestedt an den emigrierten Holzarbeiterführer Fritz Tarnow (1880–1951) in Kopenhagen, „wäre eine Konferenz aller Gruppen, die in Deutschland tätig sind: Fabrikarbeiter, Bauarbeiter, Textilarbeiter, Eisenbahner, Seeleute und Binnenschiffer, Buchdrucker, Metallarbeiter, Bekleidungsarbeiter, Bergarbeiter und dazu

Vertreter des ADGB. Mit ihnen müßte der ganze Arbeits- und Aufbauplan durchberaten werden . . .".

Schliestedt meinte, daß „die gewerkschaftliche Arbeit nicht vom Ausland her nach Deutschland hinein geleistet werden kann, sondern von einer Zentrale, die in Deutschland selbst liegen muß". Er folgte einer Anregung Hermann Schlimmes in Berlin, als er für den 26./27. Juli 1935 zu einer Konferenz nach Reichenberg einlud. An dieser Konferenz nahmen Vertreter aller in Deutschland aktiven Gewerkschaften teil. Auch die sudetendeutschen Gewerkschafter in Reichenberg waren vertreten. Drei Abgesandte der Internationalen Berufssekretariate kamen − und Walter Schevenels als Generalsekretär des IGB in Paris. Obwohl Schliestedt zunächst mit der illegalen Reichsleitung der Arbeitergewerkschaften begonnen hatte, erfuhren auch die Angestellten von dieser wichtigen Konferenz. Aufhäuser und Spiekmann konnten teilnehmen. Allerdings reichte die Zeit nicht, um Angestelltenvertreter aus Berlin mit den notwendigen Sicherheitsvorkehrungen nach Reichenberg zu bringen.

Im Mittelpunkt der Reichenberger Beratungen standen „Leitsätze für die Gewerkschaftliche Auslandsvertretung Deutschlands (GEADE)". Es ging um „die notwendige Zusammenfassung aller vom IGB anerkannten illegalen Arbeit in Deutschland". Dazu sollte eine „Geschäftsstelle" in der Nähe der Grenze unter der Leitung Heinrich Schliestedts eingerichtet werden. Es wurde besonders betont, daß die Vertretung „aus ehemaligen deutschen Gewerkschaftern bestehen" müsse, „die nach ihrer früheren Tätigkeit über die erforderliche Sach- und Personenkenntnis" verfügten. Damit sollten sowohl kommunistische als auch linkssozialistische Kräfte (Neu Beginnen, ISK) ausgegrenzt werden.

An Aufgaben der Auslandsvertretung wurden genannt:

a) den IGB und die IBS bei allen Arbeiten in und für Deutschland zu beraten und zu helfen;

b) die dauernde Fühlung mit den in Deutschland illegal arbeitenden Gewerkschaftern zu halten und ihnen Hilfe zu leisten. In Deutschland selbst soll ein zentraler Ausschuß gebildet werden: die illegale Reichsleitung;

c) Vorschläge und Material für die Propaganda zu liefern, Informationen aus und über Deutschland zu sammeln und weiter zu leiten;

d) die Entwicklung der sozialen, sozialrechtlichen und organisatorischen Verhältnisse zu prüfen, unter denen bei einer Veränderung der politischen Machtverhältnisse der Wiederaufbau einer Gewerkschaftsbewegung in Angriff genommen werden kann.

Am wichtigsten waren die Abmachungen über finanzielle Unterstützung: Die Finanzierung der einzelnen Verbandsleitungen in Deutschland sollte durch die zuständigen Internationalen Berufssekretariate erfolgen. Für die Finanzierung der Auslandsvertretung kam der IGB auf. Die Finanzierung der

Reichsleitung erfolgte durch den IGB mit Unterstützung der Berufssekretariate.

Die deutschen Kollegen waren mit dem Ergebnis von Reichenberg sehr zufrieden. Schliestedt schrieb Anfang August 1935 an Wim Spiekmann: „Ich kann nur sagen, daß der Verlauf ausgezeichnet war und alle Teilnehmer unter dem Eindruck stehen, daß diese Konferenz eine geschichtliche Bedeutung haben wird". Karl Polenske (1876–1956), der für den Gesamtverband der Arbeitnehmer der öffentlichen Betriebe und des Personen- und Warenverkehrs teilnahm, schrieb an Martin Plettl in New York: „Die größte Freude für mich war die Teilnahme an der Reichenberger Konferenz. Ein Lichtblick! Eine Hoffnung in dieser von parteipolitischem Richtungsstreit zerwühlten Zeit. Die Leute der Berliner Leitung geben mir eine Gewähr, daß gute Arbeit geleistet wird". Aus der Sicht des Inlandes, die von Polenske eingenommen wurde, stand die Reichenberger Konferenz im Zusammenhang sowohl mit der Vereinbarung über den Führerkreis von 1933 als auch mit der Vorbereitung auf einen großen Schlag, wie er schließlich am 20. Juli 1944 erfolgte. Polenske deutete an: „Die Verhandlungen mit Rechts, Zentrum und Reichswehr gehen weiter".

Der Vorstand des IGB in Paris bewilligte eine monatliche Unterstützung in Höhe von 1.000,– Reichsmark. Damit konnte Schliestedt endlich eine planvolle Arbeit anlaufen lassen. Aus heutiger Sicht erscheint der Betrag lächerlich gering. Er zeigt, mit wie bescheidenen Mitteln und welchem enormen Idealismus damals gearbeitet wurde. Das Geld aus der Internationale wurde nicht als Fremdfinanzierung empfunden, denn bis 1933 hatten die deutschen Gewerkschaften zu den stärksten Beitragszahlern gerechnet. Auch war ein Teil gewerkschaftlichen Vermögens 1933 in die Internationale geflossen. Aber die Hilfsgelder erschwerten die Verteidigung im Falle einer Anklage vor dem Volksgerichtshof. Das Risiko der illegalen Arbeit wuchs.

Hitlers Geheime Staatspolizei beobachtete früh die Verbindungen Hermann Schlimmes und Erich Bührigs (1896–1959) zu „Fritz Heinrich" in Komotau. Nach der Reichenberger Konferenz ließ sie Anschriftenlisten von Tausenden ehemaliger Gewerkschaftsfunktionäre im gesamten Reich zusammenstellen. Sie alle galten offensichtlich als potentielle und tatsächliche Mitarbeiter der illegalen Reichsleitung. Hermann Schlimme wurde am 20. Januar 1937 verhaftet – zusammen mit Freund Cäsar Thierfelder (geb. 1886), der an der Spitze des Widerstandes der Bekleidungsarbeiter wirkte. Gemeinsam mit Otto Scharfschwerdt (1887–1943), dem Vorsitzenden des Lokomotivführerverbandes, mit Erich Hahn, Erich Wienig, Fritz Ammon, Reinhold Weise, Rudolf Castan und Wilhelm Masuch wurde Schlimme im Dezember 1937 vor dem 5. Strafsenat des Kammergerichts in Berlin angeklagt und zu drei Jahren Zuchthaus verurteilt. Thierfelders Verfahren wurde abgetrennt. Die Anklage gegen Scharfschwerdt und Genossen lautete auf illegale Bestrebungen für die SPD, ging also am wirklichen Tatbestand vorbei. Die

illegale Reichsleitung wurde nicht aufgedeckt, auch nicht die Bedeutung der Auslandsvertretung. Hermann Schlimme und seine Kollegen verschwiegen tapfer ihre gewerkschaftlichen Verbindungen. Befriedigt konnte Schliestedt im Februar 1938 feststellen: „Hermanns Verteidigung muß hervorragend gewesen sein. Bei den Vernehmungen ist immer wieder nach mir, der unter dem Namen ‚Heinrich‘ lebe, gefragt worden, natürlich ohne Resultat".
Während Schlimme die Haft lebend überstand, weiterhin vorsichtig illegal arbeitete und 1945 für den Wiederaufbau zur Verfügung stand, endete der Widerstand für den Lokomotivführer und Kesselschmied Scharfschwerdt tragisch: Nach Verbüßung der Zuchthausstrafe wurde er in das KZ Sachsenhausen verschleppt. Er starb wenig später an Typhus.
Schliestedt ließ sich durch die Verhaftungen im Reich nicht entmutigen. Es wurden neue Kontakte geknüpft. Aber die Lage in der Tschechoslowakei entwickelte sich nach dem „Anschluß" Österreichs immer schwieriger. Der IGB mußte seine Kräfte auf den spanischen Bürgerkrieg konzentrieren. Die Widerstandsarbeit verlagerte sich mehr und mehr an die deutsche Westgrenze. Als Schliestedt am 13. August 1938 mit dem Flugzeug zu einer Konferenz nach Mülhausen im Elsaß fliegen wollte, stürzte er über dem Schwarzwald ab. Die Arbeit der Auslandsvertretung wurde teils von Paris und Amsterdam, teils von Kopenhagen und Stockholm aus fortgesetzt. Unterdes bildete sich in London ein letztes Refugium der freien Arbeiterbewegung Europas. Als Vorsitzender der Landesgruppe Deutscher Gewerkschafter in Großbritannien (LDG) trat Hans Gottfurcht letztlich in die Fußstapfen Heinrich Schliedstedts. Freilich litt die Verbindung zur illegalen Reichsleitung unter dem Kriegszustand und der geographischen Entfernung. Allein über Schweden und die Schweiz bestanden letzte heimliche Verbindungen ins Reich.

6. Illegale Reichsleitungen einzelner Verbände

Ähnlich wie der Dachverband bildeten die einzelnen Verbände ihre illegalen Reichsleitungen. Dabei handelt es sich entweder um die alten Spitzenfunktionäre, die ihre Zusammenkünfte geschickt zu tarnen verstanden, oder um jüngere Gruppierungen, die im Protest gegen die Passivität der alten Führungsgruppe einen neuen, aktiveren Organisationskern zu bilden suchten.
Im Bereich des *Metallarbeiterverbandes* waren die Voraussetzungen für die illegale Arbeit insofern besonders günstig, als sowohl die alte Führung unter Alwin Brandes (1866—1949) wie die junge Mannschaft mit Heinrich Schliestedt und Max Urich (geb. 1890) zur Kooperation bereit und zum Widerstand entschlossen waren. Obwohl Brandes — wie viele seiner Kollegen — sich täglich bei der Polizei melden mußte, wurde seine Wohnung zu einem lebhaften Treffpunkt. Völlig legal betreute Brandes an die 750 ehemalige

Funktionäre des DMV, deren soziale Rechte einzuklagen waren. Dabei ergaben sich vielfältige Möglichkeiten, Informationen zu tauschen und Verabredungen zu treffen.

Obwohl der Gestapo-Spitzel mit dem Decknamen „Go 1" belastende Angaben machte, war die Arbeit von Brandes so geschickt getarnt, daß er nach seiner Verhaftung vom 25. Januar 1935 vor dem Volksgerichtshof einen Freispruch erlangte. Trotzdem steckten die Nazis den alten Mann in das Konzentrationslager Sachsenhausen. Unbeirrt setzte er nach der Entlassung im Jahre 1937 seine Arbeit für die Kollegen fort. Leuschner stand während des Krieges mit Brandes in Verbindung, nannte ihn im Verhör vor der Gestapo aber zu alt, um nach dem Umsturz die Industriegruppe Metall zu übernehmen.

Als Nachfolger von Brandes bezeichnete er den Schlosser Richard Teichgräber (1884–1945). Der frühere Bezirksleiter des DMV war zusammen mit Willy Rößler (geb. 1884) im selben Verfahren wie Alwin Brandes angeklagt. Sie erhielten vier Jahre Zuchthausstrafe und wurden anschließend ins Konzentrationslager geworfen. Teichgräber saß in Buchenwald, Lublin, Auschwitz und Mauthausen. Dort wurde er am 25. Februar 1945 ermordet.

Die Liste der Todesopfer unter den illegal arbeitenden Metallern ist besonders lang. Gleichwohl müssen auch die Überlebenden genannt werden, denn sie haben die Konzeptionen des Widerstandes in den Wiederaufbau überliefert. Hans Böckler (1875–1951) und Walter Freitag (1889–1958). Beide wurden Vorsitzende des Deutschen Gewerkschaftsbundes (DGB).

Die *Holzarbeiter* waren mit ebenso bekannten Namen vertreten. Der Drechsler Theodor Leipart lebte in weitgehender Zurückgezogenheit. Er war zu bekannt, um erfolgreich konspirieren zu können, zu alt und zu krank, um den offenen Kampf zu wagen. Allenfalls hielt er nachbarschaftliche Verbindungen zu Erkelenz, Kaiser, Schlimme, Leuschner. Als Leiparts Nachfolger wählte der Bildhauer Wilhelm Leuschner neue Wege. Er stand an der Spitze des Führerkreises. Nach der Verhaftung Schlimmes gruppierte sich um Leuschner die illegale Reichsleitung. Im Zusammenhang mit dem 20. Juli vertrat er sowohl die Interessen der freiheitlich-sozialistischen Gewerkschafter als auch die Konzeption der deutschen Einheitsgewerkschaft.

Seit dem Mai 1933 arbeitete Leuschner heimlich mit Ernst Schneppenhorst (1881–1945) zusammen. Der war gelernter Schreinergeselle und ehemaliger Sekretär des Holzarbeiterverbandes. Als Minister für militärische Angelegenheiten hatte Schneppenhorst schon 1919 in Bayern einschlägige Erfahrungen sammeln können. Er hielt Verbindungen zu Militärs in Deutschland und zu Emigranten in der Tschechoslowakei. Im März 1944 kümmerte er sich besonders um die Aktivierung des fränkischen Raumes. Nach dem Scheitern des 20. Juli wurde Schneppenhorst verhaftet und in den letzten Kriegstagen, Ende April 1945, von der Gestapo erschossen.

Als Vorsitzender des Deutschen Holzarbeiterverbandes (seit 1920) und Sekretär der Internationalen Union der Holzarbeiter (seit 1928) nahm Fritz
Tarnow eine Schlüsselstellung ein. Er flüchtete nach seiner Enthaftung am
11. Mai 1933 über Prag, Paris, Amsterdam und London nach Kopenhagen.
Von dort unterhielt er intensive Verbindungen zu seiner Internationale und
zu Schliestedt in Komotau. Über Sohn Reinhold Tarnow und Leuschners
Tochter Käthe wurde eine Nachrichtenbrücke zum Zentrum des gewerkschaftlichen Widerstandes in Berlin aufrechterhalten. In der Kabinettsliste
des 20. Juli war Tarnow als künftiger Reichswirtschaftsminister eingeplant.
Soweit es 1944 noch Verbindungen des inneren Widerstandes der Gewerkschaften zu den Alliierten gab, sind dafür Tarnows Beziehungen nach Berlin
und zur amerikanischen Botschaft in Stockholm verantwortlich zu machen.
In London wurde derselbe Kontakt durch die Fürsprache und Nachhilfe
Hans Gottfurchts abgesichert.

Da Tarnow ein politisches Amt übernehmen sollte, wurde Markus Schleicher
(1884—1951), der bereits seit 1920 dem Verbandsvorstand angehört hatte,
als Vorsitzender der Industriegruppe Holz vorgesehen. Richard Timm
(geb. 1892) galt als potentieller Nachfolger. Wegen seiner Beziehungen zu
Leuschner wurde der frühere Jugendsekretär des Holzarbeiterverbandes verhaftet und vom Volksgerichtshof in Berlin unter Roland Freisler zu 3 Jahren
Zuchthaus verurteilt.

Als Vorbild aller illegalen Reichsleitungen von Einzelverbänden ist die Widerstandsorganisation der *Eisenbahner* anzusehen. Der frühe Beginn und die
guten Kommunikationsmöglichkeiten im nationalen und internationalen
Rahmen erleichterten eine perfekte Organisation, die durch Hans Jahn als
Reichsleiter in Absprache mit der ITF geführt wurde. Er stand in Berlin mit
der Bundesspitze in Verbindung und ließ sich regional durch ein Netz von
„Gaugrafen" vertreten.

In einem umfassenden und detaillierten Bericht, den Jahn offenbar Mitte
1936 in der Emigration anfertigte, heißt es: „Aus kleinsten Anfängen entwickelte sich mit der Zeit eine verhältnismäßig gute Kaderorganisation.
Ohne geschichtliches Vorbild, ohne Mittel zu umfassenden und regelmäßi-
gen Unterstützungen für arbeitslose Kollegen mußte gearbeitet werden. Der
Anfang war persönliche Verbindung, die Grundlage gegenseitiges Vertrauen".

Das Reich wurde zunächst eingeteilt in siebzehn Gaue — von der Bahnlinie
Aachen bis nach Ostpreußen. Dazu kamen fünf besondere Bezirke mit Stütz-
punkten in 158 Orten. Für jeden Gaugrafen war ein besonderes Stichwort, ein
Erkennungswort und ein Erkennungszeichen vereinbart. Die Gefahr der Aufdeckung war groß, als Jahn im Mai 1935 kurzfristig verhaftet wurde. Ihm gelang die Flucht aus Berlin ins Ausland. Aber die Umstände machten eine
Umorganisation notwendig, wobei die Errichtung von Grenzstellen behilflich war. Nach den Angaben Jahns waren am 1. März 1936 in 137 Stütz-

punktorten noch 284 Stützpunktführer mit 1.320 Funktionären gemeldet. Womöglich hat Jahn bei diesen Angaben – um der Sache willen – leicht übertrieben. Er schloß seinen Bericht mit der Bemerkung: „In Anbetracht der Bedeutung, die das Deutsche Reich in der Weltpolitik einnimmt, muß die Fortführung der illegalen Arbeit als notwendig bezeichnet werden". Bedeutungsvoll fügte er hinzu: „Dies erfordert neben anderem in erster Linie Geld".

Während Jahn sich im Ausland um die Finanzierung seiner Arbeit sorgte, wurde eine Gruppe seiner Vertrauensleute vor dem Volksgerichtshof angeklagt. Der Reichsbahnsekretär Hans Funger (geb. 1891) erhielt 15 Jahre Zuchthaus, der Kaufmann Heinrich Tillier (geb. 1914) 2 1/2 Jahre, der Schweißer Paul Emmen (geb. 1896) 10 Jahre, der Schlosser Hugo Bachmann (geb. 1889) 6 Jahre, der Angestellte Leo Radtke (geb. 1897) 4 Jahre, der Schlosser Wilhelm Komorowski (geb. 1906) 10 Jahre, der Schlosser Max Pester (geb. 1896) 6 Jahre, der Eisenbahnschaffner Heinrich Malina (geb. 1887) 5 Jahre. Das war am 3. Dezember 1937. Schon zwei Wochen später verhandelte das Oberlandesgericht Hamm gegen neun weitere Eisenbahngewerkschafter, von denen die meisten zu zwei bis drei Jahren Zuchthaus verurteilt wurden.

Jahn war von der Notwendigkeit seiner Arbeit so überzeugt, daß er weiter auf Intensivierung drängte. „Fahrt – frei" wurde als illegale ITF-Zeitung für den Einheitsverband der Eisenbahner Deutschlands weiterhin ins Reich geschmuggelt. Durch Vermittlung Edo Fimmens kam es zu einer Kooperation mit Karl Molt, dessen Eisenbahnergruppe von der Schweiz aus im Südwesten des Reiches arbeitete. Jahn unterhielt gleichzeitig Beziehungen zur Gruppe Neu Beginnen und zum Internationalen Sozialistischen Kampfbund, so daß seine Aktivitäten nicht nur eine gewerkschaftliche, sondern auch eine militant politische Orientierung bekamen. Die holländische Regierung wies ihn 1937 wegen seiner politischen Umtriebe aus. Jahn fand ein neues Asyl im kleinen Staat Luxemburg und hielt von dort aus bis zum Tage des deutschen Überfalls die Fäden seiner Organisation zusammen. Dergestalt gelang es ihm, insbesondere ab Frühsommer 1939 konkrete Nachrichten über Kriegsvorbereitungen im Eisenbahnbereich, Ausrüstung von Lazarettzügen etc. an die Internationale weiterzuleiten und die Gefahr der Entfesselung des Zweiten Weltkrieges deutlich zu machen. Auf der Flucht nach Frankreich fielen Jahns Frau und Kind den Nazis in die Hände. Er selbst entkam nach Frankreich und flüchtete weiter nach London. In seiner Luxemburger Wohnung wurde der Organisationsplan mit Namen und Orten gefunden. Bei einer ersten Überprüfung kam die Gestapo Düsseldorf zu dem Ergebnis, daß Jahns Apparat tatsächlich in der aufgeführten Form funktionierte. Das Reichssicherheitshauptamt in Berlin wurde „mit der zentralen Bearbeitung des Verfahrens gegen die illegale ITF im Reich beauftragt", und zwar mit der Bitte „um möglichste Beschleunigung". Es kam zu weiteren

Verhaftungen und Todesopfern. Unmöglich lassen sich hier alle Namen nennen. Erwähnt seien lediglich beispielhaft: Otto Bäcker (1887–1945), Schlosser und Ortsangestellter im Eisenbahnerverband Siegen in Westfalen, umgekommen im Konzentrationslager Überlingen; Josef Ludwig, Sekretär des Einheitsverbandes der Eisenbahner, im April 1945 im Konzentrationslager Dachau . . .

Trotz des hohen Blutzolls wurde die illegale Eisenbahnerorganisation nicht vollständig zerstört. Soweit es im Zusammenhang mit dem 20. Juli 1944 Pläne für einen Generalstreik gab, stützten sie sich auf das dichte Netz von Vertrauensleuten unter den Eisenbahnern im Rhein-Main-Gebiet, die gegebenenfalls auslösend für das Reichsgebiet in den politischen Streik treten sollten. Als Hans Jahn nach 1945 mit Hilfe der Siegermächte nach Deutschland zurückkehren konnte, waren es seine Vertrauensleute aus der Illegalität, auf die sich der Aufbau der Eisenbahnergewerkschaft stützte.

Die illegalen Reichsleitungen der Einzelgewerkschaften, ihre Funktionäre und Anhängerschaft im Reich, sind bis heute kaum erforscht. Wo der Historiker nachschaut, findet er überall ähnliche Strukturen, wenn auch unterschiedlich stark entwickelt: bei den Bergarbeitern, den Seeleuten, den Hafenarbeitern, den Buchdruckern, Lithographen und Buchbindern, den Bekleidungsarbeitern, den Schuhmachern und Sattlern, den Maurern und Zimmerleuten. Überall hielten abgesetzte Funktionäre und treue Mitgliedergruppen zusammen, um dem Schreckensregime ein Ende zu setzen.

7. Wilhelm Leuschners „Fabrik", der 20. Juli 1944 und das Konzept der deutschen Einheitsgewerkschaft

Die schwierigste Phase des gewerkschaftlichen Widerstandes lag zwischen Anfang 1937 und Ende 1941. Erfolge des NS-Regimes in der Arbeitsbeschaffung und in der Außenpolitik machten die Argumentation schwieriger, auch wenn weitsichtige Köpfe in diesen Erfolgen nur die Vorboten der kriegerischen Katastrophe erblickten. Für 1937/38 ist auch eine politische Umorientierung innerhalb der Arbeiterbewegung zu beobachten. Nach der „Brüsseler Konferenz" von 1935 schienen kommunistische Kräfte eine ehrliche Volksfrontpolitik zu betreiben. Im Zusammenhang damit orientierte sich ein Teil des Widerstandes stärker auf die deutsche Westgrenze und die Zentren in Paris. Dort hatte sich auf kommunistische Initiative ein Koordinationskomitee bzw. ein Koordinationsausschuß (KA) deutscher Gewerkschafter gebildet, der mit der Auslandsvertretung in Komotau rivalisierte. Der KA vertrat ein Programm „Zum Aufbau einer unabhängigen einheitlichen antifaschistischen Gewerkschaftsbewegung in Deutschland". Dieses Programm trug die Handschrift des ehemaligen RGO-Führers Paul Merker (1894–1969), wie auch der KA von seinen kommunistischen Mitgliedern beherrscht wurde, so daß sozialistische Gewerkschaftsvertreter sich zurückzogen. Mit Bekanntwerden der Säuberungen in der Sowjetunion, der Grausamkeiten stalinistischer Politik in Spanien und schließlich mit dem Hitler-Stalin-Pakt war diese Episode erledigt. Aber sie hatte zur Desorientierung unter freiheitlich-sozialistischen Gewerkschaftern beigetragen und eine Schwächung der Auslandsvertretung bewirkt.

In den zwei Jahren von Wilhelm Leuschners Enthaftung (1934) bis zu Hermann Schlimmes Verhaftung (Anfang 1937) hatten beide eng miteinander zusammengewirkt. Nach Schlimmes Angaben war es ihnen gelungen, „die Anträge von etwa 7 000 Angestellten des ADGB auf Zahlung ihrer Gehaltsansprüche" zu verfolgen und bei gleicher Gelegenheit die alten Verbindungen zu reaktivieren. Beide wußten, daß sie von der Gestapo beobachtet wurden. Deshalb entwickelten sie eine Technik der vollkommenen Entschriftung ihres Widerstandes. Auch die persönlichen Kontakte wurden auf ein Minimum reduziert.

Als ehemaliger Innenminister in Hessen kannte Leuschner die Methoden der politischen Polizei zu genau, als daß er die Verteilung von Flugblättern und Zeitungen für ein geeignetes Kampfmittel gehalten hätte: Alle Drucksachen oppositionellen Inhalts erleichterten die Aufdeckung der illegalen Gruppen und stützten gegebenenfalls die Anklage wegen Hoch- und Landesverrats. Wer dergleichen verteilte, zeigte gewiß Mut und Organisationstalent, doch reichten seine Mittel niemals aus, den nationalsozialistischen Machtapparat zu schwächen oder gar zu unterminieren. Im Gegenteil: immer wieder flogen Gruppen auf, weil Flugschriften gefunden, ihre Besitzer streng verhört und die Gruppen schließlich identifiziert wurden. Leuschner und seine Freunde vermieden konsequent dieses Risiko.

Auf andere Weise war Leuschner höchst aktiv: Seit 1934 hatte er sich nicht nur in die illegale Reichsleitung eingearbeitet, sondern auch eine unabhängige wirtschaftliche Existenz aufgebaut. Es handelte sich zunächst nur um eine kleine Fabrik für Bierzapfhähne, die Leuschner zusammen mit versierten Kollegen wie Ernst Schneppenhorst und dem Jugendfunktionär Hermann Maaß (1897—1944) ausbaute. Das Geheimnis des Erfolges bildeten Patente über korrosionsbeständige Verschraubung von Leichtmetallarmaturen, die im Rahmen des Vierjahresplanes besondere Bedeutung erlangten. Sie erlaubten die Einsparung kostbarer Buntmetalle. Im Kriege gewannen solche Armaturen auch direktes Interesse für den U-Boot-Bau, so daß Leuschner und seine Mitarbeiter besondere Passierscheine erhielten. Sie durften damit bei höchsten Wehrmachtsstellen ein- und ausgehen, ohne sich verdächtig zu machen. Dergestalt konnten Leuschner, Maaß und Schneppenhorst sowohl die alten Kollegen in Biergärten, Cafés und Restaurants, als auch die Generäle in Kasernen und Ministerien „rein geschäftlich" aufsuchen und alles Notwendige besprechen. So paradox das klingen mag: Die illegale Reichsleitung der Gewerkschaften in Berlin fußte seit Mitte der 30er

Jahre organisatorisch und wirtschaftlich auf den besonderen Möglichkeiten wehrwirtschaftlichen Unternehmertums im Dritten Reich.

Leuschners Arbeitsweise an der Spitze von Führerkreis und Reichsleitung glich dem der emsig und lautlos schaffenden Spinne in einem weitgespannten, unsichtbaren Netz, die ihre Haltefäden ausspannt, die feineren Verbindungen zieht, Signalfäden unter Kontrolle hält und Beschädigungen ausbessert, in der Gewißheit, daß ein Erfolg nicht ausbleibt, wenn sie sich von der Ungeduld nicht hinreißen läßt.

Das große Netz des gewerkschaftlichen Widerstandes blieb unentdeckt, obwohl Leuschner im Zentrum Berlins an der Bismarckstraße 84 in seiner Fabrik leicht zu beobachten, den Behörden längst bekannt und auch immer wieder verdächtig war, ohne daß ausreichende Beweise vorlagen. Bei Kriegsausbruch 1939 sperrten die Nazis Leuschner vorsichtshalber ins Konzentrationslager, und zwar zusammen mit Carlo Mierendorff (1897–1943), Julius Leber (1891–1945), Paul Löbe (1875–1967), Carl Severing (1875–1952) u. a. Unter den Verhafteten waren auch Gustav Noske (1868–1946) und Lothar Erdmann (1884–1939). Erdmann, der als engster Mitarbeiter Leiparts die Politik der Anpassung 1933 mit konzipiert hatte, wurde kurz nach seiner Verhaftung ermordet.

Anders erging es Leuschner: Seine Fabrik galt inzwischen als wehrtechnisch so interessant, daß er aus der KZ-Haft heraus mit seinen Angestellten, die auch zum gewerkschaftlichen Widerstand zählten, verhandeln durfte. Nach wenigen Tagen kam er wieder frei. Ein halbes Jahr nach Kriegsausbruch, als das Regime wegen der Erfolge an der Westfront immer selbstbewußter wurde, erhielt Leuschner sogar die Erlaubnis, künftig noch weniger behindert durch Deutschland zu reisen. Er brauchte seine Termine nicht einmal mehr formell anzuzeigen.

Als Herrmann Schlimme enthaftet wurde, setzte er sich wieder mit Leuschner in Verbindung. Über ihre Beziehung berichtete Schlimme später: „Während meiner Inhaftierung hat Leuschner sein Hauptaugenmerk auf die Gewerkschaftsarbeit gerichtet, die ich später im Rahmen des Möglichen fortgesetzt habe". Weiter heißt es bei Schlimme: „Leuschner hatte sehr gute Verbindungen zur DAF, die ihm sogar vertrauliche Schriftstücke zukommen ließ". Einige Stücke im Leuschner-Nachlaß bestätigen diese Angaben.

Über die allgemeine Konzeption Leuschners schrieb Schlimme im gleichen Brief an Ludwig Bergstraesser: „Wilhelm Leuschner hat sich bemüht, mit den bürgerlichen einflußreichen Kräften Verbindung zu halten, um am Tag X genügend verantwortungsbewußte Kräfte für die Neuordnung eines demokratischen Deutschlands zur Verfügung zu haben". Über das Ergebnis meinte Schlimme: „Wir waren uns einig, daß nur eine einheitliche Gewerkschaftsbewegung und eine einheitliche Arbeiterpartei geschaffen werden mußte (. . .)". Das war korrekt formuliert: Mit Einschluß der christlichen Gewerkschafter war eine neue Arbeiterpartei geplant – freilich nicht nach dem Muster einer Einheitspartei bestimmter Ausrichtung, sondern nach dem Modell der britischen Labour Party freiheitlichen Zuschnitts. Darüber bestand auch Einigkeit mit dem greisen Theodor Leipart.

Die ersten losen Verbindungen zu militärischen Kreisen, die bis in die Ära Kurt von Schleichers zurückreichten, wurden in Verhandlung mit Generaloberst Beck u.a. zu einem regelrechten Aktionsbündnis entwickelt. Dabei stellte Leuschner klar, daß der erste Schlag seiner Erhebung nicht von der Arbeiterschaft und ihrer illegalen Gewerkschaft zu erwarten sei. Er zog damit seine Lehren aus dem Zusammenbruch der Weimarer Republik von 1932/33 und aus der Revolution von 1918/19. Beide Male hatte das Militär sich der sozialen Verantwortung nicht gewachsen gezeigt und die Arbeiterschaft bluten lassen. Nun sollten die Militärs ins erste Treffen gehen.

In seiner Absprache stellte Leuschner klar: ,,Wir haben Hitler nicht in den Sattel gehoben und auch diesen Krieg, der über kurz oder lang zu einer Katastrophe führen muß, nicht angefangen. Wir werden uns auch nicht, um Hitler zu beseitigen und den Krieg zu beenden, in irgendwelche Abenteuer stürzen, bei denen wir obendrein noch damit rechnen müssen, daß die Generäle auf die Arbeiterschaft schießen lassen, wenn wir sie zum Generalstreik aufrufen". Leuschner betrachtete den allgemeinen politischen Streik nicht als geeignete Waffe der Offensive, sondern nur als letztes Mittel zur Verteidigung bestehender demokratischer Verhältnisse. Als Vertreter des Führerkreises und der illegalen Reichsleitung der Gewerkschaften konnte Leuschner den Militärs deshalb lediglich die aktive Mitarbeit *nach* einem erfolgreichen Umsturz und *für* eine demokratische und soziale Neuordnung versprechen. Darauf gab er sein Wort.

Das Rückgrat des gewerkschaftlichen Widerstandes war keineswegs ein ,,stehendes Heer" aktiver Gewerkschafter, aber doch ein rasch mobilisierbares Potential, das viele Millionen zählte. Wer nach der Massenbasis einer Kaderorganisation fragt, muß das Verhältnis der Offiziere zu den Mannschaften in Rechnung stellen. Während der Weimarer Republik kamen etwa 700 Mitglieder auf einen hauptberuflichen Funktionär. Mit diesem Faktor war die Zahl der treu gebliebenen Sekretäre zu multiplizieren. Hinzu kam die Stärkung durch das Konzept der Einheitsgewerkschaft. Im Zusammenhang mit den Vorbereitungen des 20. Juli erwiesen sich die christlichen Gewerkschafter unter der Führung von Jakob Kaiser als besonders zuverlässig, opferbereit und todesmutig. Eine unvollständige Chronik nennt: Otto Gerbig, Vorstandsmitglied des DHV, im Dezember 1944 im KZ Buchenwald umgekommen; Heinrich Imbusch, Vorsitzender der Gewerkschaft christlicher Bergarbeiter, Nikolaus Groß, ehemaliger Redakteur der ,,Kettelerwacht", am 23. Januar 1945 hingerichtet; Gottfried Könzgen, Hauptvorstandsmitglied des Christlichen Metallarbeiter-Verbandes, im KZ Mauthausen ermordet; Heinrich Körner, Landesgeschäftsführer der Christlichen Gewerkschaften, am 25. April 1945 in Berlin erschossen; Bernhard Letterhaus, Vorstandsmitglied des

Christlichen Textilarbeiter-Verbandes, am 14. November 1944 hingerichtet; Franz Leuninger, Bezirksleiter des Christlichen Bauarbeiterverbandes, am 1. März 1945 hingerichtet; Josef Wirmer, Rechtsberater der Christlichen Gewerkschaften, am 8. September 1944 hingerichtet; Margarete Wolf, Hauptvorstandsmitglied der Christlichen Gewerkschaften, im Konzentrationslager Theresienstadt umgekommen.

Als Leuschner nach dem Scheitern des Generalputsches Ende September 1944 zum Hinrichtungsschuppen in Plötzensee geschleppt wurde, lautete seine letzte Botschaft an die Kollegen: „Morgen werde ich gehenkt, schafft die Einheit!" In den harten Verhören zuvor hatte er noch einmal das Konzept der Einheitsgewerkschaft oder der „Deutschen Gewerkschaft", wie es damals hieß, grundsätzlich dargestellt. Er berief sich auf das Abkommen über die Bildung des Führerkreises vom April 1933 und schilderte bis in Einzelheiten den Aufbau der „Reichsleitung". Das zugehörige Programm ließ sich in wenigen Leitsätzen zusammenfassen: Wiederherstellung der sozialen Republik als Rechtsstaat; Aufbau einer freiheitlich sozialistischen und christlichen Einheitsgewerkschaft; gesellschaftliche, wirtschaftliche und soziale Neuordnung auf der Basis demokratischer Selbstverwaltung. Das war Leuschners Testament. Wer es in seinen Konsequenzen durchdenkt, findet darin noch immer Organisationsprinzipien und Programmsätze angelegt, deren Verwirklichung aktuell bleibt.

Hans Gottfurcht
Als Gewerkschafter im Widerstand

In der Periode der Scheinlegalität der Gewerkschaften zwischen der Machtergreifung Hitlers Ende Januar 1933 und ihrer Zerschlagung am 2. Mai trafen sich Bernhard Göring und ich recht oft. Nach besorgten Diskussionen kamen wir zu dem Ergebnis, daß aus gewerkschaftlichen Kreisen ein Zentrum des Widerstandes entstehen müsse. Wir stellten die Verbindung her zu Hermann Waschow und Willi Snell vom Bund der technischen Angestellten und Beamten (Butab) und zu Petersdorf vom Deutschen Werkmeister-Verband. Ohne von irgendeiner Stelle ernannt, berufen oder gewählt worden zu sein, entstand so eine Reichsleitung der illegal arbeitenden Angestellten-Organisationen. Eine Bestätigung der Reichsleitung erfolgte durch den Internationalen Bund der Privatangestellten (IBP, heute FIET) und ihren Generalsekretär Wim Spiekman.
Wir wußten, daß unseren Arbeitsmöglichkeiten enge Grenzen gesetzt waren. Weder wir noch viele ähnliche andere Gruppen konnten die bestehenden Machtverhältnisse umstürzen. Es war nur möglich, durch immer intensiver werdende Bemühungen in allen unseren Gruppen den Geist des Widerstandes lebendig zu erhalten, so daß nach der Nazizeit die Überlebenden wieder ihre Arbeit aufnehmen konnten. Wir waren schon 1933 davon überzeugt, daß nach der mörderischen Vernichtung aller inneren Feinde der Nazis der Krieg gegen äußere Feinde unvermeidlich werden würde. Ebenso zweifelten wir nicht daran, daß das Ende des Krieges auch die Beseitigung der Nazi-Herrschaft bringen müßte. Unsere Hoffnung, daß der innere Widerstand einen aktiven Beitrag zu dieser Umkehr leisten könnte, erwies sich, wie wir heute wissen, als Illusion. Das „Wie" und „Wo" dieser Entwicklung gehört nicht mehr zu den vorliegenden Betrachtungen.
Zunächst jedoch ein Wort über die hier genannten Funktionäre. Bernhard Göring war vor 1933 Sekretär im Allgemeinen Freien Angestellten-Bund gewesen und bekleidete zugleich einige Funktionen im Zentralverband der Angestellten. Er gehörte der Verbandsspitze des Bundes religiöser Sozialisten an. Ich selbst war im Zentralverband der Angestellten für die Bezirke Berlin, Brandenburg, Westpommern, für die Grenzmark und beide Mecklenburg zuständig. Hermann Waschow war ehrenamtlicher Vorsitzender des „Butab" gewesen, in dem wiederum Willi Snell als Sekretär gearbeitet hatte. Nach der Zerschlagung der Gewerkschaften waren sie als hochqualifizierte Fachkräfte in die Industrie gegangen, ich war in der Generalagentur einer großen deutschen Versicherungsgesellschaft untergekommen. Bernhard Göring erwarb im Südosten von Berlin ein gut gehendes Zigarrengeschäft,

das uns später im Laufe der Jahre als Briefkasten, Treffpunkt und Nachrichtenstelle unschätzbare Dienste leisten sollte.

Wir verständigten uns, daß im Zusammenhang mit unseren Bemühungen möglichst keine schriftlichen Aufzeichnungen gemacht werden durften. Versuche anderer Gruppen, mit uns zusammen zu arbeiten, waren mit größter Vorsicht zu behandeln. Die Erfahrung zeigte, daß je „linker" die Gruppe sich gab, um so größer die Gefahr ihrer Unterwanderung durch Spitzel war. Im Laufe der Zeit ergab sich eine Aufgabenverteilung, die aber nicht bedeutete, daß es sich um streng abgegrenzte Ressorts handelte. Jeder tat sein Bestes. Waschow und Snell waren besonders an den Verbindungen mit der sozialdemokratischen Emigration in Prag interessiert. Göring unterhielt alle möglichen Kontakte mit Gruppen um Leuschner. Mir fielen zwei Aufgaben zu: die Verbindung mit dem IBP (Spiekman) in Amsterdam und der Versuch der Verbindung zu gleichgearteten Gruppen im Reich.

Zwischen 1934 und 1938 war ich achtmal in Amsterdam, um Spiekman Bericht zu erstatten. Da ich Verwandte in England hatte, gelang es mir, mit dem Hinweis auf familiäre Schwierigkeiten meinen Paß zu verlängern. So war mein angegebenes Reiseziel immer London, aber der Zwischenaufenthalt in Amsterdam der eigentliche Zweck der Reise. Außerdem nahm ich regelmäßig Kontakte zur Internationalen Transportarbeiter-Föderation (ITF) auf, die ohne Zweifel die aktivste internationale Gewerkschaftsorganisation in der Widerstandsarbeit war. Sie stand auch mit Wim Spiekman in enger Verbindung.

Auch meine Dienstreisen im Auftrage der Versicherungsgesellschaft waren geeignet, die Verbindungen zu anderen Gruppen herzustellen und fortzusetzen. Neben mehreren Reisen in die Umgebung von Berlin unternahm ich zwei größere Rundreisen. Die eine führte mich von Stettin über Stralsund nach Rostock, Hamburg und Bremen und von dort über Groningen nach Amsterdam. Die zweite Reise begann in Breslau und ging über Leipzig und Halle nach Erfurt. Aus meiner früheren kaufmännischen Tätigkeit in der Bekleidungsindustrie und meiner gewerkschaftlichen Arbeit hatte ich viele Verbindungen nach Breslau und Erfurt, neben Berlin den beiden wichtigsten Zentren der Textilindustrie.

Die Reisen fanden 1934 und 1935 statt. Überall begegnete ich Freunden und alten Kollegen, die als Einzelpersonen oder als Mitglieder bestehender bzw. sich neu formierender Gruppen zum Kern des Widerstandes gehörten. Über die Dauerhaftigkeit der einzelnen Gruppierungen vermag ich nichts auszusagen. Erwähnenswert ist ein Zwischenfall in Leipzig. Pünktlich saß ich in einem vereinbarten Café gegenüber dem Hauptbahnhof. Auf meinem Tisch stand ein Aschenbecher mit Streichhölzern. Ein mir Unbekannter blieb bei mir stehen und fragte, ob er sich bedienen dürfe. Beim Aufleuchten seines Streichholzes fiel ein winziger Zettel auf meinen Tisch. Der Mann verschwand. Der Text des Zettels: „Alle verhaftet, sofort abreisen".

Etwa zu gleichen Zeit glaubten wir, eine größere Zusammenkunft von Kollegen wagen zu können. Durch Benachrichtigung von Mund zu Mund versammelten wir annähernd 40 Kollegen im Restaurant des Lehrer-Vereinshauses am Alexander-Platz in Berlin. Wir saßen an kleinen Tischen und sangen Lieder, die jedem Unbeteiligten den Eindruck vermitteln mußten, daß wir Anhänger eines Kegelklubs oder Fußball-Freunde seien. Das Unternehmen war nicht ganz ungefährlich, denn mehrere Kellner kannten uns aus Versammlungen, die wir in den Sälen des Hauses früher abgehalten hatten. Jetzt, an einem Nachmittag, war das Restaurant so gut wie unbesetzt von Passanten. Die meisten Teilnehmer waren Berliner, aber es war auch gelungen, Kollegen aus dem Reich einzubeziehen. Das bloße Wiedersehen bekannter Gesichter war eine freudige Demonstration der Zuversicht. In einer Reihe von Fällen bot diese Zusammenkunft die Ermutigung zur Konsolidierung ihrer Gruppen. Irgendwelche Folgen traten nicht ein: das Treffen muß den Augen der Gestapo entgangen sein.

Unterstützt wurde unsere Arbeit von Wim Spiekman, der seine deutschen Kollegen nicht im Stich lassen wollte. Wir sahen ihn oft in Berlin. Er reiste als Zigarrenhändler mit dem Ausweis einer holländischen Firma und einem branchenüblichen Musterkoffer. Wir berichteten ihm über unsere Arbeit und er übermittelte uns Nachrichten über das politische Weltgeschehen. Wir trafen uns mit ihm in der Gaststätte „Zum Hamburger Wappen" in Berlin-Neukölln, die von einem früheren Gewerkschaftskollegen betrieben wurde. Während wir im Hinterzimmer politische Gespräche führten, tranken in der Gaststube uniformierte Nazis (SA und SS) ihr Bier. Ein anderes Mal: Wim war im Begriff, Berlin zu verlassen, und meine Frau und ich verabschiedeten ihn in einem Café Unter den Linden. Kurz darauf lasen wir in der Zeitung, daß die Grenzkontrollen wegen Spionageverdachts verschärft worden seien. Wir konnten Wim Spiekman noch rechtzeitig im Hotel erreichen und warnen.

Das Jahr 1936 bescherte uns einen dramatischen Höhepunkt. Spiekman hatte für den Sommer eine Zusammenkunft in Kopenhagen geplant, an der auch unsere Gruppe, vertreten durch Göring und mich, teilnehmen sollte. Zur endgültigen Bestätigung sollte uns eine Ansichts-Postkarte mit dem Bild vom Bahnhof Aachen und belanglosem Inhalt an einem bestimmten Tag erreichen. Auf diese Karte warteten wir vergebens. Am Nachmittag benachrichtigte mich Göring, daß ein Telegramm angekommen sei mit den Worten: „Erwarten Euch beide. Wim". Trotz großer Bedenken über die Unvorsichtigkeit, ein offenes Telegramm zu schicken, entschlossen wir uns zur Reise. Von unseren Funktionären in Rostock und Warnemünde abgeschirmt, reisten wir getrennt. Am Abend erreichten wir Kopenhagen. Wim war am Bahnhof. Als wir ihn wegen des Telegramms zur Rede stellten, war er sehr verwundert. Er wußte nichts vom Telegramm. Sein Name war offenbar mißbraucht worden. Damals hielt gerade der dänische Angestelltenverband seine Tagung ab. Wir waren entsetzt über die Gefahr irgendwelcher Publizität und trafen nur mit Wim und dem Vorsitzenden des erwähnten Verbandes, Julius Hansen, zusammen. Auf Hansens Initiative unternahm die dänische Polizei Nachforschungen über die Herkunft des Telegramms. Es war von einer älteren Dame an einem Telegraphen-Kiosk aufgegeben worden. Man bot uns Asyl an. Doch wir kamen zu dem Schluß, daß es sich nicht um eine Gestapo-Falle handeln konnte; die hätte das Telegramm in Berlin hergestellt. Wir wissen bis heute nicht, wer der Urheber des Telegramms war. Wir haben nur eine, nicht nachweisbare Vermutung. Zur gleichen Zeit mit uns hielt sich eine Berliner KPD-Funktionärin in Kopenhagen auf. Wir hatten in Berlin jede Zusammenarbeit mit ihr verweigert. War sie es? Wollte sie uns unter Druck setzen? Sie verschwand aus ihrem Hotel, als die polizeilichen Nachforschungen einsetzten. Wim war unschuldig. Wir fuhren, wieder getrennt und vorsichtig abgeschirmt, nach Berlin zurück. Irgendwelche Folgen ergaben sich für uns nicht, und die Reise wurde auch nicht in den späteren Gestapo-Verhören erwähnt.

Anfang Juli 1937 erschienen gegen 5 Uhr morgens Gestapo-Beamte zur Haussuchung. Anschließend wurden wir in das berüchtigte Hauptquartier der Gestapo in der Prinz-Albrecht-Straße gebracht. Anstelle von Snell, der irgendwie gewarnt worden war und sich auf der Flucht befand, wurde seine Frau verhaftet, aber sofort wieder frei gelassen. Waschow, Petersdorf, Göring und ich wurden voneinander getrennt und erwarteten in Einzelzellen den weiteren Ablauf der Dinge. In nahezu endlosen Verhören wurden wir über alle Möglichkeiten illegaler Arbeit befragt. Meine Vernehmung war besonders darauf ausgerichtet, was ich auf der internationalen sozialistischen Konferenz in Brüssel 1934 getan, wen ich gesehen hätte, was beschlossen worden sei etc. Ich war nicht in Brüssel gewesen, aber das wollte man mir nicht glauben. Rätselhaft war mir während der Vernehmungen, wie wohl die Gestapo zu dieser Information gekommen war. Tatsächlich hatten wir im engsten Kreise darüber gesprochen, daß ich nach Brüssel fahren sollte, aber im letzten Augenblick entschloß ich mich, nicht teilzunehmen. Wieder ein Fall, zu dem ich nur eine vage Vermutung habe. Unsere Vernehmungen waren lang, ermüdend, voller Tücken, doch wurden wir schließlich ohne weitere Folgen entlassen. Die relativ schonungsvolle Behandlung war und ist unerklärlich, zumal wir heute wissen, daß die Gestapo schon 1934 Spitzel-Berichte über mich in den Händen hatte.

Nach der Entlassung aus der Gestapo-Haft setzten wir unsere Arbeit mit erhöhter Vorsicht fort. Aber der sich abzeichnende Krieg warf seine Schatten voraus. Am 10. Juli 1938 verließ ich Deutschland und emigrierte nach London, wo mich Wim Spiekman sowie die britischen Gewerkschaften unterstützten. Durch Verbindungen über Schweden erfuhr ich, daß bis zum Eintritt der USA in den Krieg unsere Arbeit reduziert weiterging. Nach 1945 erfuhr ich, daß auch in den Kriegsjahren der Zusammenhalt der Gewerkschafter gewahrt werden konnte.

Petersdorf starb kurz nach seiner Entlassung aus Gestapo-Haft, während der ihm die Medikamente entzogen worden waren. Willi Snell emigrierte über Paris in die USA und starb später in Philadelphia. Hermann Waschow betätigte sich nach 1945 gewerkschaftlich in der sowjetischen Besatzungszone. Mit Bernhard Göring unterhielt ich bis 1947 beruflichen Kontakt. Er war aktiv am Aufbau des Gewerkschaftsbundes in der damaligen Sowjetzone tätig. Er starb bald nach unserem letzten Treffen und erlebte daher nicht mehr, daß alle ehemaligen Sozialdemokraten aus dem Gewerkschaftsbund entfernt wurden. Ich selbst war 1945–1949 Verbindungsmann zwischen den britischen und den neu entstehenden deutschen Gewerkschaften, danach arbeitete ich als Leiter der Bildungsabteilung und 1952–1960 als stellvertretender Generalsekretär des Internationalen Bundes Freier Gewerkschaften. Unser Freund Wim Spiekman, der unsere illegale Arbeit unterstützt hatte, überlebte die deutsche Besatzungszeit in Holland als Waldarbeiter getarnt. Er kehrte später auf seinen Posten zurück und verstarb 1975.

Sozialdemokratischer Widerstand

Patrik von zur Mühlen
Sozialdemokraten gegen Hitler

Die Geschichte des sozialdemokratischen Widerstandes hatte ihre Vorgeschichte in der Schlußphase der Weimarer Republik, in der wesentliche
Merkmale der Opposition gegen das 1933 etablierte Dritte Reich vorgeprägt
wurden. Als maßgebende Partei bei der Gründung der Republik war die SPD
seit jeher Zielscheibe rechtsradikaler Angriffe gewesen, wurden ihre Vertreter als „Novemberverbrecher" bezeichnet, die durch die Revolution 1918
die militärische Niederlage herbeigeführt hätten. Die Sozialdemokratie reagierte darauf mit einem streng legalistischen Bekenntnis zu Staat und Verfassung der Republik. Sie fühlte sich als der eigentliche Garant der republikanischen Verfassungsmäßigkeit, die es demnach auch nur mit streng legalistischen Mitteln zu verteidigen galt.
Das Selbstverständnis der Partei erwies sich nun als Hindernis für eine wirksame Abwehr des Nationalsozialismus; es behinderte sie im Einsatz derjenigen
Mittel, über die sie als Massenorganisation verfügte. Das gilt einmal für das
paramilitärische „Reichsbanner" und der später aus diesem und anderen republikanischen Organisationen gebildeten „Eisernen Front". Ihre Aufgabe
bestand in der Verteilung von Flugblättern, der Durchführung von Demonstrationen, dem Schutz von Veranstaltungen und Einrichtungen der Partei gegen
Angriffe der SA und anderer faschistischer Verbände. Die Kerntruppen waren
von früheren Reichswehr- und Polizeioffizieren ausgebildet worden und verfügten auch über Waffen. Bereits 1931/32 hatte der Parteivorstand Waffen
aufkaufen und in Berlin einlagern lassen, um sie für den Schutz der zentralen
Einrichtungen zur Hand zu haben. In der Schlußphase der Weimarer Republik wurden auch Vorkehrungen gegen mögliche Putschgefahren getroffen.
In einigen Orten war man darauf vorbereitet, Straßen und Eisenbahnlinien
zu kontrollieren, den Telephonverkehr zu sperren und durch einen partei-
eigenen Funk die Verbindungen zwischen SPD-Zentrale und einzelnen Orts-
verbänden aufrechtzuerhalten.
Die potentiell wirksame Waffe der „Eisernen Front" kam nicht zum Einsatz, obwohl ihre Mitglieder und ein großer Teil der Parteianhänger zum
Widerstand bereit waren. Für sie war es eine arge Enttäuschung, daß die Parteiführung nur verbale und legale Proteste dagegen einlegte, daß Reichskanz-

ler von Papen im Juli 1932 mit einem Staatsstreich die sozialdemokratisch geführte preußische Regierung absetzte und durch einen Staatskommissar der Reichsregierung ersetzte. Damit war eine der stärksten Bastionen der SPD geschleift worden. Das sozialdemokratisch regierte Preußen umfaßte etwa zwei Drittel der Bevölkerung und des Territoriums des Deutschen Reiches und verfügte mit seiner straff organisierten Polizei über ein wirksames Instrument zum Schutz der Verfassung. Die mit der Partei verbündeten Gewerkschaften fühlten sich angesichts der Wirtschaftskrise und Massenarbeitslosigkeit zu geschwächt, um etwa mit einem Generalstreik der von den Rechtsparteien betriebenen Zerstörung der Republik entgegenzuwirken. Trotz der Kampfbereitschaft der Parteibasis beschränkte sich die SPD-Führung auf den Appell an den Staatsgerichtshof und verlor dadurch wichtigen Handlungsspielraum.

Als Hitler am 30. Januar 1933 zum Reichskanzler ernannt wurde, brachen zwar spontane Massendemonstrationen der Arbeiter aus, aber die Parteiführung blieb untätig. Zwar wurde den einzelnen Ortsvereinen signalisiert, daß eine Aktion der Gesamtpartei geplant werde, aber das Zeichen dazu blieb aus. In verhängnisvoller Fehleinschätzung Hitlers hoffte sie, daß die von ihm zugesagten Reichstagswahlen der neuen Regierung ein baldiges Ende bereiten würden. Sie verkannte, daß sich Hitlers pseudolegale Machtergreifung des Mittels der Verfassung dort bediente, wo es ihm nützte, so daß das starre Festhalten der Sozialdemokraten an streng konstitutionellen und parlamentarischen Methoden den faschistischen Abbau des Verfassungsstaates nicht verhindern konnte.

Noch während in vielen Städten sozialdemokratische Massendemonstrationen gegen die neuen Machthaber durchgeführt wurden, verhaftete die nun in nationalsozialistischen Händen stehende Polizei prominente Parteiführer. Mit der Ausschaltung der Kommunisten nach dem Reichstagsbrand blieb sie als einzige noch intakte Linkspartei übrig, wogegen die eingeschüchterten bürgerlichen Parteien sich vom Sog der neuen Machtverhältnisse treiben ließen. Jetzt rächte es sich, daß der jahrelange heftige Zwist zwischen Kommunisten und Sozialdemokraten die Linke insgesamt geschwächt hatte. Das tiefe Mißtrauen der SPD-Führung gegen die KPD und deren Hetze gegen die als „Sozialfaschisten" diffamierten Sozialdemokraten hatte eine von einer breiten Basis getragene Abwehr des Nationalsozialismus verhindert. Die Streitigkeiten der Parteien erwiesen sich als stärker denn der antifaschistische Konsens. Da die KPD nun schon unterdrückt war, stimmte die SPD als einzige Partei im Reichstag am 24. März 1933 gegen das Ermächtigungsgesetz, während die bürgerlichen Parteien mit ihrer Zustimmung ihren eigenen Untergang vorbereiteten. Bei dieser Reichstagssitzung wurden die Räumlichkeiten bereits von SA und SS bewacht und von 120 SPD-Abgeordneten konnten nur noch 94 erscheinen; 26 befanden sich schon in Haft oder waren wegen ihrer drohenden Verhaftung ins Exil gegangen. In dieser Atmosphäre erklärte der Parteivorsitzende Otto Wels in einer mutigen Ansprache das Ermächtigungsgesetz zum Angriff auf Recht und Freiheit. „Wir deutschen Sozialdemokraten bekennen uns in dieser geschichtlichen Stunde zu den Grundsätzen der Menschlichkeit und der Gerechtigkeit, der Freiheit und des Sozialismus. Kein Ermächtigungsgesetz gibt Ihnen die Macht, Ideen, die ewig und unzerstörbar sind, zu vernichten. (. . .) Das Sozialistengesetz hat die Sozialdemokratie nicht vernichtet. Auch aus neuen Verfolgungen kann die deutsche Sozialdemokratie neue Kraft schöpfen. Wir grüßen die Verfolgten und Bedrängten, wir grüßen unsere Freunde im Reich. Ihre Standhaftigkeit und Treue verdienen Bewunderung. Ihr Bekennermut, ihre ungebrochene Zuversicht verbürgen eine hellere Zukunft".

Aber die Tage der legalen Existenz der SPD waren schon gezählt. Am 2. Mai 1933 wurden die freien Gewerkschaften zerschlagen. Es war klar, daß das Verbot der republikanischen Parteien bald folgen würde. Widerstand mit legalen Mitteln war nicht mehr möglich, er konnte nur noch aus der Illegalität oder aus dem Exil geleistet werden.

Der Weg in die Illegalität hatte in der SPD zu heftigen Kontroversen geführt. Im Februar 1933 beschloß ein Teil der Jugendorganisation der Partei, die Berliner SAJ, unter dem Einfluß der sozialdemokratischen Gruppe „Neu Beginnen", Widerstand auch mit illegalen Mitteln zu leisten — gegen das strikte Verbot der Parteiführung. Dieser Konflikt wiederholte sich dann später in der Parteiführung selbst. Am 3. Mai 1933 fand eine Sondersitzung des Parteivorstandes statt, der angesichts der politischen Gefahren die Gründung einer Auslandszentrale beschloß. Dies war einmal als Zeichen des Protestes gegen das braune Unrechtsregime gedacht und sollte zugleich den Handlungsspielraum der Parteiführung gerade mit Blick auf politischen Widerstand wiederherstellen. Darüber kam es zum Bruch mit dem Rest-Vorstand um Paul Löbe in Berlin, der durch politisches Wohlverhalten das Verbot der Partei verhindern wollte. Aber nach der Beschlagnahme des Parteivermögens war dies eine Illusion: am 22. Juni folgte die Zwangsauflösung der Partei.

Etwa einen Monat vorher, am 21. Mai, hatte die Parteiführung im Exil beschlossen, den Sitz der Auslandszentrale nach Prag zu verlegen, wo sie sich unter dem Vorsitzenden Otto Wels als Exilvorstand (Sopade) konstituierte. Da es gelungen war, einen Teil der Parteikasse vor dem Zugriff des NS-Regimes zu retten, konnte er mit aktiver Unterstützung der Sudetendeutschen Sozialdemokratie und anderer Schwesterparteien des Auslandes einen Apparat mit Druckerei und eigener Presseerzeugnissen aufbauen, die dann wieder zu den im Reich verbliebenen Anhängern geschleust wurden. Aber die Situation der Partei sah in Deutschland nach ihrem Verbot recht desolat aus. Tausende von führenden Sozialdemokraten waren entweder verhaftet worden oder emigriert. Die Mehrheit der von Verfolgung zunächst verschonten Parteimitglieder hielt einen offenen Widerstand für zwecklos und nahm eine abwartende Haltung ein. Einige paßten sich sogar den neuen Verhältnissen an mit der stillen Hoffnung, daß das Regime nach einer gewissen Zeit abgewirtschaftet haben werde. Vor allem aber brachen jetzt Streitigkeiten aus über die Verantwortung für eine verfehlte Politik. Im Exil wie in der Illegalität in Deutschland bildeten sich linke Gruppierungen, die der alten Parteiführung Versagen vorwarfen und einen neuen Kurs einschlagen wollten, oder derartige frühere Abspaltung erhielten neuen Zulauf. Diese Vorgeschichte läßt die Gründe erkennen, daß der sozialdemokratische Widerstand 1933−1945 ein sehr uneinheitlicher war und von vielen autonom wirkenden kleinen Gruppierungen getragen wurde, die oft nichts voneinander wußten und nicht selten auch in einem gewissen Konkurrenzverhältnis zueinander standen.

Materiell am besten ausgestattet war zunächst der von der Sopade in Prag organisierte Widerstand. Der Parteivorstand richtete in grenznahen Ortschaften des benachbarten Auslandes sogenannte Grenzsekretariate ein, die von hauptamtlichen Mitarbeitern der Partei geleitet wurden. Sechs solcher Grenzsekretariate befanden sich auf dem Territorium der Tschechoslowakei, je zwei in Polen, Belgien, Frankreich und der Schweiz und je eines in Dänemark und Luxemburg. Ihre Aufgabe war eine doppelte. Zum einen sollten auf konspirativem Wege Schriften und Propagandamaterial ins Reich geschleust und über verschiedene Kanäle an frühere SPD-Mitglieder weitergeleitet, aber auch ganz allgemein in unzufriedenen Bevölkerungskreisen verbreitet werden. Aus den Resten der zerschlagenen Partei wurden kleine, aber zunächst durchaus wirksame Verteilerorganisationen geschaffen, durch die die Verbreitung des Schriftenmaterials betrieben wurde. Zum andern aber waren die Grenzsekretariate auch Sammelstellen für Informationen aus dem Reich, die von der Sopade für ihre politischen Maßnahmen ausgewertet und − je nach Zweckmäßigkeit − in internen Rundschreiben oder aber durch eine besondere Exil-Publikation für die Weltöffentlichkeit verbreitet wurden. Diese „grünen Berichte" bilden heute eine wichtige Quelle für die Erforschung des politischen und sozialen Alltags im Dritten Reich.

Jedes Grenzsekretariat war für ein bestimmtes Gebiet in Deutschland zuständig. Seine Arbeitsweise hing also auch davon ab, ob und in welchem Maße das jeweilige Nachbarland die Widerstandsaktivitäten duldete oder behinderte. Die Tschechoslowakei war als Ausgangspunkt von Schriftentransporten deswegen besonders geeignet, weil sie lange Jahre die Widerstandsaktivitäten duldete. Aufgrund ihrer geographischen Lage grenzte sie an viele deutsche Gebiete, wie Bayern, Thüringen, Sachsen und Schlesien, von denen wiederum die mitteldeutschen und oberschlesischen Industriereviere mit ihrer starken Arbeiterbevölkerung erreicht werden konnten. Erst mit dem zunehmenden Druck des Hitlerregimes auf die Tschechoslowakei und der dadruch erzwungenen Übersiedlung des Parteivorstandes von Prag nach Paris im Jahre 1938 verlagerten sich die geographischen Schwerpunkte des Widerstandes auf den Westen.

Durch die Grenzsekretäre, in der Regel zuverlässige Funktionäre, die das ihnen anvertraute Gebiet aus früherer Parteiarbeit gut kannten, wurden Verbindungen zu Parteifreunden im Reich geknüpft und zu größeren Organisationen ausgebaut. Teilweise griff man auf Zusammenschlüsse zurück, die sich autonom gebildet hatten. Diese Gruppen übernahmen die Verteilung des Schriftenmaterials. Mit dem Ausbau der Gestapo wurden sie jedoch 1935/36 großenteils zerschlagen, so daß die Arbeit stärker von den im Exil wirkenden Gruppen übernommen wurde. Kuriere, als Handelsreisende getarnt, fuhren nach Deutschland und hielten unter strengen Sicherheitsvorkehrungen die Verbindungen aufrecht. Auch die Techniken des Widerstandes mußten sich den Wandlungen des NS-Regimes anpassen. Mit der zunehmenden Überwachung der Grenzen wurde der Schmuggel von illegalen Flugschriften durch kleine „Rucksack-Karawanen" immer stärker eingeschränkt. Ein wichtiges Transportmittel waren und blieben grenzüberschreitende Güterzüge, Hochsee- und Flußschiffe, deren illegale Ladung an irgendeinem Zielort in Empfang genommen und weitergeleitet wurde. Das Schriftgut selbst war getarnt; viele Broschüren sahen auf dem Umschlag und auf den ersten Seiten wie eine Reklameschrift oder ein frommer Traktat aus, um mitten im Text zu politischen Themen überzugehen. Das Blatt des Exil-Parteivorstandes, der „Neue Vorwärts", konnte auf Dünndruckpapier im Kleinformat leicht in größeren Mengen transportiert und versteckt werden. Aber soweit diese Art von Literatur zur Verbreitung über die Reihen der zuverlässigen Kader hinaus bestimmt war, fand sie immer weniger Echo und bedeutete eine zunehmende Gefährdung der Kader, je dichter das Netz der Gestapo gezogen wurde.

Neben der von der Sopade organisierten antifaschistischen Propaganda existierte ein von alten SPD-Mitgliedern getragener Widerstand, der autonom entstanden war und mit dem Parteivorstand im Exil keinen oder nur einen losen Kontakt unterhielt. Vielfach hatten Mitglieder von sozialdemokratischen Ortsvereinen versucht, unter der Tarnung eines Kegelclubs oder Wandervereins einen Ersatz für die unterdrückte politische Organisation zu schaffen. Oft ging man von der illusionären Annahme eines baldigen Sturzes der Hitler-Diktatur aus und wollte gewissermaßen politisch „überwintern". Solange diese Gruppen sich passiv verhielten und sich auf die Erhaltung eines mehr persönlichen oppositionellen Zusammenhaltes beschränkten, konnten sie die NS-Herrschaft oft überstehen. Sie wurden jedoch recht bald von der Gestapo zerschlagen, wenn sie ohne konspirative Erfahrungen versuchten, durch Flugblätter oder andere Formen der Propaganda über ihren engeren Rahmen hinaus wirksam zu sein.

Es gab aber auch sozialdemokratische Gruppierungen, die sich auf die Illegalität vorbereitet hatten und so eine längere Zeit ungestört wirken konnten. Bereits im Jahre 1932 hatten sich in einigen Städten kleine Zellen gebildet, deren Organisationsstruktur eine allzu schnelle Entdeckung verhindern sollte. Untereinander verkehrten diese Zellen nur unter bestimmten Vorsichtsmaßnahmen, so daß durch die Verhaftung oder den Absprung eines Mitgliedes nicht gleich alle Zellen aufgerollt werden konnten. Zudem waren viele Mitglieder in konspirativen Techniken geschult und auf ihr Verhalten bei Verhören vorbereitet worden. In Leipzig sollen zu Beginn der NS-Herrschaft etwa 250 derartige Zellen bestanden haben. Insgesamt lassen sich solche sozialdemokratischen Widerstandszentren in vierzig Städten des Reichsgebietes nachweisen. Geographische Schwerpunkte lagen naturgemäß in Berlin und in den Industrierevieren Sachsens, Oberschlesiens, des Ruhrgebiets und des Rhein-, Main- und Neckar-Raumes. Solange diese Gruppen sich nach außen strikt abschlossen und tarnten und ihre Aktivitäten auf einen überschaubaren geographischen und sachlichen Bereich beschränkten, blieben sie relativ lange unentdeckt. Je isolierter die Gruppen arbeiteten, desto sicherer waren sie, aber desto weniger konnten sie auch irgendwelche größere Breitenwirkung erzielen. Die Schwachstellen ihrer Widerstandsarbeit lag also in dem Versuch, mit anderen Gruppen in Verbindung zu treten und propagandistisch über den engeren Mitgliederkreis hinauszutreten. Hier konnte die Gestapo durch Postzensur, abgehörte Telephone und Überprüfung jeden Verdachts den Gruppierungen leicht auf die Spur kommen. Als Beispiel sei hier die von Werner Blumenberg geleitete illegale Gruppe in Hannover genannt, die sogar ein eigenes Sprachorgan, die ,,Sozialistischen Blätter", herausgab. Sie wurde bezeichnenderweise im Sommer 1936 entdeckt, als sie mit Gruppen in anderen Städten Kontakt aufnehmen wollte. Aber dank der konspirativen Organisationsstruktur wurden nicht alle Mitglieder ermittelt und verhaftet, so daß einige selbst noch in der Kriegszeit aktiv waren.

Besonders erwähnt werden muß die Widerstandsarbeit einiger kleinerer Organisationen, die meist links von der SPD-Führung angesiedelt waren. Sie fallen insofern unter den weiteren Begriff der Sozialdemokratie, als sie überwiegend aus ihr hervorgegangen waren und nach 1945 auch größtenteils zu ihr zurückfanden. Im allgemeinen gingen ihre organisatorischen Zusammenschlüsse auf die letzten Jahre der Weimarer Republik zurück, wobei die Unzufriedenheit mit dem Parteivorstand den Ausschlag gegeben hatte. Zu nennen sind hier die 1931 gegründete ,,Sozialistische Arbeiterpartei Deutschlands" (SAP oder SAPD), der damals Willy Brandt angehörte, sowie der ,,Internationale Sozialistische Kampfbund" (ISK), der sich 1925 zusammenschlossen hatte und seit 1927 von Willi Eichler geführt wurde; ihm gehörte der spätere sozialdemokratische Ministerpräsident von Niedersachsen, Alfred Kubel, an; sein nordrhein-westfälischer Amtskollege Heinz Kühn stand ihm zeitweilig nahe. Eine dritte sehr aktive Gruppe nannte sich nach der programmatischen Schrift ihres Gründers Walter Löwenheim ,,Neu Beginnen". Eine Vorläuferorganisation hatte sich bereits 1929 gebildet und angesichts der Weltwirtschaftskrise und der Zersplitterung der deutschen Arbeiterbewegung auf eine faschistische Gefahr eingestellt. Mit ihrer streng konspirativen und zentralistischen Or-

Fritz Erler

Illegalität wirken. Eine vierte Gruppe wurde noch im ersten Jahr der Hitler-Diktatur zerschlagen: Ende November 1933 wurde der „Rote Stoßtrupp" in Berlin entdeckt, wobei einige unvorhergesehene Zufälle die Gestapo auf die Gruppe hatte aufmerksam werden lassen. Etwa 150 der 3000 hauptsächlich in Berlin ansässigen Mitglieder wurden vor Gericht gestellt und zu hohen Freiheitsstrafen verurteilt. Zwar bestanden unter den nicht verhafteten Mitgliedern noch konspirative Kontakte weiter und organisierten teilweise einen Warndienst für bedrohte Personen und vor allem Juden. Aber die zahlenmäßig meisten Aktivitäten kamen zum Erliegen, als das NS-Regime sich als Polizeistaat etabliert hatte.

Die hier genannten Parteien und Gruppen, die noch durch kleinere Organisationen von nur regionaler Bedeutung ergänzt werden könnten, unterschieden sich voneinander durch ihr jeweiliges Verhältnis zur SPD. Einige betrachteten sich als sozialistische Partei neuen Typs, da nach ihrer Überzeugung die alte Sozialdemokratie versagt und dadurch Hitlers Machtübernahme mitverschuldet hatte. Diese Feststellung gilt vor allem für die SAP, die zugleich die stärkste dieser Organisationen bildete. Andere wiederum wie die Gruppe „Neu Beginnen" betrachteten sich zwar als Bestandteil der deutschen Sozialdemokratie, aber als deren politische Avantgarde auf dem Wege zu einer erneuerten Arbeiterpartei. Dieses jeweilige Verhältnis war wichtig für die Frage: ob und wie weit von seiten der Exil-SPD materielle Hilfe erbeten und angenommen wurde. In einem aber unterschieden sich alle diese Gruppen von der SPD, insofern sie nämlich stärker als diese die Spaltung der Arbeiterschaft zu überwinden trachteten und dabei grundsätzlich auch zur Zusammenarbeit mit Kommunisten bereit waren, wenn auch kaum in der Praxis der Illegalität.

Im Frühjahr 1933 hatten sich Teile der SAP selbst aufgelöst und waren der SPD beigetreten. Andere Teile führten die Partei weiter, verlegten jedoch eine „Auslandsleitung" nach Paris. Als kleine Partei verfügte die SAP über einen geringen, aber disziplinierten und vertrauenswürdigen Mitgliederstamm, der sich für konspirative Aktivitäten besser eignete als eine lose vereinigte Mitläuferschar. Die nicht emigrierten Mitglieder wurden in Zellen organisiert. Einige unvorsichtig durchgeführte Aktionen, bei denen Flugblätter und Broschüren in Massenauflage verbreitet wurden, führten nach 1933 zu Verhaftungen zahlreicher Funktionäre. Seitdem verzichtete die Partei auf allzu riskante und spektakuläre Aktionen. Sie ließ Propagandamaterial im Ausland drucken und nach Deutschland schmuggeln. Die in Dreiergruppen organisierte Partei erhielt materielle und organisatorische Hilfe durch die von der Auslandsleitung geschickten Kuriere. In dieser Eigenschaft fuhr im Herbst 1936 auch Willy Brandt mit gefälschten Papieren nach Deutschland. Aber mit der sich zuspitzenden außenpolitischen Lage brachen auch die Verbindungen zwischen der Auslandsleitung und den im Reich verbliebenen

Parteizellen ab. Allein über Schweden bestanden weiterhin Kontakte, bei denen internationale und schwedische Gewerkschaftsorganisationen behilflich waren. In Deutschland selbst waren die SAP-Zellen durch Verhaftungswellen und Massenprozesse in den Jahren 1936, 1937 und 1939 stark dezimiert worden. Trotzdem bestanden in vielen Städten kleine, meist völlig isolierte SAP-Zellen bis zum Kriegsende weiter.

Der SAP vergleichbar war der ISK. Ostern 1933 löste sich die Organisation formell auf, beschloß aber in der Illegalität weiterzuwirken. Sie verlegte ihre Auslandszentrale nach Paris, während im Reich die offizielle illegale Landesleitung verblieb. Wie die SAP und andere Gruppen wurde auch der ISK materiell und organisatorisch von der Internationalen Transportarbeitergewerkschaft unterstützt. Der ISK gab ein Flugblatt mit Instruktionen für die illegale Arbeit heraus. Von Holland aus wurden die nach Willi Eichlers Pseudonym „Reinhard-Briefe" genannten Flugblätter ins Reich geschmuggelt. Eisenbahnzüge und Rheinschiffe waren hier wie auch in anderen Fällen die bevorzugten Transportmittel. Daneben stellten die lokalen ISK-Gruppen auch eigenes Propagandamaterial her. Aufgrund ihrer streng konspirativen Arbeitsweise konnte der ISK sich lange Zeit gegen Verhaftungen absichern. Zwar hatte es schon 1933 und 1935 Festnahmen gegeben, aber erst 1937 gelang der Gestapo eine größere Verhaftungswelle, bei der nach und nach einzelne ISK-Zellen aufgedeckt wurden. Mit dem Kriegsausbruch und der bald darauf erfolgenden Besetzung der westeuropäischen Länder mußten auch die Exilgruppen des ISK untertauchen oder fliehen und ihre Aktivitäten einstellen. Willi Eichler ging nach London, von wo er sich während des Krieges über die BBC an die in Deutschland verbliebenen ISK-Mitglieder wandte. Mit stark reduzierter Aktivität konnten immerhin einige Zellen unentdeckt die NS-Herrschaft überleben.

Die Gruppe „Neu Beginnen" hatte seit jeher streng konspirative Techniken angewendet, die ihrer Arbeit in der Illegalität während der NS-Herrschaft zugute kamen. Da die Gruppe die Einigung der Arbeiter anstrebte, schleuste die Organisation ihre Mitglieder in verschiedene Arbeiterparteien ein, um dort den Kurs in gewünschter Richtung beeinflussen zu können. Mitglieder von „Neu Beginnen" mußten sich dabei tarnen, da vor allem in der KPD jedes abweichende Verhalten zum Parteiausschluß geführt hätte; 1933 zog „Neu Beginnen" aus Gründen der Vorsicht ohnehin seine Mitglieder aus der KPD zurück. Aber auch in der SPD gerieten die Vertreter der Gruppe mit dem Parteivorstand in Konflikt. Zwar unterhielt „Neu Beginnen" über Fritz Eßler enge Kontakte zur Sozialistischen Arbeiter-Internationale (SAI) und wurde anfangs auch von der Exil-SPD unterstützt. Aber als dem Parteivorstand die Kritik der Gruppe unbequem wurde, sperrte er Ende 1934 die finanziellen Mittel, was auch die illegale Arbeit im Inland schwer beeinträchtigte.

Zwar konnte die Gestapo Ende 1935 einige Mitglieder verhaften, die jedoch auf die Verhöre vorbereitet waren und nur relativ harmlose Aussagen machten. Insgesamt gelang es der Gestapo nicht, die Gruppe „Neu Beginnen" zu unterwandern, was gerade vielen anderen Widerstandsgruppen zum Verhängnis wurde. Die lange eingeübten konspirativen Techniken bewährten sich. Noch während des Krieges wirkten in Bayern und Österreich etwa ein Dutzend „Neu Beginnen"-Gruppen, ohne ursprünglich voneinander Kenntnis zu haben. Diskussionen über den Wert und Erfolg der Widerstandsarbeit sowie unterschiedliche strategische Konzeptionen führten indessen zu Kontroversen, in deren Verlauf die ursprüngliche Leitung der Organisation, die die Gruppe auflösen wollte, abgesetzt wurde. Ein anderer Teil opponierte gegen diesen Plan und vertrat dagegen die Konzeption, daß die Gruppe sich auf interne Schulungs- und Berichtsarbeit konzentrieren, sich auf ausgewählte Kontakte mit Gewerkschaftsvertretern beschränken und so „überwintern" sollte, um nach dem Ende der Hitler-Diktatur eine führende Rolle bei der Neugestaltung Deutschlands zu spielen. Die neue Leitung wurde im Ausland von Karl Frank und in Berlin zunächst vor allem von Richard Löwenthal und Werner Peuke übernommen. Obwohl Verhaftungen im Winter 1935/36 und Emigration und Resignation einiger Mitglieder die Gruppe geschwächt hatten, wurde dann unter Führung von Fritz Erler und Kurt Schmidt eine neue Inlandsleitung aufgebaut. In die Jahre 1936/37 fällt auch ein verstärkter Kontakt mit der sogenannten „Volksfront-Gruppe" unter Otto Brass und Hermann Brill, mit der bei fortbestehender Selbständigkeit beider Organisationen in praktischen Fragen zusammengearbeitet wurde. So erhielt die Gruppe durch „Neu Beginnen" eine von ihren früheren Kontakten mit der KPD unabhängige Auslandsverbindung. 1938 wurde diese Zusammenarbeit durch die Verhaftung führender Mitglieder beider Gruppen beendet; Brass und Brill von der „Volksfront-Gruppe" und Fritz Erler und andere von „Neu Beginnen" erhielten hohe Haftstrafen. Reste der Organisation verminderten ihre Tätigkeit, konnten aber teilweise bis 1944 weiterarbeiten. Mit der immer schärferen Grenzüberwachung und der sich zuspitzenden internationalen Lage ließen auch die Verbindungen zur Auslandszentrale von „Neu Beginnen" nach. Insgesamt war diese Gruppierung eine ausgeprägte Kaderorganisation, deren scharfe politische Analysen sich vorwiegend an Intellektuelle und geschulte Arbeiterfunktionäre wandten. Aufgrund der Organisationsstruktur und der Beschränkung auf Funktionärskontakte konnte die Gruppe weder eine Massenorganisation bilden noch einen großen Anhang gewinnen. In den Grenzen ihrer Wirkung aber lagen auch ihre Chancen zum Überleben.

Es ist insgesamt außerordentlich schwierig, einen Überblick über das zahlenmäßige Ausmaß der Widerstandsaktivitäten zu gewinnen. Die Quellen sind naturgemäß lückenhaft, da die Gruppen aus Gründen der Tarnung nur wenige Spuren zu hinterlassen trachteten. Auch die Archivalien von der Gegenseite, der Gestapo, geben nur Aufschluß über die tatsächlich nachgewiesenen Fälle von Widerstand, lassen aber erhebliche Dunkelziffern offen. Zudem unterlag der sozialdemokratische Widerstand starken Schwankungen, überwiegend mit abnehmender Tendenz. Die gerade in den ersten Monaten nach Hitlers Machtergreifung oft spontan gebildeten Gruppen überlebten selten die ersten anderthalb Jahre nationalsozialistischer Herrschaft. Sie hatten den Unterdrückungsapparat der braunen Diktatur unterschätzt und waren auf illegale Tätigkeiten nicht oder nicht ausreichend vorbereitet. Im Jahre 1935 schätzte der Parteivorstand in seinem Prager Exil, daß etwa 1000 frühere SPD-Funktionäre in illegalen Gruppen tätig waren. Nach der Zerschlagung der ersten vorläufigen Widerstandsorganisationen 1933/34 waren also nur noch kleine Kadergruppen wirklich aktiv. Das gilt in besonderem Maße für die kleineren hier aufgeführten Organisationen wie SAP, ISK, ,,Neu Beginnen'' und ,,Roter Stoßtrupp'', die noch durch einige weitere weniger bekannte Gruppierungen ergänzt werden könnten. Ihre zahlenmäßige Stärke ist nur in Einzelfällen und nur zu bestimmten Zeitpunkten zu ermitteln. Die bereits erwähnte, in Hannover wirkende ,,Sozialistische Front'' umfaßte zeitweilig 3000 Personen. Die Zahlen wurden mit den Jahren immer niedriger, während die Schwierigkeiten wuchsen und die Härte der Strafen zunahm. In dem vom SPD-Vorstand 1946 herausgegebenen ,,Weißbuch der deutschen Opposition gegen die Hitlerdiktatur'' werden knapp tausend Fälle politischer Verfolgung von Sozialdemokraten registriert, darunter 120 Morde, 101 Hinrichtungen und 421 Fälle von Zuchthausstrafen und KZ-Haft. Diese Zahlen sind nach heutiger Kenntnis erheblich zu niedrig angesetzt. Allein 10–20 % der KZ-Insassen waren in den ersten Jahren der NS-Diktatur Sozialdemokraten, was bei über 20.000 Häftlingen im Jahre 1933 eine wesentlich höhere Zahl vermuten läßt. Ohne die im Zusammenhang mit dem 20. Juli 1944 getöteten Personen wurden in der zwölfjährigen Hitler-Diktatur etwa 3.100 Menschen aufgrund von Gerichtsurteilen aus politischen Gründen hingerichtet, wobei die Ermordeten, ,,auf der Flucht'' erschossenen, zu Selbstmord getriebenen oder durch Mißhandlungen zugrundegerichteten Personen hierbei nicht mitgerechnet sind. Die größte Gruppe unter den Opfern stellten zweifellos die Kommunisten, die zweitgrößte die Sozialdemokraten.

Auch die Techniken des Widerstandes und seine konkreten Ziele unterlagen Veränderungen. Die ersten mehr spontanen Widerstandskreise hatten weitgehend geglaubt, daß mit der NS-Herrschaft eine Neuauflage des ,,Sozialistengesetzes'' unter Bismarck zu erwarten sei. Damals hatten die Ortsverbände in harmlosen Tarnungen als Kegelclubs oder Wandervereine ,,überwintert'' und dadurch mit weitgehend legalen Mitteln die Existenz von informellen Parteiorganisationen gerettet. Eine reichhaltige Parteiliteratur wurde in Deutschland gedruckt oder wurde aus Nachbarländern ins Land geschmuggelt. Die Härte und Brutalität hingegen, mit der das Nazi-Regime jede Opposition unterdrückte, war eine neue, bislang unbekannte Erfahrung, für die auch die Zeit des Sozialistengesetzes kein Vorbild bot. Trotzdem

H. L. Brill

wandten sozialdemokratische Gruppen zunächst vorwiegend Mittel an, die sich damals – unter wesentlich günstigeren Bedingungen – bewährt hatten: Der sozialdemokratische Widerstand bediente sich anfänglich vorwiegend der Schrift, um gegen die Politik des Regimes zu protestieren, Unentschlossene auf die Gefahren aufmerksam zu machen, zu warnen und aufzuklären. Diesem Zweck dienten die aus dem Ausland illegal eingeführten sowie die im Inland hergestellten und verbreiteten Broschüren und Flugblätter. Sie wandten sich an frühere Parteifreunde mit der Absicht, sie moralisch zu stärken, an unpolitische Bürger, um sie wachzurütteln, ja selbst an unzufriedene oder skeptisch gewordene Mitläufer des Regimes. Einen ähnlichen Zweck verfolgten Wandparolen, Klebezettel und Flüsterpropaganda.

Das zahlenmäßige Ausmaß dieser antifaschistischen Arbeit läßt sich aufgrund der lückenhaften Quellenlage nur schwer abschätzen. Die in Prag hergestellte und nach Deutschland eingeschleuste „Sozialistische Aktion" wurde Anfang 1935 in einer Auflage von monatlich 500 bis 1.500 Exemplaren verbreitet, mit denen man zwischen 6.000 und 12.000 verläßliche Leser zu erreichen hoffte. Für die Jahre 1935 und 1936 werden je 1,6 Millionen, für 1937 über 900.000 Flugblätter in Deutschland von der Linksopposition verbreitete Flugblätter geschätzt, von denen nach Schätzung der Gestapo etwa 70 % von kommunistischer Seite, die übrigen von Sozialdemokraten und politisch benachbarten Gruppen stammten. Mit der Verschärfung des Terrorregimes und schließlich nach dem Kriegsausbruch gingen diese Zahlen erheblich zurück. Durch die Rekrutierung von Regime-Gegnern und ihren Einsatz in der Wehrmacht wurden wichtige Widerstandszellen auseinandergerissen; Materialknappheit und andere Schwierigkeiten und nicht zuletzt eine zunehmende Resignation angesichts der ersten militärischen Erfolge Hitlers bewirkten einen spürbaren Rückgang der Widerstandstätigkeit.

Die Propaganda war vor allem in der Anfangsphase des Dritten Reiches eine häufig angewandte Form politischer Opposition, aber nicht die einzige. Es gab passiven Widerstand bei der Ausführung von amtlichen Anordnungen. Aktionen von Parteifreunden wurden gedeckt, gefährdete Personen rechtzeitig gewarnt, versteckt oder bei der Flucht unterstützt, den Familien von Verfolgten wurde materielle und moralische Hilfe gewährt. Solche Solidaritätsakte waren neben der Organisations- und Schulungsarbeit auf die Dauer die einzigen Waffen, die dem sozialistischen Widerstand nach dem Abbau der Propagandaillusionen zur Verfügung standen. In fast allen Widerstandsgruppen wurde gelegentlich die Frage diskutiert, welche Wirkungen die antifaschistischen Aktivitäten erzielten und welcher Preis oft dafür gezahlt wurde. Manche Zellen kamen zu dem Ergebnis, daß der Preis zu hoch sei, und zogen sich auf eine Position des organisatorischen Überwinterns zurück. Andere Gruppen entwarfen neue Strategien, in denen die Verbindungen zu anderen politischen Richtungen als einziger Weg zu einem breiten Volkswiderstand gegen Hitler erkannt wurden. Die meisten von der Sozialdemokratie abgespalteten Gruppierungen hatten seit jeher eine künftige Zusammenarbeit mit den Kommunisten gefordert, da die Rivalität der Arbeiterparteien die Machtübernahme Hitlers maßgeblich erleichtert hatte. Der Gedanke der Volksfront, die beispielsweise in Frankreich 1934 eine Gefahr von rechts abgewehrt hatte, war mit gewissen Nuancierungen bei den meisten Widerstandsgruppen populär. Der Parteivorstand in Prag stand diesem Gedanken jedoch reserviert gegenüber und auch andere Gruppen erkannten, daß in der Illegalität die Zusammenarbeit mit der besonders scharf bewachten KPD wegen ihrer Neigung zu unvorsichtigen Überaktivitäten und der Durchsetzung vieler ihrer Zellen mit Spitzeln zu starken Verlusten geführt hatte. Auf Anregung der KPD traten zwar Vertreter des Prager Parteivorstandes der SPD und des Zentralkomitees der KPD Ende 1935 in Verbindung. In der Besprechung konnten jedoch die alten Differenzen nicht ausgeräumt werden. Die sozialdemokratischen Vertreter mißtrauten der kommunistischen Gesprächsbereitschaft, hinter der sie eine bloß taktische Wendung vermuteten, während die Kommunisten zu einem grundsätzlichen Nichtangriffspakt nicht bereit waren.

Unabhängig vom Verhältnis der beiden Parteispitzen zueinander hatte sich in dem unter Völkerbundregierung stehenden Saargebiet 1934 eine Einheitsfront aus Sozialdemokraten und Kommunisten gebildet, die ein halbes Jahr lang gegen die Rückkehr der Saar in ein zur faschistischen Diktatur verunstaltetes Mutterland kämpften. In der Illegalität in Deutschland selbst kam es aus Gründen praktischer Notwendigkeit in einigen Fällen zur Zusammenarbeit zwischen kommunistischen, sozialdemokratischen und anderen Widerstandszellen, die sich gegenseitig warnten, deckten und halfen. Diese Einheitsfront wurde von einigen sozialdemokratischen Gruppierungen zunächst gezielt angestrebt, so von der von Hermann Brill und Otto Brass geleiteten „Zehnpunkte-Gruppe für eine deutsche Volksfront", die dann aber stattdessen nur noch mit „Neu Beginnen" zusammenarbeitete, weil die Zusammenarbeit mit Kommunisten in der Illegalität mit zu vielen Risiken verbunden war. Brill nahm diese Volksfrontpolitik aber nach seiner Verhaftung im Konzentrationslager Buchenwald wieder auf, wo er im Februar 1944 mit Sozialdemokraten, Kommunisten und christlichen Hitler-Gegnern ein Volksfrontkomitee gründete. Dieses Komitee arbeitete Entwürfe aus für das von der braunen Diktatur befreite Nachkriegsdeutschland. Auf dem Programm dieses Komitees standen die Entmachtung der Großkonzerne, die Hitler zur Macht verholfen hatten, die Demokratisierung des Erziehungswesens, der kommunalen Selbstverwaltung und eine vollständige Entnazifizierung von Staat und Gesellschaft. Um die vorzeitige Spaltung des geplanten, möglichst breiten antifaschistischen Bündnisses zu verhindern, wurde die konkrete Frage der Gesellschaftsordnung zunächst ausgeklammert. Wurden auch andernorts, wo Sozialdemokraten und Kommunisten aufgrund gemeinsamen Widerstandes gegen Hitler die Zukunft Deutschlands diskutierten, Vorschläge und Anregungen gegeben, so stellten die ausgerechnet im Konzentrationslager, also im Zentrum nationalsozialistischer Willkürherrschaft, ausgearbeiteten Entwürfe das markanteste Beispiel einer gemeinsamen Opposition gegen Hitler dar.

Die in Buchenwald entworfenen Pläne gingen von der Situation des bereits vollzogenen Sturzes Hitlers oder dem Zusammenbruch des von ihm beherrschten Imperiums aus. Zwar zeichnete sich die Niederlage ab 1942/43 immer deutlicher ab, jedoch stellte sich nach wie vor die Frage, wie der Sturz des Diktators möglichst rasch herbeigeführt werden könnte. Sozialdemokraten wie Kommunisten waren als unterdrückte Parteien ziemlich gleich weit entfernt von den Zentren der Macht im Dritten Reich. Der von ihnen praktizierte Antifaschismus in Form von illegaler Propaganda, Zellenbildung, Sabotage und passivem Widerstand hatte das Regime nicht ernsthaft gefährdet und seine Entwicklung zum SS-Staat nicht verhindern können. Der Sturz Hitlers konnte — abgesehen vom Fall einer vernichtenden Niederlage im Kriege — nur in Verbindung mit den Kräften verwirklicht werden, die den Machtzentren näher standen: mit den oppositionellen Vertretern des Staatsapparates und der Wehrmacht. In Erkenntnis dieser Situation wandten sich führende Sozialdemokraten jenen Kreisen zu, die als eine Verschwörung verschiedener Machteliten den dann am 20. Juli 1944 mißlungenen Versuch eines Sturzes Hitlers vorbereiteten.

In diesem Zusammenhang sind vor allem fünf Namen zu nennen: Julius Leber, Theodor Haubach, Wilhelm Leuschner, Carlo Mierendorff und Adolph Reichwein. Herkunft, persönlicher und politischer Werdegang dieser Männer waren sehr verschieden. Die meisten von ihnen waren Berufspolitiker und als Redakteure von sozialdemokratischen Zeitungen, als Parlamentarier oder Gewerkschaftsfunktionäre tätig gewesen. Leuschner war seit 1928 hessischer Innenminister und stellvertretender ADGB-Vorsitzender, Mierendorff sein Pressesprecher. Nur Reichwein, von Beruf Pädagoge, war erst 1932 der SPD beigetreten. Sie alle wurden von Hitlers Machtergreifung überrascht, ihres Amtes enthoben oder durch Berufsverbot aus ihrer Laufbahn gerissen. Bis auf Reichwein wurden alle verhaftet und mußten längere Zeit im Gefängnis, teilweise im Konzentrationslager verbringen, aus dem beispielsweise Leber erst 1937 entlassen wurde.

Eine weitere Gemeinschaft lag darin, daß die Genannten einem bewußt nicht-marxistischen Parteiflügel angehört hatten, der den Parteivorstand wegen seiner mangelnden kämpferischen Aktivität kritisiert hatte. Andererseits standen sie auch dem marxistisch geprägten linken Flügel fern. Diese Charakterisierung bedeutete nicht das Fehlen gesellschaftlicher Reformpläne. Aber im Gegensatz zum Parteivorstand und zum linken Flügel hatten sie gewisse ideologische Erstarrungen überwunden und zeigten auch gegenüber Hitler-Gegnern aus dem christlichen, dem bürgerlichen und konservativen Lager Offenheit und Gesprächsbereitschaft. Gerade die Berührungspunkte mit anderen Gruppierungen prädestinierten die hier stellvertretend Genannten für eine Zusammenarbeit mit anderen Widerstandsgruppen. Durch sie wurde die Isolierung der Arbeiterparteien in der Illegalität wenigstens ansatzweise durchbrochen.

So wurde Adolph Reichwein Mitbegründer des Kreisauer Kreises, der von allen Widerstandsorganisationen das breiteste politische Spektrum umfaßte. Durch Reichwein wurden auch Haubach und Mierendorff dem Kreise zugeführt, und er war einer der wichtigsten Verbindungsmänner zu Stauffenberg. Haubach unterhielt Kontakte zum Goerdeler-Kreis. Julius Leber wiederum hielt die Verbindungen zu oppositionellen Militärs aufrecht, von denen er die wirksamste Hilfe beim Sturz des Tyrannen erwartete. Seine frühere Tätigkeit im Wehrausschuß des Reichstages und seine eigene Offizierslaufbahn während des Ersten Weltkrieges kamen ihm hierbei zugute. Bereits 1937/38 war Julius Leber zu der Erkenntnis gekommen, daß Hitler nur auf dem Wege des Staatsstreichs und damit nur im Bündnis mit den Streitkräften beseitigt werden könnte.

Von den größeren überparteilichen Widerstandskreisen der Kriegszeit, in denen sich Vertreter sehr verschiedener, teilweise unterdrückter gesellschaftlicher Kräfte trafen – Parteien, Gewerkschaften, Militär und Verwaltung –, gab es schließlich keinen ohne Beteiligung oder Mitwirkung von Sozialdemokraten. Es versteht sich, daß das Zusammenwirken von Männern so verschiedenartiger Herkunft, die sich in der Vergangenheit teilweise mißtrauisch oder feindselig gegenübergestanden hatten, zu sehr kontroversen Diskussionen führen mußte, was wiederum die eigentlichen Planungen für den Staatsstreich belastete und verzögerte. So gingen die Vorstellungen Goerdelers und Lebers in der Frage, wie Deutschland nach dem Sturz Hitlers gestaltet werden sollte, weit auseinander. Goerdeler vertrat einen autoritären konservativen Staatsgedanken, der auch mit der Wiedereinführung der Monarchie sympathisierte, und einen großdeutschen Nationalismus, der die deutsche Hegemonie über Europa vorsah. Demgegenüber befürchtete Leber, daß mit diesen Plänen der alte Obrigkeitsstaat, der beispielsweise unter der Kanzlerschaft Papens 1932 die Republik bereits vor Hitler paralysiert hatte, wieder erstehen sollte. Als gebürtiger Elsässer trat Leber für eine deutsch-französische Aussöhnung und für eine Überwindung der für Europa so verhängnisvollen Nationalismen ein. Im Gegensatz zum Goerdeler-Kreis, der die Gesellschaft weitgehend unangetastet lassen und nur das nationalsozialistische Terror-Regime beseitigen wollte, forderte Leber die Zerschlagung von Großgrundbesitz und Konzernen und die Überführung von Rohstoffquellen in Gemeineigentum. Wohl gab es auch von sozialdemokratischer Seite Konzessionen an konservative Hitler-Gegner, um auf diese Weise auch Teilen des Bürgertums den Sturz Hitlers annehmbar zu machen.

Am stärksten kamen Lebers Gedanken in den Zukunftsplänen des Kreisauer Kreises zum Tragen. Leber stieß erst relativ spät, im Winter 1943/44 zu die-

Julius Leber

sem Kreis, dem er aber wichtige Impulse gab. Anfang 1944 lernte er auch Stauffenberg kennen, mit dem ihn trotz der völlig unterschiedlichen politischen und sozialen Herkunft bald eine tiefe Freundschaft verband. In vielen politischen Fragen stimmten sie überein und standen in gemeinschaftlicher Front gegen den konservativen Widerstand um Goerdeler. Mit ausdrücklicher Billigung Stauffenbergs nahm Leber im Sommer 1944 Verbindung zu den Kommunisten auf, wobei ihm Reichwein Vermittlerdienste leistete. Dieser Schritt war im wesentlichen von der Frage nach den Plänen der Kommunisten bestimmt und der Bedeutung des in Moskau vorwiegend aus gefangenen deutschen Offizieren gebildeten „Nationalkomitees Freies Deutschland“. Möglicherweise glaubte Leber auch, daß der Umsturz nur mit Hilfe der Kommunisten eine breite Unterstützung durch die Arbeiterschaft gewinnen könnte. Gerade aber die Arbeiterschaft sollte den rein militärischen Staatsstreich unterstützen. Am 22. Juni 1944 trafen sich Reichwein und Leber mit den KPD-Funktionären Saefkow, Jacob und Thomas. In dem Gespräch wurden die beiden Sozialdemokraten überrascht durch die Konzessionsbereitschaft der Kommunisten, deren Forderungen für die Gestaltung Deutschlands viel weniger radikal waren als die Vorstellungen Lebers und Reichweins. Das Bemerkenswerte an diesem Gespräch war die Tatsache, daß sich hier eine umfassende Widerstandsbewegung anzubahnen schien, die alle antifaschistischen Kräfte, vom nationalkonservativen Goerdeler-Kreis über militärische und kirchliche Hitler-Gegner, den Kreisauer Kreis, Vertreter der zerschlagenen Gewerkschaften und Sozialdemokraten bis hin zu den Kommunisten, miteinander in Verbindung brachte.

Diese Verbindung wurde durch die Verhaftung Reichweins und der drei Kommunisten bei ihrem zweiten, offensichtlich inzwischen der Gestapo bekannt gewordenen Treffen, an dem Leber nicht teilnahm, zunichte gemacht. Julius Leber wurde am folgenden Tage, dem 5. Juli 1944, festgenommen. Stauffenbergs Absicht, mit dem Staatsstreich auch die politischen Gefangenen zu befreien und den für die Zukunftspläne des deutschen Widerstandes so wichtigen Julius Leber zu retten, scheiterte mit dem Mißlingen des Attentats vom 20. Juli. In einer Übergangsregierung hatte Leber Innenminister werden sollen. Stauffenbergs Plan, Leber zum Reichskanzler zu ernennen, hatte man wegen des Einspruchs des Goerdeler-Kreises fallen gelassen, dafür aber Leuschner für das Amt des Vizekanzlers oder, für den Fall einer republikanischen Staatsform, des Reichspräsidenten vorgesehen. Reichwein sollte Kulturminister werden; auch für das Verkehrsministerium wurde an einen Sozialdemokraten gedacht. Mierendorff sollte nach Vorstellung des Goerdeler-Kreises im Dezember 1943 Pressechef des Reichskanzlers werden. Als er bei einem Bombenangriff auf Leipzig ums Leben kam, setzte man stattdessen Haubach auf die Namensliste. In den Provinzen hatte Leuschner zudem ein Netz von Vertrauensleuten aufgebaut, um sofort nach dem Sturz Hitlers die wichtigsten Verwaltungsapparate besetzen zu können.

Von den Aufgaben, die die genannten sozialdemokratischen Widerstandskämpfer in einer Übergangsregierung ausüben sollten, erfuhr die Gestapo teilweise erst nach Entschlüsselung und Auswertung beschlagnahmter Papiere. Das Scheitern des Tyrannensturzes besiegelte auch das Schicksal der anderen sozialdemokratischen Widerstandskämpfer. Nach Reichwein und Leber wurden im August Haubach und Leuschner verhaftet. Sie alle wußten, welches Urteil der Volksgerichtshof über sie sprechen würde. Als erste wurden Leuschner und Reichwein im Herbst 1944 hingerichtet, im Januar 1945 folgten Julius Leber und Theodor Haubach, den man als schwerkranken Mann auf einer Bahre zur Richtstätte schleppte. Mit der Hinrichtung der hier genannten Hitler-Gegner überlebte keiner der führenden aus der SPD stammenden Widerstandskämpfer die Welle des Terrors, die nach dem mißlungenen Attentat vom 20. Juli einsetzte. Sie starben wie hunderte von Sozialdemokraten vor ihnen, die wegen ihres Eintretens für ein soziales und demokratisches Deutschland ermordet oder nach Willkürprozessen hingerichtet worden oder an den Folgen einer langjährigen Lagerhaft zugrundegegangen waren.

Ludwig Linsert
Aus meiner Widerstandsarbeit

20. Juli 1938. Wie jeden Tag stand ich morgens um fünf Uhr auf, um in die Großmarkthalle zu fahren und dort für unser Lebensmittelgeschäft Obst und Gemüse einzukaufen. Es versprach ein schöner sonniger Tag zu werden und ich überlegte schon, welche Sorten von Obst, welches Gemüse ich einkaufen sollte. Margot, meine Frau, und die kleine, 10 Monate alte Bärbel schliefen noch, als es an der Wohnungstür stürmisch läutete und pochte. Wir wohnten damals in München an der äußeren Landsberger Straße. Jetzt ist es soweit, fuhr es mir durch den Kopf und zugleich in die Glieder. Als ich öffnete, standen da zwei baumlange SS-Männer vor der Tür, stießen mich zur Seite und fingen sofort an, nach weiteren Personen zu suchen. Margot war jäh aus dem Schlaf aufgeschreckt und kam gelaufen, die kleine Bärbel schrie und wurde von dem ebenfalls herbeigeeilten Hausmädchen beruhigt.

Meine Einwendung, was das alles zu bedeuten habe, wurde barsch mit der Aufforderung beantwortet, ich solle das Maul halten, man wisse über mich Bescheid. Es nütze nichts, viel zu reden, sagte schließlich einer der beiden SS-Männer, der offensichtlich etwas freundlicher war. Ich hätte ja schließlich schon 1932 den „Funken", die Tageszeitung für Recht, Freiheit und Kultur des ISK in München, zum Vertrieb angemeldet und ehrenamtlich verbreitet. Außerdem hätte ich, und das läge ja gar nicht so weit zurück, im Frühjahr 1937 eine vierzehntägige illegale Zusammenkunft von Leuten aus dem Internationalen Sozialismus aus dem ganzen Reichsgebiet in Klaffenbach bei Lenggries organisiert. Das konnte ich nicht abstreiten. Wir waren, als Sportverein getarnt, bei einem Bauern untergekommen, der damals schon einen Neubau mit Fremdenzimmern errichtet hatte.

Während diese Worte gewechselt wurden, durchsuchten beide die Wohnung und erklärten mir schließlich, daß ich verhaftet sei und nun mit ihnen zum Geschäft fahren müsse, damit auch dort eine Durchsuchung vorgenommen werden könne. Schwer war der Abschied von Margot und der Kleinen. Unserem Hausmädchen, das von unserer illegalen Arbeit nichts wußte, bedeutete ich, daß ich kein krimineller Verbrecher sei und bat sie, meiner Frau eine feste Stütze zu bleiben. Am Hauseingang erwartete uns ein weiterer SS-Mann und ein vierter saß in einer der schwarzen Limousinen, wie sie damals die SS fuhr. Die Durchsuchung des Ladens war kurz und oberflächlich. Man konnte ja schließlich nicht alle Regale und Schubladen ausräumen, insbesondere auch deshalb, weil die Ware zu dieser Zeit meist noch unverpackt feilgehalten und abgewogen werden mußte. Wenige Stunden später saß ich schon nach einem ersten kurzen Verhör in einer Zelle im Keller des ehemaligen Wittelsbacher Palais, dem Standort der Münchener SS.

Wie kam es zur Verhaftung, wer von unseren Genossinnen und Genossen wurde noch verhaftet? Wo lag der Schwerpunkt, welche Fehler hatten wir gemacht? Abgesehen davon, daß 1934 in Berlin eine kleine Gruppe von ISK-Leuten verhaftet wurde, unter ihnen der spätere niedersächsische Ministerpräsident Alfred Kubel, waren wir, das Gros, bis 1937 intakt geblieben.

Ein Zufall, besser: mangelnde Vorsicht war es, die dazu führte, daß es seit dieser Zeit nach und nach zu den Verhaftungen in den Zentren unserer illegalen Arbeit kam. In Hamburg verlor 1937 ein Genosse vom Gepäckhalter seines Fahrrades eine Mappe mit „Reinhard-Briefen", die wir damals auf Dünndruckpapier verbreiteten. Zur Sicherheit wurde er nach Dänemark geschleust. Da dieser eklatante Verstoß gegen unsere strengen Verhaltensregeln offensichtlich ohne Folgen blieb, kam er zurück. Stets unsicher, ob er nicht dennoch verhaftet würde, brachten ihn Freunde ins Elsaß, wo ihn die Franzosen aus Ärger über Hitlers Rheinlandbesetzung wieder nach Deutschland abschoben. Er kam ins Konzentrationslager. Nach den bekannten Quälereien wurde er so mürbe gemacht, daß er schließlich aussagte.

Allerdings im Keller der Gestapo wußte ich das noch nicht. Da befand ich mich also in einer dunklen Zelle und hatte, abgesehen von den täglichen, über 4 Wochen währenden Verhören, Zeit darüber nachzudenken, ob bei der steten Festigung der Macht der Faschisten Widerstand überhaupt einen Sinn hatte. Viele meiner ehemaligen Sportsfreunde und Gewerkschaftskollegen, ja die eigenen Verwandten hatte ich nicht dazu bringen können, in den Widerstand zu gehen. Sei es aus Opportunismus, oder weil ihnen Widerstand aussichtslos schien, flüchteten sie sich in neutrale Bereiche wie Wandern, Bergsteigen, in Kegelklubs, Gesang- oder Turnvereine usw. Dort konnten sie sich allerdings mit zunehmender ideologischer Durchdringung und Erfassung aller, auch privater Bereiche durch das Hitlerregime dem immer stärker werdenden Druck nicht mehr entziehen. Natürlich hatten viele auch Angst davor, Freiheit und Leben aufs Spiel zu setzen. In München jedenfalls wußte wohl jeder Bescheid über Dachau, das erste KZ in Deutschland. Zuviele, vor allem bekannte Funktionäre von KPD, SPD, SAP und Gewerkschaften, waren gleich im Frühjahr 1933 dort eingeliefert worden.

Nein, ich bereute nichts, auch wenn ich nicht wußte, was mit mir geschehen würde. In der Schulungsarbeit unserer Münchener Gruppe hatte ich schon vor der Machtübernahme durch die Nationalsozialisten den Auftrag erhalten, das Parteiprogramm der NSDAP sowie das Buch Hitlers „Mein Kampf" durchzuarbeiten und darüber zu berichten. Schon auf der ersten Seite von „Mein Kampf" wird bei der Behandlung des Anschlusses Österreichs an das damalige Reich der Krieg als Ultima Ratio befürwortet, und es gab wohl keine treffendere Losung der SPD als den Slogan „Wer Hitler wählt, wählt den Krieg". Wir hatten ja schon den ersten Weltkrieg erlebt, die verlustreichen Schlachten in Frankreich in lebendiger Erinnerung, und „Nie wieder Krieg" war unser ständiger Ruf bei Demonstrationen. Und jetzt, 1938, trat die Gefahr eines zweiten Weltkrieges dem aufmerksamen Beobachter noch deutlicher vor Augen als 1933.

Wir mußten also durch Verteilen von illegalen Flugblättern, durch Anbringen von Losungen auf Straßen, Plätzen und Häuserwänden warnen und das Gewissen wachrufen, das uns selbst dem Recht, der Freiheit und der Kultur, also dem Sozialismus verpflichtete. Wir hatten uns gut auf die illegale Arbeit vorbereitet. Jeder lernte seinen „Roman", wie er im Falle einer Gegenüberstellung den anderen kennengelernt hatte. Eine Geheimschrift wurde erarbeitet, das Einspeicheln und Schlucken von etwaigen Kassibern geübt, unbedingte Pünktlichkeit und damit Zuverlässigkeit zur Gewohnheit gemacht. Das war schon bis zu meiner Verhaftung ein einprägsames, mich nie verlassendes Erlebnis, die unverbrüchliche Solidarität in einer äußerst gefahrvollen Zeit. Noch heute zehre ich davon und glaube, in der SPD sähe es besser aus, wenn wir uns wie damals aufeinander verlassen könnten und uns mehr solidarisieren würden.

Durch verwandtschaftliche Beziehungen konnten wir, meine Frau und ich, Anfang 1933 ein Lebensmittelgeschäft pachten und mit einem Tagesumsatz, also Umsatz und nicht Gewinn, von nur 15 RM eröffnen. Die vorhandene Ware wurde uns per Schuldschein überlassen. Dieses kleine Geschäft in einem Kiosk, das wir nach und nach, auch durch Um- und Ausbau, auf 100.000 RM Jahresumsatz brachten, sollte bis zu meiner Verhaftung als eine Art Zentrale eine wichtige Rolle spielen. Kam eine Kontaktperson, mußte sie sich dadurch ausweisen, daß sie Hutzucker verlangte, der damals kaum noch auf dem Markt war und den wir nicht führten, oder beim Einkauf anderer Waren die Geldstücke, gleich welcher Art, so auf den Ladentisch legen, daß 4 Geldstücke im Quadrat lagen mit einem fünften in der Mitte. Auch und gerade wenn der Laden voll war, fiel das kaum auf, und man bedeutete durch Blicke oder Gesten, daß die betreffende Person vor dem Geschäft oder am Hintereingang warten möge.

Inzwischen hatten wir angefangen selbst Flugblätter herzustellen. Dazu eine Schreibmaschine mit auswechselbaren Typen, einen Abziehapparat und schließlich viel Papier, das vorsichtig und in kleinen Mengen in verschiedenen Läden gekauft wurde. Die ersten Flugblätter, deren Inhalt mir im einzelnen nicht mehr erinnerlich ist, steckten wir in die Briefkästen, vornehmlich in Arbeitervierteln und zwar weit ab von der eigenen Wohngegend. Natürlich trugen wir bei der Herstellung der Flugblätter Gummihandschuhe, um keine Fingerabdrücke zu hinterlassen. Inzwischen gab es jedoch den NSDAP-Hauswart, den Blockwart und immer mehr stramme Nazis, die die Flugblätter sofort zur Polizei brachten. So entschlossen wir uns zu einer weniger riskanten Verteilung. Es gab damals in den großen Kaufhäusern kleine Kindergeldbeutel aus Wachstuch, das Stück zu 10 Pfennigen. Unsere Gruppe, die aus 7–10 Personen bestand, kaufte nun, wechselweise und natürlich auch wie die vorhergenannten Anschaffungen aus eigenen Mitteln,

Carlo Mierendorff

systematisch Geldbörsen auf. In diese falteten wir unsere Flugblätter und „verloren" sie in Treppenhäusern, auf viel begangenen Gehwegen, auf Parkbänken und in Telefonzellen. Da es in unserem Geschäft nicht üblich war, mit „Heil Hitler" zu grüßen, hatten wir eine kleine Zahl von „Sympathisanten", die uns manchmal, ohne von unserer illegalen Tätigkeit zu wissen, „Erfolgsmeldungen" zuflüsterten. Oft wurde gewaltig aufgebauscht und aus einigen hundert verteilten Flugblättern sind manchmal tausende geworden. Uns konnte dies nur recht sein.

Wer im Laufe der Zeit auf die Idee kam, Gummistempel anzufertigen, mit Farbe zu bestreichen und sie auf gepflasterte Gehwege und Häuserwände bzw. Mauern zu drücken, weiß ich nicht mehr. Aber es war leicht, diese Inschriften, unter anderem das Hakenkreuz am Galgen, zu überstreichen. Schließlich fiel uns ein, statt Farbe eine Silbernitratlösung aufzutragen. Diese hatte die Eigenschaft, sich bei Tageslicht einzuätzen und konnte nur ausgemeißelt werden. Zu Allerheiligen, dem katholischen Totengedenktag, ätzten wir auf dem Königsplatz, der nach Entfernung der Grünflächen zu einem granitenen Aufmarschplatz der SA und SS gemacht worden war, folgende Mahnung in die Granitplatten: „Denkt auch an die von Hitler Ermordeten!" Diese Aktion ist mir deshalb noch so deutlich in Erinnerung, weil der Stempel groß und unhandlich, dadurch schlecht zu tarnen war.

Inzwischen hatte ich mir ein Motorrad angeschafft und konnte nun mit dieser Maschine nach Augsburg fahren und die dortige Gruppe mit Flugblättern versorgen, die ich jeweils an einem Hochspannungsmast deponierte. Auch mit den Augsburgern trafen wir uns einige Male, als Wanderverein getarnt, zwischen Augsburg und München in Haspelmoor und Dießen am Ammersee.

Eines Tages kam das Hausmädchen der Familie unseres Leiters H. in den Laden und meldete uns dessen Verhaftung. Die Mutter von H., eine schon betagte, schwer herzkranke Frau, kaufte fortan bei uns ein und brachte die Briefe, die H. aus der Untersuchungshaft nach Hause schreiben durfte. Mit Hilfe unseres Codes wurden wir über den Grund seiner Verhaftung und den Verlauf der Vernehmung informiert. H. hatte sich in einem Café mit einem nicht der Gruppe angehörenden Genossen getroffen, der beschattet worden war und wurde mit diesem verhaftet. Während der Vernehmungen legte man ihm auch die von uns verteilten Flugblätter vor und brachte ihn in Verbindung mit R., der die Kontakte über das ganze damalige Reichsgebiet und mit dem Ausland aufrecht erhielt und zugleich die „Reinhard-Briefe" zuleitete. Durch die Entschlüsselung der Briefe konnten wir drei wichtige Dinge bewirken. Wir verteilten die H. vorgelegten Flugblätter weiter, hergestellt auf derselben Maschine und mit denselben Typen, und konnten H. so entlasten. Wir veranlaßten R., aus der Schweiz Kartengrüße an Hs. Adresse zu schicken, weil H. bei den Vernehmungen angab, R. zwar zu kennen, aber nur durch einen gemeinsamen Kuraufenthalt in einem Schweizer Lungensanatorium.

H. war tatsächlich lungenkrank. H. ließ uns verschlüsselt wissen, daß R.s. illegaler Name „Eberhart" bei der Gestapo bekannt sei und er schnell München verlassen müsse. Margot, meine Frau, traf sich mit R. auf der Straße, Bärbel, unser Kleinkind im Kinderwagen, R. beugte sich über das Kind, liebkoste es und holte sich die Nachricht aus der Decke. Er konnte unbehelligt entkommen.

Nach 6 Monaten Gestapohaft mußte man H. schließlich wegen Mangels an Beweisen freilassen. Das geschah jedoch mit der Auflage, sich jeden Tag bei dem zuständigen Polizeirevier zu melden. Nach einer solchen Meldung fuhr ich ihn mit dem Motorrad an den Bodensee, wo ihn ein anderer Genosse nachts in die Schweiz brachte. So machten wir es auch mit einer Genossin aus Hannover, die sich bei uns im Geschäft als solche ausgewiesen hatte. Eines Tages kam Genosse G. aus Frankfurt in den Laden, wartete nach einem Einkauf draußen und teilte mir mit, daß wir hier in München mit unserer Verhaftung rechnen müßten. Zwar seien die zahlreichen Genossinnen und Genossen, verhaftet aufgrund der Panne in Hamburg, tapfer gewesen und hätten kaum andere belastet, aber durch die nun schon über ein Jahr dauernden Verhaftungen und Verhöre, die von der Gestapo in Berlin durchgeführt wurden, käme das eine oder andere doch an den Tag, so unsere Zusammenkunft bei Lenggries und anderes. Philipson, der Leiter der illegalen Organisation, der damals den Kurs bei Lenggries betreute, sei inzwischen ebenfalls verhaftet.

Im Falle einer drohenden Verhaftung bestand für uns die Auflage, je nach Sachlage abzuschätzen, ob wir mit Haft unter 4 Jahren rechnen könnten. Über 4 Jahre bedeutete Emigration, unter 4 Jahre hieß dableiben, die Strafe auf sich nehmen. Vorbereitung zum Hochverrat war nach den damaligen Gesetzen unser Widerstand auf alle Fälle, Herstellung von Flugblättern wurde mit Zuchthaus bestraft. Je nachdem wie stichhaltig unser „Roman" bei der Vernehmung blieb, konnten wir mit Haft unter 4 Jahren rechnen Mein jahrzehntelanger Weggefährte L. und ich berieten uns, ohne unsere Frauen zu verständigen, was zu tun sei und entschieden uns dazubleiben. Es folgten drei Monate der Ungewißheit und schwerer nervlicher Belastung, ohne daß wir unseren Nächsten etwas anmerken ließen. Der 20. Juli 1938 brachte dann die Gewißheit und, so unglaublich das klingt, auch Entspannung.

Sorge machte mir vor allem, wie Margot, meine Frau, allein mit dem Kleinkind und dem Geschäft zurecht kommen werde. Hatte ich mich doch neben der Bedienung vornehmlich um den Einkauf in der Großmarkthalle gekümmert. Zwar konnte ich Margot aus den Vernehmungen heraushalten, die Beamten hatten ja gesehen, wie sehr sie beschäftigt war. Gegenüber den anderen Genossinnen und Genossen, die in München und Augsburg ebenfalls verhaftet wurden, kam uns außerdem zugute, daß wir nach den Begriffen der Nazis aus dem Mittelstand kamen, also einer Schicht, die schon früh Adolf Hitler zulief und deren Angehörige man kaum in einer sozialistischen

Widerstandsgruppe vermutete. Dennoch, Margot hatte auch Aktionen mitgemacht und zwar sehr gefahrenvolle. Noch 1937 hatten wir nachts in der Wohnung Flugblätter hergestellt, die wir zusammen im Morgengrauen vom Motorrad aus auf die Zufahrtsstraßen zu den Fabriken in München-Sendling flattern ließen. Der Gefahren bei unseren Aktionen waren wir uns bewußt. Es gab keinen Heroismus, wir wollten keine Märtyrer sein, wollten überleben, einer hoffentlich besseren Zukunft entgegensehen.

Wenn die Gerechtigkeit untergeht, hat es keinen Wert mehr, daß Menschen auf Erden leben. So oder ähnlich brachte Kant einmal den Sinn des Daseins durch ein der Würde des Menschen angemessenes Leben in Freiheit und Gerechtigkeit zum Ausdruck. So hatte trotz der Opfer unser Widerstand einen tieferen Sinn und gab unserem Leben einen ethischen Inhalt. Das alles ging mir trotz täglicher anstrengender Vernehmungen durch den Kopf. Als sich einmal zwei SS-Männer vor meiner Zellentür unterhielten und der eine den anderen fragte, was mit mir da drinnen los sei, antwortete dieser: „Dem kommt der Kohlrabi runter". Hatte nicht Hitler einst angekündigt, daß, wenn er an die Macht komme, Köpfe rollen werden? Aber einstweilen dachte ich mit diesem Kopf noch, dachte an das alte Lied, das wir in der Jugendbewegung oft gesungen hatten: „Die Gedanken sind frei". Dieses Lied begleitete mich über acht Monate Untersuchungshaft und weitere eineinhalb Jahre Gefängnis, die ich im Heizungskeller des Gefängnisses Landsberg am Lech verbrachte. Es wurde abgelöst durch das Lied „Wilde Gesellen vom Sturmwind durchweht", das wir im Strafbataillon 999 sangen. Es folgten dreieinhalb Jahre russischer Kriegsgefangenschaft, wo man mit dem Strafbataillon 999 und dem Urteil des Volksgerichtshofes, das ich stets bei mir trug, nichts anzufangen wußte.

Kommunistischer Widerstand

Hermann Weber
Die KPD in der Illegalität

Von allen Parteien der Weimarer Republik, die 1933 durch die Hitler-Diktatur zerschlagen wurden, hatte die Kommunistische Partei Deutschlands die meisten Opfer zu beklagen. Tausende Kommunisten wurden von 1933 bis 1945 hingerichtet, in KZ's und Zuchthäusern ermordet, angeblich „auf der Flucht" erschossen oder in den Selbstmord getrieben. Die Gestapo verhaftete in den zwölf Jahren der NS-Herrschaft Zehntausende Funktionäre und Mitglieder der KPD — nach Angaben der SED wurden in dieser Zeit von den ca. 300.000 Mitgliedern (1932) 150 000 Kommunisten inhaftiert — diese mußten oft jahrelang schlimme Zeiten in Zuchthäusern und KZ's verbringen.

Zwar ist Verfolgung nicht unbedingt mit Widerstand identisch, umfassende Verfolgung muß kein Indiz für effektiven Widerstand sein. Tatsächlich verfolgten die Nationalsozialisten die Kommunisten, in denen sie ihre Hauptfeinde sahen, sofort nach der Machtergreifung, noch bevor sich der kommunistische Widerstand gegen das Regime etablieren konnte; schließlich gerieten auch nicht wenige Kommunisten durch die verfehlte Politik ihrer Führung in die Hände der Gestapo. Dennoch widerspiegelt die große Zahl der kommunistischen Opfer durchaus den bedeutenden Umfang des kommunistischen Widerstandes.

Dieser Widerstand hatte sich mit der gleichen Problematik auseinanderzusetzen wie der aller Gegner des Gewaltregimes. Darüber hinaus komplizierte die historische Entwicklung der KPD, insbesondere ihre Politik vor 1933 und ihre Abhängigkeit von der Sowjetunion Stalins, die Situation des kommunistischen Widerstandes.

Die an der Jahreswende 1918/1919 gegründete KPD war während des Weltkrieges aus dem radikalen Flügel der deutschen Sozialdemokratie erwachsen und daher ein Teil der sozialistischen Arbeiterbewegung. Die Partei war ihrer Mitglieder- und Wählerzahl nach seit 1920 eine Massenbewegung, 1932 hinter NSDAP und SPD mit fast 300.000 Mitgliedern und nahezu 6 Millionen Wählern drittstärkste deutsche Partei. Die Kommunisten standen auf dem äußersten linken Flügel des Parteienspektrums, sie bekämpften die Weimarer

Republik und strebten eine Revolution an, um ein „Sowjetdeutschland" zu verwirklichen. Als „Sektion" der zentralistischen Kommunistischen Internationale geriet die KPD schrittweise unter den Einfluß der bolschewistischen Führer in Moskau und erkannte schon früh die Sowjetunion als unanfechtbares Vorbild an.

Diese Programmatik vertrat die KPD auch in der Krisenphase der Republik nach 1929. Die Partei war fest auf das Modell Sowjetunion und die Politik Stalins eingeschworen. Trotz der heraufziehenden Gefahr des Nationalsozialismus unterschätzte die KPD die Hitler-Bewegung. Da die KPD alle ihre politischen Gegner mit dem Etikett „Faschismus" belegte (Hitler-Faschismus, Brüning-Faschismus, Papen-Faschismus, Zentrums-Faschismus, Sozialfaschismus usw.), verwirrte sie ihre Anhänger und konnte keine klare Strategie gegen die NSDAP entwickeln. Im vermeintlichen Interesse der Stalinschen Politik bekämpfte die KPD weiterhin die Sozialdemokratie (als „Sozialfaschismus" diffamiert) als ihren Hauptfeind. Entsprechend den verbindlichen Vorstellungen der Kommunistischen Internationale erklärte die KPD, es gebe keinen grundsätzlichen Unterschied zwischen Weimarer Republik und Hitler-Faschismus, zwischen Sozialdemokratie und NSDAP. Diese verhängnisvolle Generallinie behielt die KPD-Führung, die sich selbst auf dem Wege zur Machterringung in Deutschland wähnte, trotz einzelner taktischer Wendungen bis 1933 bei. Obwohl die Straßenkämpfe zwischen Kommunisten und der SA typisch für die Jahre vor 1933 waren, die Basis also durchaus in der NSDAP den „Hauptfeind" der KPD sah, blieb die Führung bei ihrer Strategie. So kam es sogar sporadisch zu einer Zusammenarbeit mit der Rechten, beispielsweise beim Volksentscheid gegen die sozialdemokratische Preußen-Regierung im August 1931, der von NSDAP, DNVP und KPD unterstützt wurde.

Unter Einheitsfrontangeboten an die Sozialdemokraten verstand die KPD immer „Einheitsfront von unten" unter ihrer Führung, Ziel war dabei die Zersetzung der SPD. Durch Entwicklung der Revolutionären Gewerkschaftsopposition (RGO) zu einer kommunistischen Sondergewerkschaft, wurde diese Politik noch forciert. Sie schwächte die Arbeiterbewegung im Kampf gegen Hitler und war eine schwere Hypothek für den späteren Widerstand gegen den Faschismus.

Die Parteiorganisation der KPD war zentralistisch aufgebaut, die Befehlsgewalt lag beim Politbüro und Sekretariat des Zentralkomitees, das von Berlin aus die 24 Bezirke und die unteren Gliederungen (Unterbezirke, Ortsverbände und Zellen) führte. Seit Ende 1932 waren die Bezirke in acht Oberbezirke zusammengefaßt, um eine raschere und effektivere Anleitung zu erreichen. Die KPD rechnete seit längerer Zeit mit einem Verbot und „übte" die Illegalität. Nach der Machtergreifung Hitlers am 30. Januar 1933 versuchte die Parteiführung vorrangig, die Organisation auf die Illegalität vorzubereiten. Nach einer Sitzung des ZK am 7. Februar reisten die Instrukteure der

Führung zu den Bezirksleitungen und übermittelten den Beschluß: „der gesamte Parteiapparat muß sofort unter dem Gesichtspunkt der Umstellung auf illegale Arbeitsmethoden umgestellt werden". Dennoch wurde die Partei – ihre Aufrufe zum Generalstreik blieben wirkungslos, da sie sich fast nur auf Arbeitslose stützen konnte – von der Polizeiaktion Ende Februar überrascht. Der Reichstagsbrand am Abend des 27. Februar 1933 war für die Hitler-Regierung das Signal, zuerst die KPD zu zerschlagen und ihre Anhänger zu verfolgen. Die mitten im Wahlkampf stehende Partei wurde durch die Aktion schwer getroffen. Die Unterschätzung der NSDAP hatte auch zu einer falschen Vorstellung von der erwarteten Illegalität geführt, auf den brutalen Terror der Regierung war die KPD nicht vorbereitet. Noch in der Nacht des Reichstagsbrandes wurden Tausende Funktionäre (allein in Berlin 1.500), darunter Parteiführer und Reichstagsabgeordnete, verhaftet.

Am 3. März konnte die Polizei auch den Parteivorsitzenden Ernst Thälmann festnehmen (er wurde 1944 im KZ Buchenwald ermordet). Die Verhaftungswelle nahm immer größere Ausmaße an. Im Rhein-Ruhr-Gebiet nahm die Polizei bis April 1933 fast 8.000 Kommunisten fest, in Bayern 4.500 usw. Auf diese Weise wurde die Organisation der KPD zerschlagen. In den folgenden Wochen und Monaten mußte die Partei in der Illegalität neu formiert werden. Praktisch handelte es sich um einen Neuaufbau der KPD.

Die Schläge der Polizei gegen die KPD wirkten sich besonders verheerend aus, weil der zentralistische Parteiaufbau und die Beherrschung der Partei durch die hauptamtlichen Parteisekretäre die Partei verwundbar machten: die Verhaftung von Führungskadern führte zunächst zur Lähmung der unteren Einheiten. Aber noch besaß die KPD genügend Anhänger, die nicht bereit waren, vor der NSDAP einfach zu kapitulieren. Überall entstanden nach dem Schock, den die kampflose Niederlage ausgelöst hatte, illegale Widerstandsgruppen. Es gelang in relativ kurzer Zeit, wieder eine zentrale Leitung mit Verbindungen zu den Bezirken aufzubauen.

Allerdings waren gerade die Kader der Bezirke und Unterbezirke durch die Verhaftungswelle im Frühjahr 1933 erheblich dezimiert worden. Wilhelm Pieck, der 1935 zum Nachfolger Thälmanns bestimmt wurde, erklärte im Dezember 1933, die illegale „Arbeit wird uns dadurch sehr erschwert, daß bis auf wenige Ausnahmen von den alten Leitungen der Bezirke fast nichts mehr vorhanden ist. An ihre Stelle ist ein vollständig neuer Kader von Funktionären getreten".

Die KPD besaß 1933 noch eine Massenbasis, bei den Wahlen im März 1933 erhielt sie 4,8 Millionen Stimmen (12,3 %), angesichts des Terrors der SA ein beachtlicher Erfolg. Die Führung zog jedoch daraus den falschen Schluß, gegen das Hitler-Regime sei ein Massenwiderstand möglich. Sie legte großen Wert auf den Nachweis, daß die KPD „da sei", daher verteilten die Kommunisten Flugblätter, malten Losungen an die Mauern von Häusern und Fabriken und führten sogar „Kurzdemonstrationen" durch. Diese Methoden waren verlustreich, sie führten zu immer neuen Verhaftungen.

Doch nicht nur in der Taktik griff die KPD-Führung zu verfehlten Maßnahmen des Widerstands. Ihre Einschätzung der Situation war völlig irreal. Die Parteiführung hatte unter dem Einfluß der Komintern in Moskau die These entwickelt, der Sieg Hitlers bedeute keine Niederlage der Arbeiterbewegung. Obwohl die KPD schwer getroffen und ihrer besten Funktionäre beraubt war, sprach die Führung von einem „geordneten Rückzug" und behauptete bis 1935, ihre Parteilinie sei richtig gewesen. Die KPD hielt daher auch an ihrer Strategie fest. Gegenüber der Sozialdemokratie machte die Führung zwar einige verbale „Einheitsfrontangebote", blieb aber bei ihrer These vom „Hauptfeind" Sozialdemokratie in der Arbeiterbewegung. Im Mai 1933 erklärte das Zentralkomitee der KPD: „Die völlige Ausschaltung der Sozialfaschisten aus dem Staatsapparat, die brutale Unterdrückung auch der sozialdemokratischen Organisation und ihrer Presse ändern nichts an der Tatsache, daß sie nach wie vor die soziale Hauptstütze der Kapitalsdiktatur darstellen". Und noch Ende 1933 erklärte der KPD-Führer Fritz Heckert, der Kampf gegen die „faschistische Bourgeoisie" müsse „nicht gemeinsam mit der Sozialdemokratischen Partei, sondern gegen sie" geführt werden. Zugleich blieb die Perspektive der KPD-Führung der „Kampf für die Sowjetmacht" und der „Sturz der herrschenden Klasse durch den bewaffneten Aufstand".

Gemessen an diesen irrealen Thesen war die Wirklichkeit des Widerstandskampfes der KPD 1933 trivial: Es war der Kampf ums Überleben, der Neuaufbau der Parteiorganisation und die Fortsetzung ihrer Aktivitäten. Daher bedeutete der Begriff Widerstand für die KPD im wesentlichen Zusammenhalt und Aktivität der Partei.

Diese Parteiarbeit war auf das Ziel gerichtet, die Organisation aufrechtzuerhalten, sie bestand außerdem in Agitation gegen das NS-Regime. Die praktische Arbeit der KPD-Gruppen konzentrierte sich daher einerseits auf die Kassierung und die Weiterleitung der Beiträge, um die Organisation zu erhalten und Mittel für den Kampf zu bekommen, andererseits auf die Herstellung und Verteilung von Flugblättern und Zeitschriften, die die eigenen Vorstellungen verbreiten und die Bevölkerung gegen Hitler mobilisieren sollten. Von einem Drittel der Mitgliedschaft sollen im Juni 1933 noch Beiträge kassiert worden sein, im Herbst 1933 will die KPD noch 60.000 Mitglieder erfaßt haben. Wie wenig sich die Organisation zunächst auf die Illegalität und die Unterdrückung einstellte, zeigt die Tatsache, daß 1933 noch Beitragsmarken verteilt wurden.

Die KPD kam zwar rasch von den spektakulären, aber sehr verlustreichen Kurzdemonstrationen ab, verbreitete dennoch weiterhin Flugblätter und Zeitschriften, um Aktivität nach außen zu zeigen und ihre Existenz zu „beweisen". Die Zeitschriften, die natürlich auch der Information der eigenen Mitglieder und Anhänger dienten, wurden 1933 und auch noch 1934 teilweise in Deutschland illegal hergestellt (so das Zentralorgan „Die Rote Fahne" unter anderem in Berlin, Magdeburg und in Solingen), nach und nach aber im Ausland gedruckt und nach Deutschland geschmuggelt.

Da die Kommunisten einen raschen Zusammenbruch der NS-Diktatur erwarteten, blieben die traditionellen Formen der Organisationsarbeit und der Anleitung von oben nach unten bestehen. Anstelle der früher üblichen Anleitung durch Rundschreiben übernahmen ab Sommer 1933 vor allem Instrukteure die Betreuung der einzelnen Organisationsteile.

Schon im Mai 1933 wurde die zentrale Führung verändert. Da die Arbeit in Berlin immer gefahrvoller und schwieriger wurde, sollte ein Teil der Führungsaufgaben vom Ausland her erledigt werden. Vier Politbüromitglieder blieben in Berlin (John Schehr, Hermann Schubert, Fritz Schulte und Walter Ulbricht), während Wilhelm Pieck, Franz Dahlem und Wilhelm Florin die Auslandsleitung in Paris bildeten. Die Auslandsleitung sollte u.a. die Herausgabe des Zentralorgans „Die Rote Fahne" und anderer Materialien organisieren. Über ein System von Grenzstellen sollte sie die Schriften nach Deutschland leiten, die immer größere Zahl von Emigranten betreuen, aber auch die Verbindung zum Moskauer Exekutivkomitee der Komintern (EKKI) aufrechterhalten und die Außenwelt über die Zustände in Hitler-Deutschland informieren. Im August 1933 konnte der KPD-Führer Willi Münzenberg, der in Paris seinen Propagandaapparat wieder aufgebaut hatte, mit dem „Braunbuch über Reichstagsbrand und Hitlerterror" dazu beitragen, die Weltöffentlichkeit über den Terror in Deutschland aufzuklären. Er konnte auch den Vorwurf zurückweisen, die Kommunisten hätten den Reichstagsbrand inszeniert.

Im Herbst 1933 übersiedelte das Politbüro ganz nach Paris, in Berlin wurde eine „Landesleitung" als operativer Stab geschaffen. Wichtigstes Bindeglied zur Parteibasis blieben die Bezirksleitungen. Durch Verhaftungen rissen die Verbindungen immer wieder ab und mußten neu geknüpft werden. Dabei kam den Instrukteuren, die die Politik der Leitung nach unten durchsetzen sollten, eine immer größere Bedeutung zu. Zunächst leistete auch der bereits in der Weimarer Republik illegal tätige Geheimapparat der Partei unter Kippenberger beim Übergang zur Illegalität wichtige Hilfe.

Nach den verheerenden Verlusten der KPD durch immer neue Verhaftungswellen begann 1934 eine Umstellung der Führung. Nur einige wichtige Bezirke (etwa das Rhein-Ruhrgebiet oder Hamburg) sollten aus Berlin, die meisten anderen Bezirke von den Grenzstellen der Partei im benachbarten Ausland angeleitet werden. Im Jahre 1934 verfügte die KPD über Grenzstellen in Kopenhagen, Amsterdam, Saarlouis, Prag und Basel. Die Grenzstellen erhielten ihre Instruktionen vom Politbüro, sie schufen sich in Grenznähe Unterabschnitte (so besaß die Prager Stelle 6 Unterabschnitte). Auf diese Weise konnte die Parteiführung zunächst noch die illegale Kuriertätigkeit über die deutsche Grenze organisieren und es war möglich, die Widerstandsgruppen mit Material zu versorgen und politisch anzuleiten.

In den Jahren 1933 und 1934 baute nicht nur die KPD ihre Parteiorganisation neu auf, auch die sogenannten Massenorganisationen, also die kommunistischen Nebenorganisationen, versuchten ihre Tätigkeit illegal fortzusetzen.

Da die KPD 1933 ihre ultralinke Parteilinie nicht änderte, sollte auch die kommunistische Sondergewerkschaft RGO ihre Arbeit fortführen Ein wichtiges Ziel der Kommunisten war es, in den Betrieben Fuß zu fassen, dabei fiel der RGO die Hauptaufgabe zu. Doch bereits 1932 war die KPD eine Partei der Arbeitslosen, kaum in den Betrieben verankert, und so gelang es auch der nunmehr illegalen RGO nicht, Bedeutung zu erlangen. Im August 1934 gab das ZK der KPD erstmals zu erkennen, daß man im Interesse der Gewerkschaftseinheit bereit war, die RGO aufzulösen. Mit der Kurskorrektur der Politik der KPD war das Wirken der RGO beendet. Die sogenannte Brüsseler Konferenz der KPD sanktionierte 1935 diese Politik und sprach sich für die Einheit und Unabhängikeit der Gewerkschaftsbewegung aus.

Größere Bedeutung im illegalen Widerstandskampf der Kommunisten hatte der Kommunistische Jugendverband. Diese relativ kleine Organisation, die 1932 weniger als 50.000 Mitglieder zählte, also nur einen Bruchteil der KPD, konnte trotz großer Schwierigkeiten ein Netz von Widerstandsgruppen aufbauen. Die Einsatzbereitschaft und der Opfermut gerade der jungen Kommunisten machte den KJVD zu einem wichtigen Instrument des kommunistischen Widerstandes (vgl. dazu den Bericht von Berta Karg). Die Zusammenarbeit der Jungkommunisten mit anderen Antifaschisten, etwa Katholiken, blieb freilich episodenhaft. Zwischen 1933 und 1935 konnte die Gestapo Hunderte von Funktionären des Kommunistischen Jugendverbandes verhaften (darunter auch den Verbandsvorsitzenden Fritz Große oder etwa Erich Honecker) und den KJVD nach und nach zerschlagen. Auch andere kommunistische Organisationen wie die Internationale Arbeiterhilfe oder kommunistische Sportorganisationen arbeiteten zunächst in der Illegalität weiter.

Eine besondere Rolle spielte die Rote Hilfe Deutschlands, eine Organisation zur Unterstützung kommunistischer Häftlinge und ihrer Angehörigen. Nach den Massenverhaftungen 1933 und 1934 versuchte die illegale Rote Hilfe durch Sammlungen von Geldern, Kleidung und Lebensmitteln für die Opfer des Gestapo-Terrors zu sorgen. Die Rote Hilfe stellte auch Unterlagen über die Verfolgungen der Hitler-Gegner zusammen und gab weiterhin ihr Organ „Tribunal" heraus.

Mitte der dreißiger Jahre war durch die Massenverhaftungen von Kommunisten und ihre zunehmende Isolierung in der Bevölkerung das Reservoir für den Widerstand so klein geworden, daß die Nebenorganisationen nicht mehr

selbständig arbeiten konnten, sondern alle Kommunisten in den Parte.grup-
pen zusammengefaßt wurden.

Trotz großer Verluste war es der KPD in den Jahren 1933 und 1934 immer
wieder gelungen, die Parteiorganisation aufrechtzuerhalten. Das war natürlich in erster Linie auf die große Einsatzbereitschaft ihrer Kader zurückzuführen, die trotz der drohenden Gefahren und der zu erwartenden Strafen
ihrer Gesinnung treu blieben und aktiv für die KPD arbeiteten. Ein Bericht
der Gestapo vom Dezember 1934 bestätigt das: ,,Trotz schärfster Überwachung der KPD-Bewegung, verhältnismäßig schneller Zerschlagung der einzelnen Organisationszellen und abschreckender Strafen für die zahlreich fest-
genommenen Funktionäre finden sich immer wieder Personen, die sich der
illegalen KPD-Arbeit zur Verfügung stellen und versuchen, den Organisa-
tionsapparat neu aufzuziehen''.

Die zweckoptimistischen Behauptungen der KPD-Führung, in Deutschland
herrsche eine hitlerfeindliche Stimmung, entsprachen nicht der Wirklichkeit
und entgegen allen Prophezeihungen erwies sich die Hitler-Diktatur auch als
recht stabil. Der zuversichtliche Glaube vieler Kommunisten, der faschistische Terror werde rasch vorbeigehen, wurde dadurch erschüttert. Die immer
härteren Strafen gegen die Widerstandskämpfer und die verschärften Methoden der Gestapo, die die neuen Gruppen immer rascher zerschlug, mußte die
Widerstandskämpfer deprimieren. So zeigte sich 1935, daß die Kräfte des
kommunistischen Widerstandes weitgehend dezimiert waren.

Das galt vor allem für Führungskader. Nach einem Bericht Wilhelm Piecks
vom Oktober 1935 waren von 422 leitenden Parteifunktionären (das waren
die Mitglieder und politischen Mitarbeiter des Zentralkomitees, die führenden Funktionäre der Bezirke und der kommunistischen Nebenorganisationen) 24 ermordet und 219 inhaftiert worden. Weitere 125 befanden sich im
Exil, 41 waren aus der Partei ausgeschieden, so daß nur noch 13 im illegalen
Kampf in Deutschland aktiv waren.

Die katastrophalen Verluste an Führungskadern und Funktionären der Partei zwangen die Führung 1935 zur Umstellung ihrer Methoden. Die Auswir-
kungen der falschen Lagebeurteilung in Deutschland, die Fortführung der
hierarchischen Parteistruktur und die perfektere Arbeitsweise der Gestapo
waren die entscheidenden Faktoren, die bis 1935 den Zusammenbruch der
1933 wiederaufgebauten illegalen KPD verursachten. Der Versuch, eine
Massenpartei in die Illegalität zu überführen, war ebenso gescheitert wie die
Fortführung der bisherigen Organisationsformen der Partei. Die neuere Forschung sieht im hierarchischen Aufbau der Partei einen der Gründe ihrer
schweren Verluste: Die Anleitung der Bezirke durch die Zentrale und der
Basis durch die Bezirke sowie die ,,klassische'' Arbeitsweise mit Kassierung,
Verteilung von Flugschriften usw. nach außen gefährdeten die Parteikader
und ermöglichten der Gestapo die Zerschlagung der Organisation. Nun versuchte die Führung, anstelle einer hierarchischen Territorialorganisation den

Widerstand in kleinsten Gruppen zu organisieren, die vom Ausland angeleitet werden sollten und zwar von den Abschnittsleitungen mit ihren Instrukteuren. Zugleich legten die Kommunisten größeres Gewicht auf die Erhaltung der Funktionäre und ihrer Organisation und verzichteten auf spektakuläre Aktivitäten nach außen, etwa Verteilung von Flugblättern usw. Auch wenn die Umstellung nicht konsequent genug durchgeführt wurde und zu spät kam, sicherte sie doch das Überleben mancher kommunistischer Widerstandsgruppe.

Auch die politische Linie der KPD änderte sich erst 1935 grundsätzlich. Die Parteiführung konnte weder ihre eigene politische Lagebeurteilung entwickeln noch in ihrer Strategie und Taktik selbständig handeln, sondern mußte sich an die Weisungen der Kommunistischen Internationale halten. Die Komintern aber beharrte noch auf der XIII. Tagung ihres Führungsorgans, des EKKI, im Dezember 1933 auf den alten Positionen. Danach gab es angeblich einen wachsenden revolutionären Aufschwung und in Deutschland einen steigenden Einfluß der illegalen KPD. Beibehalten wurde auch die These, die Sozialdemokratie sei die ,,Hauptstütze" der Bourgeoisie, mit anderen Worten, sie blieb Hauptfeind der KPD.

Die Komintern änderte im Interesse der sowjetischen Außenpolitik erst 1934 schrittweise ihre Haltung. Vor allem der deutsch-polnische Nichtangriffsvertrag vom Januar 1934 hatte Stalin zu einem außenpolitischen Kurswechsel veranlaßt; er sah nun nicht mehr in England und Frankreich den Hauptfeind der UdSSR, sondern in Hitler-Deutschland, von dessen Stabilität er unter dem Eindruck der Säuberungen vom 30. Juni 1934 (,,Röhm-Putsch") überzeugt war. Der Eintritt der Sowjetunion in den Völkerbund schloß die Annäherung an die westlichen Demokratien ab. Die Komintern folgte dieser Politik der ,,kollektiven Sicherheit" mit ihrem Kurs der ,,Einheits- und Volksfrontpolitik", den dann der VII. Weltkongreß der Komintern im Juli/August 1935 sanktionierte. Damit war die ultralinke Politik beendet.

Allerdings hatte sich die KPD-Führung 1934 dogmatisch auf die alte ultralinke Linie festgelegt. Im Oktober 1934 rügte die Komintern die KPD, weil sie die Politik nicht elastisch genug gestaltete. In der KPD-Spitze kam es wegen des vorsichtigen Kurswechsels der Komintern 1934 zu erbitterten Auseinandersetzungen. Die Mehrheit des Politbüros (Schubert, Schulte, Florin, Dahlem und Heckert) wollte die ultralinke Politik im wesentlichen fortführen, wenn auch gerade Schubert in taktischen Fragen durchaus flexibel blieb. Pieck und Ulbricht schwenkten sofort um. Sie erhielten in der Komintern Unterstützung von Georgi Dimitroff, der sich durch sein mutiges Auftreten im Reichstagsbrandprozeß einen Namen gemacht hatte und nun die Komintern leitete. Bei den Führungskämpfen in der KPD ging es nicht zuletzt auch um personelle Fragen; so wollte Schubert durch Schaffung eines Organisationsbüros mit Hilfe des alten Geheimapparates die Parteiorganisation

Georg Schumann

in die Hand bekommen und Pieck und Ulbricht ausschalten. Doch unter dem Druck der Komintern trennten sich Florin, Dahlem und Heckert von Schubert und Schulte, die nun ihrerseits isoliert waren (beide wurden später Opfer der Stalinschen Säuberung).

Die Widerstandskämpfer an der Basis hatten von diesen Auseinandersetzungen vermutlich keine Ahnung und wurden von den Querelen in der Parteiführung wenig berührt. Aber die Änderung der politischen Linie, die vom VII. Weltkongreß der Komintern 1935 beschlossen und von der sogenannten Brüsseler Konferenz im Oktober 1935 auf die KPD übertragen wurde, war für den Widerstand von Bedeutung (die KPD-Konferenz fand in Moskau statt, wurde aber aus Tarnungsgründen so genannt).

Die Brüsseler Konferenz konstatierte die Konsolidierung des Hitler-Regimes. Dennoch blieb die Einschätzung der deutschen Situation durch die KPD noch immer vom Wunschdenken bestimmt. Selbstkritisch nahm die KPD die These zurück, die SPD sei ihr Hauptfeind, sei ,,sozialfaschistisch". Die Gewerkschaftsspaltung und andere ultralinke Positionen wurden nun verworfen. Doch änderte die Partei ihr bedingungsloses Bekenntnis zur Sowjetunion Stalins nicht. Dadurch blieb die Selbstkritik halbherzig, und das wirkliche Ausmaß der eigenen Mitschuld am Sieg Hitlers wurde weiterhin verschleiert. Immerhin bekannte sich die KPD nun zu den demokratischen Freiheiten. Als Aufgabe wurde die Einheitsfront mit den Sozialdemokraten und die Volksfront mit allen Hitler-Gegnern proklamiert.

Die Konferenz bestimmte ein neues Politbüro, von ihm sollten Franz Dahlem, Paul Merker, Walter Ulbricht und die Kandidaten Anton Ackermann und Herbert Wehner die Auslandsleitung bilden — die bis September 1936 in Prag, danach bis 1939 in Paris residierte — während Wilhelm Pieck, Wilhelm Florin und Fritz Heckert in Moskau die eigentliche Führung darstellten.

Die neue Generallinie war vor allem für die kommunistische Emigration bedeutsam. Die Widerstandsgruppen in Hitler-Deutschland haben offensichtlich die politische Kursänderung nur teilweise erfahren und mitvollzogen. Auch wenn zu den Aufgaben der Organisationen im Land die ,,Schulung" gehörte, die Einübung der eigenen Ideologie, der Strategie und Taktik der Partei, blieben die neuen Beschlüsse vielfach unbekannt. Dies ist ein Indiz dafür, daß zu dieser Zeit auch die kommunistischen Widerstandsgruppen weniger feste Organisationen als vielmehr lockere Verbindungen waren, ein gelegentliches Zusammentreffen früherer Kommunisten zur Diskussion der Lage.

Da die letzte ,,Landesleitung" in Berlin bereits kurz nach ihrer Einsetzung im März 1935 (Maddalena, Stamm, Rembte — alle drei wurden ermordet), die ohnehin kaum noch Verbindungen ins Reich gehabt und nur die Berliner Partei geleitet hatte, verhaftet worden war, blieb die Anleitung der noch intakten Widerstandsgruppen, zu denen die Führung Kontakt besaß, ganz den Grenzstellen, nun Abschnittsleitungen genannt, überlassen. Seit

1935 bestand eine solche Abschnittsleitung in Prag, zuständig für Sachsen, Mitteldeutschland und Schlesien (sie übersiedelte 1938 nach Malmö). Die Abschnittsleitung Nord mit Sitz in Kopenhagen sollte Norddeutschland anleiten, die Abschnittsleitung West in Amsterdam, Rheinland und Westfalen. Von Brüssel aus sollten Teile Südwestdeutschlands, vom Saargebiet (später Paris) das restliche Südwestdeutschland und von Zürich aus Süddeutschland betreut werden.

Jede Abschnittsleitung setzte sich neben dem Politischen Leiter aus einem „Grenzmann", d.h. einem Fachmann für den illegalen Grenzübertritt und einem „Techniker", der für die Herstellung und Verteilung der Materialien zuständig war, zusammen. Kuriere und Instrukteure sollten die Verbindung nach Deutschland herstellen.

Diese Organisationsstrukturen dürfen freilich in ihrer Bedeutung nicht überschätzt werden. Die Verbindungen der kommunistischen Führung im Ausland zu den Widerstandsgruppen rissen zusehends ab. Die Kommunisten im Widerstand führten einen zähen Kleinkrieg, doch der Polizeiapparat wurde immer perfekter, die Isolierung der Kommunisten größer. Die illegale Tätigkeit wurde erschwert und der Zusammenhalt beschränkte sich mehr und mehr auf kleine Zirkel. Obwohl die Gestapo (auch durch Spitzel) Neuansätze kommunistischer Gruppen relativ rasch unter Kontrolle hatte und aufrollen konnte, ging die Zahl der Verhaftungen zurück, was deutlich macht, daß der kommunistische Widerstand keinerlei Massencharakter mehr hatte. Verhaftete die Polizei 1935 rund 15.000 Kommunisten, so waren es 1936 11.000, 1937 8.000 und 1938 nur noch 3.800. Immerhin zeigen auch diese zurückgehenden Zahlen, daß der kommunistische Widerstand — der allerdings vielfach lediglich isolierter Einzelwiderstand war — weiterging.

Viele Gruppen operierten nun unabhängig von der Emigrationsleitung. Daher waren auch Änderungen der politischen Taktik für sie kaum von Bedeutung. Ablesbar ist dies am Schicksal der Vorschläge der Auslands-Führung, die Kommunisten sollten in Deutschland in den „faschistischen Massenorganisationen", vor allem in der Deutschen Arbeitsfront, tätig sein. Auf der Brüsseler Konferenz hatte Pieck erklärt, die Arbeitsfront sei der beste Rahmen für die kommunistische „Massenarbeit". Nach den Vorstellungen Florins sollten die Betriebszellen der KPD zugleich Zellen der deutschen Arbeitsfront sein, er verlangte daher eine Verlagerung der Arbeit in die DAF, dort sollten die Kommunisten organisiert sein und Massenarbeit leisten. Ganz offensichtlich ignorierten die meisten kommunistischen Widerstandskämpfer diese Taktik des „Trojanischen Pferdes", wie Dimitroff sie auf der Brüsseler Konferenz nannte. Die bekannten Kommunisten wollten bei der Bevölkerung nicht plötzlich als Nazis dastehen, mit Recht fürchteten sie auch eine genaue Überwachung dieser NS-Organisationen. Der Widerspruch zwischen den irrealen Vorstellungen der Emigrations-Leitung und den Erfahrungen der Widerstandskämpfer im Lande zeigt sich hier deutlich.

Der kommunistische Widerstand war jedoch nicht nur auf die ehemaligen Funktionäre und Mitglieder der KPD und diejenigen, die in der Illegalität neu zur Partei stießen, beschränkt. Auch jene Kommunisten, die sich während der Stalinisierung der Partei in den zwanziger Jahren von der KPD getrennt und eigene Gruppen gebildet hatten, leisteten Widerstand. Das gilt in erster Linie für die sogenannten rechten Kommunisten. Diese hatten 1928/1929 den ultralinken Kurs der Gewerkschaftsspaltung und des Hauptstoßes gegen die Sozialdemokratie sowie die Sozialfaschismus-These abgelehnt. Ende 1928 und 1929 schlossen sich die „rechten" Kommunisten unter Brandler, Thalheimer, Frölich, Walcher u. a. zur Kommunistischen Partei Deutschlands/Opposition (KPO) zusammen. Die KPO hatte 6.000 Mitglieder, sie brach 1932 auseinander, als die Minderheit unter Frölich, Walcher, Enderle, Köhler, Galm u. a. sich mit der SAP zusammenschloß (über deren Widerstand wird beim Sozialdemokratischen Widerstand berichtet). Die KPO schätzte (wie alle kleineren Gruppen der Arbeiterbewegung) den Hitler-Faschismus realistischer ein als die KPD (oder die SPD). Nach Hitlers Machtergreifung richtete sich die Organisation daher auf eine längere Illegalität ein. Die etwa 3.500 Mitglieder starke KPO konnte fast geschlossen in die Illegalität überführt werden. Im März wurde die Reichsleitung aufgeteilt. Eine Auslandsleitung unter Brandler, Thalheimer und „Leo" Borowicz residierte zunächst in Straßburg und organisierte mit Hilfe der starken elsässischen Rechtskommunisten einen Literaturvertrieb nach Deutschland. Die Inlandsleitung war das sogenannte Berliner Komitee. Politischer Leiter war 1933/34 Erich Hausen, 1934/35 Karl Bräuning und bis 1937 Werner Müller. Der Leitung gehörten weiter Robert Siewert, Walter Uhlmann, Hans Tittel und Fritz Wiest an. Trotz zahlreicher Einzelverhaftungen und der Zerschlagung ihrer Nürnberger Gruppe blieb die Organisation der KPO (wie die der meisten kleinen Gruppen) in den ersten Jahren von der Gestapo unentdeckt. Die KPO arbeitete in Fünfergruppen (zeitweise operierte sie auch in Dreiergruppen), sie besaß einen technischen Apparat, der Kurierwesen, Druckschriftenherstellung und illegale Quartiere organisierte. Neben den zentralen Materialien, darunter der Zeitschrift „Gegen den Strom", stellten die einzelnen Gruppen auch selbständig Material her. Damit sollte sowohl über das NS-System als auch über Probleme der Weltarbeiterbewegung informiert werden, um das Meinungsmonopol der Nazis zu durchbrechen. Ziel der KPO war auch der Aufbau neuer, vor allem gewerkschaftlicher Kadergruppen. Die illegale KPO war – wie schon vor 1933 die legale Organisation – vor allem in Sachsen und Thüringen aktiv, auch in Städten wie Stuttgart, Königsberg oder Frankfurt/M. 1935 und erneut 1937 kam es zu zahlreichen Prozessen gegen KPO-Gruppen, deren Aktivitäten damit erheblich eingeschränkt wurden.

Ähnliche Widerstandsarbeit leisteten auch andere unabhängige kommunistische Gruppen, die freilich an Größe und Bedeutung nicht an die der KPO herankamen. So blieben die Aktivitäten des linkskommunistischen Leninbundes, der 1928 entstanden war, auf die Anfangszeit der Hitler-Diktatur beschränkt. Die Trotzkisten, die in zwei Gruppen aufgespalten waren, hatten sich ebenfalls schon 1932 auf die Illegalität vorbereitet. Die Gruppe Linke Opposition der KPD (Bolschewiki-Leninisten) hatte unter Kurt Landau in Paris eine Auslandsleitung gebildet, nach der Zerschlagung ihrer Berliner Gruppe unter Reinhold Schädlich und der Verhaftung von 170 Personen war ihre Entwicklung unterbrochen. Die offizielle trotzkistische Gruppe mit ihrem Organ „Permanente Revolution" war in Fünfergruppen organisiert, ihr Leiter Anton Grylewicz mußte schon im März 1933 emigrieren, auch der Leiter Erwin Bauer (Ackerknecht), der die etwa 1.000 Personen starke Gruppe führte, verließ im Juni 1933 Deutschland. In den folgenden Jahren waren etwa 300 trotzkistische Funktionäre und Mitglieder im Widerstand aktiv, in Hamburg wurden 1936 80 Trotzkisten verhaftet. Daß auch andere, von Moskau unabhängige kommunistische Gruppen Widerstand leisteten, etwa die Roten Kämpfer, deren Führer aus der ehemaligen KAP hervorgegangen waren, aber auch die links von den Kommunisten stehenden Syndikalisten mit ihrer Organisation „Freie Arbeiter-Union Deutschlands" (FAUD), sei hier nur angemerkt.

Ebenso ist darauf zu verweisen, daß zahlreiche deutsche kommunistische Widerstandskämpfer emigrierten und dann in den Internationalen Brigaden in Spanien die Republik gegen den Franco-Faschismus verteidigten, wo viele von ihnen im Bürgerkrieg fielen.

In der Emigration konnte der KPD-Apparat seine Stellung in der Partei weiter ausbauen, unbequeme Kommunisten wurden ausgeschaltet und als „Trotzkisten" verfemt. Da 1936 bis 1938 der Terror der blutigen Stalinschen Säuberungen in der Sowjetunion wütete, wurden dort auch die Emigrationsparteien dezimiert. Damals sind wohl Tausende von deutschen Kommunisten, die in der Sowjetunion Schutz vor Hitler gesucht hatten, verhaftet worden. Die Liste der KPD-Führer, die Opfer der Stalinschen Säuberung wurden, ist umfangreich. Betrachtet man das oberste Spitzenorgan der Partei, das Politbüro, so zeigt sich, daß hier die Stalinsche Säuberung mehr Opfer forderte als der Terror Hitlers. In Deutschland wurden zwischen 1933 und 1945 vier Politbüro-Mitglieder ermordet: 1934 John Schehr. 1943 Konrad Blenkle, 1944 Ernst Thälmann und Ernst Schneller. (Werner Scholem, 1940 im KZ Buchenwald ermordet, war bereits 1926 aus der KP ausgeschlossen worden.) In der UdSSR wurden während der Stalinschen Säuberungen aber fünf Mitglieder und zwei Kandidaten des Politbüros ermordet: Hugo Eberlein, Leo Flieg, Hermann Remmele, Hermann Schubert, Fritz Schulte sowie Heinz Neumann und Heinrich Süßkind. Natürlich soll eine solche Gegenüberstellung nicht den Terror des Hitler-Regimes bagatellisieren. Wären diese kommunistischen Führer in die Hand der Gestapo geraten, hätte man sie vermutlich in Deutschland ermordet. Doch für den kommunistischen Widerstand und seine Problematik ist der Hinweis auf den Stalin-Terror von Bedeutung, auch wenn die kommunistischen Illegalen davon kaum etwas erfuhren.

In der Emigration waren die kommunistischen Funktionäre besser über diese Fakten unterrichtet. So kam es, daß Willi Münzenberg, der sich mit Ulbricht über Fragen der Volksfront überworfen hatte, 1938 eine Einladung nach Moskau abgelehnt und eine eigene Gruppe gegründet hatte. Er ist 1940 auf der Flucht aus einem französischen Lager auf ungeklärte Weise umgebracht worden. Da ein Teil der führenden Funktionäre im Exil aber von der Führung für die illegale Arbeit nach Deutschland zurückgeschickt wurde, mußte auch dieses Wissen sich auf den kommunistischen Widerstand deprimierend auswirken. Hinzu kam, daß die Leitung weiterhin eine ,,Massenarbeit" in Deutschland forderte, obwohl dafür keinerlei Voraussetzungen vorhanden waren. Im Februar 1937 verlangte das Moskauer EKKI von der KPD-Führung erneut, sie solle in der Partei gegen ,,Stimmungen" auftreten, die eine Massenarbeit für unmöglich erklärten.

Die KPD führte vom 30. Januar bis 1. Februar 1939 eine zweite Parteikonferenz durch. In der Nähe von Paris trafen sich 22 Funktionäre, darunter zehn Mitglieder des ZK zur sogenannten Berner Konferenz. Diese Konferenz trat wieder für die Schaffung der Einheits- und Volksfront ein, obwohl in der Emigration alle Ansätze dazu gescheitert waren, nicht zuletzt durch die Taktik der Kommunisten selbst. Die KPD warnte auch erneut vor der Kriegsgefahr und den Kriegszielen Hitlers. Die Berner Konferenz erklärte eine ,,neue, demokratische Republik" zum Ziel der Kommunisten und forderte sogar zur Schaffung einer ,,Einheitspartei" der deutschen Arbeiterklasse auf. Die Tagung kritisierte, die kommunistischen Widerstandsgruppen seien ,,noch nicht genügend zusammengefaßt, die Parteiorganisation nicht genügend aufgebaut und nicht genügend in den Betrieben und Massenorganisationen verwurzelt". Wieder einmal verlangte die Führung von den Kommunisten die Organisierung des ,,aktiven Massenwiderstands". Angesichts der Lage in Deutschland 1939, der fast völligen Zerschlagung des kommunistischen Widerstandes zu diesem Zeitpunkt, waren solche Parolen nicht nur irreal, sie zeigten auch, wie sehr sich die Leitung bei ihrer Politik an der Moskauer Komintern und wie wenig an der Lage der Kommunisten in Deutschland orientierte. So hatte die Berner Konferenz auch nichts besseres zu tun, als vor dem Eindringen von Trotzkisten und ,,Parteifeinden" in den Widerstand zu warnen.

Die Kluft zwischen Emigrationsleitung und kommunistischen Widerstandskämpfern in Deutschland vergrößerte sich noch durch die Haltung der KPD-Führung zum Stalin-Hitler-Pakt vom August 1939. Die Führung billigte den Pakt uneingeschränkt. Darüber hinaus richtete die KPD-Leitung (etwa

Walter Ulbricht in der Komintern-Zeitung „Die Welt") den Hauptstoß des Kampfes nun wieder gegen die mit dem Westen sympathisierenden deutschen Gegner des Paktes, einschließlich der Sozialdemokraten, die nun als Thyssen-Clique denunziert wurden. Den kommunistischen Widerstandskämpfern in Deutschland, deren Aktivitäten unter den wachsamen Augen der Gestapo praktisch aufgehört hatten, versetzte der Hitler-Stalin-Pakt einen Schock.

Für die Emigrations-Leitung war allein die sowjetische Außenpolitik maßgebend. Der Krieg, der im September 1939 von Hitler begonnen wurde, war in den Augen der KPD-Führung ein rein imperialistischer Krieg, die westlichen Demokratien waren daher nach ihrer Meinung nicht zu schonen, sondern zu bekämpfen.

Als sich Hitlers Aggression im Juni 1941 auch gegen die Sowjetunion richtete, erklärte die KPD-Führung allerdings, der Charakter des Krieges habe sich geändert und es gelte, die UdSSR und die Westalliierten mit allen Kräften zu unterstützen.

Der Überfall Hitler-Deutschlands auf die Sowjetunion, das Land, das die Parteikommunisten schon lange als ihr „Vaterland" bewunderten, belebte die kommunistischen Widerstandsaktivitäten in Deutschland erheblich. Neben den eigenständig operierenden Gruppen versuchte auch die Auslandsleitung wieder Einfluß zu bekommen. Das Politbüro der KPD hatte schon im Dezember 1939 in Moskau eine „Plattform" ausgearbeitet, die praktisch eine Rückkehr zu den Arbeitsmethoden der Zeit vor 1935 vorsah: in Deutschland sollte wieder eine zentrale Parteileitung geschaffen werden. Eine Reihe von Instrukteuren (Willi Gall, Rudolf Hallmeyer, Arthur Emmerlich u.a.) wurde 1939 nach Deutschland entsandt. Sie konnten sich jedoch nicht lange betätigen (die letzten wurden im Mai 1941 verhaftet). So ruhte die Hoffnung der Parteileitung in Moskau auf dem ZK-Mitglied Wilhelm Knöchel, dessen Gruppe nach längerer Vorbereitung 1941 aus Amsterdam mit dem Auftrag nach Westdeutschland geschickt wurde, eine neue Parteileitung aufzubauen und die direkte Verbindung der Emigrationsleitung zum Widerstand wiederherzustellen. Knöchel gelang es, Kontakte zum selbständig operierenden kommunistischen Widerstand aufzunehmen. Nachdem die Knöchel-Gruppe im Ruhrgebiet auch Material verbreitete, kam ihr die Gestapo auf die Spur. Anfang 1943 wurde die Gruppe durch zahlreiche Verhaftungen aufgerieben. Da Knöchel, Seng und andere Instrukteure bei den Verhören umfassend aussagten, teilweise sogar bereit waren, mit der Gestapo zusammenzuarbeiten, flogen auch eine kommunistische Gruppe in Amsterdam und ein sowjetischer Spionagering auf. Die Mißerfolge der Knöchel-Gruppe machten deutlich, daß der kommunistische Widerstand im Krieg nicht vom Ausland her zu leiten war.

Die unabhängig und selbständig wirkenden großen kommunistischen Widerstandsgruppen konnten zwar im Laufe der Zeit ebenfalls von der Gestapo zerschlagen werden, ihre Aktivitäten und ihr Umfang aber waren beachtlich. Die bedeutendste dieser Gruppen war die sogenannte Schumann-Gruppe in Leipzig, die auch in Dresden und anderen Orten aktiv war. Ihre Führung lag in den Händen des ehemaligen Reichstagsabgeordneten Georg Schumann, der als sogenannter Versöhnler 1929 gegen die ultralinke Politik der KPD gekämpft hatte. Zur Führung der Gruppe gehörte auch Otto Engert, der 1929 als „rechter" Kommunist aus der Partei ausgeschlossen wurde und der KPO angehört hatte. Zusammen mit Kurt Kresse bildeten sie eine Führung aus Kommunisten, die nicht nur früher keineswegs immer linientreu waren, sondern auch im Widerstand eigene Vorstellungen entwickelten. Während die KPD-Führung inzwischen ihre radikalen Auffassungen vertuschte, hinter demokratischen, sogar nationalen Thesen versteckte, erklärte die Schumann-Gruppe eine sozialistische deutsche Republik zu ihrem Ziel. Vom Frühjahr 1943 bis 1944 konnte die Gruppe allein in 15 Leipziger Betrieben Parteizellen aufbauen, außerdem gab es eine Jugendgruppe mit 120 Mitgliedern. Die Konzeption der Leipziger Gruppe, die sich Nationalkomitee Freies Deutschland nannte, aber mit der gleichnamigen Moskauer Gründung nicht identisch war, sah unter anderem vor: Kontrolle der Betriebe durch die gewählten Organe der Arbeiterschaft, Unabhängigkeit und Aktionseinheit der Arbeiterparteien, freie und unabhängige Gewerkschaften. Die Gruppe hoffte mit Unterstützung der Sowjetunion und gegen den Widerstand der westlichen Alliierten eine sozialistische Umwälzung in ganz Deutschland zu erreichen. Deutschland sollte Freundschaft mit der UdSSR auf der Basis der Gleichberechtigung schließen.

Im Juli 1944 wurden die drei führenden Männer der Gruppe und weitere 100 Funktionäre verhaftet, Schumann, Engert, Kresse, der Mitbegründer der sächsischen KPD William Zipperer und andere im Januar 1945 hingerichtet. Es gelang der Gestapo aber nicht, den ganzen Umfang der Widerstandsgruppe zu erfassen, die Überlebenden traten 1945 an die Öffentlichkeit.

In Berlin existierte 1943 und 1944 eine zweite große kommunistische Widerstandsorganisation, die in 30 Berliner Betrieben verankert war und vermutlich mehrere hundert Widerstandskämpfer zählte. Nach ihrem Leiter trägt sie den Namen Saefkow-Gruppe. Anton Saefkow, 1932 Abgeordneter des Preußischen Landtags, baute nach seiner Entlassung aus der Haft 1942 diese Widerstandsorganisation auf. Neben ihm wirkte der frühere Hamburger Bürgerschaftsabgeordnete Franz Jacob, der vorher eine Hamburger Widerstandsgruppe geleitet hatte; zur Führung gehörte 1944 auch Bernhard Bästlein, 1932 Leiter des KPD-Bezirkes Mittelrhein. Die Gruppe wurde im Sommer 1944 von der Gestapo zerschlagen, Saefkow, Jacob, Bästlein und weitere Aktivisten im September 1944 hingerichtet.

Die Saefkow-Gruppe leistete einen vielfältigen illegalen Widerstandskampf. Nach der Urteilsschrift des Volksgerichtshofs wurde ihr u.a. vorgeworfen: „Errichtung von Betriebskadern bzw. Betriebsgruppen", Werbung von

Funktionären für „Kadergruppen", Arbeit unter den Soldaten in der Heimat und an der Front, Bildung eines „AM-Apparates", eines antimilitaristischen Geheimapparates zur Beschaffung von Waffen, Nachrichten und Ausweispapieren, schließlich Verbindung zu anderen Widerstandsgruppen. Die Sabotage der Rüstungsproduktion war ebenfalls eine Aufgabe der Mitglieder der Saefkow-Gruppe. Vor allem verbreiteten sie zahlreiche Schriften: Flugblätter gegen den Hitler-Staat für die breite Öffentlichkeit, Materialien für ausländische Arbeiter sowie interne Rundschreiben für die kommunistischen Mitglieder der Widerstandsgruppe, sogenannte Kadermaterialien.

Gerade aus diesen Kadermaterialien geht hervor, daß die Saefkow-Gruppe ebenso wie die Schumann-Gruppe nicht nur unabhängig von der KPD-Führung in Moskau operierte, sondern darüber hinaus andere politische Vorstellungen entwickelte als die Emigrations-KPD, also damals nicht auf dem Moskauer Kurs lag.

Während die KPD-Leitung in Moskau Ende 1943 die Losung von der „Einheit der antifaschistischen Alliierten" vertrat, wandten sich die illegalen Gruppen in Deutschland gegen die „imperialistischen Westmächte", sie hielten an den alten Vorstellungen der KPD fest. Sie vertraten auch weiter die KPD-These von der „Diktatur des Proletariats", die aus den Erklärungen der Emigrations-KPD verschwunden war. Während die KPD-Spitze in Moskau unter dem Einfluß der sowjetischen Führung im Juli 1943 das „Nationalkomitee Freies Deutschland" (mit den Farben Schwarz-weiß-rot!) gründete und mit allen „antifaschistischen Kräften" ein „demokratisches Deutschland" schaffen wollte, erstrebten die illegalen Kommunisten ein „sozialistisches Deutschland". Die kommunistischen Widerstandsgruppen in Deutschland hatten also die strategische Schwenkung der KPD nicht mitvollzogen. Auch eine „führende Rolle" der Sowjetunion schien den Widerstandskämpfern nicht angebracht, unter Berufung auf Lenin forderten sie die Gleichberechtigung eines künftigen sozialistischen Deutschland mit dem „älteren Bruder Rußland".

Ähnliche Positionen vertrat die dritte große kommunistische Widerstandsgruppe 1943/44, die Neubauer-Poser-Gruppe in Thüringen. Auch diese vom ehemaligen Reichstagsabgeordneten Dr. Theodor Neubauer und dem jüngeren Kommunisten Magnus Poser geleitete Gruppe hatte in zahlreichen Betrieben kommunistische Zellen aufgebaut und verbreitete kommunistische Druckschriften. So operierten bei Zeiss in Jena 15 Drei-Mann-Zellen. Im Juli 1944 zerschlug die Gestapo auch diese Organisation, ihre Führer wurden hingerichtet.

1944 gab es Kontakte zwischen diesen drei großen Gruppen, im Mai 1944 scheint ein loser Zusammenschluß mit gemeinsamer Führung (Saefkow, Schumann, Neubauer) zustande gekommen zu sein. Doch gibt es keinerlei Hinweise auf eine Anleitung dieser „operativen Führung" durch die Moskauer Leitung (wie die SED-Geschichtsschreibung behauptet). Natürlich waren die illegalen Kommunisten nicht isoliert; über den sowjetischen Rundfunk und die aus Schweden eingeschleusten „Politischen Informationen" erfuhren sie die Haltung der Moskauer Emigrationsleitung. Doch ihre konkrete illegale Arbeit leisteten sie ohne „Anweisungen" von außen. Die politische Linie der Kommunisten im Widerstand wies erhebliche Differenzen gegenüber den Positionen der Moskauer Führung auf. Das gilt auch für andere, während des Krieges operierende kommunistische Widerstandsgruppen. Die Mannheimer Kommunisten, die unter dem ehemaligen Landtagsabgeordneten Georg Lechleiter eine Zeitung, „Der Vorbote", herausgaben, beharrten ebenfalls auf den früheren kommunistischen Vorstellungen. Nach einer Verhaftungswelle im Februar 1942 wurden von den 26 Mannheimer Angeklagten 19 zum Tode verurteil und hingerichtet.

Die Gruppe Schulze-Boysen/Harnack (Rote Kapelle) war ein Sonderfall: sie verband Aktivitäten im Widerstand mit Spionage für die Sowjetunion. In der Darstellung des antifaschistischen Kampfes bestand daher früher die Tendenz, die Gruppe wegen des „Landesverrates" nicht zum Widerstand zu zählen. Die neuere Forschung weist jedoch zu Recht darauf hin, daß die Grenze zwischen „Widerstand und Verrat" gegen ein totalitäres System wie das Dritte Reich kaum zu ziehen ist und überdies die Gruppe durch ihre Spionagetätigkeit den Krieg abkürzen wollte.

Die Einschätzung des kommunistischen Widerstands gegen den Nationalsozialismus kann jedoch nicht vom Extremfall der „Roten Kapelle" aus erfolgen. Vielmehr ist festzuhalten, daß die Kommunisten aus politischen wie auch moralischen Gründen sofort mit Opfermut und Zähigkeit den Kampf gegen das Hitler-Regime aufnahmen und immer wieder neue kommunistische Widerstandsgruppen gegen die Diktatur entstanden. Auch wenn die KPD durch ihre ultralinke Politik vor 1933 die Gegner Hitlers schwächte und durch ihre verfehlte Politik nach 1933 die Wirksamkeit ihres Widerstandes beschränkte, gehört der kommunistische Widerstand doch zur positiven Bilanz des Antifaschismus in Deutschland. Die Politik der KPD und der undemokratische Charakter des Stalinismus, der Terror Stalins in der Sowjetunion usw. waren eine schwere Belastung für die kommunistischen Widerstandskämpfer. Doch bei der großen Mehrzahl von ihnen handelte es sich um überzeugte, tapfere und anständige Kämpfer für eine bessere Welt, die heute nicht wegen ihrer Parteizugehörigkeit diskriminiert werden sollten. Ebenso ist es verfehlt, die beträchtlichen Ausmaße des kommunistischen Widerstandes verkleinern zu wollen.

Andererseits hat die Strategie und Taktik der KPD nicht nur den antifaschistischen Widerstand (zumindest teilweise) behindert und geschwächt, sondern auch selbst zu den großen eigenen Verlusten erheblich beigetragen. Die Tragödie der kommunistischen Widerstandskämpfer bestand eben darin, daß sie mutig gegen den faschistischen Terror kämpften, zugleich aber einer Bewegung angehörten, die selbst auf die alleinige Macht, die Diktatur ihrer

Partei abzielte und völlig von der Sowjetunion Stalins abhängig war, die also letztlich keine demokratische Alternative zur Hitler-Diktatur bilden konnte. Doch diese politische Bewertung der KPD kann die moralische Leistung der kommunistischen Widerstandskämpfer nicht schmälern. Mit Recht sagt daher Detlef Peukert, die Kommunisten hätten Anspruch auf Würdigung ihres Beitrags zum Widerstand, sowohl wegen der Zahl ihrer Opfer und ihres selbstlosen Einsatzes, als auch und insbesondere, weil sich „die kritische Besinnung der besten Köpfe im kommunistischen Widerstand in die Kontinuität der demokratischen und sozialen Emanzipationsbewegung in Deutschland" stellt. In diesem Sinne ist der kommunistische Widerstand ein legitimer Teil des deutschen Widerstandes gegen die Hitler-Diktatur.

Berta Carola Karg
Mein Kampf gegen die braune Diktatur

Mein Widerstandskampf begann nicht erst 1933. Als aktive Mitglieder einer sozialistischen Jugendorganisation und der Gewerkschaftsjugend führten wir schon lange vor 1933 eine große Aufklärung über die Ziele der Hitler-Jugend und der NSDAP durch und organisierten zugleich den Widerstandskampf gegen Hitlers Nationalchauvinismus, Rassismus und Kriegspolitik. Dann kam 1933 die Illegalität. Im Auftrage des Kommunistischen Jugendverbandes übernahm ich die Leitung des Bezirks Tühringen. Da mich viele Jugendgenossen Ende Januar/Anfang Februar 1933 noch aus „legalen" Versammlungen und Sitzungen kannten, wurden die folgenden Monate des illegalen Arbeitens und Lebens sehr schwierig für mich. Dennoch konnte ich mich durch strenges Einhalten aller konspirativen Regeln bis Ende Juni 1933 in Thüringen aufhalten und die Arbeit organisieren. Der KJVD war nach meinen Erfahrungen die einzige antifaschistische Jugendorganisation, die auf die Illegalität vorbereitet war und sofort nach der Machtübernahme Hitlers den Kampf aufnahm. Die Einsatzbereitschaft und der Opfermut der deutschen Jungkommunisten in jenen ersten furchtbaren Verfolgungsmonaten war einmalig. Es gab zwar einige, die ängstlich wurden, die absprangen oder sich passiv verhielten, die Mehrheit unserer Jugendgenossen aber war kampfbereit und setzte ihr Leben gegen die blutige Diktatur ein. So erlebte ich es in Thüringen, in Baden-Pfalz und im Bezirk Niederrhein, wo ich nacheinander von Januar 1933 bis zu meiner Verhaftung am 31. Januar 1934 als Bezirksleiterin des KJVD tätig war.

Die Verbindung zum Jugend-Zentralkomitee und auch zur Partei war abgerissen. Ohne einen Pfennig Geld, nur von der Solidarität der Jugendgenossen lebend, oft hungernd, frierend, ohne Nachtquartier, in den Wäldern übernachtend, durchwanderte ich per Fahrrad, meist zu Fuß das Land Thüringen. Eine schöne Landschaft. Aber unheimlich die langen, endlosen Nächte im Freien bei Regen und Kälte, ständig von der Angst verfolgt, entdeckt zu werden. Jeden neuen Morgen der Freiheit betrachtete ich als Geschenk und als Verpflichtung, den Kampf gegen das unmenschliche Naziregime weiter zu organisieren. Immer wieder gingen Jugendgenossen „hoch" (sprich: wurden verhaftet) und mußten durch neue Kämpfer ersetzt werden. Vorsichtig nahm ich Verbindung zu Orts- und Kreisleitungen auf und am 1. April 1933 gab es im Bezirk Thüringen wieder 20 intakte Unterbezirksleitungen. Der Jugendverband entfaltete eine große Initiative in den Betrieben, in den Arbeitsdienstlagern, in den Gewerkschaften und besonders in der Zusammenarbeit mit sozialdemokratischen und parteilosen Jungarbeitern. So fand im Eisenacher Betrieb Schwarz im März 1933 ein einstündiger Proteststreik gegen den Terror der Hitlerregierung statt. Dieser Streik war ein Ergebnis der guten Aufklärungsarbeit der Jugendzelle in diesem Betrieb. Am 21. März 1933 weigerten sich die jugendlichen Angehörigen einer Abteilung der Firma Bergmann in Erfurt, die Reichstagseröffnung ohne Lohnausgleich anzuhören. Die Betriebsleitung mußte die Bezahlung der vier ausgefallenen Stunden garantieren. Ungefähr 40 Lehrlinge streikten in Großbreitenbach gegen einen Lohnabbau, der daraufhin wieder rückgängig gemacht wurde. 25 Jungarbeiterinnen weigerten sich in Goldlauter bei Zella-Mehlis, sich auf das Land verschicken zu lassen. – Die Jugendsektionen der Gewerkschaften forderten in vielen Resolutionen die Beseitigung der faschistischen Regierung.

Die Thüringer Jungkommunisten führten gemeinsam mit zahlreichen sozialdemokratischen Jugendgenossen einen aktiven Kampf in den Arbeitsdienstlagern. Auf einer Arbeitsdienstlagerkonferenz, die illegal organisiert und an der neben kommunistischen, sozialdemokratischen, parteilosen Jugendlichen sogar einige Angehörige der Hitlerjugend teilnahmen, wurden unsere Forderungen gegen die militärische Ausbildung und faschistische Erziehung erhoben. Der Versuch der Faschisten, die Leitungen des KJVD in den einzelnen Unterbezirken zu zerschlagen, indem sie unsere Funktionäre zum Arbeitsdienst verpflichteten, mißlang schmählich. Das Gegenteil trat tein. Die Mitglieder des KJVD erwiesen sich in den Lagern als die treibenden und führenden Kräfte im Kampf gegen die äußerst geringe Entlohnung und gegen Überstundenarbeit. Sie stellten ganz konkrete Forderungen nach besseren Arbeitsbedingungen, nach besserem Essen und gegen die stetige Militarisierung des Arbeitsdienstes auf. In der breiten Aufklärung durch illegale Flugblätter wurde der Arbeitsdienst als Vorstufe der allgemeinen Wehrpflicht und der Vorbereitung eines neuen Krieges dargestellt. ,,Arbeitsdienstpflicht ist Kriegspflicht" lautete eine unserer Hauptlosungen. Sie prangte auf Transparenten in vielen Orten Thüringens, über Straßen von Baum zu Baum gespannt, beispielsweise auf dem Weg zur Uhrenfabrik in Ruhla, zur Waffenfabrik Simon in Suhl, zu Betrieben in Schwarza und anderen Orten.

In mehreren Lagern erschienen regelmäßig unsere illegalen Lagerzeitungen und Flugschriften, die wesentlich dazu beitrugen, daß gegen den zunehmenden militärischen Drill gestreikt wurde, ja sogar einmal ein Lager in Jena aufgelöst werden mußte. Die Angehörigen des Lagers Neustadt/Orla verweigerten zu Hitlers Geburtstag und am 1. Mai 1933 den Aufmarsch und hißten stattdessen die rote Fahne. In zahlreichen Lagern sangen die Dienstverpflichteten revolutionäre Arbeiterlieder statt der Nazilieder. Zu diesen Aktionen kamen eine ganze Reihe anderer Widerstandsaktionen, die von unseren Jugendgenossen, oftmals gemeinsam mit sozialdemokratischen Jugendfreunden, organisiert und durchgeführt wurden.

Mitte Juli 1933 übernahm ich auf Weisung des ZK des KJVD die Leitung des Bezirks Baden-Pfalz. Bei meiner Ankunft in Mannheim wäre ich beinahe festgenommen worden. Es fand eine große Verhaftungswelle statt und ich konnte zunächst gar keine Verbindungen anknüpfen. Über die Partei bekam ich sie dann zu einigen Jugendgenossen. Ich erhielt ein Fahrrad geliehen und fuhr die Orte ab, in denen es einmal Jugendgruppen gegeben hatte oder noch gab, um die Verbindung zur Bezirksleitung wieder herzustellen. Das Schwergewicht unserer Arbeit in diesem Bezirk lag in Mannheim und Ludwigshafen, wo wir in den Großbetrieben KJVD-Zellen organisierten, in Flugblättern und Handzetteln die Forderungen der Jungarbeiter formulierten und konkrete Ziele setzten. Durch die vorangegangenen zahlreichen Verhaftungen von KJVD-Mitgliedern und Funktionären war es für mich eine vorrangige Aufgabe, einen neuen Funktionärskader heranzuschulen. Mit Hilfe der Partei erhielt ich Verbindung zum Schweizer Kommunistischen Jugendverband in Basel. Dort sollte ein geheimer Schulungskurs für unsere Badener Jugendfunktionäre stattfinden. Zu diesem Zweck ging ich zum erstenmal illegal über die Grenze in Lörrach. Ich durchschwamm die Lörrach und traf mich im Kleinbaseler Wald mit einem Schweizer Jugendgenossen, der mich nach Basel zu der vorbereitenden Besprechung brachte. Ich erlebte wieder einmal eine ganz brenzlige Situation. Ich hatte keine Ausweispapiere bei mir, und mein Begleiter und ich spielten jedesmal ein sehr verliebtes Paar, wenn wir von einer Grenzstreife angehalten wurden. Das geschah zweimal. Mein Begleiter zeigte seinen Ausweis, ich hatte meinen „vergessen" und jedesmal schlug mir das Herz bis zum Halse, aber es ging gut. Viel schlimmer stand es um meinen Fuß, der stark angeschwollen war und furchtbar schmerzte. Ich war auf der Fahrt zwischen Lahr und Freiburg mit dem Rad schwer gestürzt und hatte eine klaffende Wunde, in die Schmutz eingedrungen war. Zum Glück war ich in der freien Schweiz und wurde sofort von einem Arzt auf Wundstarrkrampf behandelt. Fünfzehn Jugendgenossen, darunter auch zwei von der Sozialdemokratischen Arbeiterjugend, nahmen an dem illegalen Schulungskurs in Basel teil. Das Heranschulen neuer Kader wahr sehr wichtig, wenn die Widerstandsarbeit weitergehen sollte. Und sie mußte weitergehen. Das war für jeden von uns eine selbstverständliche Pflicht.

Ich selbst mußte aus dem Bezirk Baden-Pfalz bald verschwinden, denn ich wurde von der Gestapo intensiv gesucht. Aus diesem Grunde rief mich die illegale Leitung des ZK des KJVD nach Berlin zurück. Ich erhielt den Auftrag, den sehr gefährdeten Bezirksleiter des KJVD am Niederrhein, Fritz Reuter, abzulösen und den Bezirk zu übernehmen. Als ich nach Düsseldorf kam, fand ich eine ähnliche Situation wie im Juli in Mannheim vor. Eine große Verhaftungswelle war angelaufen. Fritz Reuter und mit ihm eine Reihe führender Jugendfunktionäre waren in Düsseldorf, Solingen, Remscheid, Hagen und anderen Orten festgenommen worden. Die drei Anlaufstellen, deren Anschriften ich vom ZK für Düsseldorf erhalten hatte, waren „heiß" geworden, d.h. die Gestapo hatte dort bereits Haussuchungen vorgenom-

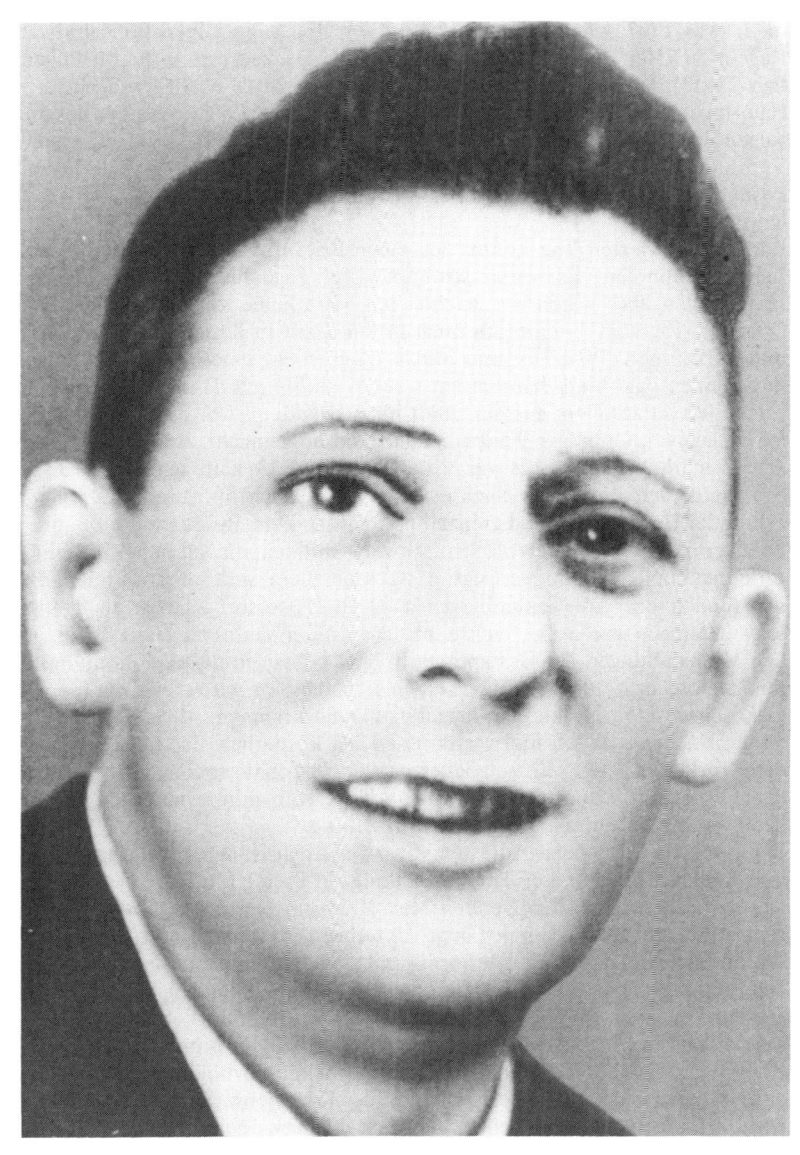

Anton Saefkow

men. Was tun? Ich mußte etwas tun, was den allgemeinen konspirativen Regeln zuwider lief. Ich telegrafierte an eine Deckadresse in Berlin folgenden Text: „Bruder gestorben, Eltern erkrankt. Bitte postlagernd Nr. . . . Hauptpost Düsseldorf". Das hieß übersetzt: zum KJVD keine Verbindung wegen der Verhaftungen, zu den „Eltern" – das war die Partei – auch keine Verbindung. „Postlagernd" war ein Verhaftungsrisiko, denn Bahnhöfe und Postämter waren zu meiden, da sie fast immer von der Gestapo überwacht wurden.

Endlich am vierten Tag konnte ich einen Brief mit neuen chiffrierten Anschriften abholen. Es waren schlimme drei Tage für mich gewesen, am schlimmsten aber waren die Nächte. Ich hatte keine Verbindung und kein Quartier. Tagsüber konnte ich mich in der Stadt in Kaufhäusern aufhalten und aufwärmen. Brötchen und Milch waren mein Essen, denn ich mußte mit meinen paar Mark haushalten. Abends mußte ich dann, um nicht Polizeistreifen aufzufallen, aus der Stadt hinauswandern. Am Tage hatte ich die Parkanlage Grafenberger Wald am Stadtrand ausgemacht, zu der mich jeden Abend mein Weg führte. Es war Mitte Oktober 1933, kalte regnerische Tage. Nie werde ich diese drei Nächte vergessen, die ich hungernd, frierend in zehrender Ungewißheit und grenzenloser Einsamkeit, auf den nassen Bänken dort verbrachte. Es waren oft sehr schwere Stunden, die ich in der Illegalität verlebte. Immer gehetzt, verfolgt, in Nächten allein, verlassen im Freien, diese Stunden aber im Grafenberger Wald zu Düsseldorf zählten zu meinen schwersten. Es waren die Nächte, in denen mein Verlobter Hans Scholz an den Mißhandlungen der Gestapo starb. Man bekam in dieser erbarmungslosen Verfolgungszeit so etwas wie einen sechsten Sinn. Er verhalf mir manchmal, der Gestapo im letzten Augenblick zu entkommen. Auch in dieser einsamen Nacht ahnte ich und verspürte es fast körperlich, daß mit Hans, meinem Verlobten, etwas Entsetzliches passierte. Monate später, kurz vor meiner Verhaftung erfuhr ich von seinem Tod. Nun mußte ich auch für ihn kämpfen. Es war mir eine heilige Verpflichtung.

Ich hatte nun die neuen Adressen von zwei Anlaufstellen postlagernd abgeholt, meldete mich und erhielt Verbindung zur Partei. Mit Hilfe des späteren westdeutschen KPD-Vorsitzenden Max Reimann baute ich wieder die Organisation auf, schuf arbeitsfähige Unterbezirksleitungen und organisierte die illegale Arbeit wie in Thüringen und Baden-Pfalz. Der Niederrhein war ein Industriegebiet und das Hauptgewicht unserer Tätigkeit lag in den Betrieben. In einer Reihe von Großbetrieben in Düsseldorf, Solingen, Remscheid, Hagen, Wuppertal, am linken Niederrhein in Mönchen-Gladbach-Rheydt und in der Textilindustrie in Rheine an der holländischen Grenze aktivierten wir die noch bestehenden Jugendbetriebszellen oder gründeten neue. Unsere Jugendgenossen in den Betrieben erfanden immer wieder neue illegale Methoden der Arbeit zur Aufklärung der Jungarbeiter und ihrer Einbeziehung in den antifaschistischen Widerstandskampf. Die Betriebszeitungen wurden auf Werkbänken, in den Toiletten, in den Kantinen ausgelegt. Aus den Diskussionen der Jugendlichen und der Arbeiterschaft erhielten wir neue Argumente und Anregungen, um den betrieblichen Kampf vor allem auch gegen die NS-Spitzel der „Arbeitsfront" zu organisieren. Auf diese Weise konnten wir viele Jungarbeiter für ihre Forderungen um bessere Löhne und Arbeitsbedingungen und für den antifaschistischen Kampf gegen Kriegsvorbereitung und Diktatur mobilisieren.

Der Niederrhein war eine starke katholische Domäne, und neben der Zusammenarbeit und Herstellung der Einheitsfront mit sozialdemokratischen Jungarbeitern galt unser Hauptaugenmerk auch der Einbeziehung der katholischen Jugend in den Widerstandskampf gegen die Nazi-Diktatur. Erwähnen möchte ich hier den damaligen Diözesanpräses der Katholischen Jugend vom Niederrhein, Kaplan Dr. Joseph Rossaint. Ich sprach ihn auf der Straße vor dem Pfarrhaus an, er nahm mich mit ins Haus. In der Diskussion tasteten wir uns ab, bis das Vertrauen hergestellt war. Von da ab war ich während meiner mehr als dreimonatigen Tätigkeit im Bezirk Niederrhein mit Kaplan Rossaint und über ihn mit dem Reichsführer der politisch sehr engagierten „Katholischen Sturmschar", Franz Steber, in Verbindung. Kaplan Rossaint war aktiver Pazifist und Mitglied des Friedensbundes Deutscher Katholiken. Franz Steber teilte größtenteils seine antifaschistischen politischen Auffassungen. Wir hatten viele Diskussionen zusammen und durch Rossaint und Steber erhielt ich am Allerheiligentag, am 1. November 1933, anläßlich eines Reichs-Diözesantreffens, an dem sämtliche Diözesan-Jugendleiter teilnahmen, im Pfarrhaus St. Marien in Düsseldorf die Möglichkeit, vor besonders ausgewählten, zuverlässigen Diözesan-Jugendführern zu sprechen. Ich war als ehemalige Gewerkschaftsjugendfunktionärin vorgestellt worden. Ich sprach eine Stunde lang über die politische Situation und die Notwendigkeit des *gemeinsamen* Widerstandskampfes. „Heute sind es noch die Kommunisten und Sozialdemokraten, Gewerkschafter –, morgen seid Ihr es, die ebenso verfolgt werden, wenn Ihr nicht rechtzeitig dagegen aufsteht und dagegen kämpft".

Wir tauschten Adressen für illegale Anlaufstellen und Postsendungen aus. Wie ich später erfuhr, klappte das auch in verschiedenen Bezirken, vor allem am Niederrhein und im Ruhrgebiet, aber auch in Baden-Württemberg und im Saargebiet. Die katholischen Jugendgruppen wurden mit politischen Materialien, beispielsweise mit der „Jungen Garde" beliefert. In verschiedenen Orten, so in Düsseldorf, kam es zur gemeinsamen Herausgabe von Flugblättern und Broschüren. Im November 1933 ging ich zum zweitenmal illegal über die holländische Grenze bei Herzogenrath, wo mich auf der anderen Seite holländische Genossen aus Heerlen erwarteten. In Amsterdam wurde ich im D-Zug Brüssel-Paris einem mit uns sympathisierenden Zugschaffner anvertraut, der mich als blinden Passagier nach Paris brachte. Dort saß die Emigrationsleitung des Jugend-Zentralkomitees. Vor ihm und der illegalen Parteileitung berichtete ich über unsere Tätigkeit im Bezirk Niederrhein, vor allem über die enge Zusammenarbeit mit der katholischen Jugend. Später auf dem 1937 in Paris stattfindenden Volksfrontkongreß spielte diese Einheitsfrontarbeit im Bezirk Niederrhein eine große Rolle als Beispiel einer ersten Volksfront gegen den Faschismus. Mit neuen Direktiven und einem gefälschten schwedischen Paß fuhr ich dann zurück nach Deutschland. Mit knapper Not entging ich damals beim heimlichen Grenzübergang in Herzogenrath der Verhaftung durch SS-Grenzstreifen. Mit 30 Broschüren in Kleinstformat (Hans Beimler: „Die Hölle von Dachau"), eingenäht in eine Leibbinde, ging ich als „hochschwangere" junge Frau über die „grüne Grenze". Ich hatte in Paris Geld bekommen, und so war es mir möglich, im letzten Moment mit einem Taxi einer SS-Streife zu entkommen. Es war noch einmal gut gegangen.

Die Zusammenarbeit mit der katholischen Jugend ging unvermindert weiter. Unsere Verbindungen festigten sich und Ende Januar 1934 war es soweit, daß wir – die Reichsführung der katholischen Jugend und das ZK des KJDV – gemeinsam einen Aufruf an die deutsche Jugend herausbringen wollten. Zu diesem Zweck kam der stellvertretende Vorsitzende des illegalen ZK des KJVD, Ewald Kaiser, aus Paris mit einem Entwurf am 30. Januar 1934 in Düsseldorf an. In der Studierstube eines befreundeten Pfarrers in Köln sollte die Besprechung des Aufrufes stattfinden. Rossaint brachte den Entwurf der Katholischen Jugend mit. Nach einer dreistündigen Besprechung zwischen Dr. Rossaint, Ewald Kaiser und mir war der gemeinsame Aufruf entworfen und festgelegt. Ewald Kaiser nahm das Manuskript am selben Abend noch mit nach Paris, wo der Aufruf in tausendfachen Exemplaren gedruckt werden sollte.

Ich selbst wurde am nächsten Tag, dem 31. Januar 1934, mittags auf dem Düsseldorfer Hauptbahnhof unmittelbar vor der Abfahrt nach Wuppertal-Hagen aus dem Zug verhaftet. Nun hatte auch meine Stunde geschlagen. Die Düsseldorfer Gestapo galt neben der Berliner und Hamburger als berüchtigtste. Ich wurde Folter-Verhören unterzogen. Es gelang mir, mit falschen Angaben von Decknamen die Verhöre zu überstehen. Mein ausgeprägt gutes Gedächtnis, mit dem ich mir die falschen Angaben immer wieder eingeprägt und auswendig gelernt hatte, kam mir dabei sehr zustatten. Drei Gestapospitzel hatten bereits zahlreiche belastende Aussagen gegen mich gemacht. Es gelang mir trotzdem, die Gestapo irrezuführen. Nach sechs Wochen mit ununterbrochenen Gestapo-Verhören, am ganzen Körper zerschlagen, nur noch 86 Pfund wiegend, kam ich in politische Untersuchungshaft. Am 25. Juni 1935 stand ich allein vor dem Volksgerichtshof unter der Anklage der Vorbereitung zum Hochverrat.

Nach allem, was ich in 17 Monaten Gestapo- und Untersuchungshaft an Furchtbarem erlebt hatte, kannte ich keine Angst mehr und habe den Richtern des Volksgerichtshofes die Wahrheit ins Gesicht geschleudert. „Wo heute das deutsche Volk den Autobahnen zujubelt, weil es glaubt, endlich Arbeit gefunden zu haben, werden an diesen kommenden Kriegsstraßen die Kreuze der deutschen Jugend stehen. Weil ich davon überzeugt bin, daß Hitler unser Volk, die deutsche Jugend in den Abgrund, in einen zweiten Weltkrieg, in ein unermeßliches Leid und Elend führt, deshalb kämpfte ich gegen dieses unheilvolle Regime und deshalb stehe ich hier und vertrete die Wahrheit und wirklichen Interessen unserer deutschen Jugend". Ich erhielt 15 Jahre Zuchthaus mit erschwerter Haft. Es war das erste sogenannte „Hochurteil", das der Volksgerichtshof fällte.

Nach der Verurteilung kam ich in das berüchtigte Frauenzuchthaus Jauer in Schlesien; nach insgesamt fünfeinhalb Jahren strenger Isolierhaft in einer halbdunklen modrigen Zelle wurde ich später in das Zuchthaus Waldheim/ Sachsen überführt, wo ich bis zu meiner Befreiung durch die Rote Armee am 6. Mai 1945 einsaß. Insgesamt verbrachte ich elf Jahre und vier Monate in Gefangenschaft, davon den größten Teil in Zellenhaft.

Christen im Widerstand

Günther van Norden

Widerstand in den Kirchen

Die Machtübernahme der Nationalsozialisten in der ersten Hälfte des Jahres 1933 bedeutete weder für die Evangelische noch für die Katholische Kirche eine Herausforderung zu irgendeiner Art von politischem Protest- oder Widerstandsverhalten.

Im Gegenteil: Beide Institutionen begleiteten die von ihnen so gesehene allmähliche Umwandlung des Regierungssystems von der pluralistischen, parlamentarischen Demokratie in einen autoritären Obrigkeits-Staat — zumindest seit März 1933 — mit wachsender Sympathie.

Die Gründe dafür ergeben sich für den deutschen lutherisch geprägten Protestantismus weitgehend aus seiner Geschichte. Er stand in einer 400jährigen Tradition von „Thron und Altar", einer glücklichen Verbindung von kirchenfreundlicher Obrigkeit und obrigkeitsfreundlicher Kirche, die den in Römer 13 geforderten Gehorsam der Untertanen zu einer angenehmen Selbstverständlichkeit machte, zumindest für die, denen es relativ wohl ging. Die anderen, die sich ausgebeutet fühlten und die die Obrigkeit als Instrumente einer ihnen feindlichen Herrschaft erfuhren — im 19. Jahrhundert waren es wesentliche Teile der Arbeiterschaft —, konnten die schlichte kirchliche Proklamation des Untertanengehorsams und ihre Unfähigkeit, sich der sozialen Frage zu stellen, auf die Dauer nicht akzeptieren; sie entfremdeten sich der Kirche. Diese wurde soziologisch und politisch eine bürgerlich-konservative Einrichtung. Sie erlebte das sog. Zweite Reich, das evangelische Kaisertum der Hohenzollern, als ein gnädiges Gottesgeschenk, das es gegen alle Feinde von innen und außen zu bewahren und zu verteidigen galt. Sie empfand den Sturz der monarchischen Obrigkeit 1918 als kaum begreifliches Urteil Gottes und begegnete der neuen parlamentarischen Demokratie mit Distanz. Auch wenn sie sich als über den Parteien stehend bezeichnete, so stand doch ihre Anhängerschaft im Lager der konservativen Parteien: der politische Protestantismus der Weimarer Zeit repräsentierte sich vorwiegend in der Deutschnationalen Volkspartei. Als 1933 das Ende der Weimarer Republik sich abzeichnete, da sah die weitaus überwiegende Mehrheit des deutschen Protestantismus ihre Hoffnungen erfüllt; das Zweite Reich in Gestalt einer christlich-autoritären Staatsform schien unter der Führung der konservativen Eliten im Bündnis mit den Repräsentanten eines Dritten Reiches wieder zu erstehen: 21. März 1933 Staatsakt in der Potsdamer Garnisonskirche – Hindenburg und Hitler reichen sich die Hand! Die hoffnungsfrohe Unterstützung des neuen Regimes schien ihre Bestätigung zu finden in der Fülle der kirchenfreundlichen Äußerungen der Reichsregierung und der NSDAP: die Kirche sollte wieder zu einem Fundament der neuen „Volksgemeinschaft" werden. Daß zugleich und zunehmend sichtbar die demokratischen Institutionen beseitigt sowie Gegner des Regimes mit Konzentrationslagern, Gefängnissen und Berufsverboten bedroht und ausgeschaltet wurden, gab keinen Anlaß zu öffentlichem Protest, denn die Obrigkeit „trägt das Schwert nicht umsonst" (Römer 13, 4) und benutzte es – so meinte man – zur Bestrafung und Bekämpfung der atheistisch-materialistischen Feinde des deutschen Volkes.

Es ist einsichtig, daß in diesem Sog des vaterländisch-nationalistischen Protestantismus nur kleine Gruppen widerstehen konnten, vor allem die mehr politisch motivierten Religiösen Sozialisten und Liberalen Protestanten sowie einige stärker theologisch geprägte Anhänger der dialektischen Theologie und eines radikalen Luthertums. Vor allem die beiden ersten Gruppen haben – von Ausnahmen abgesehen – in der ersten Jahreshälfte 1933 in ihren Zeitschriften bestimmte politische Maßnahmen der neuen Machthaber offen kritisiert, z.B. die Polizei- und Hilfspolizeierlasse Hermann Görings und die Entlassung von Hochschullehrern aus dem öffentlichen Dienst aufgrund des Gesetzes „zur Wiederherstellung des Berufsbeamtentums". Dies war ein Widerstand des Wortes, ein Widerstand rationaler Argumente gegen den „Instinktausbruch des deutschen Volkes" (Christoph Steding) mit dem Ziel der Aufklärung und Warnung, um vielleicht den Sog zu bremsen – ebenso ohnmächtig wie überhaupt nicht repräsentativ für den deutschen Protestantismus. Dennoch müssen diese tapferen Gruppen und Einzelnen genannt werden, weil sie zeigen, daß es möglich war, die Dinge auch anfangs so zu sehen, wie sie später manche andere gesehen haben.

Die Gründe für das Ja der Katholischen Kirche bzw. des politischen Katholizismus zum neuen Regime ergeben sich nicht wie beim Protestantismus aus der Geschichte, sondern eher aus der Struktur und der Politik des Katholizismus. Denn so wie die Arbeiterschaft hatte auch der Katholizismus im „heiligen evangelischen Reich der Deutschen" zu den Reichsfeinden gehört, der Kulturkampf hatte ihn tief geprägt: es war ein Kampf gegen die Obrigkeit gewesen. Von da her war es klar, daß der Katholizismus sich mit dem Zweiten Reich nicht so existentiell identifizieren konnte wie der Protestantismus und den Übergang zur parlamentarischen Demokratie in seiner Mehrheit relativ bruchloser vollzog. Der Repräsentant des politischen Katholizismus, das Zentrum, gehörte sogar von Anfang an und bis zuletzt zu den Trägern des Weimarer Staates. Trotzdem kam auch von ihm kein wesentlicher

Beitrag zur Verteidigung der Republik. Dies lag sicher daran, daß sich das Zentrum in den letzten Jahren der Weimarer Republik dem konservativen Lager genähert und damit die Bereitschaft verloren hatte, für die pluralistische Demokratie zu kämpfen. Denn mit diesem Rechtstrend war verbunden, daß die Elemente des Katholizismus, die in seiner Struktur liegen, nämlich das Hierarchisch-Autoritäre und die radikale Ablehnung liberaler Vorstellungen und Ideen, auch politisch wirksam wurden. Hier zeigen sich deutlich Affinitäten zur „nationalen Rechten". Von seiner Geschichte her hatte der deutsche Katholizismus die Chance, im Bündnis von Zentrum und Sozialdemokratie, den Nationalsozialismus möglicherweise abzuwehren. Er hat auch die Gefahren, die von da her drohten, sehr viel klarer erkannt als der Protestantismus. So hat er eindeutig durch kirchliche Verbote schon seit 1930 vor dem Nationalsozialismus gewarnt und die Unvereinbarkeit von Nationalsozialismus und kirchlicher Lehre festgestellt. Diese Position verteidigte er bis in den März 1933. Aber als dann die Regierung der „nationalen Erhebung" ihre christlichen Sirenenklänge ertönen ließ, als der Reichskanzler in seiner Rede zum Ermächtigungsgesetz vollmundig all das versprach, was so eindeutig nie eine Weimarer Republik versprochen hatte: die Kirche wieder zu einem Fundament des Staatslebens zu machen, da gab das Zentrum, wenn auch zögernd, seinen Widerstand auf, stimmte dem diktatorischen Ermächtigungsgesetz zu und grub damit sich selbst und der Demokratie das Grab. Ob es schon damals den Rückhalt der Kirche nicht mehr verspürte? Wenige Tage später zogen die Bischöfe ihre bisherigen Verbote und Warnungen zurück und gaben damit den Katholiken den Weg zum Nationalsozialismus frei. Dies war eine politische Konzession an neue politische Gegebenheiten und − wie man meinte − taktisch klug, denn so blieb die Kirche loyaler Gesprächspartner des Staates; und so konnte sie auch wenig später in einem aufsehenerregenden Hirtenwort inhaltliche Gemeinsamkeiten des neuen Denkens mit dem der Kirche ausdrücklich feststellen (Hochschätzung der Vaterlandsliebe, starke Betonung der Autorität und der Eingliederung des Einzelnen in das Ganze des Staates, scharfer Antikommunismus). Am 20. Juli 1933 folgte der Vatikan, indem er mit dem neuen Regime das Konkordat abschloß, welches einerseits eben diesem Regime internationales Renommee verlieh, andererseits zugleich der Katholischen Kirche in Deutschland − nach der Zerschlagung des politischen Katholizismus − die Sicherung ihres Bestandes versprach. Jetzt waren es auch im Katholizismus nur noch wenige (links)katholische Gruppen, die versuchten, Widerstand durch Widerspruch zu realisieren.

Man muß diese Ausgangssituation erkennen, denn von da her läßt sich ein späterer Widerstand in den Kirchen richtig einschätzen:
− ihre „ideologische" Haltung, die bis zur Anbiederung an das Regime ging, entsprach der vorherrschenden Haltung des bürgerlichen Konservatismus,

der in einigen Teilen auch erst spät zum Widerstand fand, und zwar in sich
steigender Intensität reagierend auf die sich steigernde Aggressivität des Regimes;
— ihre institutionelle Erhaltung schloß einerseits konspirative Widerstandsmaßnahmen — abgesehen von ihrer theologisch und politisch bedingten
Staatsloyalität — aus, ermöglichte andererseits aber eindrucksvolle offene
Widerstandsmaßnahmen (Kanzelabkündigungen, Hirtenbriefe, Vervielfälti-
gungen/Schrifttum) und gab auch — unter dem Dach der Institutionen, gewollt oder ungewollt — einzelnen bzw. Gruppen Freiraum für sogar konspirative Tätigkeiten.
Hieraus ergibt sich ein doppelter Ansatz:
1. Es hat einen allmählich zunehmenden Widerstand kirchlich bevollmächtigter Gremien und Repräsentanten in drei Bereichen gegeben (institutioneller Protest).
2. Es hat von Anfang an bis zum Ende des sog. Dritten Reiches eine Widerstandstätigkeit einzelner evangelischer und katholischer Christen und
auch kirchlich gebundener Gruppen bis hin zur Konspiration gegeben.
Dieser Widerstand verbreitete sich im Laufe der 12 Jahre erheblich (individueller Protest).

1. *Institutioneller Protest*

Er erwächst aus dem Willen zur kirchlichen und theologischen Autonomie,
aus der Abwehr staatlicher Fremdbestimmung, aus dem Bemühen, sich dem
gesellschaftlichen Gleichschaltungsprozeß zu entziehen. Es handelt sich hier
nicht nur um Nonkonformität und auch nicht nur um passive Verweigerung,
sondern um organisierte, sich aktiv widersetzende Protest- und Widerstandshandlungen, und zwar durchaus nicht im privaten Bereich, sondern in der
deutschen Öffentlichkeit.

1.1 Die Verteidigung der kirchlichen Organisation(en)

Dieser Widerstand läßt sich für beide Kirchen bereits 1933 feststellen. Für
die Evangelische Kirche ist er erkennbar in ihrem Kampf um das Amt des
Reichsbischofs und gegen den Staatskommissar: Die Evangelische Kirche bestand aus 28 Landeskirchen. Die leitenden Behörden dieser Kirchen meinten, daß dem staatlichen Streben nach Vereinheitlichung auch die Kirchen
folgen sollten, indem sie eine Reichskirche schüfen. Eine solche Zusammenfassung des bisher partikularen deutschen Kirchenwesens unter einer Leitung, einem Reichsbischof, entspräche einerseits, so meinten die einen,
staatlichen Wünschen und gäbe andererseits, so meinten die anderen, gegenüber dem machtvollen Einheitsstaat der Kirche eine stärkere Position. Mehr-

heitlich war man daran interessiert, diese „Reform" mit der Wahl eines Mannes zum Reichsbischof zu krönen, der *kirchlich* legitimiert sein sollte, nicht *politisch.* Diesem Interesse widersprach der Wille der NSDAP und ihrer Kabinettsmitglieder, einen Mann ihres Vertrauens zu lancieren; sie fanden ihn in dem Wehrkreispfarrer Ludwig Müller, den Reichskanzler Hitler zu seinem „Bevollmächtigten" ernannte. Es wurde deutlich, daß er der künftige Reichsbischof sein sollte. Aber die Mehrheit der Landeskirchenfürsten entschied sich für den kirchlich bewährten Betheler Pfarrer D. Friedrich v. Bodelschwingh und wählte ihn zum Reichsbischof (Mai 1933). Erfolgreicher kirchlicher Widerstand gegen klare Interessen der Machthaber! Diese bewiesen ihr Mißfallen dadurch, daß sie − sowohl Reichspräsident von Hindenburg als auch Reichskanzler Hitler − sich weigerten, das gewählte Oberhaupt der Evangelischen Kirche zu empfangen und damit zu akzeptieren. Daneben gab es Demonstrationen der NSDAP und ihrer kirchlichen Ableger, der Deutschen Christen.

Vier Wochen später zeigte die Kirche erneut, daß sie willens war, ihre Angelegenheiten selbständig zu regeln; sie besetzte den Posten des obersten Repräsentanten der altpreußischen Landeskirchenleitung kommissarisch mit einem Mann ihres Vertrauens. Jetzt reagierte der Staat massiv mit den Mitteln der Macht; er setzte für die evangelischen Kirchen Preußens einen Staatskommissar ein. Damit bewies er, daß er nicht mehr willens war, den Widerstand der Kirche hinzunehmen. Und jetzt zeigte sich, daß dieser Widerstand zerbrach, denn er war ein gebrochener: die konservativen Kirchenführer, die sich gegen die Einwirkungen der Nationalsozialisten in den kirchlichen Bereich wehrten, verfolgten mit Sympathie deren Einwirkungen im staatlichen Bereich. Sie erklärten, und sie meinten das ernst, daß ihr Widerstand sich selbstverständlich nicht gegen den Staat richte. Als der Staat nun so massiv eingriff, ließen sie Bodelschwingh fallen; sie ermutigten ihn nicht, sein Amt zu behaupten und auf seinem Posten zu bleiben, sondern sie ließen ihn zurücktreten.

Auf der anderen Seite aber verweigerten die Kirchenführer dem Staatskommissar die Mitarbeit. Dieser Widerstand war immerhin so beeindruckend, daß Reichspräsident von Hindenburg eingriff und Hitler um Vermittlung bat. Der Staat zog seinen Staatskommissar zurück. Erfolgreicher kirchlicher Widerstand! Aber auch hier war er nicht konsequent, denn als der Staat durch Gesetz bestimmte, daß am 23. Juli 1933 Kirchenwahlen stattzufinden hätten, da wehrten sich die Kirchenleitungen nicht mehr, obwohl sie wissen konnten, daß diese demokratischen Wahlen den Nationalsozialisten das bringen würden, was sie mit Gewalt nicht erreicht hatten, nämlich eine nationalsozialistisch regierte Kirche. Parallel zur Machtergreifung der Nationalsozialisten im Staat, die sich als allmählicher Prozeß der Entmachtung des hilflosen Konservatismus vollzog, geschah die Machtergreifung der nationalsozialistischen Deutschen Christen in der Kirche gegenüber sich zunächst widersetzenden, dann aber letztlich resignierenden konservativen Kirchenleitungen. Ihr Widerstand hätte vielleicht erfolgreicher sein können — da die Kirche 1933 gegenüber dem sich erst etablierenden NS-Regime eine beachtliche organisatorische Größe war —, wenn er klar antinationalsozialistisch (also politisch) und konsequent gewesen wäre. Beides war er nicht.

Immerhin konsequenter war die katholische Verteidigung ihrer Organisationen. Zwar hatte auch die Katholische Kirche wie die Evangelische das Feld vor ihren Mauern preisgegeben — der politische Katholizismus: die machtvolle Organisation des Zentrums, hatte sich aufgelöst —, aber dafür kämpfte sie in ihrem Bereich für ihre bedrängten katholischen Verbände relativ erfolgreich, vor allem nachdem sie mit dem Konkordat eine — zumindest für die nächste Zeit — ziemlich unantastbare Rechtsgrundlage erhandelt hatte. Typisches Beispiel für diesen kirchlichen Widerstand war der Hirtenbrief der bayerischen Bischöfe zur Volksabstimmung und Reichstagswahl am 12. November 1933. Eingebettet in die Beteuerung, wie sehr die Katholiken die „kraftvollen Bemühungen des Führers" schätzten, die Gleichberechtigung des deutschen Volkes friedlich herzustellen und ihm „die Greuel des Bolschewismus zu ersparen", bezeichneten die Bischöfe klar die „Belastungen des katholischen Gewissens" wegen der Entheiligung des Sonntags, wegen der Maßnahmen gegen die katholischen Vereine und die Bekenntnisschule. Diese kritischen Worte waren nicht zur Verlesung auf den Kanzeln bestimmt, sondern wurden lediglich den bayerischen Geistlichen in den Amtsblättern mitgeteilt. Trotz dieser Vorsichtsmaßnahmen empfand der Staat die Mahnung der Bischöfe als unzulässige Kritik und verbot ihre Veröffentlichung.

Dagegen wehrte sich der Münchener Kardinal Faulhaber, nicht öffentlich, aber in einem geharnischten Brief an den Bayerischen Ministerrat, in dem er die Position der Kirche fixierte: „Bei Fragen, ob die öffentliche Sittlichkeit im Sterilisierungsgesetz für ein katholisches Gewissen gewahrt bleibt, ob sonstwie das katholische Gewissen belastet wird, haben die Bischöfe die Pflicht, für das christliche Sittengesetz einzutreten. Wir haben keine Kritik an den politischen Maßnahmen der Regierung geübt, wir werden uns aber für alle Zukunft das Recht wahren, in Fragen der Religion und Sittlichkeit freimütig, durch unser Amt verpflichtet, für die Wahrheit Zeugnis zu geben. . ." Es ist deutlich, daß hier zwischen dem Bereich der Kirche, in den der Staat sich nicht einzumischen hat, und dem Bereich des Staates, in den die Kirche sich nicht einmischt, getrennt wird. Da wo der Staat diese Grenze überschreitet, trifft er auf den Widerspruch der Kirche; dies gilt auch für die öffentliche Sittlichkeit, die am Maßstab des christlichen Sittengesetzes gemessen werden muß. Es ist interessant, daß Kardinal Faulhaber hier als Beispiel für die Belastung eines katholischen Gewissens das Sterilisationsgesetz anführt. Offenkundig galt die brutale Verfolgung von Sozialdemokraten,

Kommunisten und Juden nicht als eine solche Belastung, sondern als politische Maßnahme der Regierung, die man nicht kritisiert. An dieser Stelle wird besonders deutlich, wie sehr die Widerstandsmöglichkeiten der Kirchen zu Beginn des Dritten Reiches gebrochen waren: es war ihnen zu dieser Zeit offenkundig aus den Zwängen ihrer eigenen theologischen Traditionen und politischen Befangenheiten nicht möglich, über ihre Mauern zu sehen. Innerhalb ihrer Mauern konnte die Katholische Kirche aufgrund einer konsequenteren Haltung erfolgreicher als die Evangelische ihre Positionen behaupten.

1.2 Die Verteidigung der kirchlichen Bekenntnisse

Dieser Widerstand steht seit 1934/35 im Vordergrund. Für die Evangelische Kirche war er zunächst eine Opposition gegen die Irrlehren der Deutschen Christen, die nach den Wahlen im Juli 1933 weitgehend die Kirche beherrschten. Die in diesem Widerstand entstehende Bekennende Kirche wehrte sich beispielsweise gegen die Einführung des Arierparagraphen in die kirchliche Gesetzgebung, der die Besetzung des Pfarramtes von einer ,,rassischen" Bedingung abhängig machte (Entstehung des Pfarrernotbundes Martin Niemöllers). Sie protestierte nicht gegen die Ausschaltung der Juden im staatlichen Bereich, sondern gegen den Bekenntnisbruch, den sie im kirchlichen Arierparagraphen erkannte. Lediglich Dietrich Bonhoeffer erklärte bereits im April 1933, die Kirche sei gefordert, wenn ,,irgendeine Gruppe von Staatsuntertanen" rechtlos gemacht werde, ,,nicht nur die Opfer unter dem Rad zu verbinden, sondern dem Rad selbst in die Speichen zu fallen". In dieser Aussage, die für die Bekennende Kirche nicht repräsentativ ist, deutete sich die Auffassung an, daß die Kirche eine Pflicht zum Widerstand gegen den Staat auch dann habe, wenn dieser nicht das Recht der Kirche, sondern wenn er das Menschenrecht verletze; eine Auffassung, die später von Teilen der Bekennenden Kirche realisiert werden sollte.

Zunächst aber stand auch die den Deutschen Christen widerstehende Bekennende Kirche fest in der Tradition einer lutherischen Zweireichelehre und ebenso fest in der Tradition eines konservativ-bürgerlichen Protestantismus. Nur ganz allmählich vollzog sich hier eine Wandlung, die mit der sichtbar werdenden Wandlung des konservativ-autoritären Staates in eine totalitäre Parteidiktatur zusammenhängt. Man kann sie an zwei Vorgängen aufzeigen:

a) Im Mai 1934 gab sich die Bekennende Kirche mit der Barmer Erklärung ihre theologische Basis. Im Artikel V heißt es: ,,Die Schrift sagt uns, daß der Staat nach göttlicher Anordnung die Aufgabe hat, in der noch nicht erlösten Welt, in der auch die Kirche steht, nach dem Maß menschlicher Einsicht und menschlichen Vermögens unter Androhung und Ausübung von Gewalt für Recht und Frieden zu sorgen." Hier betonte die BK die alte evangelische und zugleich konservative traditionelle Staatstheorie. Es heißt weiter: „Die Kirche erkennt in Dank und Ehrfurcht gegen Gott die Wohltat dieser seiner Anordnung an. Sie erinnert an Gottes Reich, an Gottes Gebot und Gerechtigkeit und damit an die Verantwortung der Regierenden und Regierten. Sie vertraut und gehorcht der Kraft des Wortes, durch das Gott alle Dinge trägt." Hier gab die Bekennende Kirche — wenn auch ziemlich abstrakt und sogar etwas mißverständlich — zu verstehen, daß die Kirche gegenüber dem Staat ein „Wächteramt" habe: Gottes Gebot gegenüber sind die Regierenden verantwortlich. (— Eine ähnliche Position, wie wir sie schon bei der Katholischen Kirche hinsichtlich des Maßstabes für die öffentliche Sittlichkeit festgestellt haben. —) Es heißt weiter: „Wir verwerfen die falsche Lehre, als solle und könne der Staat über seinen besonderen Auftrag hinaus die einzige und totale Ordnung menschlichen Lebens werden und also auch die Bestimmung der Kirche erfülllen . . ." Hier erklärte die Bekennende Kirche deutlich ihr Nein gegenüber dem Anspruch des nationalsozialistischen Staates auf Totalität; der totale Staat, der mit dem Anspruch auftrat, seinen Volksgenossen *alles* abverlangen zu können, begegnete hier dem Widerspruch einer Kirche, die stets ihre Staatsloyalität betont hatte und sie auch weiterhin betonte, die aber aus ihrem Bekenntnis heraus zugleich diesem Staat seine Grenze zeigte. Dies war, ohne daß die Bekennende Kirche es wollte, ein Politikum, und so hat es der Staat auch verstanden.

b) Im Frühjahr 1935 kam es zu zwei Aktionen der Bekennenden Kirche gegen das sogenannte Neuheidentum, das den Mythos einer altgermanischen Götterwelt zu aktualisieren versuchte und damit haßerfüllte Angriffe auf das Christentum verband. Da dies immer stärker und deutlicher in den nationalsozialistischen Verbänden und Schulungskursen geschah, war der Widerspruch dagegen auch Widerstand gegen die Partei. In der ersten Aktion appellierte die Kirche an „unsere Obrigkeit", die christlichen Bekenntnisse gegen das aggressive Neuheidentum zu schützen, indem sie die Fiktion eines christlichen Staates beschwor, und auch in der zweiten Aktion huldigte sie der durch Gottes Wort begründeten und begrenzten Autorität des Staates, aber hier verurteilte sie eindeutig die „rassisch-völkische Weltanschauung", in der „Blut und Rasse, Volkstum, Ehre und Freiheit zum Abgott" würden. Diese Aktionen sollten durch Kanzelverlesungen einer breiten kirchlichen Öffentlichkeit bekannt gemacht werden; sie vermieden aber noch den Angriff auf den nationalsozialistischen Staat, sondern unternahmen ihn gegen die rassisch-völkische Weltanschauung. Auch hier zeigt sich ein zwiespältiger Widerstand, aber der Staat verstand ihn als Angriff gegen sich selbst: hunderte von evangelischen Pfarrern wurden kurzfristig verhaftet, um dadurch die Kanzelverlesung zu verhindern. Daraus ist ersichtlich, daß offenkundig der

Staat diese Widerstandsaktionen fürchtete, deren Ziel es war, die NS-Ideologie in Frage zu stellen.

Völlig analog zu diesen Aktionen aus dem evangelischen Bereich protestierte auch die Katholische Kirche gegen den massiven Angriff des parteiamtlich unterstützten „Neuheidentums". In einem von den Kanzeln verlesenen Hirtenbrief der Bischöfe, dessen schriftliche Verbreitung verboten wurde, erklärte die Katholische Kirche, wie die Bekennende Evangelische Kirche, daß die „Ehrfurcht vor der staatlichen Obrigkeit und der Gehorsam gegen ihre Gesetze" göttliches Gebot sei und daß von daher „jede staatsfeindliche Haltung und Handlung" abgelehnt werde. Aber sie erklärte auch – wie die Bekennende Kirche –, daß die Autorität des Staates durch Gottes Wort begrenzt sei: „Wenn aber die Gesetze des Staates mit dem Naturrecht und den Geboten Gottes in Widerspruch geraten, gilt das Wort . . .: ‚Man muß Gott mehr gehorchen als den Menschen' (Apg. 5, 29)." Für sie war klar: „Katholiken machen keine Revolte und leisten keinen gewalttäten Widerstand", aber für sie war auch klar, daß Katholiken sich der Propaganda des neuen Heidentums, der Entkonfessionalisierung des öffentlichen Lebens, der Entchristlichung der Jugend widersetzten. Da der Reichsinnenminister kurz vorher (Juli 1935) die „Entkonfessionalisierung des öffentlichen Lebens" zur nationalsozialistischen Kampfparole erhoben hatte, war der Aufruf der Bischöfe an die Gläubigen – bei aller Ehrerbietung gegenüber „dem Staat" – ein Aufruf zum Widerstand gegen alle parteiamtlichen und staatlichen Versuche, die katholische Ehemoral, die katholische Bekenntnisschule und die katholischen Verbände zu zerstören.

Hier wird das Dilemma klar, in dem die Kirchen sich befanden: den Staat ehren und zugleich ihm widerstehen zu müssen, kennzeichnet die Schwierigkeit und Gebrochenheit des kirchlichen Widerstandes. Dies wird auch deutlich in der vom gleichen Datum (20.8.1935) stammenden ausführlichen Denkschrift, die die Bischöfe an „den Führer und Reichskanzler" richteten, in der sie noch dezidierter die Angriffe gegen Christentum und Kirche, die amtliche Duldung und Unterstützung dieser Angriffe durch die Propagierung der Schriften Rosenbergs, die Bedrängung der Verbände und Konfessionsschulen, die Schmähung von Papst, Bischöfen und Klerus – überhaupt die eindeutige Zurückdrängung des Christentums aus dem öffentlichen Leben – aufzeigen und Adolf Hitler beschwören, „bei Ihrer Liebe zum deutschen Volk diesen planmäßigen Versuchen, das deutsche Volk zu entchristlichen, mit der in Deutschland einzigartigen Autorität Ihrer Person ein Ende zu machen".

Diese Aktionen der Kirchen, die auch in dieser Phase noch für ihre eigenen Belange stritten, zeigen – von heute her – die Schwäche kirchlichen Widerstandes, der durch theologische Traditionen und politische Gebundenheiten gehemmt war. Damals aber – 1935 – zeigten sie dem nationalsozialistischen Staat in den beiden großen Institutionen einen Gegner, der wegen seiner breiten Außenwirkung auf weite Bevölkerungskreise sehr gefährlich war, weil er den totalitären Anspruch des Staates, im Nationalsozialismus die einzig richtige Weltanschauung zu besitzen, bestritt und bekämpfte. Insofern war der Widerspruch der Kirchen Widerstand.

1.3   Die Verteidigung von Recht und Menschlichkeit

Auch hier gilt das, was zum Widerstand auf den beiden vorigen Ebenen gesagt wurde, mit einem doppelten Unterschied:

1. Die Verteidigung von Recht und Menschlichkeit seit 1935/36 verlagert den Protest von der Öffentlichkeit vorwiegend in den Bereich der Denkschriften von Kirchenführern an den „Führer", zum einen weil man sich dem wachsenden Druck der Gestapo ausgesetzt sah, zum anderen weil man sich größere Resonanz versprach, wenn man die Staatsführung nicht in der Öffentlichkeit desavouierte;
2. Es geht nicht mehr lediglich um die Bewahrung der eigenen Institution und der eigenen Bekenntnisse, sondern um die Bewahrung des Humanen.

Das Jahr 1936 war vermutlich das Jahr, in dem das NS-Regime die stärkste Unterstützung von innen und außen erhielt. Es war zugleich das Jahr, in dem zum ersten Mal seit der Zerschlagung der religiös-sozialistischen und liberalprotestantischen Organisationen aus dem Bereich der Evangelischen Kirche ein Wort des Protestes zu politischen Fragen den Staat erreichte. Es handelte sich um eine Denkschrift, die die Führung des radikalen Flügels der Bekennenden Kirche, die „Vorläufige Kirchenleitung", „an den Führer und Reichskanzler" richtete und in der sie nicht nur − wie bisher schon − antikirchliche Maßnahmen des Staates kritisierte, sondern ein grundsätzliches Nein zu dem Wertesystem der NS-Ideologie aussprach: „Wenn dem Christen im Rahmen der nationalsozialistischen Weltanschauung ein Antisemitismus aufgedrängt wird, der zum Judenhaß verpflichtet, so steht für ihn dagegen das christliche Gebot der Nächstenliebe." Darüber hinaus wurde staatliches Handeln angeprangert, das außerhalb des kirchlichen Bereiches Unrecht verdeutlichte, beispielsweise die Manipulationen der Reichstagswahl vom 29. März 1936, in der das Volk seine Zustimmung zur Rheinlandbesetzung aussprechen sollte, oder das Faktum der Konzentrationslager, die Rechtlosigkeit gegenüber Maßnahmen der Gestapo und eine Führerverehrung, „die Gott allein zusteht". Trotz dieser klaren Sprache, trotz dieser Ausweitung kirchlichen Protestes auf das politische Feld, das bisher in der Verantwortung des Staates belassen worden war, verstand auch diese radikale Gruppe der Bekennenden Kirche ihren Widerspruch nicht als Kampfansage gegen den Staat, der doch dieses Unrecht nicht nur zuließ, sondern es förderte, vielmehr drückte sie (in der hergebrachten unbefragten Tradition von Römer 13) in der Einleitung der Denkschrift ihre Ehrerbietung und ihre Verbundenheit „mit dem Führer und seinen Ratgebern" aus: nicht Kampfansage, aber — im Auftrage ihres Wächteramtes — Widerspruch jetzt auch da, wo die Kirche nicht unmittelbar betroffen war, sondern da, wo sie auf dem Felde staatlicher Politik Recht und Wahrhaftigkeit angetastet sah, mit dem Ziel, weiteres Unrecht zu verhindern und die staatliche Obrigkeit aufzurufen, selbst dagegen vorzugehen.

Die Denkschrift war nicht zur Veröffentlichung bestimmt, aber sie wurde dennoch ohne Wissen ihrer Verfasser der ausländischen Presse zur Kenntnis gebracht, die sie als bisher freimütigste Verurteilung des Nazi-Systems feierte *(Morning-Post)*. Wie sehr der Staat sich angegriffen fühlte, wie sehr er den Widerspruch als Widerstand verstand, zeigt seine massive Reaktion: die drei für die „Indiskretion" Verantwortlichen, der Bürochef der Vorläufigen Kirchenleitung Dr. Friedrich Weißler und die beiden Theologen Werner Koch und Ernst Tillich wurden verhaftet und ins KZ Sachsenhausen gebracht, wo Friedrich Weißler wenige Monate später starb. Jetzt ging die Bekennende Kirche ihrerseits direkt an die Öffentlichkeit und ließ eine Kanzelabkündigung verlesen (und drucken), in der sie sich zwar weitgehend wieder auf den innerkirchlichen Bereich zurückzog, aber ihre Gläubigen ermahnte, sie seien es schuldig, der „Obrigkeit Gehorsam zu leisten, soweit sie nicht verlangt, was gegen Gottes Willen ist", und sie seien es schuldig, „zu widerstehen, wenn von ihnen verlangt wird, was wider das Evangelium ist". Diese öffentliche Aufforderung an die Christen, der Obrigkeit, also dem „Führer", zu widerstehen, wenn Gott es fordert, war in einer Zeit, da unbedingter und rückhaltloser Gehorsam gegenüber dem „Führer" höchste Pflicht und Tugend war, eine bemerkenswerte Tat.

Die Frage, *wie* dieser Widerstand geleistet werden solle, war für die Bekennende Kirche wie für die Katholische Kirche klar zu beantworten: als Widerspruch — öffentlicher Protest in Kanzelabkündigungen und Hirtenbriefen, interner Protest in direkten Schreiben an die Reichsregierung und als Verweigerung, z.B. der Eidesleistung von Pfarrern auf den Führer im Jahre 1938. Im evangelischen Bereich wurde diese Frage im gleichen Jahre 1938 schonungslos offen von Karl Barth gestellt. Im Zusammenhang mit der Bedrohung der Tschechoslowakei durch das NS-Regime schrieb er an den Prager Professor Hromadka, daß jeder tschechische Soldat, der gegen die deutsche Aggression kämpfe, dies *auch* „für die Kirche Jesu Christi tun" werde. Also Widerstand mit Gewalt gegen den Unrechts-Staat? Bonhoeffer hatte ja schon 1933 angedeutet, daß die Kirche nicht nur die Leidenden unter dem Rad zu verbinden hätte, sondern im äußersten Falle auch dem Rad in die Speichen fallen müsse. Wie? Mit den Waffen der Kirche: dem Wort, dem leidenden Ungehorsam, dem Märtyrertum?

Oder mit dem Aufruf zum Kampf, zum Tyrannenmord, mit einer Theologie der Revolution? Auch die „radikale" Gruppe der Bekennenden Kirche konnte sich zu einem solchen Widerstand nicht verstehen. Sie wies Barths Äußerung als untragbar zurück. Es half ihr allerdings nichts: nicht nur Staat und Partei fielen mit üblichen Verleumdungen über sie her — da man sie mit Karl Barth identifizierte —, nicht nur die offizielle Deutsche Evangelische Kirche mit ihren deutsch-christlichen Kirchenleitungen reagierte mit härtesten Vorwürfen; auch die „gemäßigten" Landeskirchenführer der Bekennenden Kirche distanzierten sich „aus religiösen und vaterländischen Gründen", weil sie nicht in den Verdacht kommen wollten, ihr ehrerbietiger Widerspruch gegen die Obrigkeit könne als — eventuell sogar — politischer Widerstand mißverstanden werden.

Im Herbst 1938 („Reichskristallnacht") sah sich das deutsche Judentum der erneuten brutalen Aggressivität des NS-Regimes ausgeliefert. Ein solidarischer Gesamtprotest der Katholischen und Evangelischen Bekennenden Kirche — von der offiziellen evangelischen Kirchenleitung ganz zu schweigen — kam nicht zustande. Aber es mehrten sich jetzt die Proteste einzelner Pfarrer, die in ihren Gottesdiensten auf das Verbrechen des Synagogenbrandes hinwiesen. Dieser Widerstand einzelner verdichtete sich in Württemberg zu der Aufforderung der Kirchlich-Theologischen Sozietät an Landesbischof Wurm, von allen Kanzeln Württembergs gegen das Unrecht an den Juden zu protestieren. Aber Wurm lehnte einen solchen öffentlichen solidarischen Widerspruch ab; er bevorzugte den nichtöffentlichen, diplomatischen Widerspruch des direkten Protestbriefes, weil er sich mehr davon versprach. Ähnlich reagierte auch der Vorsitzende der katholischen Bischofskonferenz, Kardinal Bertram, auf Versuche, den Widerstand stärker in die Öffentlichkeit zu tragen. Der Bischof von Berlin, Konrad Graf von Preysing, hatte angesichts der Enzyklika des Papstes „Mit brennender Sorge" vom März 1937, in der das Oberhaupt der Kirche mit der Religionspolitik und den Konkordatsverletzungen des Staates abgerechnet hatte, ein wirkungsvolleres Abwehrkonzept des Episkopates gefordert, zumal die weite Verbreitung der Enzyklika in Deutschland wie eine Befreiung im katholischen Kirchenvolk gewirkt hatte. Aber Kardinal Bertram scheute ähnlich wie evangelische Bischöfe alle solche Widerstandsaktionen der Kirche, die die Spannungen zum Staate hätten verschärfen können.

Beide Kirchen, die Bekennende Kirche und die Katholische Kirche, richteten Hilfsstellen für ihre nichtarischen Kirchenmitglieder ein, die aber bald unabhängig von einer kirchlichen Zugehörigkeit für viele Juden Rettung brachten: die Berliner Hilfsstelle der Bekennenden Kirche arbeitete bis 1941 gegen den nationalsozialistischen Terror; ihr Leiter, Heinrich Grüber, wurde 1940 verhaftet und 1941 nach Dachau überführt; sein Nachfolger, Werner Sylten, kam 1941 ins KZ Dachau und wurde 1942 in Hartheim vergast. Bischof Preysing errichtete eine Hilfsstelle bei seinem Ordinariat in Berlin, wo Dr. Margarethe Sommer die Betreuung der Juden übernahm. Auch beim Freiburger Ordinariat wurde im Auftrage der deutschen Bischöfe eine Hilfsstelle für verfolgte Juden geschaffen, die unter der Leitung von Gertrud Luckner stand, bis diese 1943 verhaftet und ins Frauen-KZ Ravensbrück

Dietrich Bonhoeffer

eingeliefert wurde. „Sie retteten nicht nur einige Tausend Juden, sie retteten die Idee der Menschlichkeit" (H. D. Leuner).

So wie diese Aktionen 1938 einsetzten, so begann auch Landesbischof Wurm im Jahre 1938 mit der Form des Widerstandes, die die „Radikalen" schon mit ihrer Denkschrift 1936 angewendet hatten: dem ehrerbietigen Widerspruch im Namen der Kirche gegen Unrechtsmaßnahmen der Obrigkeit. Hier ging es nicht mehr allein um enge kirchliche Belange, sondern um die Verteidigung von Menschenrechten, z.B. des Rechtes auf Leben. Im Laufe der Jahre gewannen seine Schreiben allmählich das eindeutige Profil, das sie zu den repräsentativen Äußerungen des Widerstandes der Bekennenden Kirche machte, so wie die Predigten des Bischofs von Münster, Graf Galen, den Widerstand des deutschen Katholizismus repräsentierten. Briefe und Predigten drangen allmählich auch immer weiter in die Öffentlichkeit ein, da sie vervielfältigt, mitgeschrieben, publiziert wurden.

In diesem Widerstand gab es zwar manche Parallelen zwischen dem evangelischen und katholischen Bereich — in den Motiven, in den Methoden und Zielen —, aber wenig Koordination. Im Dezember 1941 allerdings kam es zu einem koordinierten Vorgehen: Am 9. Dezember protestierte Wurm im Auftrag der evangelischen Kirchenführerkonferenz, zu der sich etwa die Hälfte der evangelischen Landeskirchenführer zählte, in einem Schreiben an den „Führer" gegen die unerträgliche und unwürdige Bedrückung der Kirche. Dabei erwähnte er auch die Maßnahmen zur Beseitigung der Geisteskranken und die sich steigernde Härte in der Behandlung der Juden. Am 10. Dezember protestierte Kardinal Bertram von Breslau im Auftrage der deutschen Bischofskonferenz, der alle Bischöfe des Reiches angehörten, in einer Denkschrift an die Reichsregierung gegen die Bedrückung der Katholischen Kirche und die Verletzung „ewiger" Gesetze. Auch hier wurden die Mißachtung der persönlichen Freiheit eines jeden Menschen durch Gewaltakte der Gestapo und die Tötung unschuldiger kranker Menschen angeprangert. Die Einbettung in staatsloyale Äußerungen, die bisher immer zur Taktik oder Überzeugung der Sprecher gehört hatte, wurde schwächer, die Sprache gegenüber der Obrigkeit dringender und eindeutiger. Vermutlich hat auch dieser Protest der Kirchen dazu geführt, daß die sogenannte Euthanasie von Ende 1941 an eingeschränkt wurde. Das heißt also: das Ziel des Widerstandes, die Beseitigung eines konkreten Unrechts (— nicht etwa des Unrechtsstaates —), konnte in diesem Falle durch den gemeinsamen Protest von Repräsentanten noch gefestigter Institutionen weitgehend erreicht werden. Der Staat wagte sich in dieser Kriegszeit zwar an „einfache" Geistliche heran, die Widerstand leisteten (die Verhaftungen und Überführungen in Konzentrationslager mehrten sich), aber nicht an führende Repräsentanten der Kirchen, die nach wie vor einen für die Nationalsozialisten erstaunlich breiten Anhang in der Bevölkerung hatten.

Eine ähnlich eindeutige Opposition gegen die Verfolgung der Juden haben die Kirchen nicht geleistet. Darum muß die Frage offen bleiben, ob auch sie Erfolg gehabt hätte. Immerhin hat Landesbischof Wurm 1943 in einem Brief an den württembergischen Ministerialdirektor Dr. Dill „die systematische Ermordung von Juden und Polen" angesprochen, die „dem klaren göttlichen Gebot und darum auch den Begriffen von Recht und Menschlichkeit" widerspreche. Der schärfste Protest gegen die Ausrottung der Juden geschah aus dem Bereich des deutschen Protestantismus durch den heimlich kursierenden „Münchener Laienbrief" aus dem gleichen Jahr 1943, in dem die Kirche aufgefordert wurde, dem Staate „aufs äußerste zu widerstehen" bei seinem Versuch, das Judentum zu vernichten. Sie müsse gegen jede Verletzung der zehn Gebote protestieren, und zwar in aller Öffentlichkeit. Vermutlich ist es auf diesen Brief zurückzuführen, daß die Schreiben Wurms von nun an deutlicher wurden. Auch die preußische Bekennende Kirche meldete sich im Jahre 1943 noch einmal mit einer klaren Mahnung zu Wort, indem sie in einer Auslegung des 5. Gebotes „Du sollst nicht töten" darauf hinwies, daß die Vernichtung von Menschen aus rassischen Gründen nicht mit dem Schwertamt der Obrigkeit begründet werden könne. Es ist bemerkenswert, daß auch die Katholische Kirche in diesem Jahr in ihrem Hirtenbrief die Bedeutung der Zehn Gebote als „Lebensgesetz der Völker" und als Grundlage der Menschenrechte betonte. Sie erklärte, daß die Tötung unschuldigen Lebens, also von „wehrlosen Geistesschwachen und -kranken", von „unheilbar Siechen", von „erblich Belasteten", von „entwaffneten Kriegs- und Strafgefangenen" und von „Menschen fremder Rassen und Abstammung" ein Angriff gegen Gott selber sei.

Es ist festzustellen, daß der institutionelle Protest der Kirchen sich analog zur Verschärfung des nationalsozialistischen Terrors verstärkte. Nicht in dem Sinne, daß es anfangs ein mehr passiver, später ein mehr aktiver politischer Widerstand gewesen sei. Auch nicht in dem Sinne, daß er anfangs mehr partiell nur Sektoren des Systems angegriffen, später mehr generell das System als solches bekämpft hätte. Ferner nicht in dem Sinne, daß er anfangs mehr im privaten, später mehr im öffentlichen Bereich wirksam gewesen wäre.

Die vielleicht für andere Widerstandssektoren zutreffende phasenmäßige Skala von Nonkonformität über Verweigerung und Protest bis zum organisierten Widerstand ist hier nicht anwendbar. Vielmehr war dieser Widerstand (wie auch vermutlich der Widerstand in anderen Sektoren) zu allen Zeiten des Dritten Reiches zugleich eine Äußerung von Nonkonformität in bestimmten Bereichen bei Konformität in anderen Bereichen. Verweigerung hier bei Anpassung dort sind verbunden mit organisiertem Protest in bestimmten Bereichen bei grundsätzlicher Staatsloyalität.

Eine Entwicklung ist aber darin festzustellen, daß der Widerstand anfangs (1933/34) noch überwiegend der Verteidigung der eigenen Organisation(en), später dann (1934/35) überwiegend der Verteidigung der kirchlichen Lehre, also den eigentlichen kirchlichen Belangen, galt, während er sich ab 1935/36 auf den politischen Bereich ausweitete, da man immer deutlicher erkannte, daß das Wächteramt der Kirche nicht auf den kirchlichen Raum beschränkt sei, sondern überall verwirklicht werden müsse, wo das Menschenrecht verletzt werde. Mit der Zunahme der nationalsozialistischen Aggressivität vermehrten sich also auch die Motive zum Widerstand. Hingegen blieb die Methode weitgehend unbefragt: zwar nahm mit dem Prozeß, den Staat immer deutlicher als Unrechtsregime zu erfahren, die Einbindung in die Staatsloyalität ab, der Ton wurde härter, aber der Widerstand blieb ein Widerstand mit dem Wort. Politische Mittel wie Konspiration und Gewaltanwendung konnten hier keinen Raum gewinnen. Auch die Zielsetzung unterschied sich von der politischen Widerstandsbewegung: es ging nicht um den Sturz der „bösen" Obrigkeit oder um Revolution, sondern um die Erhaltung der eigenen Positionen und um die Eindämmung des Unrechts.

2. *Individueller Protest*

Über dem durch kirchlich-theologische Tradition und politische Befangenheit gebrochenen Widerstand kirchlich bevollmächtigter Repräsentanten und Gremien darf man den Widerstand nicht vergessen, den einzelne Christen – Geistliche und Nichtgeistliche – in den Jahren 1933 bis 1945 aus unterschiedlichen Motiven geleistet haben. Sie bildeten zwar in dem Heer der schweigenden oder jubelnden Mitläufer eine an Zahl kleine Minderheit, so wie auch die Bekennende Kirche innerhalb der Evangelischen Kirche eine Minderheit bildete, aber darum ist ihr Widerstandshandeln um so beachtlicher.
In der Anfangsphase und in der Endphase des Dritten Reiches kann man eine stärker politisch motivierte Widerstandshaltung erkennen, während der Widerstand in den Jahren 1934/35 bis 1940/41 mehr kirchlich und theologisch bedingt war. Aber eine *klare* Trennung zwischen politisch und theologisch motiviertem Widerstand läßt sich nach 1938 immer weniger durchführen. 1933 war ein Widerstand fast nur politisch geprägten Gruppen möglich: im Raum des Protestantismus haben die Religiösen Sozialisten und Liberalen Protestanten in ihren Zeitschriften, solange es möglich war, Gegenpositionen gegen die anwachsende Flut des Nationalsozialismus aufzurichten versucht. Im Raum des Katholizismus waren es vor allem linke Zentrumsanhänger, die sich gegen den allgemeinen Opportunismus stemmten. Dieser Widerstand wurde massiv zerschlagen.
In den Jahren danach haben vorwiegend kirchliche Gründe den Konflikt mit der Staatsgewalt herbeigeführt: Verlesung und Verbreitung von Kanzelabkündigungen, die als staatsabträglich angesehen wurden. Äußerungen in Predigten und bei anderen Anlässen. Hier erfolgten jetzt zunehmend Verhaftungen, die sich bis zum Jahre 1941 steigerten, dann aber wieder nachließen:

1937 wurden die beiden evangelischen Pfarrer Martin Niemöller und Paul Schneider wegen ihres tapferen kirchlichen Bekenntnisses verhaftet. Paul Schneider rief im KZ Buchenwald aus seiner Zelle heraus seinen Protest gegen die Barbarei der SS-Schergen laut über den Appellplatz („Im Namen Jesu Christi erkläre ich, daß ihr Mörder seid!"); er starb unter der Folter. Martin Niemöller wurde erst 1945 von den Amerikanern aus dem KZ Dachau befreit. 1938 predigten einige Pfarrer gegen die Niederbrennung jüdischer Gotteshäuser und gegen die Verfolgung der Juden. Hier war es vor allem der katholische Dompropst Lichtenberg, der den Haß der Nazis auf sich zog. 1941 wurde er vor Gericht gestellt, weil er öffentlich für KZ-Gefangene und Juden gebetet hatte. Nach seiner Haft sollte er − 69jährig − nach Dachau überführt werden, aber er starb auf dem Transport am 5. November 1943. Die Kirchen schwiegen zu den Verfolgungen oder fanden nur zaghafte Worte, auch die meisten Christen sahen das Unrecht nicht oder wollten es nicht sehen. Wenige aber sprachen und handelten, so der katholische Pfarrer Dr. Heinrich Feurstein in Donaueschingen, der in seinen Neujahrspredigten 1941 und 1942 unmißverständlich von der Schuld sprach: von der Schande des Gewissensterrors, von der Ermordung unschuldiger, wehrloser Menschen, von der Vergottung der Rasse. Er wurde verhaftet, ins KZ Dachau eingeliefert und starb dort am 2. August 1942. Oder die reformierten Pastoren D. Hermann Hesse und sein Sohn Helmut aus Elberfeld, die in ihren Predigten 1943 die Bombenangriffe auf Wuppertal als Strafgericht Gottes bezeichneten und für die verfolgten Juden beteten. Der junge 27jährige Helmut Hesse hatte bereits 1941 seine Gemeinde aufgerufen, sich den Verbrechen des Regimes zu widersetzen: „Siehst du nicht, wie alle Gebote Gottes verlacht werden? Predige wider Ninive . . ." Seine Konsequenz war so gradlinig, daß er sogar die kluge Widerstandstaktik seiner Bekennenden Kirche anprangerte. Vater und Sohn Hesse wurden verhaftet und nach Dachau verschleppt, wo der junge Helmut Hesse am 24. November 1943 starb. In Breslau war es die Stadtvikarin Lic. Katharina Staritz, die sich für die verfolgten Juden einsetzte. Sie wurde 1942 verhaftet und in das KZ Ravensbrück eingeliefert.

Ein gravierendes Motiv für den Widerstand war auch die Verteidigung christlicher Jugendarbeit. In dem ersten großen Prozeß gegen katholische Jugendführer vor dem Volksgerichtshof wurde im Jahre 1937 der Düsseldorfer Kaplan Dr. Rossaint zu elf Jahren Zuchthaus verurteilt. Vielen der in Dachau eingelieferten katholischen Priester, z.B. Pfarrer Albert Riesterer aus Mühlhausen und Kaplan Franz Weinmann aus Mannheim, wurde „Jugendverhetzung" vorgeworfen. Oft geschah die Verhaftung aufgrund einer Denunziation durch die Eltern der Kinder, um die die Pfarrer sich bemühten, z.B. bei dem evangelischen Hilfsprediger Thurmann, der wegen Verstoßes gegen das „Heimtückegesetz" 1941 verhaftet und verurteilt wurde und 1942 ins KZ Dachau kam, wo er bis zu seiner Befreiung blieb. Andere Geistliche und Nonnen prangerten den Mord in Heil- und Pflegeanstalten an oder suchten ihn zu verhindern — auch sie wurden in die Konzentrationslager eingeliefert. Etwa 400 deutsche katholische und 35 evangelische Pfarrer haben allein im Priesterblock des KZ Dachau für ihren Widerstand leiden müssen.

Es ist nicht möglich und wahrscheinlich auch nicht wichtig, genaue Aussagen darüber zu machen, an welcher Stelle aus diesem kirchlichen Widerstand ein politischer wurde. Er war sicher kirchlich-theologisch motiviert, aber er traf das Regime politisch. Die Begründungen auf den Haftbefehlen („staatsfeindliche Äußerungen", „Jugendverhetzung", „Vergehen gegen das Heimtückegesetz", „Ablehnung des Hitlergrußes", „Gebet für die Juden", „Wehrkraftzersetzung", „Hetze gegen die NSDAP" etc.) zeigen das auch.

Als im Verlauf des Krieges sich in verschiedenen Kreisen eine bürgerliche Opposition bildete, waren auch Christen dabei. Besonders der Kreisauer Kreis war von christlichen Vorstellungen geprägt. Die Jesuitenpatres Rösch, Delp und König arbeiteten hier mit, Rösch stellte Kontakte zum Episkopat her, Delp zu katholischen Arbeiterführern wie Bernhard Letterhaus. Delp und Letterhaus wurden 1944 verhaftet und hingerichtet. Der evangelische Pfarrer Gerstenmaier brachte die Kreisauer mit Landesbischof Wurm in Kontakt. Hier wurde konspirativ gearbeitet und auf einen Umsturz des Systems hingewirkt. Auch Dietrich Bonhoeffer blieb nicht dabei stehen, „die Opfer unter dem Rad zu verbinden" und das Unrecht anzuprangern, sondern ging in den politischen Widerstand mit allen Konsequenzen der Konspiration und der Bejahung des Attentats. Er wurde 1943 wegen Landesverrats verhaftet und am 9. April 1945 zusammen mit Admiral Canaris und General Oster in Flossenbürg gehenkt. Ebenso wie er benutzte der katholische Priester und Pazifist Dr. Max Josef Metzger seine weiten internationalen Verbindungen dazu, die Stimme des Anderen Deutschland laut werden zu lassen. Er erarbeitete ein Memorandum mit Friedensvorschlägen, das er dem schwedischen Erzbischof Eidem zuleiten wollte. Aber dieses Schreiben fiel der Gestapo durch einen Spitzel in die Hände, 1943 wurde Metzger verhaftet, wegen Vorbereitung zum Hochverrat zum Tode verurteilt und am 17. April 1944 im Zuchthaus Brandenburg enthauptet.

Diese wenigen Beispiele zeigen nur sehr ungenügend Ausmaß und Begrenzung des kirchlichen und politischen Widerstandes auf. Insgesamt ist zu sagen, daß weder die Katholische noch die Evangelische Kirche die Vollmacht hatte, angesichts des Verbrechens des Regimes ihre Gläubigen zu politischem Widerstand — „Tyrannenmord" — aufzurufen. Einzelne Christen sind diesen Weg gegangen. Sie hatten erkannt, daß ihnen in der Nazi-Diktatur „das Tier aus der Tiefe" (Offenbarung 13) begegnete, dem sie sich — auch mit Gewalt — zu widersetzen hatten. Der Widerstand der anderen, die dem Unrecht mit der Kraft des Wortes zu wehren suchten, war nicht weniger wert. Auch er führte meist ins Martyrium. Er ist um so bedeutender, als er zeigt, daß dem Schweigen und Jubeln der Vielen in den Kirchen und ihrer Leitungen eine andere Möglichkeit christlicher Existenz gegenübertrat.

Helmut Gollwitzer
Aus der Bekennenden Kirche

Gegen Mitternacht am 30. Januar 1933 holte mich Karl Barth durch einen Anruf in meiner Studentenbude aus dem Bett und teilte mir mit: „Herr Gollwitzer, der Hitler ist Reichskanzler geworden". Darauf ich: „Herr Professor, deswegen hätten Sie mich doch nicht im Schlaf stören müssen; der wird auch bald abgewirtschaftet haben!" Am nächsten Tag verteilten Nazi-Studenten Flugblätter in der Stadt, auf denen sie von der großen historischen Wende sprachen. Sie hatten recht und nicht ich. Hitlers Gegner haben ihn und die Seinen unterschätzt, die Dynamik seines Willens, die Schlauheit, die ungehemmte Bosheit und Menschenverachtung. Auch seine Sympathisanten, auch seine großindustriellen Auftraggeber haben ihn unterschätzt. Die Vertreter der Kirche bildeten hier keine Ausnahme. Im Sommer 1933 war in Bonn ein protestantischer Pfarrer aus Wien, der Vater eines unserer Professoren, zu Besuch und wir bemühten uns, ihm seine positive Meinung über die neuen Machthaber auszureden. Er hörte erstarrt zu, wie Karl Barth ihm sagte: „Seien Sie sich klar, es sind Narren oder Verbrecher, wahrscheinlich beides".

Die erste Phase des kirchlichen Widerstandes habe ich bei Karl Barth in Bonn erlebt, als sein Doktorand, in einem engen Schülerverhältnis und in naher persönlicher Beziehung. Von Karl Barth muß die Rede sein, weil er zu denjenigen Christen und Theologen in Deutschland gehörte, die früh und scharf das durch Hitlers Bewegung über Deutschland hereinbrechende Verhängnis erkannt haben, weil sein großer Einfluß aus der Bildung des kirchlichen Widerstandes nicht wegzudenken ist. Er lieferte uns die entscheidenden theologischen Stichworte, neben seiner theologischen Arbeit vor allem durch die Grundsatzformulierungen, im besondern als Hauptverfasser der für die Bekennende Kirche grundlegenden Erklärung der ersten Bekenntnissynode von Barmen im Mai 1934. Es war auch sein Einfluß, der dafür sorgte, daß der Widerstand gegen die braune Herrschaft sich zunächst als ein rein kirchlicher konstituierte, nicht als unmittelbar politischer. Barth selbst war vor seiner Berufung an die Universität Göttingen im Jahre 1922 Mitglied der schweizerischen Sozialdemokratie gewesen, auf deren linkem Flügel, und nach Jahren politischer Zurückhaltung erst 1931 der deutschen Sozialdemokratie als Mitglied beigetreten. Neben ihm gehörten auch einige andere Theologieprofessoren in Bonn der SPD an oder standen ihr nahe. Ich selbst hatte mich im Laufe meines Studiums konsequent von rechts nach links entwickelt; als Sohn eines bayrischen lutherischen Pfarrhauses streng konservativer Obervanz gehörte ich dem rechten Flügel der „Bündischen Jugend", der zweiten Phase der deutschen Jugendbewegung an, habe mich als Student davon getrennt und befand mich beim Ausbruch des Dritten Reiches etwas links von der SPD, in lebhafter Diskussion mit sozialistischen und kommunistischen Freunden, freilich noch mit geringer theoretischer Ausrüstung, mit noch dürftiger Kenntnis der marxistischen Klassiker, mit großem Interesse für die Entwicklung in der Sowjetunion, später freilich durch die Moskauer Prozesse gründlich desillusioniert.

Im Bonner Kreis um Karl Barth war uns rasch klargeworden, daß wir unsere Überzeugung von der Unvereinbarkeit von Christentum und Nazismus und unsere negative politische Beurteilung des Nazismus zunächst zurückzustellen hatten. Für ein Verständnis unserer Überzeugung mußte bei den evangelischen Christen erst die Voraussetzung geschaffen werden durch eine neue Besinnung auf die Grundlagen des christlichen Glaubens, aus dem sich die Kriterien für eine Beurteilung des Nazismus, seiner Weltanschauung wie seiner Politik, erst ergeben konnten. Die traditionelle Verfilzung des lutherischen Christentums mit Obrigkeitsstaat und Nationalismus mußte aufgebrochen werden durch eine neue, radikalere Erkenntnis der christlichen Botschaft und des Wesens einer christlichen Kirche. Barth ist nach 1945 seine politische Zurückhaltung in den ersten Jahren des braunen Regimes – bis zu seiner Entsetzung von der Hochschulprofessur und seiner Abschiebung nach Basel im Jahre 1935 – zum Vorwurf gemacht worden; ich meine heute noch, daß sie durch die Umstände geboten war. Es mußte denen, die sich von den neuen Machthabern in der verzweifelten Lage des durch die Weltwirtschaftskrise so schwer getroffenen deutschen Volkes etwas Positives versprachen, glaubwürdig werden, daß unser Aufruf, die angestrebte Gleichschaltung der Kirche abzuwehren, primär christlich motiviert war und deshalb über politische Beurteilungsdifferenzen hinweg auch jenen, wenn sie Christen sein wollten, zugemutet werden konnte.

Eine freie Kirche ist die Grenze der Totalität des total sein wollenden Staates, damit auch ein politisches Faktum, weil, soweit ihr Einfluß reicht, damit auch die Gleichschaltung der Köpfe und Herzen verhindert werden kann. Dieser strategische Entschluß hat sich bewährt: Wo Christen in der kirchlichen Oppositionsbewegung sich zu „Bekenntnisgemeinden" sammelten, verlor sich der Rausch, in den sie hineingeraten waren, trat an die Stelle der Faszination die Ernüchterung, bildete sich wieder ein selbständiges Urteil über die Maßnahmen des neuen Staates, die Judenverfolgung, den Militarismus, die Untaten des Regimes, entstand auch eine selbstkritische Trennung von jener traditionellen Verfilzung, die die protestantischen Christen so stark zum Mitmachen disponiert hatte. Damit ist nicht entschuldigt, daß die evangelische Kirche einschließlich der Bekennenden Kirche, solange es noch Zeit war, nicht offen und entschieden genug gegen das nazistische Übel protestiert hatte. Aber sie mußte dazu ja erst instandgesetzt werden, und das konnte nur durch eine innerkirchliche Neubesinnung auf das Evangelium und durch den Kampf um die organisatorische Freiheit der Kirche geschehen. Auch die Bereitschaft, sich informieren zu lassen, ist ja ein Ausdruck innerer Freiheit, die erst durch diese evangelische Neubesinnung entstehen mußte. Während Hitler seine Revolution als die unblutigste der Geschichte feierte, erreichten uns von überall her die Nachrichten von den Untaten der Seinigen. Aus München berichtete mir ein Gewerkschaftsfunktionär von seinen Hafterlebnissen; durch kommunistische Bekannte erfuhr ich von den Razzien in den Arbeitervierteln; jüdische Kommilitonen vermittelten mir eine erste Ahnung, wie ernst die antisemitischen Ankündigungen zu nehmen waren. In Bonn und Umgebung wurden wir Zeugen der Ausschreitungen der zur Hilfspolizei ernannten SA. Wir trugen diese Nachrichten in die kirchlichen Gemeindekreise hinein, um einzuschärfen, daß diejenigen Christen, die mit dem Nationalsozialismus sympathisierten, noch mehr zum Protest gegen solche Auswüchse verpflichtet seien als diejenigen, die in politischer Gegnerschaft standen. Der nächste Schritt mußte dann sein, die Erkenntnis zu verbreiten, daß es sich hierbei nicht um Auswüchse, sondern um Symptome handelte, um Wesenszeichen des nun herrschenden Systems.

Nach dem „Gesetz zur Wiederherstellung des Berufsbeamtentums" kamen 1933 die ersten politisch motivierten Entlassungen von Professoren, auch der Theologieprofessoren Karl Ludwig Schmidt und Fritz Lieb in Bonn. Wir sammelten Solidaritätsunterschriften und veranstalteten öffentliche Diskussionen. In Köln wurden zwei Vikarinnen, die den Religiösen Sozialisten nahestanden, entlassen; in einer dämmrigen Kirche, der das Elektrische abgesperrt worden war, versammelten wir uns mit Barth zu ihrer Stärkung zu einem Gottesdienst und bekamen eine erste Ahnung von der beginnenden Katakomben-Ära. Martin Niemöller gründete den Pfarrernotbund, dem wir Bonner uns gleich anschlossen, und der in seiner Selbstverpflichtungserklärung, besonders hinsichtlich des „Arierparagraphen", über den bloßen Protest ins Engagement führte. Eine breite Front der Opposition, die Jungevangelischen, bildete sich. Weil sie uns theologisch zu unklar war und nicht genügend mit dem Gerede vom „nationalen Aufbruch" brach, agitierten wir bei den Kirchenwahlen am 23. Juli 1933 für eine durch den Kreis um Karl Barth gebildete eigene Wahlliste „Für die Freiheit des Evangeliums", die natürlich nur wenige Vertreter in die Gemeindekirchenräte brachte. In ihr war aber der Weg des entschiedenen Flügels der Bekennenden Kirche, der sogenannten Dahlemiten, vorgezeichnet.

Daß dies alles möglich war, zeigt einmal, daß der kirchliche Widerstand die ganzen Jahre hindurch bis zum Krieg einen größeren Freiraum hatte als der politische, wenn auch noch so widerwillig vom NS-Staat konzediert, um den Anschein von religiöser Toleranz zu erwecken, zum anderen illustriert es auch, wie das Regime erst allmählich seine Repressionskrallen gegenüber der Bevölkerung, soweit sie nicht zu den von Anfang an brutal verfolgten Linksparteien gehörte, zeigte. Immer noch konnten wir zu unserem Vorteile die Fiktion ausnützen, unser Widerstand gelte nicht dem Staate als solchem, nicht der jetzigen Regierung, sondern nur der von Hitler selbst als nicht obligatorisch bezeichneten Rosenberg'schen Weltanschauung und der Kirchenpartei der „Deutschen Christen". Als die letztere dann freilich abgewirtschaftet hatte, wußten wir — etwa um 1936 —, daß wir nun direkt mit dem Staat konfrontiert seien, und bekamen es zu spüren.

1936/37 machte Hitler einen letzten Versuch, den ihm ärgerlichen „Kirchenkonflikt" zu beenden durch die Einsetzung von Kirchenausschüssen und die Ansetzung von Kirchenwahlen, die im Sommer 1937 stattfinden sollten. Ich war damals Mitarbeiter des Bruderrats der Lutherischen Bekenntnisgemeinschaft in Thüringen und hatte das Referat für Volksmission und für Ausbildung des theologischen Nachwuchses. Die kirchlichen Auseinandersetzungen liefen in den einzelnen Teilen Deutschlands sehr verschieden, je nach dem Grade der traditionellen Kirchlichkeit der Bevölkerung; starke Zentren der Bekennenden Kirche waren das Rheinland und Westfalen, Ostpreußen, Hinterpommern, auch Berlin. Einige Landeskirchen (Bayern, Hannover, Württemberg) hatten sich die Erhaltung ihrer bekenntnisgemäßen Kirchenleitung erkämpft, waren also „intakt". Andere wie die große Kirche der Altpreußischen Union waren „zerstört", d.h. sie wurden zuerst von Bischöfen der „Deutschen Christen", dann von jenen Kirchenausschüssen geleitet, und die Bekennende Kirche hatte dort in heftiger Opposition zu den offiziellen Leitungen eine selbständige Organisation aufgebaut. Thüringen war seit langem, mit Ausnahme weniger Gegenden, ein traditionell unkirchliches Land, nun aber beherrscht von der rabiatesten Sorte der „Deutschen Christen", der „Nationalkirchlichen Bewegung DC", mit entsprechender Besetzung der theologischen Fakultät in Jena. So hatte ich die zu uns sich haltenden Theologiestudenten in Ausbildungskursen zu sammeln, was meist nur unter allerlei Tarnung möglich war, etwa als Erntehelfer in Dörfern, in denen wir einen Rückhalt hatten, oder in unauffälligen Zusammenkünften in großen Städten. Nach dem Vorbild der Bruderräte anderer „zerstörter" Landeskirchen eigene theologischen Examina abzuhalten, wagte unser Bruderrat nicht; er ließ die Kandidaten bei den „intakten" Landeskirchen prüfen und setzte sie dann als „Illegale" in einzelnen Orten mit zahlenmäßig beträchtlichen Bekenntnisgemeinden ein. Die Sammlung solcher Bekenntnisgemeinden war wegen der großen Entkirchlichung der thüringischen Bevölkerung nicht einfach. Hier galt mein missionarischer Auftrag. Um jeden einzelnen Pfarrer, der sich nicht den „Deutschen Christen" unterworfen hatte, galt es zu ringen, und von Haus zu Haus mußten kirchlich gesinnte Leute einzeln besucht, aufgeklärt und für den Zusammenschluß zu einer Bekenntnisgemeinde gewonnen werden, die oft nur eine sehr kleine Gruppe blieb, — ein schweres Stück bei so viel Angst, Konformismus und Ungewohnheit zu eigener christlicher Stellungnahme.

Die Ankündigung von Kirchenwahlen bot uns nun eine neue Chance. Hitler hatte freie Wahlen zugesichert, und darauf konnten wir uns berufen bei der Abhaltung großer Bekenntnisgottesdienste und öffentlicher Wahlversammlungen. Wochenlang war ich Tag für Tag unterwegs. So ein Tag umschloß Zusammenkünfte der kleinen Bekenntnisgemeinden, Sprechstunden für seelsorgerliche Gespräche, Bibelstunden, öffentliche Versammlungen zur Kirchenwahl und Gottesdienst. Der Zulauf war überraschend groß. Über den engeren Kreis der Kirchentreuen hinaus kamen viele, die, übersättigt oder abgestoßen von der alles durchdringenden braunen Propaganda, eine andere Luft atmen und anderes hören wollten. In einem totalitären Regime ist alles Abweichende politisch, also war auch jeder christliche Satz unmittelbar ein politischer Satz, und man brauchte seine Bedeutung nur aktuell auszuarbeiten, um ihn als Gegengift gegen die braune Staatsreligion wirken zu lassen. Der Partei war das wohl bewußt; sie entsandte Diskussionsredner in solche Versammlungen, es gab heftige Diskussionen, immer auf jenem schmalen Grat, der durch die Berufung auf die vom Staat ausgesprochene Garantierung der christlichen Kirchen gegeben war. Diese Berufung diente der Absicherung, aber nicht der Konfliktvermeidung. Denn unvermeidlich wurden die Konflikte, wo die Parteiredner selbst auf die Kontroverspunkte zu sprechen kamen: unsere Bestreitung der Omnipotenz des Staates, unser Festhalten am Alten Testament, unsere Solidarität mit den Christen jüdischer Abstammung, unsere Betonung des Judeseins Jesu und der jüdischen Verfasserschaft des Neuen Testamentes, unser schlichter Satz, daß auch Juden Menschen, also Gottes geliebte Kinder seien, und ebenso, daß auch Germanen vergebungsbedürftige Sünder seien. Daß jeder christliche Satz eine politische Dimension hat und politische Sprengkraft besitzt, ist mir seit damals unvergeßlich geblieben.

Gemeindemitglieder jüdischer Abstammung gab es nur wenige, und jüdische Bürger hatten Thüringen in jener Zeit meist schon verlassen. Die Verzagtheit, die Versuchung zur Anpassung und zum Verbergen des Anstößigen war in den kleinen bekenntniskirchlichen Gruppen groß. Immer neuer gegenseitiger Stärkung bedurfte es, um die Pflicht des Eintretens für die jüdischen Nachbarn und die Zusammengehörigkeit mit den Judenchristen, die von der deutsch-christlichen Kirchenleitung offiziell aus der Kirche ausgestoßen waren, als unvermeidliche christliche Lebenspraxis zu erkennen. Das wenige, was in dieser Richtung immerhin geschah, war viel, wenn man die Isoliertheit dieser kleinen Gruppen würdigt, aber viel zu wenig vom Anspruch des Evangeliums her. Die Berufung des wegen seiner halbjüdischen Abstammung aus dem Kirchendienst entfernten Pfarrers Werner Sylten in die Leitung des Büros des Bruderrates nach Gotha war nicht selbstverständlich; denn damit stand er an exponierter Stelle; es war eine offene Demonstration gegen den „Arierparagraphen", und unser Büro war wie einige unserer Bekenntnisgemeinden immer wieder von Polizeiaktionen betroffen. Als die Situation für Sylten schließlich doch zu bedrohlich wurde, holte ihn die Leitung der Bekennenden Kirche nach Berlin in das „Büro Grüber", das wir dort zur Hilfe für die christlichen „Nichtarier" gegründet hatten. Bei der Auflösung dieses Büros durch die Gestapo im Jahre 1940 wurde Sylten, mit dem ich viel zusammengearbeitet hatte und der meinem Herzen sehr nahestand, verhaftet, ins KZ gebracht und schließlich 1943 ermordet. Der Gestapo war meine Tätigkeit in der Bekennenden Kirche in Thüringen längst unangenehm aufgefallen. Ich beriet Ricarda Huch, mit der ich befreundet war, in Schwierigkeiten, in die sie wegen einer denunzierten judenfreundlichen Äußerung mit der Gestapo geraten war. Anläßlich eines meiner Volksmissionstage hatte ich ein intensives Gespräch mit einer jungen BDM-Führerin, einem sympathischen, offensichtlich wahrheitssuchenden Mädchen, über christlichen Glauben, Leben für Deutschland und Glauben an den „Führer". Sie schien beeindruckt zu sein, aber der Gestapo, der es — durch ihre Weitererzählung oder durch ihre Denunziation — zu Ohren kam, war es nun zu viel. Ich bekam ein Redeverbot für Thüringen. Dadurch war ich zur Untätigkeit verurteilt und folgte einem Ruf Martin Niemöllers zum Altpreußischen Bruderrat, bei dem ich nun Referent für den theologischen Nachwuchs wurde.

Von politischem Widerstand hatte ich in Thüringen nichts zu spüren bekommen. Verhaftungen wurden berichtet, von der Untergrundtätigkeit linker Gruppen drangen Gerüchte zu mir, aber nie entstand eine Verbindung. Das war die Folge der Beziehungslosigkeit der Kirche zu dem aus der Kirche ausgewanderten Proletariat. Unsere Bekenntnisgemeinden rekrutierten sich aus dem Bauerntum und dem Kleinbürgertum, ein wenig auch aus der Intelligenzschicht. Stark war deshalb die traditionalistische Motivation: Wir wollen glauben, was unsere Väter geglaubt hatten. Der vor 1933 für Thüringen kennzeichnende kirchliche Liberalismus erwies sich als kraftlos; viele seiner Vertreter fanden, dem Zeitgeist folgend, bruchlos zu den „Deutschen Christen", andere zogen sich in den unpolitischen Winkel zurück. In den Bekenntnisgemeinden sammelte sich, abgesehen von ein paar überlebenden Religiösen Sozialisten, kirchlich und politisch konservatives Bürgertum und Bauerntum.

Am 1. April 1938 wurde Martin Niemöller nach siebenmonatiger Untersuchungshaft und nach dem Urteil des Sondergerichts von der Gestapo übernommen und ins KZ Sachsenhausen verbracht. Auf seine Bitte verließ ich die Arbeit beim preußischen Bruderrat und wurde sein Vertreter im Gemeindepfarramt der Gemeinde Berlin-Dahlem. Durch Niemöllers Persönlichkeit und Tätigkeit war diese Gemeinde ein Vorort der Bekennenden Kirche in Deutschland geworden, immer auch von der ausländischen Presse aufmerksam beobachtet. Schon seit Niemöllers Verhaftung am 1. Juli 1937 hatten wir tägliche Fürbittgottesdienste in der alten Annenkirche eingerichtet und hielten bis Kriegsende durch. Sie hatten für das innere Leben der Be-

Pater Alfred Delp S.J.

kennenden Kirche weit über die Gemeindegrenzen hinaus große Bedeutung. Daß im Berliner Südwesten, vor allem in Dahlem als der besten Wohngegend Berlins, viele höhere Beamte und Offiziere wohnten, hatte schon Niemöller zu einem systematischen Ausbau der Verbindungen zu verschiedenen Ministerien und zur Wehrmachtsführung ausgenützt. Seit der Verhaftung Niemöllers, die einen starken Widerhall im In- und Ausland fand, kamen Delegationen der Bekenntnisgemeinden aus ganz Deutschland zu uns, die wir mit ihren Petitionen für Niemöller und anderen Verhafteten in die zuständigen Ministerien und in die Reichskanzlei weiterleiteten. Von dort kam ein ständiger Informationsfluß zu uns, so daß wir über viele politische Vorgänge besser als der durchschnittliche Deutsche informiert waren. Nicht selten geschah es auch, daß hohe Beamte und Offiziere mich ansprachen, um mir unter dem Siegel des Beichtgeheimnisses ihr Herz auszuschütten. Entlassene aus den Konzentrationslagern kamen mit dem gleichen Bedürfnis. Die Berliner christlichen „Nichtarier" sammelten sich bei uns, vor allem diejenigen, die in Gemeinden mit Nazi-Pfarrern keine Heimat mehr hatten. Dazu kamen auch ungetaufte Juden sowie kirchenferne, bisher dezidiert atheistische Intellektuelle. Bonhoeffers in den ersten Kriegsjahren niedergeschriebene Beobachtung, daß die jetzt „unter Anklage geratenen Werte, wie Vernunft, Recht, Freiheit, Toleranz und Menschenrechte, alle diese Begriffe, die noch bis vor kurzem als Kampfparolen gegen die Kirche, gegen das Christentum, gegen Jesus Christus selbst gedient hatten", und die jetzt „irgendwo heimatlos geworden waren", „nun Zuflucht suchten im Bereich des Christlichen, im Schatten der christlichen Kirche" (Ethik, 159), habe ich in diesen Dahlemer Jahren anschaulich erlebt.

Mit der zunehmenden Abschnürung des Lebensraumes für die Juden, insbesondere nach der Pogromnacht vom 9. November 1938, wurde die Sorge für die „Nichtarier", ob getauft oder nicht, zu einem zentralen Teil des Gemeindelebens. Auswanderungshilfe mußte organisiert werden, Empfehlungsbriefe an kirchliche und nichtkirchliche Instanzen im Ausland waren zu schreiben, Lebensmittel und Textilien mußten gesammelt und Wohnraum gesucht werden. Die täglichen Gottesdienst gaben unentbehrliche innere Nahrung für die Bedrängten und für uns Mitbedrängte, besonders die jeden Mittwoch stattfindenden Abendmahlsgottesdienste, bei denen die Auswandernden sich für ihre ungewisse Zukunft stärkten und von uns verabschiedeten. Als nach dem Polenfeldzug die Deportationen in den Raum Lublin begannen, mußte der Versand von Päckchen mit allem Lebensnotwendigen dorthin organisiert werden; einiger Mut gehörte für diejenigen dazu, die willig waren, als Absender zu zeichnen, weil ihre Namen bei der Post notiert wurden. Auf der legalen Ebene wurde diese Hilfstätigkeit im „Büro Grüber" zentralisiert, von dem aus Heinrich Grüber, damit von der Leitung der Bekennenden Kirche beauftragt, mit der Gestapo, besonders mit Eichmann, verhandelte, bis er mit einigen seiner Mitarbeiter 1941 dafür ins KZ kam. Auf der illegalen Ebene geschah diese Hilfe durch ein paar kleine Gruppen, die mit der Fälschung von Pässen und Lebensmittelkarten arbeiteten, bis auch sie aufflogen; der jüdische Regierungsrat Kaufmann wurde erschossen, andere, die gefaßt wurden, kamen ins Gefängnis und ins KZ.

Unter denen, die an den Vorbereitungen zum 20. Juli 1944 beteiligt waren, gehörten viele zur Gemeinde in Berlin-Dahlem oder standen ihr nahe. So kam es zu einer direkten Verbindung des Gemeindelebens mit dieser aus konservativem Sittlichkeitsempfinden geborenen Konspiration gegen Hitler, nicht aber zu den sozialistischen und kommunistischen Widerstandsgruppen. Eine von ihnen wandte sich unter konspirativen Vorkehrungen an mich mit dem Vorschlag der Zusammenarbeit, mindestens des Austausches von Informationen. Ich lehnte damals ab, weil ich keine Notwendigkeit dazu sah, die stärker gewesen wäre als mein Wunsch, bei meinen häufigen Vernehmungen durch die Gestapo frei zu sein für die wahrheitsgemäße Aussage, daß nicht politische Umsturzabsichten, sondern die humanitäre Verpflichtung aus dem Evangelium uns zu unserer Hilfe für die Juden und zu unserer Solidarität mit den verhafteten Schwestern und Brüdern treibe. Das war eine Arbeitsteilung, die sich damals als nützlich erwies und die ich deshalb heute nicht bereuen kann.

In den Predigten wurde jene verdeckt offene Sprache geführt, die unter tyrannischen Regimen sich nahelegt: Vermeidung von Reizworten, bei denen man sofort polizeilich belangt werden kann, und zugleich Umschreibung mit solcher Deutlichkeit, daß alle Hörer das Gemeinte verstanden — freilich auch die Gestapo-Spitzel, die dann bei ihren Berichten Schwierigkeiten hatten, die schwer greifbaren Äußerungen ins Greifbare zu versimpeln. Sprach man statt von den Juden von den „heute besonders schwer Bedrängten", statt von den Nazis im neutestamentarischen Ton von den „Mächten und Gewalten, die über uns herrschen", so war genug Deutlichkeit geschaffen. An einem Punkte aber mußte man noch deutlicher werden: bei den Fürbittelisten. Das waren von der bruderrätlichen Leitung ausgegebene Listen der Namen derjenigen, die aus Gründen ihres christlichen Bekenntnisses von den staatlichen Maßnahmen — Redeverbot, Ausweisung oder Haft — getroffen waren, und die wir in den Gottesdienst verlasen. Dies zu unterlassen wurde von der Gestapo immer wieder gefordert, Zuwiderhandlungen wurden ab und zu mit Verhaftungen beantwortet; wir hielten es aber an einigen Orten, zu denen Dahlem gehörte, bis in die letzte Kriegszeit durch. Wenigstens in Dahlem haben wir nicht versäumt, die Aufforderung zur Fürbitte für die Namen auf diesen Listen zu ergänzen mit dem Zusatz, in diese Fürbitte alle heute Bedrängten und Verfolgten einzuschließen.

Ein anderer kritischer Punkt in den Gottesdiensten war die Abkündigung der Kollekten für die Bekennende Kirche. Deren Sammlung war durch einen Himmler-Erlaß im Sommer 1937 verboten worden. Wie unentbehrlich sie aber für uns waren, kann man daran sehen, daß es allein im Bereich der Evangelischen Kirche der Altpreußischen Union hunderte von „illegalen" Vikaren und Pfarrern gab, die in den Bekenntnisgemeinden tätig waren und, wenn auch minimal bezahlt, von diesen Kollekten, bei denen erstaunlich viel Geld zusammenkam, lebten. So wurde die Geldfrage zur Bekenntnisfrage und die Kollektensammlung, die bisher ein sehr peripherer Teil des Gottesdienstes gewesen war, als wichtiger gottesdienstlicher Akt entdeckt; das fand seinen symbolischen Ausdruck darin, daß die Kollekte nicht mehr nur am Ende, sondern auch schon während des Gottesdienstes gesammelt und dann auf dem Altar gestellt wurde. Häufig geschah die Einsammlung auch durch einen Rundgang der ganzen Gemeinde um den Altar, auf dem die Sammelgefäße standen. Das schuf zugleich ein psychologisches Hindernis für die anwesenden Vertreter der Gestapo, das Geld sofort und öffentlich zu beschlagnahmen; bis sie es nach dem Gottesdienst in der Sakristei versuchten, war das Geld meistens schon in Sicherheit gebracht.

Wenn wir nach dem Krieg vom Ausland her gefragt wurden, weshalb wir nicht offen gegen den nazistischen Völkermord protestiert haben, pflegte ich darauf zu antworten: Als das große Morden begann, war es für den offenen Protest zu spät. Er war nicht mehr sinnvoll, sondern nur noch die Organisierung von Hilfe, auf der legalen und auf der illegalen Ebene. Unser schuldhaftes Versäumen lag nicht in dieser Zeit, sondern vorher. Als wir noch offen sprechen konnten, auch nach 1933, hätte offener gesprochen werden müssen, als wir es getan haben, um durch einen breiten Unwillen in der Bevölkerung, wie er sich nach der Pogromnacht im November 1938 wenigstens für einen Augenblick gerührt hat, die Machthaber zu hemmen. Und freilich, als es zum Reden zu spät war, hätten wir nicht nur helfen sollen, sondern — vielleicht hätte das die Vernichtungsmaschinerie doch gestört — uns so praktisch mit den Verfolgten identifizieren sollen, wie jener Priester in Rolf Hochhuths „Stellvertreter", der mit in den Deportationszug steigt. Ohne Bekenntnis der Schuld und Bitte um Vergebung kann keiner, der dabei war, von seinem bißchen Widerstand in jener Zeit erzählen.

In Dahlem, wo die Gestapo gehofft hatte, mit der Verhaftung Niemöllers das ärgerlich intensive Leben der Bekenntnisgemeinde zu beenden, war dann auch für mich das Maß voll. Nach oftmaligen Verwarnungen wurde ich am 3. September 1940 aus der Reichshauptstadt ausgewiesen und mit einem Redeverbot für das Reichsgebiet und die besetzten Gebiete belegt. Mir wohlgesonnene Generale sorgten dann dafür, daß ich schleunigst eingezogen wurde, um unter dem Schutz der Wehrmachtsuniform für einen weiteren Zugriff der Gestapo unerreichbar zu sein. Ob wir solchen Ausweisungsbefehlen nachkommen sollten, war ein schweres Gewissensproblem für uns „Illegale". Kurz zuvor war der rheinische Pfarrer Paul Schneider wegen Nichtbefolgung der Ausweisung ins Konzentrationslager gebracht worden, und kurz vor meiner Einziehung wurde der Quäker Hermann Stöhr in Stettin wegen Wehrdienstverweigerung erschossen. Die Leitung der Bekennenden Kirche hatte uns angewiesen, uns ausweisen und zum Militär einziehen zu lassen. Ich folgte dieser Anweisung, wenn auch beunruhigten Gewissens. Die Verbindung mit der Gemeinde und dem durch den Krieg doppelt schwer gewordenen Kampf der Bekennenden Kirche blieb unverändert intensiv. Ich hatte als Soldat das Bisherige in veränderter Form fortzusetzen: ein Zeuge Jesu Christi unter meinen Kameraden zu sein, der betroffenen Zivilbevölkerung der besetzten Gebiete mich als Freund zu bewähren, den Wehrwillen meiner Kameraden zu zersetzen und meinen Vorsatz, nie für Hitler auf einen Menschen zu schießen, durchzuhalten. Meine Weigerung, Offizier zu werden, und meine von mir erbetene Ausbildung zum Kompaniesanitäter erleichterte mir das.

Walter Dirks
Katholiken zwischen Anpassung und Widerstand

Ich bin ein schlechter Zeuge katholischen Widerstandes, weil meine Gegnerschaft gegen den deutschen Faschismus genau so stark politisch (nämlich sozialistisch) wie religiös begründet war. Aus dem Potential katholischer, im Grunde naturrechtlicher Sozialkritik und aus marxistischen Überlegungen hatte ich schon früh für eine Politik optiert, die sich sowohl vom religiösen Sozialismus wie von der katholischen Gesinnungsfront gegen den Nationalsozialismus durch den Vorrang des Politischen unterschied. Unter dem Titel „Faschistische Lockung — antifaschistische Entscheidung" hatte ich noch nach der Machtergreifung im Februar 1933 in mehreren Städten gegen das Unabwendbare gekämpft. Im Sommer 1933 setzte ich dann in verzweifelter Hoffnung, aber ohne ein wirkliches Zutrauen auf die zweite, die sozialistische Revolution in der Nazibewegung, auf den Aufstand der Sozialisten gegen die Nationalsozialisten. (Eine „Schutzhaft" galt nicht dieser Konstruktion, sondern meiner früheren Tätigkeit.) Einer meiner engsten politischen Freunde ging damals in der Absicht, für eben diese zweite Revolution zu wirken, in die SA, während seine Frau mit seinem Wissen den kommunistischen Untergrund vorzog: Zwei Optionen in *einer* Strategie. In derselben Zeit hielt ich lose Verbindung mit Kaplan Josef Rossaint, der katholische und kommunistische Jugend im Untergrund zusammenbrachte. (Rossaint wurde verurteilt, von der Kirche gänzlich verlassen; ich wurde verhört und konnte mich herausreden, ohne Rossaint zu schaden.)
Als die Hitlerherrschaft fixiert zu sein schien — „für mindestens 10 Jahre", schrieb ich damals Gesinnungsfreunden —, war es mit allen Aktionsplänen zu Ende. Wir richteten uns im System der Diktatur ein. Den Mut zu aktivem Widerstand brachten wir nicht auf. Das war gewiß typisch für viele Deutsche, aber gewiß ebenso für die meisten katholischen Linksintellektuellen — und für die Rechtsintellektuellen auch. Der Jugendbund „Deutsche Volkschaft", dem ich trotz diesem irreführenden Namen damals sehr nahestand, hatte immerhin den Mut, sich unter offenem Protest aufzulösen, in trotziger Resignation. Natürlich hielten wir linken Katholiken zusammen, aber unsere heimlichen aufsässigen Gespräche kann man nicht Widerstand nennen. Wir machten eher den Versuch, „in Anstand zu überleben" — oder vorsichtiger und wahrer ausgedrückt: „mit einigem Anstand zu überleben". Ich schäme mich, daß ich es fast schon für Mut hielt, wenn ich Juden mit dem gelben Stern heimlich grüßte. Wir erfuhren dies und jenes über Haussuchungen, welche die Gestapo in unseren Kreisen unternahm, und einmal konnte ich in München einen Mann der katholischen Jugendbewegung vor dem Zugriff der Polizei warnen. In Freiburg war ich oft Gast in einem Kreis sehr geschei-

ter und gebildeter Katholiken, die gute Theologie trieben, Freundschaft hielten und sich in ihrer Abneigung gegen das Regime bestärkten; zuweilen war Reinhold Schneider dabei, dessen Kleinschriften wir im übrigen weitergaben.

Ich könnte mehr über ähnliche Zusammenkünfte und Gespräche erzählen. Aber dies alles bedeutet nicht viel. Man kann es kaum auch nur passiven Widerstand nennen und begnügt sich besser damit, von einer reichlich stillen Opposition zu sprechen. Später hat mich verwundert, daß keine aktive Widerstandsgruppe auf die Idee gekommen ist, mich zu werben; ich mußte ihnen doch von den Kampfjahren als Antifaschist bekannt sein. Entweder hatte man mich nicht entdeckt, oder nicht viel von mir gehalten. Von mir aus jedenfalls habe ich nichts unternommen, sondern mich kleingehalten. In unserer journalistischen Berufsarbeit haben mein Kollege und ich in einer kritischen Stunde offen den Gehorsam verweigert, ohne Folgen. Diese Berufsarbeit selbst — im Feuilleton der ,,Frankfurter Zeitung" — galt dem problematischen Versuch, in der Zeit der Barbarei Bildung und Gesittung zu dokumentieren. Vom Widerstand christlicher Arbeiterführer (Letterhaus) erfuhren wir nichts, und daß es einzelne, sehr einzelne Katholiken gegeben hat, die aus religiös-moralischen Gründen den Kriegsdienst verweigerten und natürlich umgebracht wurden, haben wir erst nach dem Krieg erfahren. Die ,,Weiße Rose", kein eindeutig katholischer, sonder eher ein ökumenischer Widerstand, haben wir bewundert. 1944 hatte ich über Pfarrer Poelchau Kontakt mit einem Gesinnungsgenossen, dem pazifistischen Pater Metzger, — er saß wie die Männer vom 20. Juli in Plötzensee ein, ehe er ermordet wurde. Wir lebten also durchaus in der Atmosphäre der Opposition, hatten aber nicht den Mut, aktive kämpferische Gegner des Regimes zu werden. Das ist wohl ebenso für viele Katholiken wie andererseits für viele Intellektuelle typisch.

Wichtiger, weil allgemeiner, ist eine andere Erfahrung gleichfalls nicht eigentlichen Widerstandes, so doch einer kollektiven und auch wirksamen Opposition: der Sonntagsgottesdienst, vor allem die Eucharistiefeier. Da gingen wir jeden Sonntag ganz getreu gemäß der Sonntagspflicht, in Wahrheit aber einem tiefen Bedürfnis folgend in die Gemeinde, die in ihrem Geist, in ihren Gebeten, in der Predigt eindeutig eine christliche Oase in der Wüste war. Unser Bedürfnis danach war umso tiefer, als uns nicht nur der Glaube, sondern auch diese Abwesenheit des Nazi-Ungeistes in die Kirche zog. Mein Blockwart, dem ich zwölf Jahre lang mit Erfolg aus dem Wege gegangen war, kam in der letzten Nacht des Krieges zu mir und zeigte mir — unter Tränen — die gelogenen Berichte über mich, die er regelmäßig bei der Kreisleitung abgeliefert hatte. Ihm, einem proletarischen SA-Mann, der offenbar durch das kräftige Ressentiment gegen die Nazi-Bonzen motiviert war, hatte die soziale Haltung unserer Familie gefallen; deshalb hatte er unter anderem immer wieder bescheinigt, ich sei ,,kein Kirchgänger". Wahrscheinlich sind damals viele Katholiken, die erst im letzten Drittel der Nazizeit feststellen konnten, daß nun auch ihre Bischöfe etwas gegen das Regime zu sagen wagten, in den Sonntagsmessen gegen die massive Propaganda, die uns von allen Seiten bedrängte, immunisiert worden. Ob es in allen Landesteilen so war, weiß ich nicht; in Frankfurt jedenfalls war es so. Das geschah nicht offen und aggressiv, sondern in indirekter Methode: dadurch, daß wir in der Kirche in einer völlig anderen Atmosphäre frische Luft atmen konnten, die Worte der Bergpredigt vernahmen, im alten und neuen Testament dem Judentum nahe waren, Trost und Stärkung fanden. Das hat ganz gewiß seine Wirkung getan. Es ging bei uns Katholiken nicht so dramatisch zu wie bei den Evangelischen, die gegen eine nationalsozialistische bürgerliche Tradition und den Reichsbischof die „Bekennende Kirche" mobilisieren mußten und konnten, aber vielleicht geschah es bei uns – auch in der Hut der Weltkirche – umso selbstverständlicher.

Wenn wir sonntags von der Frühmesse in unsere Siedlung zurückkehrten und den evangelischen Kirchgängern begegneten, grüßten wir einander betont freundlich auch deshalb, weil sie und wir nicht in Sachen des Führers, sondern Jesu und der christlichen Kirche unterwegs waren. Es erforderte keinen Heldenmut, aber doch auch eine gewisse Risikobereitschaft, am stillen Protest der Christen, an ihrer stillen Opposition festzuhalten. Alles in allem kann man diese kollektive Praxis als „passiven Widerstand" gelten lassen.

Mir hat er schon deshalb nicht genügt, weil ich mindestens ebensosehr ein politischer wie ein christlicher Opponent war. Im Jahre 1944 habe ich für einen großen katholischen Verlag ein sozialpolitisches Programm für die Zeit nach dem Tod Hitlers und der Kriegsniederlage ausgearbeitet. Das war natürlich formell sowohl Hochverrat wie Landesverrat, aber in diesem späten Stadium gehörte nicht viel Einsicht dazu, sondern fast nur eine vorsichtig eingesetzte Courage, aus dem Sturz und der Niederlage Hitlers, die vorauszusehen waren, die ersten Konsequenzen zu ziehen. Dieser Akt des Widerstandes kam reichlich spät. Doch zeigt diese Episode auch, wie selbstverständlich man im Kreis von Katholiken, die man nicht kannte, aber als seriös und anständig einschätzte, auf die Opposition gegen den Nazismus und auf Verschwiegenheit rechnen konnte.

Ich denke, daß in dieser Skizze eigener und einiger allgemeiner Erfahrungen manches Typische sichtbar geworden ist. Man versuchte, die eigene Identität zu wahren, dadurch zu überwintern und in einiger Vorsicht sich für die bessere Zukunft nützlich zu machen. Angesichts der ungeheuren Greuel des Systems und des eindeutig verbrecherischen Krieges war das nicht eben viel. Umso mehr haben wir Anlaß, den Katholiken bewundernd dankbar zu sein, die mehr riskiert haben, so dem Jesuiten Alfred Delp, den die Kreisauer in ihren Kreis berufen haben. Er hat dafür sterben müssen.

Der Umsturzversuch auf breiter Front

Karl Dietrich Bracher
Auf dem Wege zum 20. Juli 1944

1.

Jede Diskussion des deutschen Widerstands gegen den Nationalsozialismus [1]
muß bedenken, daß 1933 und nicht 1939 oder 1944 das entscheidende Datum bedeutet.
Die pseudolegale Machtergreifung des Nationalsozialismus hat die alte Frage
des Widerstands gegen tyrannische Herrschaft in ein neues Licht gerückt.
Opposition gegen einen Staat, der über Notverordnungen, Ermächtigungsgesetz und Plebiszite scheinbar legal in die Hände *einer* Partei gelangt war,
hatte ganz andere Schwierigkeiten zu überwinden als der gleichsam klassi-
sche Widerstand gegen einen gewaltsamen Staatsstreich und offene Usur-
pation. Der Sinn der nationalsozialistischen These von der „legalen Revolution" war es gerade, die Geister zu verwirren und alle Gegenkräfte zu schwächen. Dies beeinflußte den Charakter und beeinträchtigte die Chancen jeder
Opposition gegen ein Regime, das in so kurzer Frist über scheindemokrati-
sche Manipulationen zur umfassenden Herrschaft über Staat und Gesellschaft gelangt war. Auch fehlten weithin die geistigen und sozialen Voraussetzungen, die eine klare Meinungsbildung und entschiedene Maßstäbe gegenüber der nationalsozialistischen Machtergreifung hätten tragen können.
Die alte Tradition des Widerstandsrechtes gegen willkürliche Gewalt war anders als im Westen bei der Ausbildung der neueren deutschen Staatsidee
nach 1848 zurückgedrängt und von der bürokratischen Struktur des Obrigkeitsstaates überdeckt worden. Im Problem des Eides auf Hitler ist dies besonders deutlich hervorgetreten.
Aus der Tradition des deutschen Obrigkeitsstaats erklären sich auch die

---

1 Die Darstellung stützt sich auf die Bücher des Verfassers: Das deutsche Dilemma,
  Kap. VIII, München 1971; und Die deutsche Diktatur, Kap. VII und VIII, 6. Aufl.
  1979/80. Dort auch nähere Auseinandersetzung mit kritischen Argumenten und
  Theorien der Widerstandsforschung.

Fehleinschätzungen, die einen möglichen Widerstand gegen die nationalsozialistische Machtergreifung gelähmt haben. Das Grundproblem von 1933 war für die Weimarer Politiker und Parteien, wie weit sie die neuen Machthaber durch Kollaboration beeinflussen oder gar steuern könnten, und wann Opposition unausweichlich, in welcher Form sie möglich sei. Die Illusionen der Gewerkschaften, der Attentismus der SPD-Führung, die vergebliche Anpassung der bürgerlichen Parteien, das Zurückweichen der KPD: sie spiegeln je auf ihre Weise die Problematik wider. Aber damit wurde der Augenblick verpaßt, da noch von den alten Machtpositionen aus hätte operiert werden können. Erst im Verlauf der Auflösung der Parteien und des Verlustes der politischen Positionen bildeten sich verstreute Zentren des Widerstands, auch sie noch gehemmt durch den Glauben, Hitler werde rasch abwirtschaften, und es gelte nur eine kurze Periode der Unterdrückung zu überstehen.

Man muß sehr unterschiedliche Gruppen der Opposition gegen den Nationalsozialismus oder bestimmte Aspekte seines Regimes unterscheiden; sie treten zu verschiedenen Zeiten mit verschiedenen Methoden und Zielen hervor. Zunächst waren es einerseits die alten politischen Gegner der Linken und der Mitte, bald auch enttäuschte Konservative; dann verstärkte sich die Opposition aus dem Raum der Kirchen; hinzu kommen Einzelgänger aus dem Staatsapparat und der Wirtschaft; schließlich rücken 1938 und wieder seit 1942/43 Militärs in den Mittelpunkt oppositioneller Planungen und Aktionen. Die Bewertung ist deshalb so schwierig und umstritten, weil sie nach höchst verschiedenen Maßstäben erfolgen kann: sind es die Motive, die Erfolgsaussichten, die politischen Ziele, denen das Hauptgewicht zukommt? Davon hängt es ab, wie die linken, die bürgerlichen, die kirchlichen, die konservativen, die militärischen Oppositionellen beurteilt werden, wie ihr Verhältnis zueinander und ihre Taktik gegenüber dem Regime gesehen wird.

Die bisherige Diskussion leidet unter den Beschränkungen, die politisch, sozial und ideologisch gebundene Betrachtungen post festum der Geschichte des Widerstands auferlegt haben. Bis heute bestimmen vier Hauptrichtungen die Interpretation. Da sind einmal die beiden extremen Ansichten, nach denen entweder (1) der kommunistische Widerstand (als ,,Landesverrat'') oder aber (2) die konservative und militärische Fronde (als bloße Abweichung vom Regime) von vornherein auszuscheiden seien. Eine solche anti- oder prokommunistische Einschränkung des Widerstandsbegriffs ist als unhistorisch abzulehnen. Für die nationalsozialistische Führung und ihren totalitären Herrschaftsanspruch stellten beide Ansätze gleichermaßen eine Bedrohung dar. Zwar zeigt sich schließlich, daß nach der endgültigen Institutionalisierung das Regime ohne Beteiligung der bewaffneten Macht kaum zu stürzen war. Dies rechtfertigt aber auch nicht (3) eine Beschränkung auf den militärischen Widerstand, der in der ersten Hälfte des ,,Dritten Reiches'' überhaupt fehlte und auch seit 1938 nur im Zusammenhang mit den politischen Kräften der Opposition gesehen werden kann.

Die Auffassung endlich (4), daß aus den Kirchen eine Volksbewegung gegen den Nationalsozialismus hervorgegangen und die katholische Kirche überhaupt fast geschlossen in Opposition gestanden sei, ist ebenso fragwürdig wie die Gegenthese von der kommunistischen Massenbewegung gegen Hitler. Die kirchliche Opposition, höchst bedeutsam, doch zugleich vielfach schillernd, war gewiß auch ein Politikum; sie stieß aber nur in wenigen Vertretern über die Verteidigung eigener Positionen und Interessen zum politischen Widerstand vor. Andererseits übersieht die sachlich gerechtfertigte Kritik an den Illusionen der Konservativen und an den Staatsentwürfen etwa des Kreisauer Kreises, daß ein Volksaufstand in keiner Phase des „Dritten Reiches" möglich erschien, ein Umsturz von oben jedoch, wie er am 20. Juli 1944 schließlich versucht wurde, Kontakte mit dem Staatsapparat und Teilen des Establishments voraussetzte. Damit sind freilich weder die moralischen Aspekte noch die geistigen und sozialen Probleme solcher Versuche geleugnet.

Von einer einheitlichen Widerstandsbewegung kann zu keinem Zeitpunkt des Dritten Reiches gesprochen werden. Die Vielfalt der politischen und geistigen Kräfte, die sich früher oder später der nationalsozialistischen Gleichschaltung entzogen oder gar widersetzt haben, fand wohl an bestimmten Wendepunkten zu engeren Kontakten; aber im Verhalten und Planen sind die Unterschiede groß geblieben, und nach dem Ende des Regimes traten sie auch sehr konkret wieder hervor. Immerhin war das Ausmaß der innerdeutschen Opposition in der Vorkriegsperiode sehr viel größer, als die gelenkten Einheitsbekundungen nach außen erkennen ließen. Zehntausende von politischen Gegnern wurden verhaftet, Tausende wegen aktiver Opposition ermordet. Selbst wenn man von den Kollektivverfolgungen außerhalb der Justiz und in Konzentrationslagern absieht, wird man die Oppositionstätigkeit auch zahlenmäßig nicht so gering veranschlagen dürfen, wie es natürlich die NS-Propaganda getan hat; aus den geheimen Überwachungsberichten der Gestapo ergibt sich ein durchaus anderes Bild. Es war freilich ein großer Schritt vom Nonkonformismus vieler (der unter totalitären Bedingungen gewiß schon ein Politikum darstellt) über das Nichtgehorchen bis zum aktiven Widerstehen. Tatsache bleibt, daß vor allen späteren Formen der Opposition kirchlicher, militärischer, bürgerlicher und konservativer Prägung der erste Widerstand von denen geleistet wurde, die den Terror des NS-Regimes „am frühesten und stärksten zu spüren bekamen und von ihm zugleich als gefährlichste Gegner betrachtet wurden, nämlich von den Organisationen der Arbeiterbewegung" (Reichhardt). Er ist freilich besonders schwer zu fassen; meist wird nur pauschal auf die Verfolgung der Linken und die Tätigkeit der Emigration verwiesen, während eine umfassende Darstellung dieser weitverstreuten, namenlosen Opposition an der Quellenlage scheitert. Unter den Verhältnissen totalitärer Herrschaft mußte die konspirative Aktivität linker Widerstandsgruppen im Dunkel der Illegalität und Anonymität bleiben; ihre Zeugnisse sind daher spärlicher und viel weniger aufschlußreich als die Dokumente und Planungen der bürgerlichen und konservativen Opposition. Zahllose Prozesse spiegeln zwar die Breite und Kontinuität dieses „lautlosen Aufstands" (Weisenborn) wider, aber auch sie geben oft nur ein verzerrtes Bild dessen, was nationalsozialistisch gelenkte „Rechtspflege" als marxistische Feindvorstellung haben wollte, und in vielen Fällen verlief die Verfolgung ohnehin jenseits der Justiz im Bereich des KZ-Staates.

Waren schon die Kräfte der in sich zerspaltenen Linksopposition zu schwach, um eine aktive Volksbewegung gegen den Nationalsozialismus in Gang zu bringen, so galt dies noch eindeutiger für alle anderen politischen und sozialen Gruppen. Hier fehlten die Voraussetzungen für illegale Zellenbildung und organisierten Widerstand, die immerhin in der Tradition der Linksparteien und zumal der KPD lagen. Aber während im sozialistischen Lager im Laufe der Jahre steigende Resignation um sich griff, als so offenbar jede Erweiterung der illegalen Gruppen zu einer Massenbewegung mißlang und nur die oppositionelle Einzelarbeit im Kontakt mit wenigen Gesinnungsfreunden blieb, nahmen zugleich im bürgerlichen Lager die Versuche zu, von staatlichen oder gesellschaftlichen eigenen Machtpositionen aus Ansatzpunkte zur Opposition und zur Änderung des Regimes zu gewinnen. Solche Ansätze wurden zunächst an drei Stellen greifbar: im partiellen Widerstand der Kirchen gegen die Gleichschaltung, in wachsenden Bedenken liberaler und konservativer Kreise gegen die Wirklichkeit der NS-Herrschaft und schließlich in jener Kritik desillusionierter Militärs am Risiko- und Kriegskurs Hitlers, die in der Krisensituation des Sommers 1938 zum erstenmal wirksam wurde.

2.

Die Konsolidierung des NS-Regimes setzte sowohl dem sozialistischen wie dem kirchlichen Widerstand enge Grenzen. Auf eine Volkserhebung oder eine Änderung aus eigener Kraft war nicht zu hoffen, solange nicht die Verbindung mit Trägern gesellschaftlicher, staatlicher und militärischer Machtpositionen Ansatzpunkte für eine Beeinflussung der politischen und militärischen Entscheidungen des Dritten Reiches schuf. Es erwies sich, wie gering die Möglichkeiten sind, unter einem totalitären Regime eine oppositionelle Volksbewegung in Gang und zur Wirkung zu bringen, und wie wenig Illegalität und Widerstand eine Sache der Massen war. So gewannen jene antitotalitären Impulse Bedeutung, die dem ursprünglich keineswegs demokratisch geprägten Umkreis des Beamtentums und Militärs entstammen. Bezeichnend dafür war die rastlose Aktivität, die der ehedem deutschnationale Leipziger Oberbürgermeister Carl Goerdeler in den folgenden Jahren entfaltete. Sie ging vor allem in drei Richtungen: Versuche, mittels Denkschriften auf die Staatsführung einzuwirken; Kontakttätigkeit zwischen den verschiedenen

Kreisen einer beginnenden bürgerlichen und konservativen Opposition; Beeinflussung der Bürokratie. Je mehr schließlich die Einsicht wuchs, daß an einen Umsturz von unten nicht zu denken war und nur ein Staatsstreich von oben in Betracht kam, begann sich der Widerstand auf die Armee hin zu orientieren.

Die Wehrmacht war dafür alles andere als vorbereitet. Entgegen den Hoffnungen auch mancher Konservativen hatte sie die Machtergreifung, die Ermordung der Generale Schleicher und Bredow, die Vereidigung auf Hitler 1934 ohne Protest hingenommen. Ihr illusionsreiches Verhalten kam der Befestigung der NS-Herrschaft zugute. Es gründete tief in dem Seecktschen Ideal des „unpolitischen Soldaten", das in Wahrheit antidemokratisch orientiert war: mit der Zusicherung der militärischen Autonomie hat Hitler das Offizierskorps alten Schlages zu befriedigen vermocht. Hinzu kam die vermeintliche Gemeinsamkeit der militärischen und nationalsozialistischen Interessen: Rüstungspolitik, Beseitigung der Versailler Beschränkungen waren Ziele, um derentwillen man bereit war, die Praktiken nationalsozialistischer Herrschaft als bloße Entgleisungen hinzunehmen. Als eine eigene Machtgruppe zu handeln war der Wehrmacht schon nach dem Versagen von 1934 nicht mehr möglich. Auch militärischer Widerstand konnte nur eine Teilbewegung, Anstrengung einer Minderheit sein, die zwar zeitweilig wichtige Positionen und Verbindungen erreichen konnte, aber nie zu ausreichendem Einfluß in der militärischen Spitze gelangte. Das hat seine Form und seine begrenzten Möglichkeiten bestimmt.

Es zeigte sich, daß die deutsche Militärtradition im Grunde kein tragfähiges Fundament für einen politischen Widerstand bot: er blieb auf die Einzelinitiative geistig und moralisch selbständiger Militärs beschränkt. Ihr Ansatzpunkt lag nicht in der Reichswehrtradition, sondern in der Gewissensentscheidung des einzelnen. Aber für allzu viele ist der Eid Anlaß oder Vorwand gewesen, dem Gewissenskonflikt in den bloßen Gehorsam auszuweichen und sich bis zuletzt jedem Widerstand zu versagen. Immerhin: im Sommer 1938 stand eine erste Militäropposition um Beck mit Widerstandsplänen in Verbindung, an denen erstmals fast alle politischen Lager beteiligt waren. Von SPD- und Gewerkschaftsführern bis in die hohe Beamtenschaft und in die halbzivilen Geheimdienste der Wehrmacht reichten die Kontakte der Verschwörer, die im Augenblick der erwarteten militärischen Krise die Änderung des Regimes planten. Ihren Kern gewann die aktive Konspiration seit diesen Wochen in einem Kreis, der sich um die Abteilung Abwehr im OKW bildete. Hier war die Einsicht in die wirkliche Lage am schärfsten, und hier wirkten als treibende Kräfte der damalige Oberst Hans Oster und im weiteren dann der Reichsgerichtsrat Hans v. Dohnanyi.

Ziel der Planungen war die Verhaftung Hitlers, und zwar im Augenblick seines Befehls zum Kriegsbeginn und der erwarteten Kriegserklärung der Westmächte: man rechnete damit, daß dies die deutsche Bevölkerung in Schrecken versetzen und dem Unternehmen einen breiteren Rückhalt geben, das Risiko eines Bürgerkriegs vermindern würde. Wenn der verbrecherische Katastrophenkurs Hitlers so offenbar war, konnte der Widerstand auch im obrigkeitlich gesinnten Bürgertum und Militär auf Unterstützung hoffen, würde Gehorsamsverweigerung nicht als Sabotage und Verrat erscheinen. Die Erfahrung vom November 1918 stand als Warnung hinter diesen Erwägungen. Zwei Gefahren suchten alle Pläne zu vermeiden: einen Bürgerkrieg, dessen Ausgang im Blick auf die nationalsozialistische Parteimacht ungewiß war; und eine Dolchstoßlegende umgekehrter Art, die eine künftige Neuordnung mit der Behauptung vergiften konnte, daß Armee und Opposition Hitler angesichts des Erfolgs in den Rücken gefallen seien. Wie begründet diese Überlegungen waren, hat später die Diffamierung der Aktion vom 20. Juli 1944 bewiesen, deren Gelingen doch nur einem längst verlorenen Krieg ein Ende gesetzt hätte.

Hitlers Triumph auf der Münchener Konferenz 1938 hat damals solchen Plänen den Boden entzogen. In den nächsten drei Jahren eilte das Regime von Erfolg zu Erfolg; sein Prestige schwächte nicht nur die Reihen der Opposition und machte eine Gegenaktion fast aussichtslos, sondern hätte einen Putsch auch unweigerlich mit den gefürchteten Konsequenzen belastet: Bürgerkrieg und Dolchstoßlegende. Die ohnehin problematische, ewig zögernde Beteiligung der Militärs, auf die alle künftigen Aktionen angewiesen waren, ist dadurch entscheidend kompliziert worden. Hinzu kam die immer schärfere Abschirmung Hitlers im Kriege.

Hier tat sich nun das politisch-moralische Problem auf, wann und wie die Opposition zum Mittel der Gewalt greifen solle und könne. Nicht nur die Kirchen verharrten bei ihren prinzipiellen Bedenken und lehnten mit geringen Ausnahmen die Rechtfertigung von Gewaltakten einschließlich der Tötung Hitlers ab. Auch viele bürgerliche und konservative Oppositionelle von Goerdeler bis zum Kreisauer Kreis standen diesem Problem unentschieden gegenüber und überließen das Attentat den Militärs, die ihrerseits in der Mehrzahl an Eid und Gehorsam festhielten. Das hat nicht nur die praktische Vorbereitung eines Staatsstreichs, sondern schon die Verständigung der verschiedenen Oppositionsgruppen schwer behindert, es hat schließlich auch den Putschversuch selbst entscheidend beeinträchtigt. Bis zuletzt vertraute man allzu stark der List und Überraschung. Der Putschplan vom September 1938 blieb das Grundmodell: zuerst Sicherung der militärischen Unterstützung für eine möglichst unblutige Aktion, dann Gewinnung der Bevölkerung durch Proklamation und Information über den verbrecherischen Charakter und den Katastrophenkurs des Hitler-Regimes.

Der Krieg hat die Opposition gleichermaßen kompliziert und begünstigt. Einerseits wurde es immer schwerer, Nationalsozialismus und Deutschland voneinander zu trennen: Der Appell an den Patriotismus wirkte stärker als die Bedenken gegen das Regime; dazu kamen die im Krieg gesteigerte Re-

Hans Oster

glementierung, Überkontrolle und eine allseitige Überanstrengung des Lebens. Andererseits verlangte der Krieg aber auch ein größeres Maß an Improvisation und Pragmatismus, enthielt Tendenzen zur Lockerung und Öffnung der Herrschaftsstruktur im zivilen wie im militärischen Bereich, die der Organisation und Ausbreitung des Widerstands günstig waren. Vor allem aber verstärkte sich nun schlagartig das Gewicht der Wehrmacht, die sich trotz ihres bisherigen Versagens doch eine Distanz gegenüber der Partei und vor allem der SS bewahrt hatte. Hinzu kam, daß jetzt auch viele zivile Gegner des Regimes in militärischen Stellungen Verwendung fanden. Unter dem Schirm des Admirals Canaris hatte Oster seit Kriegsbeginn Männer wie Dohnanyi, dann auch Dietrich Bonhoeffer in die Abwehr aufgenommen.

In der Situation von 1939/40, vor der Ausweitung des Krieges, haben sie die Kontakte mit den Alliierten zu stützen, hat Oster auch einen letzten Beweis für die Ehrlichkeit der Opposition zu erbringen gesucht, indem er die deutschen Termine für den Angriff sowohl auf Skandinavien wie auf Frankreich nach Holland gelangen ließ. Dieser Versuch, der wie alle ausländischen Kontakte nach 1945 von vielen Kritikern der Opposition als „Landesverrat" diffamiert und sogar zum Vorwand einer neuen Dolchstoßlegende gemacht worden ist, war Ausdruck der unbedingten Gegnerschaft Osters gegen das Regime und seines entschlossenen Willens, alles für die Beendigung des Krieges und den Umsturz einzusetzen. Die Überschreitung der Grenze vom Hochverrat zum Landesverrat, unter der Diktatur ohnehin verwischt, rechtfertigte sich auch aus der Einsicht, daß Hitler im Begriff war, fünf neutrale Länder zu überfallen, denen er ausdrücklich ihre Unversehrtheit garantiert hatte. Die Tat war politisch wie moralisch begründet; nur zu gut war Oster über die bedenkenlosen Vorbereitungen der nationalsozialistischen Aggression unterrichtet. Wenn Landesverrat die Absicht voraussetzt, dem eigenen Lande zu schaden, dann war das Recht auch bei diesem außergewöhnlichen Schritt auf der Seite dessen, der mit allen verfügbaren Mitteln den Vertragsbruch und die Zerstörung des Rechtes bekämpfte. Landesverrat und Eidbruch können in einem Unrechtsstaat, der selbst alle Verpflichtungen gegen die eigenen Bürger wie gegen die Umwelt bricht, nicht mehr gelten. Osters Tat war aber zugleich auch der ganz konkrete und verzweifelte Versuch, das seit Kriegsbeginn erschütterte Vertrauen in die deutsche Opposition zu retten. Er ist gescheitert, weil die Warnungen nicht ernst genommen wurden und die militärische Effizienz der deutschen Operationen in unerwartet kurzer Zeit zum völligen Sieg auf dem westlichen Teil des Kontinents führte.

Der erneute Triumph Hitlers wandelte die Lage grundlegend. Der Sieg über Frankreich bezeichnete zugleich die tiefe Niederlage der Opposition. Nun begann die schwerste Prüfungszeit für eine Widerstandsbewegung, die sich im Rausch der siegreichen Diktatur zu behaupten hatte. Die bisherigen Kontakte mit dem Westen und die Hoffnungen auf ein rasches Kriegsende und inneren Umsturz waren zerstört. Isoliert und ohne Aussicht, die Bevölkerung zu gewinnen, war der Opposition fast nur noch die moralische und rechtliche Position geblieben, war äußeren Erfolgserwägungen der Boden entzogen. Um so bemerkenswerter erscheint das Maß an Kontinuität, mit dem Widerstand über die nächsten Jahre organisiert und ausgebaut wurde. Die Tatsache steht den späteren Behauptungen entgegen, nur die Angst vor der Niederlage, eine Art Torschlußpanik, habe den deutschen Widerstand angetrieben. Das mag für einige der militärischen Exponenten gelten. Aber es traf gewiß nicht für jene zu, die in der Zeit der größten Erfolge des Dritten Reiches die Last des lebensgefährlichen Kampfes gegen Hitler und sein scheinbar unüberwindliches Regime trugen.

Neue Umsturzpläne waren im bisherigen Rahmen nicht mehr möglich; sie konnten noch weniger als vor 1940 mit den vom Erfolg berauschten, vielfach beförderten und dekorierten Militärs rechnen. Auch die gewaltige Vermehrung des unteren und mittleren Offizierskorps durch hitlergläubigen Nachwuchs mußte sich negativ auf die Aktionsbereitschaft der Generale auswirken. Überdies wurden die Schutzmaßnahmen des Regimes mit dem Aufstieg der SS-Macht ständig verstärkt. Hitler selbst lebte seit Beginn des Rußlandfeldzugs fast nur in den hermetisch abgeriegelten Bunkern der Führerhauptquartiere in Ostpreußen und der Ukraine, die künftigen Attentatspläne setzten schwierigste Kombinationen voraus. Das war doppelt gravierend, da immer klarer wurde, daß unter den Bedingungen des Krieges und der Machtstellung Hitlers die Ermordung des Diktators die Conditio-sine-qua-non eines Regimewechsels war.

Hier liegen die beiden wichtigsten Probleme der weiteren Entwicklung. Da war einmal die Tatsache, daß jeder Sieg der deutschen Waffen die innenpolitischen Aussichten der Opposition ebenso verminderte, wie er die außenpolitischen Ansprüche ihres deutschnationalen Flügels von Goerdeler bis ins Auswärtige Amt geradezu anmaßend vergrößerte. Das andere Problem war verknüpft mit der Diskussion über die politischen und moralischen Implikationen einer Ermordung Hitlers. Die Erwägungen über eine künftige Neuordnung Deutschlands, die mit der Steigerung der Untaten eine ganz andere Intensität beanspruchten, ließen die sehr verschiedenen politischen und gesellschaftlichen Vorstellungen der Oppositionsgruppen schärfer und konkreter hervortreten. Noch dringender als vor dem Krieg schien nach dem Scheitern aller „normalen" Versuche, das Regime zu ändern, nach der tiefen Erschütterung aller Tradition ein grundlegendes Umdenken geboten. Ein Blick auf die vielumstrittenen Staats- und Gesellschaftsvorstellungen des Widerstandes in den Jahren 1940 bis 1943 zeigt zum einen das Gewicht der Hemmnisse, Illusionen, Fehleinschätzungen, mit dem alle Eventualentwürfe der Opposition von rechts bis links belastet waren, es zeigt auch, daß Widerstand und Konspiration gegen Hitler noch nicht ipso facto ein Votum für die Demokratie oder ein Verzicht auf die Vorstellungen nationaler Machtpolitik bedeuteten.

Am greifbarsten waren die Forderungen des Kreisauer Kreises um den Grafen Moltke: Bruch mit dem Nationalismus, Fortschritt zu einem europäischen Internationalismus, in dem sowohl die französische Hegemonie von Versailles wie der alte und neue deutsche Hegemonialismus überwunden werden, deutsch-französische und deutsch-polnische Verständigung an Stelle einer Durchsetzung umstrittener Gebietsansprüche. Diese Gedanken brachten vor allem Sozialdemokraten (Haubach, Leber, Reichwein) ein; Lebers grundlegende Forderung an die künftige Außenpolitik war seit je gewesen, daß die Prinzipien wirtschaftlicher Zusammenarbeit und demokratischer Innenpolitik auch die zwischenstaatlichen Beziehungen bestimmen sollten. Aber auch Moltke und seine Freunde sprachen nun, und zwar in bewußter Distanz zu den historisch-politischen Denktraditionen ihrer adligen Schicht, von einer Europäisierung des Denkens und von einer Wandlung des Staatsbegriffs, der nicht länger Selbstzweck sein dürfe. Der Gedanke an übernationale, föderalistische Lösungen entzündete sich vor allem an der Problematik der ostdeutsch-osteuropäischen Nationalitätenpolitik; Moltke selbst hatte sich früh mit Minderheitenfragen beschäftigt. Dies war der gemeinsame Grund, auf dem die Zusammenarbeit mit den sozialistisch-internationalen Denkformen möglich sein würde. In mancher Hinsicht ist Moltke noch weiter gegangen, bis zu dem utopisch erscheinenden Gedanken an eine Auflösung Deutschlands und Europas in kleine Selbstverwaltungskörper. Ein solcher Radikalföderalismus, der die Souveränität einem europäischen Gesamtstaat vorbehielt, bedeutete einen revolutionären Bruch mit den Denkgewohnheiten des 19. und 20. Jahrhunderts, die den Kampf gegen den „Partikularismus" und für den nationalen Einheitsstaat zum höchsten Gesetz erhoben hatten.

Aber das eigentliche Problem blieb der Umsturz selbst und mithin die Rolle der Stauffenberg-Leber-Gruppe, die ebenso wie die Oster-Dohnanyi-Gruppe von der Theorie nicht viel hielt, vielmehr alle Kräfte auf die drei großen und vordringlichen Ziele konzentrierte: Beseitigung des Hitler-Regimes, Beendigung des Krieges, Wiederherstellung von Recht und Freiheit. Das war auch die konsequente Position eines Dietrich Bonhoeffer, der schon 1942 im radikalen Unterschied zu Goerdeler und anderen erklärt hatte, die Schuld des nationalsozialistischen Deutschland lasse „außenpolitische Auswege" nicht mehr zu. Das Handeln des Widerstandes sei vielmehr ein „Akt der Buße" und müsse als solcher deutlich werden. Für Bonhoeffer wie für Leber und Moltke war die bedingungslose Kapitulation unvermeidlich. In diesem Sinne hielt auch Moltke über die Vorstellungen anderer Kreisauer hinaus Ende 1943 „eine unbezweifelbare militärische Niederlage und Besetzung Deutschlands aus moralischen und politischen Gründen für absolut notwendig."

152

3

Erst im letzten Kriegsjahr steuerte der deutsche Widerstand auf den Staatsstreich zu. Das hat ebenso wie der illusionäre Charakter mancher der Pläne
zu dem Eindruck beigetragen, erst als Verzweiflungsakt angesichts des verlorenen Krieges sei ernsthaft an einen Sturz des Regimes gedacht worden. In
der Tat, bis zuletzt hielt ein lähmender Konformismus die Masse der deutschen Bevölkerung gefangen, den auch nur wenige der Militärs, auf die eine
Aktion unweigerlich angewiesen war, zu durchbrechen wagten. Für den Entschluß zum Widerstand war vielen, wie zum Beispiel für Hans Scholl und die
Münchener Studentengruppe der „Weißen Rose", die Anschauung der deutschen Besatzungspolitik, besonders im Osten, ausschlaggebend. Dieses mo-
ralisch-politische Motiv galt auch für einen Teil der militärischen Opposition.
Einen weiteren Ausgangspunkt bildeten die Führungskonflikte, die zuerst an
der Wende des russischen Winterfeldzugs 1941/42 sichtbar wurden.
Die äußeren Chancen der Opposition waren zu diesem Zeitpunkt geringer
denn je. Hitler stand auf dem Gipfel der Erfolge, der Widerstand, von den
meisten Verbindungen nach außen abgeschnitten, war in den Augen der
Westmächte unglaubwürdig oder doch unwirksam geworden. Trotzdem ist
nicht nur die Kontinuität der Opposition gewahrt, sondern auch ihr Verbin-
dungsnetz weiter ausgebaut worden, und zwar lange bevor sich ein entschei-
dender Rückschlag oder gar die Niederlage des Regimes abzeichnete. Vor
allem die nationalsozialistische Kriegsführung, Besatzungs- und Judenpolitik
veranlaßte eine Anzahl militanter jüngerer Offiziere, die entschiedener als
die traditionsgehemmten Generale zur Tat drängten, sich ab 1941 den bis
dahin stagnierenden Widerstandsgruppen anzuschließen. Der bedeutendste
Exponent dieses Umbildungsprozesses, der in eine neue Phase der Umsturz-
bewegung führte, war der Oberst Claus Graf Schenk von Stauffenberg. Wie
Moltke 1907 geboren, aus schwäbischem Adel, mit verwandtschaftlichen Beziehungen zu den Familien Greisenau und Yorck, hatte Stauffenberg zunächst dem konservativen Kreis um Stefan George nahegestanden. Aber
nach Beginn des Krieges reifte der brilliante Generalstäbler allmählich zum
schärfsten Gegner Hitlers, unterstützt von dem ihm eng verbundenen älteren
Bruder Berthold, der als Völkerrechtler wie Moltke das Maß der nationalsozialistischen Untaten überblickte. Über den Bereich einer militärischen und
konservativen Fronde hinaus drängte es Stauffenberg bald, Verbindung mit
der aktiven Linken, vor allem mit Julius Leber, zu suchen. Früh ließ er die
theoretischen Vorstellungen des Goerdeler-Beck-Kreises hinter sich. Nach
seiner Überzeugung (1942) mußte vor allen Neuordnungsplänen, mit denen
sich viele Oppositionskreise allzu intensiv beschäftigten, die Beseitigung
Hitlers, der Umsturz stehen. Unter Berufung auf ältere Traditionen, im Unterschied zu den theologischen, bürokratischen und militärischen Legalisten
und Obrigkeitsideologen, bejahte er entschieden das Recht zum Tyrannen-

mord und zum Eidbruch und nahm den Vorwurf des „Verrats", wie es auch Tresckow und Dietrich Bonhoeffer taten, bewußt auf sich.

Während Stauffenberg, nach allen Seiten hin rastlos tätig, Verbindungen knüpfte, richtete er über divergierende Meinungen, Pläne und Ziele hinweg seine Anstrengungen ganz bewußt auf den Ausbau zuverlässiger Stützpunkte innerhalb der Armee und auf die direkte Vorbereitung des Staatsstreiches. Dabei stützte er sich auf Freunde aus dem zivilen Widerstand und auf Reste der Generalsopposition, vor allem aber auch eine Anzahl ihm persönlich verbundener jüngerer Offiziere, die nicht durch die Bedenken altgedienter Militärs oder Beamten behindert wurden. Von den Hemmnissen bei früheren Versuchen machten sie sich frei, indem sie angesichts der alliierten Forderung nach „unconditional surrender" bewußt das Risiko einer neuen Dolchstoßlegende und diffamierenden Vorwurf nationalen und militärischen Opportunismus in Kauf nahmen, den dann auch NS-Propaganda und Ausland gleichermaßen erhoben haben. Daß Stauffenberg und seine Freunde sich bewußt über solche Bedenken hinwegsetzten, macht die wahren Motive deutlich: den Willen zum bedingungslosen Sturz des Regimes, auch ohne die Sicherung ihrer Position durch außenpolitische Zusagen.

Das Problem blieb freilich, wie man unter solchen Umständen die militärischen Führer für die Tat gewinnen konnte. Zwar hatten die Winterkrise 1941/42 und die brutalen Mordbefehle gegen sowjetische Funktionäre und russische Zivilbevölkerung Empörung in weiteren Offizierskreisen erregt, aber nun zeigte sich die englische Regierung den Friedenssondierungen der Opposition nicht mehr zugänglich; sie ignorierte das Treffen Bonhoeffers mit dem Bischof von Chichester und eine über Stockholm im Mai 1943 übermittelte Denkschrift Goerdelers. Eine Welt hatte sich zum bedingungslosen Kampf gegen Hitler-Deutschland zusammengeschlossen. Der Opposition blieb nur noch die enge Basis innenpolitischer, moralisch-rechtlicher Begründung des Staatsstreichs, soweit sie nicht überhaupt der Meinung war, man solle und könne dem NS-Regime die Verantwortung bis zum Ende nicht mehr abnehmen. Vor diesem Hintergrund sind die seit 1942 neu einsetzenden Aktionsversuche Verzweiflungstaten, um ein brutales Regime, einen verbrecherisch geführten Krieg und die weitere Zerstörung der moralischen Substanz Deutschlands aufzuhalten.

Neben Stauffenberg waren es vor allem zwei jüngere Generale, von denen in der Folge die Impulse zur Planung und Organisation des Staatsstreichs ausgingen. Friedrich Olbricht, Chef des Heeresamts in Berlin, verstand es, in diesem Sinne seine weitreichenden Verbindungen zu allen Heeresteilen zu nutzen und die wachsende Empörung der Kommandeure über Hitlers Terrorbefehle und ihre Ausführung durch die SS zu schüren; er war mit Goerdeler befreundet, und er wirkte im weiteren als der unermüdliche militär-technische Förderer der Umsturzpläne.

An der russischen Front war ihr profiliertester Exponent Generalmajor

154

Henning von Tresckow, der in seinem Stab eine Gruppe gleichgesinnter Offiziere vereinte, seinen Kommandeur, von Kluge, ständig zu beeinflussen versuchte und hinter mehreren Attentatsplänen stand.

Allerdings gelang es nicht, einen der Befehlshaber einer Frontarmee zum Abfall von Hitler zu bewegen. Nach der Absetzung des Generalobersten Hoepner und anderer Kritiker der Hitlerischen Rußlandstrategie wurden auch Witzleben und Generalstabschef Halder suspendiert, und so blieben die neuen gesteigerten Bemühungen ganz auf eine innerdeutsche Aktion angewiesen.

Die Zentrale in Berlin und das Ersatzheer in Deutschland rückten damit in den Mittelpunkt der Planungen. Nach wiederholten Unterredungen mit Tresckow placierte Olbricht Offiziere seines Vertrauens in die innerdeutschen Wehrmachtskommandos und bereitete in Berlin, Wien, Köln und München für den Tag der Beseitigung Hitlers Überraschungscoups gegen Partei und SS vor. Das geschah in Form von Maßnahmen gegen „innere Unruhen"; unter dem Stichwort „Walküre" sollte der Einsatz aller verfügbaren Heimattruppen für die Vollendung und Sicherung des Umsturzes ausgelöst werden. Da es auch weiterhin nicht möglich war, einen profilierten Frontkommandeur zu gewinnen, zwei Attentatsversuche im März 1943 scheiterten und die Krise von Stalingrad durch die Unentschlossenheit des Nursoldaten Paulus ungenutzt vorüberging, blieb die Initiative bei der Berliner Gruppe. Stauffenberg, der im April 1943 in Afrika schwer verwundet und dann nach Berlin versetzt wurde, hat sie entscheidend verstärkt.

Aber inzwischen war mit der Abwehr ein wichtiges Verbindungsglied aktionsunfähig geworden: Anfang April 1943 hob die Gestapo das Büro Osters aus und verhaftete dessen wichtigste Mitarbeiter, unter ihnen Dohnanyi, Dietrich Bonhoeffer und Josef Müller. Zwar gelang es mit Hilfe der Verschleierungstaktik von Canaris, den für die gesamte Opposition so gefährlichen Prozeß noch bis zum 20. Juli 1944 zu verschleppen. Doch fiel die von der konkurrierenden SS und Gestapo argwöhnisch überwachte Abwehr weitgehend aus; auch der Spielraum von Canaris, der die Stellung noch bis Februar 1944 halten konnte, war stark eingeschränkt. Gleichzeitig wurde Beck durch eine schwere Krankheit für Monate ausgeschaltet; er war nach einer lebensgefährlichen Operation nur noch beschränkt aktionsfähig.

Inzwischen hatte man versucht, sich innerhalb der verschiedenen Kreise und Exponenten der Opposition über die Zusammensetzung jener Regierung zu einigen, die eine Übergangslösung tragen sollte. Zahlreiche Listen, besonders aus der Feder Goerdelers, wurden 1943/44 erwogen und diskutiert. Weithin einmütig sah man in Beck das neue Staatsoberhaupt. Trotz aller Bedenken und Gegensätze galt Goerdeler als erster Kandidat für den Posten des Reichskanzlers. Die verschiedenen Ministerlisten, die innerhalb der Opposition kursierten, waren darauf abgestimmt, sowohl qualifizierte Fachkräfte in die Ressorts zu bringen als auch die verschiedensten Gruppen und Strömungen des Widerstands zu repräsentieren. Den Ministern sollten daher Staatssekretäre beigegeben werden, die aus anderen politischen Gruppen stammten. Die letzte Ministerliste vom Juli 1944, die Jakob Kaiser überliefert hat, sah folgende Besetzung vor: Staatschef: Beck; Kanzler: Goerdeler; Vizekanzler: Leuschner; Innenminister: Leber; Wirtschaft und Arbeit: Lejeune-Jung (Industrie-Syndikus); Kultusminister: Bolz, Wiederaufbau: Letterhaus; Finanzen: Loeser; Justiz: Wirmer; Außenminister: Hassell oder Schulenburg; Landwirtschaft: Hermes; Reichstagspräsident: Loebe, sowie ein österreichisches Kabinettsmitglied. Andere Entwürfe erwähnten als Außenminister Brüning, als künftigen Reichspräsidenten nach Beendigung des Übergangsregimes Leuschner; dieser (oder Leber) sollte auch, wie besonders Stauffenberg wünschte, nach dem Übergang Nachfolger Goerdelers als Reichskanzler werden; als Chef der Polizei wurde Tresckow, als Kriegsminister Hoepner mit den Staatssekretären Olbricht und Stauffenberg, als Referenten für Presse und Propaganda Mierendorff und nach dessen Tod Haubach genannt.

4.

Schon 1943 hatte sich die militärisch-politische Lage Deutschlands entscheidend verschlechtert. Auf die Katastrophen in Stalingrad und Tunis waren weitere Niederlagen in Rußland, der Sturz Mussolinis und die italienische Kapitulation gefolgt. Vom Endsieg konnte für den nüchtern Denkenden jetzt keine Rede mehr sein. Die erwartete Großinvasion der Alliierten würde vermutlich schon im Frühjahr 1944 die Niederlage besiegeln. Unter diesen Umständen fanden die Bemühungen der Opposition jetzt auch unter den Generalen wieder mehr Widerhall. Nach Goerdelers Notizen versicherte ihm Tresckow im August 1943, alle drei Heeresgruppenkommandeure im Osten (Manstein, Kluge und Küchler) seien für baldiges Handeln. Sie dachten freilich zunächst wieder nur und höchstens an einen Protest bei Hitler. Mehr war auch von Kluge nicht zu erwarten, obwohl er im September 1943 selbst nach Berlin kam und eine lange Aussprache mit Beck, Goerdeler und Olbricht (in dessen Wohnung) hatte; dabei trat auch Kluge in Kenntnis der verzweifelten militärischen Lage für eine schnelle Beendigung des Krieges ein und scheint sogar auf Vorhaltungen Becks hin die Notwendigkeit eines Attentats auf Hitler bejaht zu haben.
Aber ein Zwischenfall vereitelte auch diesen Ansatz. Denn kurz nachdem man endlich den Frontkommandeur gefunden zu haben glaubte, der einen Putschversuch von führender Stelle aus unterstützen würde, wurde Kluge durch einen schweren Autounfall (Oktober 1943) vorläufig ausgeschaltet. Und mit ihm vor allem auch Tresckow, der jetzt in Generalfeldmarschall Busch einen hitlerhörigen Vorgesetzten bekam. Es gelang Tresckow auch nicht, als Vertreter General Heusingers ins OKW zu kommen und so eine

Claus Graf Schenk von Stauffenberg

direkte Chance für das Attentat zu finden. Gewagte Versuche, die jüngere Offiziere planten, zerschlugen sich teils an der hermetischen Absperrung, teils an bewußt kurzfristigen Umdisponierungen Hitlers. Als Hindernis erwies sich auch, daß man das Attentat mit einer Beseitigung anderer Führer wie Himmler und Göring zu koordinieren versuchte, um einen Bürgerkrieg und einen Kampf mit den in Berlin stationierten SS- und Luftwaffeneinheiten zu vermeiden. Aber immerhin hatte nun Stauffenberg seine Überzeugung durchgesetzt, daß erst eine Beseitigung Hitlers die Voraussetzungen für einen militärischen Umsturz schaffen und auch die Frontkommandeure gewinnen könnte. Der Widerstand hatte damit erstmals auch im militärischen Lager einen entschlossenen Aktivisten, der weder wie Beck von ständigen Konflikten, Zweifeln und Zaudern gehemmt war, noch wie Goerdeler in Gesprächen und Denkschriften steckenblieb. Auch persönlich immer enger wurde Stauffenbergs Zusammenarbeit mit Leber, der in ähnlicher Weise von der zivilen Seite her das zögernde Oppositionszentrum kritisierte: so hat denn auch Stauffenberg, als Leber verhaftet wurde, der Opposition im letzten Augenblick doch noch zur Tat verholfen. Als erster Mitarbeiter Olbrichts entwickelte er ab Herbst 1943 aus den bisherigen Ansätzen generalstabsmäßig einen geschlossenen Aktionsplan. Für die militärische Führungsspitze wurde der verabschiedete Feldmarschall von Witzleben gewonnen; er hat dann die von Stauffenberg vorbereiteten Befehle für die Truppen unterzeichnet, die beim Umsturz eingesetzt werden sollten.

Inzwischen hatte die Gestapo zu weiteren Schlägen gegen die Opposition ausgeholt, mit der Verhaftung des Grafen Moltke den Kreisauer Kreis gesprengt, im Februar 1944 auch noch die mächtige Bastion Canaris und damit das letzte Gegengewicht gegen Himmlers SS- und Polizeiapparat beseitigt. Nun setzten sich die Verschwörer um Stauffenberg endgültig über die Bedenken und das Zögern der Goerdeler-Gruppe hinweg. In vielen Städten saßen inzwischen die militärischen und zivilen Vertrauensmänner, über die der Staatsstreich von Berlin aus dann blitzartig über Deutschland ausstrahlen, der Staatsapparat von Nationalsozialisten befreit werden sollte. Es ist erstaunlich: Trotz der vermehrten Reise- und Verbindungstätigkeit, durch die Vertrauensmänner gewonnen und eingeweiht wurden, gelang es bis zuletzt, das Unternehmen weitgehend geheimzuhalten. Proklamationen, Flugblätter, Rundfunksendungen wurden ausgearbeitet, Verordnungen für die kritischen ersten Stunden nach dem Umsturz entworfen, eine radikale Aufklärung der Bevölkerung über Bedeutung und Berechtigung des Staatsstreichs sowie über den wahren Charakter des gestürzten Regimes wurde vorbereitet, Vorkehrungen zur Abwehr eines möglichen nationalsozialistischen Gegenschlages getroffen.

Die Nervosität im Lager der Verschwörer steigerte sich allerdings nun so sehr, daß sich Konflikte zwischen Leber und Goerdeler, Mißtrauensbekundungen gegenüber den zögernden Militärs häuften. Seit dem Frühjahr 1944 mußte täglich mit der Aufdeckung des Komplotts gerechnet werden, zumal Leber und seine Freunde seit Monaten ihre Anstrengungen verstärkt hatten, das Netz vorhandener Widerstandszellen unter alten Sozialisten und Gewerkschaftlern so zu verdichten, daß der Militärputsch auch von unten durch eine rasch funktionierende politische Initiative auf breiterer Basis unterstützt werden konnte. In großer Zahl waren Vertrauensleute in den Betrieben und Bezirken gewonnen und vorbereitet worden, die Verbindung mit örtlichen Wehrmachtstellen aufnehmen und als politische Beauftragte der neuen Regierung zur Verfügung stehen sollten. Zu den sozialistischen Gewerkschaftlern traten Vertreter der früheren christlichen Gewerkschaftsbewegung, und sie trafen sich hier zugleich in dem von Leuschner und Kaiser wie von den liberalen (Lemmer) und deutschnationalen Verbänden (Habermann) bekräftigten Willen, daß die parteipolitische und konfessionell bedingte Aufspaltung der Gewerkschaften nicht wiederkehren dürfe. Die Vorbereitungen für eine gemeinsame „Deutsche Gewerkschaft" mit Leuschner als Vorsitzendem, Kaiser und Habermann als Stellvertretern waren tatsächlich bis zu diesem Zeitpunkt organisatorisch schon weit gediehen.

Auch die kommunistisch orientierten Gruppen waren aktiv geblieben. Gewiß spielten sie nicht die führende Rolle, die von dieser Seite nachträglich beansprucht worden ist. Aber ebensowenig stimmt die entgegengesetzte Interpretation, die eine kommunistische Opposition pauschal als landesverräterisch abtut und damit entweder den Widerstand insgesamt zu diffamieren oder doch prinzipiell zwischen kommunistischem Landesverrat und freiheitlich orientiertem Hochverrat zu unterscheiden versucht. Die Kontroverse hat sich besonders an der Spionagetätigkeit der „Roten Kapelle" entzündet: eine nationalsozialistische Pauschalbezeichnung für linksintellektuelle Oppositionsgruppen um den Oberleutnant Harro Schulze-Boysen (Luftfahrtministerium), den Oberregierungsrat Arvid Harnack (Wirtschaftsministerium) und dessen amerikanische Frau, die teilweise in Funkverbindung mit Moskau standen. Etwa 100 Personen aus diesen Gruppen sind im August 1942 verhaftet, die Hälfte ist wenig später hingerichtet worden. Die Vernichtung betrieb der berüchtigte Generalrichter Roeder, der damals wie später diese politisch stark differenzierten Gruppen und damit die Opposition überhaupt als bolschewistisch-landesverräterisch abzustempeln versuchte. Aber hier waren Realitäten, mit denen man für den Fall des Umsturzes und der Besetzung rechnen mußte. Um sich genauer über die Ziele und das mögliche Verhalten der kommunistischen Widerstandsgruppen und auch über die Bedeutung des aus der Sowjetunion operierenden „Nationalkomitees Freies Deutschland" zu orientieren, nahm Leber mit seinem Freund Reichwein trotz erheblichen Bedenken schließlich auch nach dieser Seite hin Verbindung auf. Schon von einem ersten Treffen am 22. Juni 1944 mit Saefkow, Jakob und F. Thomas in einer Berliner Arztwohnung erhielt die Gestapo offenbar Kenntnis. Unmittelbar vor dem zweiten Treffen am

4. Juli schlug sie zu. Wie ein Blitz fuhr in die fortdauernden Erwägungen am Beginn der alliierten Invasion die Verhaftung Lebers und Reichweins, die mit dramatischer Schnelligkeit alle Vorbereitungen zur Reife brachte. Jetzt war den Verschwörern nur noch geblieben, entweder die Aktion baldmöglichst auszulösen, zugleich den Krieg im Westen sofort zu beenden, oder aber zu resignieren und Hitler die volle Verantwortung für die Katastrophe zu überlassen. Selbst Stauffenberg scheint vorübergehend geschwankt und das „Zu spät" empfunden zu haben. Es war der Augenblick, in dem ihn die Botschaft Tresckows erreichte, die klarer als alle nachträglichen Urteile den moralischen Kern des 20. Juli 1944 freilegt und von dieser Tat den Vorwurf des Opportunismus oder der Feigheit nimmt, den ihr nach der nationalsozialistischen Propaganda auch noch die späteren Kritiker im In- und Ausland aufgebürdet haben. Tresckow beschwor Stauffenberg, das Attentat müsse jetzt erfolgen — koste es, was es wolle: „Sollte es nicht gelingen, so muß trotzdem in Berlin gehandelt werden. Denn es kommt nicht mehr auf den praktischen Zweck an, sondern darauf, daß der deutsche Widerstand vor der Welt und vor der Geschichte den entscheidenden Wurf gewagt hat. Alles andere ist daneben gleichgültig". Im selben Augenblick ließ Stauffenberg der Frau Lebers die Nachricht zugehen: „Wir sind uns unserer Pflicht bewußt".

5.

Ein Glücksfall kam den fieberhaften Bemühungen entgegen. Eben jetzt war Stauffenberg zum Stabschef Fromms aufgerückt. Das setzte ihn in die Lage, Befehle an alle Heimattruppenteile ergehen zu lassen und seinen schwankenden Chef sogar vorübergehend auszuschalten. Vor allem aber konnte er nun endlich offiziell an Hitlers Lagebesprechungen teilnehmen. Und so kam es zu dem oft kritisierten, aber unvermeidlichen Entschluß, Stauffenberg selbst, obgleich als Haupt der Verschwörung unentbehrlich, müsse das Attentat durchführen. Die Abwehr hatte dafür eine englische Zeitzünderbombe beschafft. Seit der Explosion eines größeren Sprengstoffvorrats im Dezember 1943, die beinahe zur Entdeckung der Verschwörung geführt hatte, war es fast unmöglich geworden, geeignetes Material bereitzustellen und zu befördern. Den Ausschlag gab, daß die Bombe in der Aktentasche mitgeführt und mit den drei Fingern der linken Hand ausgelöst werden konnte, die Stauffenberg nach dem Verlust des rechten und der Verstümmelung des linken Armes (sowie eines Auges) noch geblieben waren. Allen Einwänden gegen die Zweckmäßigkeit dieses Plans bleibt entgegenzuhalten, daß er die einzige rasche Möglichkeit zum Attentat bot. Schon am 11. Juli hatte Stauffenberg die Bombe in seiner Aktentasche zur Führerbesprechung nach Berchtesgaden mitgenommen, jedoch nicht ausgelöst, da Himmler ausgeblieben war; Kluge wie Rommel forderten die Mitbeseitigung Himmlers und

Görings. Das wiederholte sich am 15. Juli, nun im ostpreußischen Führerhauptquartier. Jedesmal waren die für die Besetzung bestimmten Truppen in Alarmzustand versetzt, jedesmal mußte das risikoreiche Manöver rückgängig gemacht und als „Übung" getarnt werden.

Ein neuer Aufschub war unmöglich geworden, als am 18. Juli die Gestapo zur Verhaftung Goerdelers schritt. Stauffenberg bestimmte Goerdeler, sich zu verbergen, um nicht im letzten Augenblick alles zu gefährden; so begann Goerdelers mehrwöchige Flucht durch Deutschland. In der Frühe des 20. Juli 1944 flog Stauffenberg in Begleitung des Adjutanten und Freundes Oberleutnant von Haeften zum Vortrag ins ostpreußische Führerhauptquartier. Nach der Ankunft in Rastenburg ließen sie sich zu Mittag ein Flugzeug für die Rückkehr nach Berlin bereithalten. Im hermetisch abgesicherten Führerhauptquartier begann etwa um 12.30 Uhr die Führerbesprechung; schon für 14.30 Uhr wurde Mussolinis Besuch erwartet. Stauffenberg betrat die Baracke mit Verspätung, nachdem er in einem Vorgebäude in riskantem Manöver noch den Zeitzünder mit einer Zange ausgelöst hatte. Zehn Minuten Frist waren bis zur Explosion geblieben. Drei Minuten dauerte der Weg durch den letzten Sperrkreis zu der Baracke, in der die Lagebesprechung stattfand. Sie war mit geringer Verspätung schon im Gang. Himmler und Göring ließen sich erneut vertreten, insgesamt waren 25 Teilnehmer zugegen. Stauffenberg wurde von Keitel gemeldet und von Hitler begrüßt, er drängte sich nach vorn und stellte seine Aktentasche möglichst nahe am Kartentisch ab, während General Heusinger als Vertreter des Generalstabschefs in seinem Lagevortrag fortfuhr. Stauffenberg verließ dann (nach einigen Berichten unter dem Vorwand, ein dringendes Telefongespräch für seinen eigenen Vortrag führen zu müssen) sofort wieder die Baracke. Schon im Wagen sitzend, beobachteten Stauffenberg und Haeften die große Wirkung der Explosion. Zwar wurden sie durch die innere Wache zurückgehalten, konnten sich aber schließlich die Durchfahrt verschaffen; durch ein irreführendes Telefongespräch gelang es auch, die inzwischen alarmierte Außenwache zu überlisten. Um 13.15 Uhr stieg das schon wartende Flugzeug mit den beiden Offizieren in die Luft, bevor es durch einen Anruf aus dem Hauptquartier aufgehalten werden konnte.

Aber noch waren zahlreiche Unsicherheitsfaktoren geblieben. Stauffenberg und Haeften benötigten zweieinhalb Stunden für den Rückflug — eine vielleicht entscheidende Zeit der Untätigkeit. Denn der mitverschworene Nachrichtenchef General Erich Fellgiebel konnte die Nachrichtensperre nicht lange aufrechterhalten; auch gelangte seine sofortige Mitteilung nach Berlin, Hitler sei am Leben geblieben, nicht zu den Verschwörern. Durch sein erstes Telefongespräch vom Flugplatz Rangsdorf bei Berlin erfuhr Stauffenberg, daß der Alarm noch nicht ausgelöst worden war. Er forderte sofortiges Handeln und eilte dann ins Kriegsministerium in der Berliner Bendlerstraße, der heutigen Stauffenbergstraße. In diesen 40 Minuten, etwa seit 4 Uhr nachmittags, ließ Olbricht die lange vorbereiteten Befehle an die Einheiten gehen. Zugleich veranlaßte er den eingeweihten Stadtkommandanten von Berlin, General Paul von Hase (Onkel des seit 1943 eingekerkerten Dietrich Bonhoeffer), die ihm verfügbaren Truppen für die nötigen Maßnahmen in Berlin selbst in Bewegung zu setzen. Während Beck als präsumptiver Staatschef aus seiner Wohnung geholt wurde, eröffnete Olbricht jetzt Fromm, Hitler sei einem Attentat zum Opfer gefallen, Fromm möge unverzüglich die Generalkommandos mit dem Stichwort „Walküre" alarmieren. Fromm zögerte und wollte sich selbst von Hitlers Tod überzeugen, worauf Olbricht nichtsahnend ein Blitzgespräch zum Führerhauptquartier veranlaßte. Von dort teilte nun kurz nach 16 Uhr Keitel mit, zwar habe ein Attentat stattgefunden, doch sei Hitler kaum verletzt. Keitels Frage nach dem Verbleiben Stauffenbergs konnte der ahnungslose Fromm nicht beantworten, während Olbricht voll schwerer Ahnungen Fromms Zimmer verließ.

Inzwischen waren die Alarmbefehle weitergelaufen, war Beck in Zivil in der Bendlerstraße eingetroffen, kam jetzt in stürmischer Eile auch Stauffenberg und berichtete. Keitels Nachricht erklärte er für ein Täuschungsmanöver, da er als Augenzeuge der gewaltigen Explosion vom Gelingen des Attentats überzeugt war. Er trieb zu sofortigem Handeln und löste durch ein Telefongespräch mit dem soeben nach Paris zurückgekehrten Hofacker dort die Aktion Stülpnagels aus. Auch der eingeweihte Berliner Polizeipräsident Graf Helldorff erschien und erhielt die entsprechenden Anweisungen. Wohl waren die Zweifel stärker geworden. Entscheidend für den Fortgang der Aktion wurde aber Becks verpflichtende Erklärung, man dürfe sich jetzt unter keinen Umständen mehr durch Dementis der Gegenseite verwirren lassen, ob nun Hitler wirklich tot sei oder nicht. Ein unwiderlegbarer Beweis, daß Hitler — und nicht etwa ein Doppelgänger — lebe, könne vom Hauptquartier erst nach Stunden erbracht werden, und bis dahin müsse die Berliner Aktion schon abgeschlossen sein. Um dafür auch Fromm zu gewinnen, bevor dieser selbst handeln konnte, eilte Olbricht mit Stauffenberg erneut in Fromms Zimmer. Dort kam es sogleich zu einem schweren Zusammenstoß, als Fromm erfuhr, daß die Aktion angelaufen war. Er forderte Stauffenberg auf, sich sofort zu erschießen. Als er die Verhaftung aller Beteiligten anordnen wollte, kam es zu tätlichen Auseinandersetzung mit Olbricht. Haeften eilte mit einem anderen jungen Offizier mit gezogener Pistole zu Hilfe, und Fromm wurde im Nebenraum festgesetzt, seine Telefonleitung durchschnitten.

Fromms Funktionen übernahm nun Hoepner, während Stauffenberg die Bendlerstraße von einer Gruppe des Wachregiments unter einem mit Haeften befreundeten Leutnant sichern ließ. Betreten und Verlassen des Kriegsministeriums war jetzt nur noch mit Stauffenbergs Genehmigung möglich. Ein SS-Offizier vom Reichssicherheitshauptamt Kaltenbrunners, der schon in diesem Augenblick (etwa 17 Uhr) mit dem Auftrag zur Verhaftung Stauffenbergs erschien, wurde samt Gefolge festgenommen. Anschließend kam es zu einer Auseinandersetzung Becks mit dem herbeigeeilten kommandierenden General von Berlin, Joachim von Kortzfleisch, der heftig gegen die Alarmbefehle protestierte und daraufhin ebenfalls festgesetzt wurde. Um 17.30 Uhr war planmäßig das Regierungsviertel durch das Wachregiment unter dem freilich nicht eingeweihten Major Remer abgeriegelt. Auch die Übermittlung der Befehle an die auswärtigen Truppen und Generalkommandos im Reich ging mit einigen Verzögerungen weiter. Diese Befehle richteten sich eindeutig und umfassend gegen das Regime und waren von Witzleben als dem neuen Oberbefehlshaber der Wehrmacht unterzeichnet. Ihr Inhalt: Übernahme sämtlicher Nachrichtenanlagen sowie Festsetzung sämtlicher NS-Funktionäre bis zum Kreisleiter sowie der Minister, Oberpräsidenten, Polizeipräsidenten und Gestapoleiter. Ferner: sofortige Besetzung der KZ, Verhaftung der Lagerleiter und Zernierung der Wachmannschaften, Unterstellung der Waffen-SS (notfalls mit Gewalt), Besetzung der Gestapo- und SD-Dienststellen und Zusammenarbeit mit den vorgesehenen „politischen Beauftragten" der künftigen Regierung.

Aber noch während diese Befehle bei den Wehrkreisen eintrafen, brachte der Deutschlandsender um 18.30 Uhr die erste kurze Meldung über das gescheiterte Attentat. Beck glaubte noch immer an zweckbestimmte Irreführung, aber nun wirkte sich aus, daß die vorgesehene Besetzung des Rundfunkhauses noch nicht gelungen war. Denn nun trafen pausenlos aus allen Teilen Deutschlands dringende Gespräche von Kommandeuren ein, die angesichts der Rundfunkmeldung nicht wußten, was sie von den Berliner Alarmbefehlen halten sollten. Wieder verbürgte sich Stauffenberg für Hitlers Tod und richtete in diesem Sinne mit höchster Dringlichkeit ein Fernschreiben an alle Kommandeure. Aber nur ein kleiner Teil der im Kriegsministerium Anwesenden wußte um den Sinn der Vorgänge, die Verschwörer waren auch hier in der Minderzahl, und ständig mußten weitere eintreffende Offiziere festgehalten und bewacht werden. Während erste Teile der alarmierten Einheiten Berlin erreichten, erschien auch Witzleben in der Bendlerstraße. Im Gespräch mit Beck und Stauffenberg kritisierte er sogleich die spürbar werdenden Schwächen der Aktion, die er offenbar schon für gescheitert ansah, da er anschließend die Bendlerstraße wieder verließ. Im ganzen Haus steigerten sich Unruhe und Unsicherheit. Pausenlos liefen Fernschreiben ein, die den Zwiespalt der alarmierten Kommandeure bekundeten; inzwischen hatte Keitel aus dem Hauptquartier kategorisch verboten, noch irgendwelche Befehle aus der Bendlerstraße entgegenzunehmen.

Am verhängnisvollsten aber war, daß die Aktion in Berlin selbst überaus schleppend ablief und nach 20 Uhr noch nicht einmal die Erstziele, besonders die Besetzung des Rundfunks und des Propagandaministeriums sowie die Verhaftung wichtiger SS-Führer erreicht waren. Tatsächlich hatte inzwischen Major Remer, statt Goebbels auszuschalten und das Regierungsviertel zu besetzen, sich von dem Propagandaminister zu einem Ferngespräch mit dem Führerhauptquartier überreden lassen und war dabei von Hitler persönlich mit der Niederschlagung des Putsches beauftragt worden. Es rächte sich bitter, daß es in den vorangegangenen Wochen trotz aller Bemühungen nicht gelungen war, den farblosen Remer durch einen Mann der Opposition zu ersetzen. Die nachträgliche Heroisierung der eigenen Rolle als Retter des NS-Regimes ist Remers neonazistischer Tätigkeit in den Nachkriegsjahren zugute gekommen. In Wahrheit war es ein NS-Funktionär unter seinen Offizieren (Hagen), der den beschränkten Nursoldaten nach dem Scheitern des Attentats in diese „historische" Position drängte. Auch die Berichte, die der sogleich zum Generalmajor beförderte Remer und zwei seiner Offiziere vom Wachregiment unmittelbar nach dem 20. Juli zu ihrer eigenen Entlastung und zur Betonung ihrer Verdienste erstatteten, können nicht verdecken, wie sehr die Dinge auf des Messers Schneide standen und welche Rolle unvorhersehbare Zufälle persönlicher Art bei dieser mitentscheidenden Wendung spielten.

6.

In der Tat war damit die Aktion ins Stadium der Krise geraten. Alle Versuche Stauffenbergs und Hoepners, geeignete weitere Truppen für die Berliner Aktion zu gewinnen, scheiterten an dem Zurückweichen der ängstlich gewordenen Mitarbeiter bei den Truppen rings um Berlin, auch wenn einige Einheiten schon auf dem Marsch in die Stadt waren. Dasselbe Bild ergab sich aus Gesprächen mit den Kommandeuren in allen Teilen Deutschlands. Schon begannen die Truppen wieder abzurücken, als erste Befehle Himmlers bei ihnen eintrafen, der nach einer Nachricht des Deutschlandsenders um 21 Uhr zum neuen Oberfehlshaber des Ersatzheeres ernannt worden war. Um 22.30 Uhr versammelte Olbricht die oppositionellen Offiziere noch einmal um sich und forderte sie zu unbedingter Unterstützung auf. Aber nun hatte sich auch im Kriegsministerium eine Gegengruppe gebildet. Sie fand sich im Zimmer des österreichischen Oberstleutnants Pridun zusammen, der an die Eidverpflichtung Hitler gegenüber erinnerte und seine Gesinnungsgenossen aufforderte, durch einen Gegenputsch im Haus die Aktion niederzuschlagen. Kurz nachdem Olbricht dem noch einsatzwilligen Kommandeur der Infanterieschule Döberitz einen letzten Befehl zur Besetzung des Rundfunkhauses gegeben hatte, schritt die Gegengruppe zur Aktion. Sie brach mit Pistolen, Maschinenpistolen und Handgranaten gegen 23 Uhr in Olbrichts Zimmer ein; Stauffenberg wurde am Arm verwundet. Die Verschwörer erwiderten das Feuer und versuchten in fieberhafter Eile ihre Akten zu beseitigen. Die Schießerei endete mit der Überwältigung der Verschwörer, das Wachregiment Remers verstärkte jetzt die hitlertreuen Offiziere. Fromm erschien wieder und verkündete unverzüglich das Todesurteil eines „Standgerichts" über Olbricht, Stauffenberg, Haeften und den mitverschworenen Obersten Mertz von Quirnheim; zur Vollstreckung wurden die Gefangenen in den Hof abgeführt, wo Remers Erschießungskommando kurz nach Mitternacht beim Licht eines Autoscheinwerfers die Maschinenpistolen auf die vier Männer richtete.

Seinen ehemaligen Freund Hoepner ließ Fromm ins Wehrmachtsgefängnis bringen, seinen einstigen Vorgesetzten Beck nach einem Selbstmordversuch durch einen Feldwebel des Wachregiments erschießen. Dann ließ sich Fromm auf dem Hof angesichts der vier Leichen Vollzug melden, brachte ein Heil auf den Führer aus und fuhr mit seinem Wagen nach Hause. Wenn er allerdings glaubte, die eigene Haut gerettet zu haben, indem er die Mitwisser seines Schwankens zum Schweigen gebracht hatte, so erwies sich das bald als Täuschung. Man durchschaute seine Absicht und verübelte ihm, daß er die Führer der Verschwörung offenbar zur eigenen Tarnung nicht lebend ausgeliefert hatte. Auch Fromm entging nicht der Hinrichtung; es nützte ihm nichts, daß er zunächst durch sein Zögern und dann durch die hastige Liquidierung der einstigen Freunde die Aktion torpediert und sich auf die siegreiche Seite zu schlagen versucht hatte. Gegen 1 Uhr nachts wurde der Bendlerblock von starken SS-Kräften unter dem als Mussolini-Entführer gefeierten SS-Hauptsturmführer Skorzeny besetzt. Die übrigen Verhafteten wurden ins Gefängnis des Reichssicherheitshauptamtes abgeführt. Noch in derselben Nacht sind die Leichen der fünf Erschossenen verscharrt worden; Himmlers Sonderkommission hat sie später ausgegraben und verbrannt, ihre Asche in alle Winde verstreut.

Für die Beurteilung ist wichtig, daß zwar viele Befehlshaber gezögert hatten, daß jedoch in Paris wie auch in Wien, Prag, Kassel und Frankfurt die von den dortigen Verschwörern geführte Aktion noch andauerte, als der Umsturzversuch in Berlin schon gescheitert war. Am weitesten lief die Aktion in Paris. Als um 16 Uhr das Stichwort aus Berlin eintraf, versammelte Stülpnagel seine Offiziere um sich und befahl ihnen, SS und SD sofort auszuschalten. Die Offiziere waren Stülpnagel zuverlässig ergeben, die Besetzung der SS- und SD-Quartiere gelang, ohne daß ein Schuß fiel. Man verhaftete den überraschten SS- und Polizeiführer von Frankreich (General Oberg) sowie den Chef des Sicherheitsdienstes und inhaftierte etwa 1.200 Mann. Damit waren innerhalb einer Stunde die Gegenkräfte ausgeschaltet. Nur der Oberbefehlshaber Kluge begann wieder zu schwanken, als ihm im Verlauf zahlreicher Telefongespräche mit Berlin und dem Hauptquartier das Mißlingen des Attentats klar wurde. Er konnte sich nicht entschließen, das Signal für die Frankreicharmee zu geben, obwohl die Ausgangsposition in Paris günstiger war als irgendwo sonst. Stülpnagel und vor allem Hofacker plädierten mit aller Leidenschaft dafür, noch in dieser Nacht durch ein Waffenstillstandsangebot an Eisenhower und Montgomery den aussichtslosen Kampf im Westen zu beenden, solange der Rücken durch die Ausschaltung von SS und SD frei sei. Dies könnte, so glaubten sie, auch die mißglückte Aktion in Deutschland selbst noch retten. Aber die leidenschaftlichen Auseinandersetzungen mit Kluge endeten ergebnislos, obgleich ständig neue Hiobsbotschaften von der Front eintrafen. Als die Katastrophe von Berlin bekannt wurde und erste Gegenmaßnahmen von SS und Marine anliefen, war auch die Sache in Paris endgültig verloren. Stülpnagel wurde sofort nach Berlin befohlen, sein Schicksal war besiegelt. Kluge mußte ein Ergebenheitstelegramm an Hitler senden. Er endete wenig später durch Selbstmord.

Es bleibt noch ein Blick auf die Vorgänge im Führerhauptquartier selbst. Stauffenbergs Aktentasche hatte zunächst neben Hitler gelegen, war aber dann ans Tischende geschoben worden, wo sie nach wenigen Minuten detonierte. Die Baracke wurde weitgehend zerstört, vier der Anwesenden sind ihren Verletzungen erlegen. Hitler trug zwar Prellungen, Verbrennungen und ein geplatztes Trommelfell davon, war aber durch den Tisch abgeschirmt worden. Die Holzbaracke war für die Bombe zu leicht gebaut, auch waren sämtliche Fenster geöffnet gewesen, und der Druck war überdies noch durch den sehr großen und massiven Eichentisch vermindert worden. Verhängnisvoll auch, daß eine zweite Bombe, die Haeften mitgeführt hatte, nicht verwendet werden konnte. Es war nicht gelungen, ihm gleichfalls Zugang zur Baracke zu verschaffen; nach Aussage der Sachverständigen, die den Sprengstoff schon am 21. Juli untersuchten, hätte der Einsatz beider Bomben zum Ziel geführt. Während um 16 Uhr Mussolini ankam und mit Hitler die Stätte des Attentats besichtigte, sickerten die ersten Nachrichten aus Berlin durch, aus denen der größere Umfang der Aktion sichtbar wurde.

Zunächst beabsichtigte man, das Attentat als ein Einzelunternehmen vor der Öffentlichkeit zu vertuschen. Aber als die Anrufe von ratlosen Kommandeuren aus allen Gegenden immer deutlicher machten, daß in der Bendlerstraße das Befehlszentrum einer großangelegten Verschwörung saß, wurden die politischen Gegenmaßnahmen eingeleitet. Keitels Dementis folgten die Telefongespräche Hitlers mit Goebbels und Remer, die eilige Radiodurchsage, die Betrauung Himmlers mit dem Gegenschlag und schließlich nachts um 1 Uhr jene wütende Rede Hitlers über alle deutschen Sender, die mit den Worten begann: „Eine ganz kleine Clique ehrgeiziger, gewissenloser und zugleich verbrecherischer, dummer Offiziere hat ein Komplott geschmiedet, um mich zu beseitigen und zugleich mit mir den Stab der deutschen Wehrmachtführung auszurotten . . . Der Kreis, den diese Usurpatoren darstellen, ist ein denkbar kleiner. Er hat mit der deutschen Wehrmacht und vor allem auch mit dem deutschen Heer nichts zu tun. Es ist ein ganz kleiner Klüngel verbrecherischer Elemente, die jetzt unbarmherzig ausgerottet werden . . . Ich ersehe daraus auch einen Fingerzeig der Vorsehung, daß ich mein Werk weiterführen muß und daher weiterführen werde". Dann sprachen Göring

Graf Helmut James von Moltke

für die Luftwaffe, Dönitz für die Marine, beide in ähnlichem Ton. Göring forderte die „Ausrottung dieser Verbrecher"; Dönitz pries die „Vorsehung", die „unseren geliebten Führer beschirmt" habe vor einer „wahnsinnigen kleinen Generalsclique", den „Handlangern unserer Feinde"; auch die Kriegsmarine stehe bedingungslos zum Führer und „wird rücksichtslos jeden vernichten, der sich als Verräter entpuppt". So begann in der Frühe des 21. Juli jene weitreichende Gesamtverfolgung der deutschen Widerstandsbewegung, die in den Terrorverfahren des Volksgerichtshofs, an den Fleischerhaken und Galgen der Gefängnisse und Konzentrationslager, mit der Abschlachtung Tausender aus allen Bevölkerungsschichten und allen politischen Richtungen endete, während das Dritte Reich selbst blutig zusammenbrach.

Der äußerste Terror richtete sich gegen alle Verdächtigen, ob sie nun an der Aktion teilgenommen hatten oder nicht. Hitler hatte zwar von einer „ganz kleinen Clique gewissenloser Offiziere" gesprochen, aber die Verfolgungsaktion der Gestapo, mit einer riesigen „Sonderkommission 20. Juli" betrieben, bewies noch einmal die Breite und Vielfalt der Opposition. Allein aufgrund von zivilen Urteilen (neben Kriegsgerichtsurteilen) wurden etwa 5.000 Menschen hingerichtet. Wohl hatte man einige der Gruppen und Personen schon vorher argwöhnisch überwacht; von den Ereignissen des 20. Juli und dem Ausmaß der oppositionellen Kreise und Verbindungen war man aber doch überrascht worden. Jetzt aber wurden zahllose Dokumente, Aufrufe, Namenslisten, Tagebücher gefunden, die von den Verschwörern nicht mehr beseitigt werden konnten. Dazu kam der Ertrag der pausenlosen Verhöre, die mit allen Mitteln moderner Menschenzermürbung, mit der Erpressung durch Sippenhaft und Kollektivbestrafung, mit Auspeitschung, Folterung und Drogenbehandlung durchgeführt wurden.

Wie weit dies ging, wird aus dem Fall Tresckow deutlich. Tresckow hatte sich am 21. Juli an der Ostfront erschossen, war aber zunächst noch rühmend im Wehrmachtsbericht genannt und nach Deutschland übergeführt worden. Doch wenig später wurde die Leiche in Gegenwart der Angehörigen aus dem Familiengrab gerissen und in Berlin für Verhörzwecke benutzt, indem man Tresckows hartnäckig leugnende Freunde auf diese bestialische Weise zu beeindrucken versuchte. Ähnlich brutal verfuhr man im Fall Stülpnagel, der sich auf der Fahrt nach Berlin bei Verdun einen Kopfschuß beibrachte, jedoch noch als Erblindeter operiert wurde, um dann nach Wochen der Qual hingerichtet zu werden. Mit Hilfe des perfektionierten Kontrollnetzes der Sonderkommission, das sich im selben Maße ausbreitete, wie die äußeren Kräfte des Dritten Reiches nachließen, bot die Jagd auf alle Verdächtigen jetzt kaum mehr Schwierigkeiten. Sie wurde durch die Atmosphäre der Angst, des allgemeinen Mißtrauens und zahlreiche Denunziationen noch erleichtert.

So vollzog sich auch Goerdelers Schicksal. Seit dem 18. Juli — an diesem

Tag hatte er zum letzten Mal Stauffenberg, Jakob Kaiser und Leuschner getroffen — irrte er durch das Land, immer wieder von Verwandten und Freunden verborgen. Keines der Quartiere war sicher genug. Sein Steckbrief stand in allen Zeitungen, 1 Million war für seine Ergreifung ausgesetzt. Ein Freund nach dem anderen wurde seit Ende Juli verhaftet, Goerdelers Angehörige waren wie die Familien Stauffenberg, Hofacker, Leber und viele andere in Sippenhaft genommen worden. In einer Wirtschaft im westpreußischen Marienwerder, die er nach Übernachtung im Freien am Morgen des 12. August erschöpft aufgesucht hatte, wurde er von einer Luftwaffenschreiberin entdeckt; diese hatte die Familie Goerdeler in ihrem Wohnort bei Königsberg einst kennengelernt. Im benachbarten Wald wurde der zu Tode Erschöpfte nach einem letzten Fluchtversuch von zwei Zahlmeistern überwältigt, welche die Denunziantin alarmiert hatte. Damit war zugleich die Verhaftung vieler Freunde besiegelt, die Goerdeler auf der Flucht geholfen hatten.

7.

Die Verfolgungswelle erreichte bald ein solches Ausmaß, daß die weitere Kriegführung gefährdet erschien; der Rüstungsminister Speer bemühte sich jetzt darum, vorerst unersetzbare Männer zu halten. Aber fast lückenlos erfaßte die Sonderkommission bis zum Ende die Verdächtigen und führte sie ihrem Schicksal zu. Zunächst hatte Hitler große Schauprozesse zur Abschreckung der Öffentlichkeit mit Film, Rundfunk und Presse angeordnet. Auf Rat Himmlers lief das Strafgericht dann jedoch in Volksgerichtshofprozessen mit streng ausgewähltem Zuhörerkreis ab. Noch fürchtete man, in einem öffentlichen Prozeß könnte trotz aller Sicherungsmaßnahmen einer der Verurteilten Kritik am Regime üben oder an das Friedensbedürfnis der Bevölkerung appellieren. Die Beseitigung des populären Rommel, der Gift nehmen mußte, wurde durch ein pompöses Staatsbegräbnis zum Heldentod umstilisiert; sogar ein Ehrenmal ließ Hitler entwerfen. Für die übrigen aber wurde ein „Ehrenhof des Heeres" unter Vorsitz Rundstedts und Assistenz Keitels und Guderians gebildet, der alle zur Verurteilung vorgesehenen Offiziere aus der Wehrmacht auszustoßen und dadurch der Militärgerichtsbarkeit zu entziehen hatte, um sie der zivilen Aburteilung durch den Volksgerichtshof auszuliefern. Für das Gerichtsverfahren selbst befahl Hitler einen harten und blitzschnellen Ablauf; die Angeklagten sollten nur ganz kurz zu Wort kommen, und zum Tode durch Erhängen verurteilt werden. Der Urteilsspruch sollte möglichst schon zwei Stunden später vollstreckt werden.

Von Rechtsprechung in irgendeinem Sinn des Wortes konnte im voraus also keine Rede mehr sein, es ging um die Vernichtung der Gegner. Auf seine

Werkzeuge, das wußte Hitler, konnte er sich verlassen, und so erklärte er denn auch bei einer Lagebesprechung nach dem 20. Juli abschließend: „Aber der Freisler wird das schon machen. Das ist unser Wyschinskij" — eben der Wyschinskij der großen Stalinschen Schauprozesse, die unausgesprochen das Vorbild waren. Prozesse und Hinrichtungen wurden in Filmen festgehalten, die sich Hitler in krampfhaftem Selbstbestätigungsbedürfnis vorführen ließ. Gierig las er jedes Detail der täglichen Vernichtungsberichte Freislers und der Sonderkommission, griff ständig befehlend in die laufenden Verfahren ein und empfing nicht nur Freisler, sondern sogar den Scharfrichter, um so sein innerstes Interesse an der Ausrottung aller wirklichen oder auch nur möglichen Gegner abzureagieren. Er verbot alle Milderung für die Verurteilten, sie sollten unter dem Surren der Filmkameras wie Schlachtvieh hängen, damit sie niemand als Märtyrer feiern könne. Bezeichnend ist freilich zugleich die Tatsache, daß die ersten Hinrichtungen zwar öffentlich verkündet wurden, dann aber die Ermordung von Tausenden in diesen Endmonaten des Krieges ebenso unter Ausschluß der Öffentlichkeit geschah wie die furchtbare Gefängnis- und Lagerhaft, in der viele weitere Tausende Tag für Tag auf den Tod warteten.

Noch in den letzten Wochen und Tagen des Krieges sind viele dieser Eingekerkerten nachts von SS-Kommandos hinausgetrieben und durch Genickschuß getötet, erhängt, in Massengräbern verscharrt worden. Besonders alle namhaften Gefangenen versuchte das Regime noch in seinen eigenen Zusammenbruch hineinzureißen. So ließ in der Nacht zum 9. April 1945 ein Sonderbeauftragter Kaltenbrunners (Huppenkothen) im KZ Flossenbürg Canaris, Oster, Dietrich Bonhoeffer und andere durch zahlreiche Gefängnisse und Lager geschleppte Führer des Widerstands erhängen; ein ähnliches Schicksal traf gleichzeitig den kranken Dohnanyi im KZ Sachsenhausen. Und unmittelbar im Angesicht der Befreiung wurde in der Nacht zum 23. April 1945 eine Gruppe ausgesuchter Häftlinge des Gefängnisses Lehrter Straße in Berlin-Moabit, darunter Albrecht Haushofer, Klaus Bonhoeffer und sein Schwager Rüdiger Schleicher, unter Vorspiegelung der Entlassung von einem SS-Kommando in einem benachbarten Parkgelände durch Genickschuß ermordet. Nicht einer der Hauptbeteiligten des Umsturzversuches und nur wenige der Mitwisser haben das Gemetzel überlebt, mit dem das nationalsozialistische Regime von der Bühne der Weltgeschichte abtrat.

Der Ausgang des 20. Juli 1944 setzte dem innerdeutschen Widerstand ein blutiges Ende und gab den Weg frei für eine letzte Steigerung der NS-Herrschaft. Das mag dazu beigetragen haben, daß die volle Verantwortung des Nationalsozialismus für die endgültige Katastrophe nicht durch eine neue Dolchstoßlegende verschleiert werden konnte, wie sie Hitler und Himmler dem 20. Juli anzuhängen versuchten. Es erklärt aber auch, weshalb in der Atmosphäre des Terrors und Schreckens die Masse der deutschen Bevölkerung bis zum Ende einem Regime gefolgt ist, dessen Führer aus der Abgeschiedenheit seines Berliner Bunkers seine sinnlosen Durchhalte- und Vernichtungsbefehle ergehen ließ. Noch einmal war die Frage aufgeschoben, mit der ein gelungener Umsturz das deutsche Volk konfrontiert hätte: Was es zu den in seinem Namen verübten Untaten und Verbrechen des Systems zu sagen habe. Die von Stauffenberg geforderte Selbstabrechnung der Deutschen mit den NS-Verbrechern fand nicht statt.

Ein Gelingen des Umsturzes hätte überdies Millionen Menschen das Leben gerettet und riesige Zerstörungen in Europa und Deutschland verhindert. Im Endstadium des Krieges kostete die Verschleppung und Ermordung der Verfolgten sowie Hitlers „totaler Einsatz aller deutschen Menschen", gipfelnd in der Mobilisierung eines „Volkssturms" der nicht Wehrdienstfähigen und in rücksichtslosen Einsatzbefehlen an Halbwüchsige, noch schwerere Verluste als der ganze bisherige Krieg.

8.

Widerstand im diktatorischen Unrechtsstaat, der notwendig das Odium der Illegalität und der Gewalt auf sich nehmen muß, kann nicht mit den Ansprüchen einer radikalen Antisystemopposition im demokratischen Verfassungsstaat verglichen werden. Ihr antistaatliches Argument, daß politische Herrschaft als Gewalt Gegengewalt rechtfertige, übergeht das Bezugssystem, unter dem Widerstand gegen Diktatur legitimiert wird: die Forderung auf Wiederherstellung verfassungs- und menschenrechtlicher Verhältnisse. Der grundlegende Unterschied tritt hervor: Geht es um Widerstand im Namen eines schwer verletzten Rechtsstaates und zum Schutz der Menschen, oder um revolutionäre Umsturzbestrebungen im Namen perfektionistischer Zukunftsutopien und ohne Rücksicht auf Opfer? Gewiß gibt es fließende Übergänge: auch im Widerstand gegen Hitler konnte es nicht um die bloße Rückkehr zu vordiktatorischen oder gar vorrepublikanischen Verhältnissen gehen. Aber auch hier lag das Fragwürdige nicht nur der staats- und gesellschaftskonservativen Bestrebungen um Goerdeler, sondern auch der kommunistischen Revolutionsansprüche. Entscheidend war ja gerade und vor allem die Überwindung des Totalitären in jeder Gestalt, war die Wiederherstellung eines liberalen und sozialen Rechtsstaats, die Befreiung des Rechtes aus dem willkürlichen Mißbrauch im Dienste übermenschlicher und unmenschlicher Zielsetzungen.

Das Opfer der Deutschen, die sich damals dem Sog der Verführung, des Opportunismus, der unkritischen Begeisterung für Macht und Erfolg entzogen haben, die angefochten und einsam Verfolgung und Tod auf sich genommen haben, kann weder an den modischen Alternativen kapitalistisch-sozialistisch oder reaktionär-fortschrittlich noch auch an kontroversen moralischen und theologischen Prinzipien gemessen werden. Der entscheidende Gesichtspunkt, unter dem Vergangenheit und Gegenwart des 20. Juli 1944 zu sehen sind, scheint mir vielmehr die Demonstration der alten Einsicht, die in Deutschland lange verschüttet war: daß Politik immer beides zugleich umfaßt, Aufbau und Ordnung einer Staatsgesellschaft, aber auch Widerstand gegen einseitige und ungerechte Machtausübung. Eine Herrschaft, die solcher Auseinandersetzung nicht Raum gibt, sei es im Namen einer konfliktlosen Gesellschaft, sei es im Zeichen eines autoritären Ordnungs- und Obrigkeitsstaates, sei es als militant ideologische, totalitäre Herrschaft, die im Besitz der alleinigen Wahrheit zu sein glaubt, verstößt gegen das Grundgesetz einer menschenwürdigen Politik.

Die Toten des Widerstandes sind Märtyrer, Zeugen dieses Gedankens, auf dem abendländische Politik seit den Zeiten der griechischen Demokratie und des Aufstands gegen Tyrannenmacht beruht. Sie führen Deutschland zurück in diese große internationale Tradition, aus der einst ein antiwestlicher deutscher Staatskult ausgebrochen ist.

Freya von Moltke
Aus dem Kreisauer Kreis

Als Hitler 1933 Reichskanzler wurde, waren Helmuth James von Moltke und ich 25 und 21 Jahre alt. Wir hatten die bürgerkriegsartigen Zustände zuvor miterlebt, wir kannten die Nazis. Helmuth hatte auch Hitlers Buch „Mein Kampf" gelesen und nahm es ernst. Schon am 28. Februar 33 stand in der „Verordnung zum Schutz von Volk und Staat": „Es sind daher Beschränkungen der persönlichen Freiheit, des Rechts der freien Meinungsäußerung, einschließlich der Pressefreiheit, des Vereins- und Versammlungsrechtes, Eingriffe in das Brief-, Post-, Telegraphen- und Fernsprechgeheimnis . . . usw. zulässig". Die wenigsten waren sich in Deutschland darüber klar, daß es damit keinen Rechtsstaat mehr gab. Auswandern wollten wir nicht. Wir waren keine Patrioten, aber wir fühlten uns dem politischen Schicksal Deutschlands sehr verbunden. Außerdem war Helmuth verantwortlich für den Kreisauer Gutsbetrieb und als die Ältesten hielten wir für die Familie das von vielen geliebte heimatliche Anwesen offen. Im täglichen Leben von Helmuths Arbeit als Rechtsanwalt in Berlin gab es schon Möglichkeiten, den Verfolgten des Regimes beizustehen, besonders den Juden, denen man helfen mußte, Deutschland zu verlassen. Und das tat er nach besten Kräften. Aber es war bedrückend für Gegner des Nazi-Regimes, in Deutschland zu leben. Jahrelang gab es keinen Ansatzpunkt für grundsätzlichen gegnerischen Einsatz. Es gab nur einzelne, vereinzelte Gegner und Gespräche unter Gleichgesinnten.
Dann begann 1939 der II. Weltkrieg, gefürchtet, gehaßt und dennoch als der Anfang vom Ende angesehen. Man mußte den Sieg der Alliierten wünschen, weil der Sieg der Nazis eine furchtbare Zukunft für Europa eröffnet hätte. Helmuth war als Spezialist für Völkerrecht in das Oberkommando der Wehrmacht in Berlin eingezogen worden. Bis zu seiner Verhaftung im Januar 1944 hat er dort unermüdlich und einfallsreich zusammen mit seinen Mitarbeitern versucht, mit Argumenten, die auch Nazis überzeugen konnten, ihren unmenschlichen Praktiken entgegenzuwirken – manchmal mit Erfolg, aber letztlich nur in Einzelfällen. Viele Kriegsgefangene verdanken ihm zum Beispiel ihr Leben, ohne es zu wissen.
Der Krieg brachte zuerst auf allen Fronten große Siege. Polen, Dänemark, Norwegen, Holland, Belgien wurden besetzt. Dann kam der Sieg über Frankreich. Die Lage Europas schien hoffnungslos. Was konnte man im Sommer 1940 für die Zukunft tun, eine Zukunft, die unerreichbarer denn je schien? Es war zum großen Teil ein Unternehmen der Selbsterhaltung, des Schutzes vor geistigem und moralischem Verfall, daß einige Freunde als Ziel ins Auge fassen ließ, „daß innerhalb von zehn Jahren ein Staat bestehen wür-

de, den wir voll billigen können", ein gerechter Staat, in dessen Rahmen „ein jeder sich voll entfalten und entwickeln" könnte. So schrieb mein Mann am 17. Juni 1940 an seinen Freund Peter Yorck, der, nachdem er den Krieg in Polen mitgemacht hatte, nun auch in Berlin dienstverpflichtet war. Und damit begann, von diesen beiden Männern ausgehend, eine Sammlung von Gegnern des Nazi-Regimes, die sich gemeinsam mit dieser Zukunft befassen wollten.

Wie sollte die Volksvertretung, die Regierung, die Wirtschaft in dem kommenden Rechtsstaat aussehen? Welche Fehler der Weimarer Republik mußten vermieden werden? Auf welche Weise konnte man in Deutschland die Demokratie verankern? Wie konnte man zu einer deutschen Verfassung im Rahmen eines föderalistischen Europas kommen? Wie und wen wollte man als nationalsozialistischen Rechtsschänder, wie sie es nannten, bestrafen? Wie konnte sich Deutschland, seine Schulen und Universitäten erneuern? Und wer konnte, wer mußte und wer sollte dazu gefragt werden?

Die Gegner der Nazis, die verstummt und gefährdet in Deutschland weiterlebten, verkörperten sehr verschiedene Erfahrungen und Zukunftsvorstellungen. Es gab sie in allen Berufen und allen Schichten. Man mußte versuchen, Vertreter aller deutschen Demokraten zu finden. Die Basis für ein zukünftiges demokratisches Deutschland mußte möglichst breit sein. Viel umfassender als zuvor mußte der kommende Staat von der freiheitlich gesonnenen Arbeiterschaft mitgetragen werden. Aber es mußten auch die konsequenten Christen beider Konfessionen dabei sein. Wem das Christentum ernst war, der konnte kein Nazi sein. Und es gab in Deutschland diese konsequenten Leute. Da solche Gespräche vollkommenes gegenseitiges Vertrauen voraussetzen, kam die Gruppe nur langsam zusammen und mußte klein bleiben.

Unter den Gegnern der Nazis war unsere Gruppe die einzige, die es von vornherein darauf anlegte, möglichst Leute mit grundsätzlich verschiedenen Vorstellungen zusammenzubringen. In den Darstellungen über diese Zeit wird immer versucht, die deutschen aktiven Gegner der Nazis säuberlich in Gruppen getrennt von einander aufzubewahren. Damit verkennt man das Ziel und auch die Leistung unserer Gruppe. Gleich in Empörung und Abscheu, was die Nazis anging, verschieden in Anschauungen und Beruf: das war ein guter Boden für gegenseitiges Hören und für die Bereitschaft, voneinander zu lernen; und das erwies sich in der Tat als fruchtbar. So kamen Sozialisten und Planer, Vertreter des freien Marktes, Protestanten und Katholiken in vielen Fragen einander näher und Ansätze wurden gefunden, veraltete Vorstellungen und Vorurteile abgelegt.

Da ich in dieser Zeit in Kreisau Haus und Hof zusammenzuhalten hatte, bekam ich von den vielen politischen Besprechungen, die manchmal unter vier Augen, manchmal in Gruppen stattfanden, nur gelegentlich etwas mit, wenn ich meinen Mann in Berlin besuchte. Aber er hielt mich in täglichen Briefen über seine Tätigkeit auf dem Laufenden. Daß diese Briefe zwischen Kreisau und Berlin unter uns beiden blieben, dessen konnten wir sicher sein. Oft trafen die Mitglieder der Gruppe sich in meines Mannes kleiner Garagenwohnung in der Derfflingerstraße, später noch öfter bei Peter und Marion Yorck in Lichterfelde in der Hortensienstraße, oft zu Mahlzeiten, für die damals jeder dankbar war und für die der Nachschub auch bei Yorcks aus Schlesien kam. Zwar unterlagen auch wir Landbewohner Rationierungen, aber auf dem Lande wuchs doch so manches, was in Berlin nützlich und angenehm war.

Nur für drei lange Wochenenden kamen etwa zehn bis zwölf Personen zu uns nach Kreisau (Pfingsten 1942, Herbst 1942 und Pfingsten 1943). Wegen dieser Zusammenkünfte gab uns die Gestapo nach dem 20. Juli 1944 den Namen „Kreisauer Kreis". Da wurden dann die von wenigen erarbeiteten Entwürfe in Ruhe von einem größeren Kreise besprochen. Das fiel nicht weiter auf, denn bei Moltkes gab es oft Gäste, besonders auch im Krieg. Helmuth ermahnte nur unsere Freunde, in Anwesenheit Außenstehender vorsichtig zu sein. Wir wohnten in einem unscheinbaren Haus etwas abseits. In unserem nur etwa 400 Einwohner zählenden Dorf gab es natürlich auch Nazis. Man wußte, daß wir keine waren, aber das erregte innerhalb der dörflichen Lebensgemeinschaft eher Verwunderung als Ablehnung oder Haß. Unsere Wochenendgäste kamen alle mit der Eisenbahn. Kreisau wurde und blieb Bahnstation, seitdem Kaiser Wilhelm II. für die Beerdigung des alten Feldmarschalls dort ausgestiegen war. Mit Leiterwagen und Laterne holten wir die meisten unserer Freunde von der Bahn ab.

Die Kreisauer Sitzungen gingen manchmal bis tief in die Nacht, da eben echte grundsätzliche Meinungsverschiedenheiten ausgetragen werden mußten. Es entstanden dann Niederschriften, die von allen Teilnehmern angenommen werden konnten und später mit den nicht Anwesenden oder Gruppen, die hinter ihnen standen, abgestimmt werden mußten. Bis Mitte August 1943 waren Richtlinien für alle offenen Fragen in kurzer Form zu Papier gebracht und über die meisten Einigung erreicht worden. Ein Exemplar dieser vorläufigen, keineswegs aber als endgültig angesehenen „Grundtexte" hat in Kreisau den Zusammenbruch überdauert.

Nun wurden „Landesverweser" gesucht, Personen, die in dem zu erwartenden Chaos des Zusammenbruchs, sei es von innen oder durch den Sieg der Alliierten, in allen Teilen Deutschlands gleichmäßig, den Grundtexten gemäß handeln sollten. Es wurde auch immer wieder versucht, mit den Widerstandsbewegungen der anderen von den Nazis besetzten Länder in Verbindung zu kommen. Aus diesen Kreisen, meinten unsere Freunde, würden die Regierungen der Nachkriegszeit gebildet werden. Und diese ganze Vorarbeit, glaubten sie, müsse vor dem Sturz der Nazis geleistet werden. Gegenüber der immer drängenderen großen praktischen Frage, ob der Tag X, der Sturz der Nazis, durch einen Umsturz von innen vor dem Sieg der Alliierten herbeigeführt werden könne, schien manchen unserer Freunde die Arbeit des Plans zu theoretisch. Aber konnte ein Staatsstreich mit den zur Verfügung stehenden Personen, Kräften, Waffen überhaupt gelingen? Es mußten ja nicht nur die prominenten Nazis verschwinden. „Die Generale sind hoffnungslos", sagte immer wieder mein Mann.

Und gerade Helmuth gehörte zu denen, die sich außerdem fragten, ob man den grundsätzlichen Wechsel mit den Mord-Methoden der Nazis beginnen dürfte, die man so entschieden bekämpfte. Für die Mehrzahl unserer Freunde allerdings gehörte der Tod Hitlers und seiner Meute zum Ende des Unheils, Leidens und Sterbens, zum Ende des Schreckens, den sie verbreitet hatten, nicht zum Neuanfang. Aber konnte ein Staatsstreich überhaupt gelingen? Das blieb die große Frage.

Von den Vorbereitungen zum 20. Juli 1944 habe ich nichts mehr miterlebt. Nach meines Mannes Verhaftung im Januar 1944 — es war herausgekommen, daß er jemanden vor dessen bevorstehender Verhaftung gewarnt hatte — mußte ich aus allem herausbleiben. Aber ich erinnere mich wohl, daß Reichwein, dessen Familie zu uns nach Kreisau gezogen war, nachdem sie in Berlin ausgebombt worden waren, mich im Juni 1944 am Gartentor fragte, was ich von einem Treffen mit dem kommunistischen Widerstand hielte. Ich habe mich damals nicht dagegen ausgesprochen. Dann kam der 20. Juli 1944. Eine ganze Reihe von unseren Freunden war daran beteiligt. Durch das Mißlingen des Attentats wurden die meisten unserer Freunde bekannt und fast alle hingerichtet. Auch mein Mann. Ohne Yorck, Mierendorff, Trott, Haubach, Haeften, Leber, Delp, Moltke — kurz nach dem Zusammenbruch kamen auch noch Einsiedel und Trotha ums Leben — gab es aber keinen Kreisauer Kreis mehr.

Daß auf ihre Handlungen in Nazi-Deutschland der Tod stand, hatte keiner von ihnen bezweifelt. Ehe sie starben, haben aber wohl fast alle, jeder auf seine Weise, es für möglich gehalten — und von vielen habe ich es aus der Nähe miterlebt —, daß gerade ihr Tod einem neuen Anfang dienen könne.

Jugend gegen Hitler

Detlev Peukert
Protest und Widerstand von Jugendlichen im Dritten Reich[1]

Oft findet man, wenn vom Widerstand der Jugend gegen den Nationalsozialismus gesprochen wird, vor allem Aufzählungen beispielhafter Einzelschicksale. Das läßt sich pädagogisch damit begründen, daß solche Lebensläufe jugendlicher NS-Gegner, ihr Handeln und ihre Motive sich besonders anschaulich darstellen lassen. Dennoch bleibt die ebenfalls oft gestellte Frage damit unbeantwortet, wofür eigentlich diese Persönlichkeiten stehen. Repräsentieren sie die Jugend als ganze oder wenigstens einen bedeutenden Teil von ihr, oder sind sie verlorene Rebellen, hoffnungslos in der Minderzahl gegenüber den Millionen der HJ-Generation?

Wenn man die sozialen, kulturellen und weltanschaulichen Unterschiede innerhalb jeder Generation von Jugendlichen bedenkt, dann ist sicher, daß es auch im Dritten Reich so wenig *den* Widerstand *der* Jugend gab, wie *die* Jugend schlechthin. Zudem haben in den zwölf Jahren des NS-Staates gleich drei unterschiedliche Altersgruppen ihre Jugendzeit im engeren Sinne, also die Jahre zwischen dem 14. und 18. Geburtstag, durchlaufen. Sie haben dabei jeweils andere Erfahrungen gemacht und recht verschiedene Lebens- und Handlungsbedingungen vorgefunden und erlebt:

1 Die wörtlichen Zitate entstammen in entsprechender Reihenfolge nachstehenden Werken: Fritz Salm: Im Schatten des Henkers. Vom Arbeiterwiderstand in Mannheim gegen faschistische Diktatur und Krieg, Frankfurt am Main 1973. – Deutschland-Berichte der SoPaDe, hrsg. von Klaus Behnken, Frankfurt am Main 1980. – Detlev Peukert: Die Edelweißpiraten. Protestbewegungen jugendlicher Arbeiter im Dritten Reich, Köln 1980. – Arbeiterjugend in Frankfurt 1904–1945. Material zu einer verschütteten Kulturgeschichte, Gießen 1978. – Evi Kleinöder: Verfolgung und Widerstand der katholischen Jugendvereine. Eine Fallstudie über Eichstätt. In: Martin Broszat/Elke Fröhlich (Hrsg.): Bayern in der NS-Zeit, II.: Herrschaft und Gesellschaft im Konflikt. Teil A, München–Wien 1979, S. 176–236. – Ursel Hochmuth/Gertrud Meyer (Hrsg.): Streiflichter aus dem Hamburger Widerstand 1933–1945. Berichte und Dokumente, Frankfurt am Main 1969. – Christan Petry: Studenten aufs Schafott. Die Weiße Rose und ihr Scheitern, München 1968. – Vgl. die Auswahlbibliographie am Ende des Bandes.

- Wer in den Jahren 1933–1936 im Jugendalter war, hatte wichtige lebensgeschichtliche Vorprägungen bereits vor der nationalsozialistischen Machtergreifung erfahren. Er lernte noch die vielfältigen Jugendbewegungen der Weimarer Republik kennen und konnte sich gegenüber der nationalsozialistischen Herausforderung auf diese soziokulturellen und ideellen Angebote berufen. Insofern war diese Altersgruppe von der nationalsozialistischen Politik der Gleichschaltung und Eingliederung in die Hitler-Jugend (HJ) und überhaupt in die angebliche Volksgemeinschaft im Dritten Reich besonders betroffen. Zugleich hatte sie aber auch die Erfahrung der Weltwirtschaftskrise mit ihrer hohen Arbeitslosigkeit und mit dem unrühmlichen Ende des demokratischen Staates gemacht. Viele von ihnen waren daher für die sozialpolitischen Vorteile, wie sie besonders seit 1935/36 die Rüstungskonjunktur bot, und für die Ideen vom Führerstaat, der mit dem „Parteiengezänk" Schluß zu machen versprach, und von der „Wiederherstellung der nationalen Größe" durchaus aufnahmebereit.
- Die Jugendlichen der Jahre 1936–1939 hatten keine klaren Erinnerungen mehr an die jugendpolitischen Alternativen der Weimarer Zeit. Sie waren bereits durch die nationalsozialistisch geprägte Schule gegangen und hatten zu einem großen Teil der HJ beitreten müssen. Für viele von ihnen war das durch die HJ geformte Jugendleben selbstverständlich und ohne Alternative. Die HJ bot ihnen den Rahmen auch für vielfältige positive Alltagserfahrungen von Gruppenkameradschaft und Freizeitleben, gegenüber denen gelegentliche Irritationen angesichts von Brutalität und Intoleranz, Drill und Verhetzung oft verblaßten. Nicht zuletzt konnte die HJ als konkurrierende Institution gegenüber den traditionellen Autoritäten in Elternhaus und Schule in gewissem Maße „gegenautoritäre" Fluchträume anbieten. Die Eingliederung in ihre Bestrebungen bot also zugleich vordergründig Verheißung, sich zu profilieren, wie auch wachsende Zwänge zur Uniformierung, somit zur privilegierten Subalternität. Dieser Zug verstärkte sich im Laufe der Bürokratisierung der HJ-Organisation, der wachsenden Überalterung ihres Führerkorps und der generellen Zunahme von Zwangsmitteln, um auch die restlichen Jugendlichen organisatorisch zu erfassen.
- Daher erfuhr die Altersgruppe, die ihre Jugend im Kriege verlebte, besonders die inhaltsleeren, von Zwang und Drill geprägten Aspekte des HJ-Alltags, zumal nicht wenige Jugendführer zur Wehrmacht eingezogen und viele Heime und Sportplätze durch die Bombardierungen seit 1942/43 zerstört worden waren. In dieser „Kriegsgeneration" war zwar die nationalsozialistische Erfassung seit Schulbeginn am ausgreifendsten, zugleich aber auch mit zunehmend abstoßenden Zügen behaftet.

In diesen hier nur grob skizzierten altersspezifischen Unterschieden wurde die nationalsozialistische Politik von Jugendlichen erfahren, kristallisierten

178

sich bei ihnen Elemente von Zustimmung und Begeisterung, aber auch von vorsichtiger Ablehnung bis hin zum grundsätzlichen Widerstand heraus.

1. *Alltagserfahrungen und Proteste von Jugendlichen gegen Zwangsorganisierung und Militarismus*

Die nationalsozialistische Jugendpolitik zielte auf die gänzliche Erfassung der jungen Generation durch die faschistische Ideologie und für den geplanten totalen Krieg. Zu diesem Zweck mußte sie erstens jegliche organisatorische und weltanschauliche Konkurrenz ausschalten, zweitens eigene Formen der Organisation und der militaristischen Erziehung entwickeln, und drittens sozialpolitische Rahmenbedingungen für den Massenkonsens mit dem Regime schaffen. Diese Aufgabenstellung begründete die dem Nationalsozialismus eigentümliche Kombination von Zwang und Verbot einerseits und Angebot und Verlockung andererseits. Dementsprechend reagierten die betroffenen Jugendlichen ganz unterschiedlich. Jedenfalls stieß das Regime bei der Verwirklichung seiner jugendpolitischen Maßnahmen nicht nur auf Zustimmung, sondern auch auf Widerstände.

Das drängendste sozialpolitische Problem der Jahre 1933—35 war die hohe Arbeitslosigkeit, die erst allmählich im Zuge der Aufrüstungskonjunktur abnahm. Noch im Sommer 1933 gab es 1,3 Millionen Arbeitslose unter 25 Jahren, obwohl diese Statistik bereits „frisiert" war; denn zugleich befanden sich viele arbeitslose Jugendliche unter den über 100.000 „Notstandsarbeitern" sowie unter den 100.000 „Landhelfern". Eine gute Viertelmillion Jugendlicher hielt sich mehr oder minder gezwungen in Lagern des sog. freiwilligen Arbeitsdienstes (FAD) auf, den zwar schon die Regierungen Brüning und Papen ins Leben gerufen hatten, der aber nun von den Nationalsozialisten organisatorisch und propagandistisch als Hauptmittel dazu diente, die Jugendlichen „von der Straße weg" zu bekommen.

Der Arbeitsdienst knüpfte an Ideologien vom Gemeinschaftserlebnis und vom klassenübergreifenden Segen körperlicher Tätigkeit an und wurde vor allem bei öffentlichen Bauprojekten, Straßenbauten und Meliorationsvorhaben, wo ungelernte Hilfsarbeiter gesucht waren, eingesetzt. Damit kam man den Bedürfnissen mancher Arbeitsloser nach Aufhebung ihrer Isolierung und nach sinnvoller Tätigkeit auch dann entgegen, wenn er oft nur Unterkunft und Verpflegung und ein geringes Taschengeld bot. Dennoch entwickelte sich aus dem Unmut der Arbeitsdienstler über Drill, Schikanen und miserable Lebensbedingungen in den Lagern oftmals spontaner Protest. Es kam zu Zusammenrottungen und Streiks, die sogar zur Auflösung mancher Lager führten. Über solche Vorgänge berichtete die illegale Presse der Arbeiterbewegung. So schrieb die „Junge Garde" Ende Juli 1934:

„In Mannheim werden mehrere Arbeitsdienstlager aufgelöst, angeblich

‚wegen finanzieller Schwierigkeiten'. Die ADler berichteten uns jedoch: ‚Das Essen ist immer schlechter geworden, die Rebellion immer stärker. Die Bonzen merkten bald, wie die Belegschaften waren und wollten uns auseinanderreißen. Wir sollten in andere Lager zwangsverschickt werden. Dabei kam es zu Unruhen. Im Lager ‚Isolierspital' wurden dabei Fensterscheiben eingeworfen. Dort ist zweimal das Überfallauto vorgefahren und hat auch einige Jungens verhaftet. Besonders wild sind die Jungens alle, weil ihnen zu Anfang versprochen wurde, daß sie nach dem Arbeitsdienst wieder Arbeit im Betrieb bekommen. Wenn sie dann entlassen werden, schickt man sie entweder von neuem in den AD oder aber auf Landhilfe. So ist jetzt z.B. in Mannheim ein Verein zur Arbeitsvermittlung von entlassenen Arbeitsdienstlern gebildet worden. Das ist aber erst recht nur so ein Dreh. Denn dieser famose Verein vermittelt die entlassenen ADler — zur Landhilfe! Darüber herrscht natürlich eine große Wut, und die Jungens verweigern oft diese Art von Arbeit. Es ist auch schon öfter vorgekommen, daß ganze Gruppen von Jungarbeitern wieder geschlossen nach Hause zurückkommen, obwohl sie dann keinen Pfennig Unterstützung mehr bekommen' ".

Auch die Deutschland-Berichte der Sozialdemokratischen Partei im Exil (SoPaDe) gaben ähnliche Meldungen wieder. Sie meldeten für Juni/Juli 1943: „Pommern: Im Arbeitsdienstlager bei Dramburg kam es zu Revolten wegen schlechten Essens. Darauf wurde der Leiter des Arbeitslagers abgesetzt. Kein Wunder, daß die Jungens auf ‚dumme Gedanken' kommen.

Aus einem Lager in Schlesien wird berichtet: Kleine Gruppen von Arbeitsdienstlern ziehen in den Wald und lesen dort Schriften von Marx und Pietro Nenni. Sie veranstalten Lagerversammlungen ohne ihre Führer, in denen sie dagegen protestierten, daß sie wie unmündige Kinder behandelt werden".

Während von Mai 1934 bis Juni 1935 nach dem sog. Göring-Plan noch ca. 67.000 jugendliche Arbeiter aus den Betrieben entlassen wurden, um für „Familienväter" und besonders für „verdiente Alte Kämpfer" der NSDAP Platz zu machen, wandelte sich diese Lage durch die Rüstungskonjunktur. Seit 1935/36 herrschte ein spürbarer Arbeitskräftemangel. Trotzdem hielten die Nationalsozialisten an der Einrichtung des Arbeitsdienstes fest und verankerten sogar die Arbeitsdienstpflicht gesetzlich, zunächst anläßlich der Einführung der allgemeinen Wehrpflicht am 21. Mai 1935, sodann durch das Gesetz über den Reichsarbeitsdienst (RAD) vom 26. Juni 1935. Im gleichzeitigen Durchführungserlaß wurde die Dienstzeit auf 1/2 Jahr festgelegt, wozu jeweils 200.000 Jugendliche eingezogen werden sollten. Der RAD diente somit vor allem der Erfassung und der vormilitärischen Erziehung der Jugend. Auch in diesen Lagern staute sich Unmut an, wurde aber durch die paramilitärische Ordnung leicht erstickt.

Ein weites Feld für unangepaßtes Verhalten und spontane Proteste bot sich jedoch in den Betrieben trotz der Entrechtung der Arbeiter und der Repressionsmaßnahmen von Arbeitgebern, Treuhändern der Arbeit und Geheimer Staatspolizei; denn der spürbare Arbeitskräftemangel seit 1936 veranlaßte die Betriebsleitungen zu heimlichen Abwerbeaktionen durch übertarifliche Lohnangebote. Auch die jugendlichen Arbeiter wußten dies auszunutzen, wechselten den Betrieb oder erlangten durch die bloße Drohung damit bereits Lohnverbesserungen. Zwar versuchten die Unternehmer, die Arbeitszeit zu erhöhen, und erreichten damit bis Juni 1938 in der metallverarbeitenden Industrie immerhin durchschnittliche Wochenarbeitszeiten von 52,6–54,5 Stunden für Facharbeiter bis zu 18 Jahren. Aber zugleich sank die Produktionsleistung pro Kopf im Bergbau und in manchen anderen Sparten der Rüstungsindustrie durch spontanes oder auch bewußtes Langsamarbeiten. Zudem stiegen die Ausfallzeiten durch Krankfeiern und Bummeln erheblich.

Somit hatte der Nationalsozialismus die Arbeiter wohl ihrer kollektiven tariflichen Interessenvertretung und ihrer Gewerkschaft beraubt. Aber gestützt auf die Gesetze der Ökonomie setzten sich spontane Interessenkämpfe auf eigene Faust wieder durch, sozusagen ein Klassenkampf im Wildwuchs. Welche rüstungsschädigenden Ausmaße Bummelei erreichen konnte, zeigt ein Denunziationsschreiben des Oberhausener Zinkwerks Altenberg AG vom 10. Juli 1941, das 15 namentlich genannte jugendliche Arbeiter beschuldigte, in der Zeit vom Januar bis zum Juli 1941 insgesamt 1.400 Stunden gefehlt zu haben:

„Man erkennt aus dieser Zusammenstellung, daß es sich offensichtlich um ein bewußtes Bummelsystem handelt, welches u.E. darauf hinaus zielt, die Produktionskraft des Staates zu schwächen. Allein diese 1.400 Stunden der 15 Jugendlichen ergeben theoretisch errechnet einen Produktionsausfall von ca. 400.000 kg. Zinkblech, doch dürfte sich diese Zahl verdoppeln, da die Walzkolonnen eine geschlossene Einheit bilden. Fehlt nämlich innerhalb der Kolonne ein Glied und ist kein Ersatz da, so fällt jedesmal für die gesamte Schicht die Kolonne aus, d.h. die übrigen Leute müssen unproduktive Arbeit leisten. (. . .) Die genannten Jugendlichen bedienen sich in ihrem Benehmen gegenüber den älteren Arbeitskameraden und gegen ihre Vorgesetzten einer außerordentlichen zynischen Frechheit, daß es u.E. angebracht wäre, diese Jugendlichen in der Pflicht-HJ unterzubringen, um hier etwas Disziplin beigebracht zu bekommen. Wir haben uns gemeinsam mit unserem Betriebsobmann Pg.Sch. schon große Mühe gegeben, erzieherisch auf die Jugendlichen einzuwirken, was aber bis heute leider keinen Erfolg hatte. Wir möchten nun höflichst bitten, uns in der Erziehung der Jugendlichen mit stärkeren Strafmitteln zur Seite zu stehen".

Nicht immer stand hinter den Arbeitsverweigerungen ein bewußter politischer Wille. Oftmals werden sie vor allem durch den Wunsch, es sich in einer bedrückenden und korrupten Gesellschaft möglichst leicht zu machen und zu Geld zu kommen, motiviert gewesen sein. Aber auch dadurch artikulierte sich objektiv eine Klassenerfahrung, die den Volksgemeinschaftsphrasen der Nazis zuwider lief und ihr Rüstungsprogramm behinderte. Die Jugendlichen wurden aber nicht nur im Rahmen der Rüstungsproduktion durch die nationalsozialistischen Vorbereitungen auf einen Raubkrieg betroffen. Sie waren vornehmlich auch das Objekt nationalistischer Indoktrination und militärischen Drills in der Schule, in den NS-Organisationen, im Reichsarbeitsdienst und in der Wehrmacht. Gegen die Einführung der allgemeinen Wehrpflicht 1935 erhoben sich nicht viele Proteste, obwohl es einzelne Widerstandsschriften aus den Reihen der Arbeiterbewegung zu diesem Thema gab. In Köln erschien z.B. im Herbst 1935 die Flugschrift „Jahrgang 14/15", die sich an die zuerst eingezogene Altersgruppe wandte. Viele Erwachsene und Jugendliche begrüßten zunächst die „Wiederwehrhaftmachung" Deutschlands und die Tilgung der angeblichen „Schmach von Versailles". Widerstand gegen die Einberufungen oder gar während der Militärdienstzeit selbst war angesichts der Kontrollen und Repressionen weitgehend unmöglich[2]. Junge „Zeugen Jehovas", die jeden Kriegsdienst aus religiösen Gründen verweigerten, wurden mit langer Haft, KZ und sogar mit dem Tode bestraft.

Auch die schulische Erziehung beeinflußte die junge Generation im nationalsozialistischen Sinne. Das geschah zum einen auf ideologischem Gebiet, durch die Verbreitung von Rassenhaß, nationaler Überheblichkeit, durch die Verherrlichung des Krieges und des Militärischen und durch die Propagierung des autoritären Führerstaats. Genauso wichtig aber waren die Verhaltensmuster, die den Jugendlichen in der Schule eingedrillt wurden und aus ihnen autoritätshöriges, bedingungslos gehorsames und moralisch bedenkenloses „Menschenmaterial" für den geplanten Krieg machen sollten. Nicht immer jedoch waren das offene, ideologische, und das verdeckte verhaltensbezogene Curriculum des autoritären Typus des faschistischen soldatischen Mannes erfolgreich. Oft erzeugte der Druck auf die Jugendlichen auch Abneigung und sogar Widerstand, wie Günter O., der bis 1942 in Oberhausen zur Schule ging, berichtete:

„Ich erinnere mich noch an andere Sachen um 1940, das Auftreten dieser fürchterlichen SA-Leute, wie an Leo L., einen Lehrer, der in SA-Uniform zur Schule kam, über die Tische sprang und losprügelte. (. . .) Solcherlei Typen, immer mit der Partei verbunden, gab es zu Hauf. Sie griffen sich immer Kinder aus den Arbeitervierteln heraus, aus der Steinstraße, der Wilhelm-Tell-Straße, der Lipper Straße. Denen war egal, wie sich das auf die

---

2 Einige junge Soldaten nahmen jedoch Verbindungen zu Partisanengruppen auf oder liefen zu den Armeen der Anti-Hitler-Koalition über. – Vgl. zum Ausmaß individueller Widerstandsakte im Militär: Kurt Finker: Probleme des militärischen Widerstandes und des Umsturzversuches vom 20. Juli 1944, in: Christoph Kleßmann/Falk Pingel (Hrsg.): Gegner des Nationalismus, Frankfurt am Main 1980, S. 153–87.

Kinder auswirkte. Der Druck in der Schule war also von Anfang an sehr stark, es gab eben genug Lehrer, die nicht nur äußerst borniert, sondern auch äußerst brutal waren. Sie waren fast alle Parteimitglieder. Das hat natürlich bei uns Kindern nicht zu bewußten Reaktionen geführt, aber es hat mitgeholfen bei der Gewöhnung an die Aufsässigkeit. Zunächst haben wir gelernt: Gegen die hilft nur Gewalt. Hier kann ich mich nur auf mich selbst verlassen. Hier habe ich nichts mehr zu verlieren. Das erklärt dann übrigens auch ein bißchen, daß man sich später mit Leuten in der gleichen Lage solidarisierte".

Sicherlich konnten die Schüler in der Klasse nicht offen aufbegehren, aber sie fanden Wege, sich in vertrautem Kreise von den Ansprüchen des Staates abzugrenzen. So wurden Mädchen einer Essener Schule denunziert, weil sie statt mit „Heil Hitler" mit „G.G." und mit „H.u.S.n.w.K." grüßten. Diese Abkürzungen bedeuteten „Grüß Gott" und „Heil und Sieg, nie wieder Krieg".

In Dresden ließen sich Schüler 1939 die Schließung des katholischen bischöflichen St. Benno-Gymnasiums und ihre Eingliederung in das staatliche Gymnasium nicht gefallen, sondern grenzten sich in Cliquen ab und provozierten nationalsozialistische Lehrer:

„Man war stolz, ,Benno-Schüler' gewesen zu sein, und bildete im staatlichen Gymnasium Cliquen. Gegen andere Jungen war man mißtrauisch und fast hinterhältig. Die Schulgemeinschaft des Staatsgymnasiums litt darunter sehr stark. In diesen Schülercliquen, zu denen neben einigen Hitler-Jugend-Angehörigen auch evangelische Jugendliche aus Kreisen der Bekenntnisfront gestoßen sind, wurde vielfach zersetzende Kritik an Maßnahmen des Führers und des Staates geübt, die sich in Zwischenrufen im Unterricht, im Absingen von Spottliedern (z.B. auf Rudolf Hess) usw. äußerten. Auch englische Lieder wurden gesungen, z.B. ,It's a long way to Tipperary'. Lehrern nationalsozialistischer Einstellung wurde z.T. ein ordnungsgemäßer Unterricht unmöglich gemacht. Ähnliche Vorfälle häuften sich. In der katholischen Jugendarbeit Dresdens bildeten die ehemaligen Benno-Schüler ein wesentliches Rückgrat der Gruppenarbeit", berichtete die Reichsjugendführung der HJ 1942.

Als Hauptinstrument zur Erfassung und ideologischen Ausrichtungen der Jugend im Nationalsozialismus diente die HJ, die in der Weimarer Republik eher eine Randexistenz gegenüber den großen Jugendverbänden gespielt hatte. Sie verstand es aber, sich seit 1933 durch Verbote oder Gleichschaltungen von konkurrierenden Verbänden, durch finanziell und organisatorisch aufwendige Werbeaktionen und Freizeitangebote schnell zur weithin dominierenden Jugendorganisation zu machen. Ende 1933 hatte sie im „Jungvolk" (den männlichen 10- bis 14jährigen) 47 % der Altersgruppe erfaßt, sowie 38 % in der „Hitler-Jugend" im engeren Sinne (den männlichen 14- bis 18jährigen). Von den weiblichen Jugendlichen hingegen waren zur gleichen Zeit nur 15 % im „Jungmädel-Bund" (den 10- bis 14jährigen) und 8 % im „Bund Deutscher Mädel" (BDM, den 15- bis 21jährigen).

Schrittweise entwickelte sich die HJ zur Zwangsorganisation. Am 5. April 1933 bereits ließ der HJ-Führer Baldur von Schirach das Büro des Reichsausschusses der deutschen Jugendverbände besetzen. Die willkürliche Übernahme seiner Leitung wurde durch Hitler am 17. Juni 1933 „legalisiert", indem er Schirach zum Jugendführer des Deutschen Reiches ernannte. Das Gesetz über die Hitler-Jugend vom 1. Dezember 1936 proklamierte zwar dann, daß diese die gesamte deutsche Jugend organisatorisch erfasse. Dieser Anspruch konnte aber erst durch die endgültigen Verbote bündischer und kirchlicher Jugendorganisationen bis 1938/39 und durch die beiden Durchführungsverordnungen zum HJ-Gesetz vom 25. März 1939 annähernd realisiert werden. Nunmehr mußten alle Jugendlichen ihrer „Jugenddienstpflicht" in HJ und BDM nachkommen und konnten bei Weigerung oder Versäumnissen belangt werden. Durch Dienststrafordnungen der HJ, durch Abkommen von HJ, Justiz und Polizei über die Behandlung von „Dienstverweigerern" und -gegnern und durch den Aufbau eines polizeiartigen Streifendienstes der HJ besaßen die Nationalsozialisten einen umfangreichen Katalog von Zwangsmitteln gegen aufsässige Jugendliche, der noch durch die Verschärfung des Jugendstrafrechts, die Einführung von Jugendarresten, von Verurteilungen zu Haft mit unbestimmter Dauer und von Einweisungen in polizeiliche Jugend-Konzentrationslager ergänzt wurde.

Dennoch paßten sich längst nicht alle Jugendlichen an und besonders während des Krieges nutzten viele das wachsende Chaos in den bombardierten Städten, um sich der Jugenddienstpflicht zu entziehen. Zweifellos gab es viele begeisterte HJler, die durch die Freizeitangebote, die Möglichkeiten, sich dem Elternhaus etwas zu entziehen, oder auch durch die Militärspielereien und die Aussichten auf den Aufstieg in eine der unzähligen „Führer"-Positionen korrumpiert wurden. Aber viele andere fühlten sich durch das Befehlsgehabe eben dieser „Führer", durch den stupiden „Dienst" und den militärischen Drill bei der HJ abgestoßen und äußerten diese Abneigung in vielfältiger Form von passivem Widerstand bis zur tätlichen Auseinandersetzung mit HJ-Streifen. Charakteristisch ist folgendes aus Frankfurt überliefertes Spottlied über die HJ, das nach der Melodie von „Hofkonzert im Hinterhaus" gesungen wurde:

> Kurze Haare, große Ohren
> So war die HJ geboren!
> Lange Haare, Tangoschritt —
> da kommt die HJ nicht mit!
> Oho, oho!
> Und man hört's an jeder Eck' —
> Die HJ muß wieder weg!
> Oho, oho!

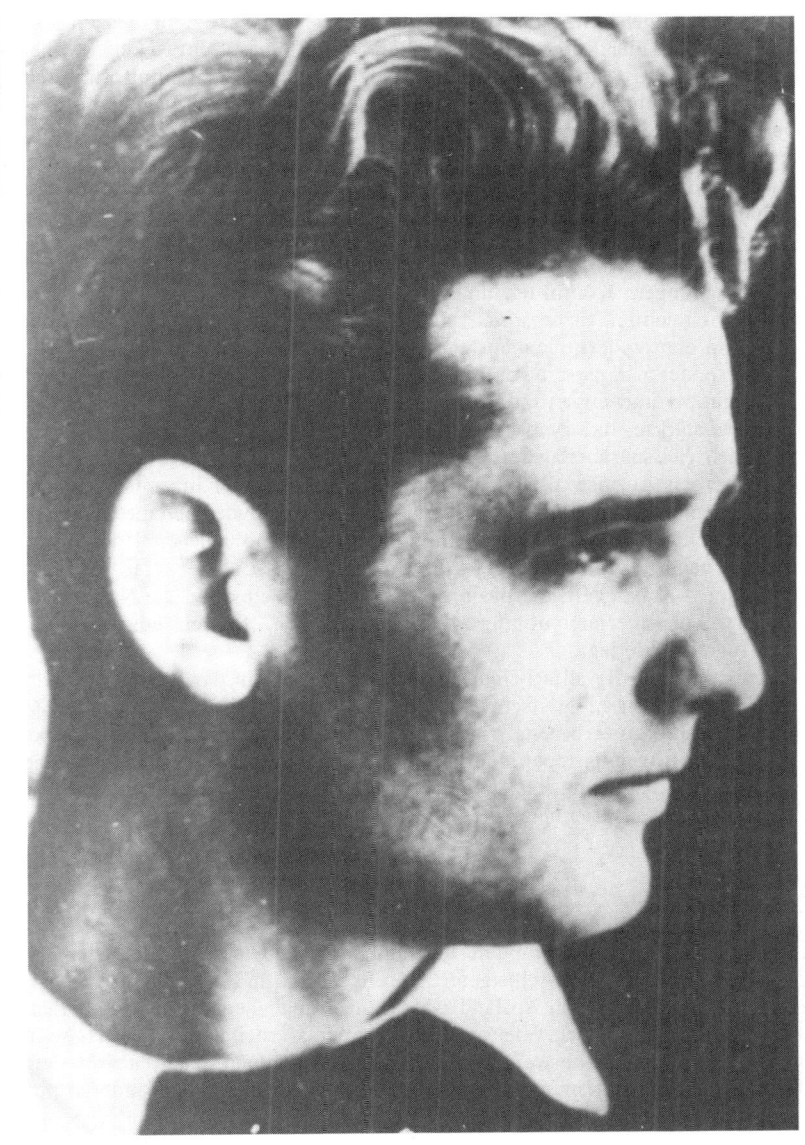

Hans Scholl

Die oppositionelle Jugend hatte damit einen Gegentyp zu dem offiziell propagierten HJ-Ideal eines zackigen Befehlsempfängers entwickelt, wobei „zünftig" das Gegenteil von „zackig" war. Im Gegensatz zum uniformierten Hitlerjungen lebte der „zünftige" Jugendliche ohne äußeren Zwang, bunt gekleidet und in freiem Zusammenschluß mit gleichgesinnten Freunden und Freundinnen.

In der alltäglichen Erfahrung der Jugendlichen mit dem nationalsozialistischen Zwangssystem und seinen flankierenden verführerischen Angeboten, sich in die angebliche Volksgemeinschaft einzugliedern, vermischten sich naturgemäß Elemente der Anpassung, auch der begeisterten Teilnahme mit Enttäuschungen, Konflikten und Abneigungen, die bis zur deutlichen Gegnerschaft reichten. Es entspricht den allgemeinen Bedingungen des Jugendalters, in dem widersprüchlichste Eindrücke verarbeitet werden müssen, wie der besonderen Lage im Faschismus, die durch das Verbot oppositioneller Information und Organisation die Orientierungslosigkeit der Jugendlichen noch verstärkte, daß Anpassung und Verweigerung, Konsens und Opposition sich vielfach überlagerten. Daher ist es müßig, nach quantitativen Angaben über das Ausmaß alltäglicher Nonkonformität in der Jugend zu suchen. Alle Stimmungsberichte aus dem Arbeiterwiderstand wie auch die geheimen Lageberichte von NS-Dienststellen und der Gestapo belegen jedoch eine weitreichende Grundstimmung von Unzufriedenheit, „Meckerei" und alltäglicher Aufsässigkeit, die das propagandistische Selbstbild der Nationalsozialisten von einer einmütig und begeistert auf den „Führer" eingeschworenen Jugend widerlegt.

Jedoch blieben die alltäglichen Non-Konformismen in der Regel unterhalb der polizeilichen Eingreifschwelle, und nur vergleichsweise wenige fanden den Anschluß an verbotene Widerstands-Zirkel. Dennoch stellten gerade diese illegalen Jugendgruppen den harten Kern der Jugendopposition, weil sie sich durch Risikobereitschaft, einen ideellen Rückhalt und deutlicher formulierte Ziele auszeichneten.

2. *Formen jugendlichen Widerstands*

Zahlreiche Widerstandsgruppen Jugendlicher haben in den Akten der HJ, Gestapo oder Justiz, in selbstgefertigten Schriften, in Berichten an Kameraden im demokratischen Ausland oder in nachträglichen Erinnerungsberichten Spuren hinterlassen. Viele andere Gruppen werden auf immer vergessen sein. Die Organisationsweisen der Widerstandsgruppen reichten von dem über viele Städte gespannten illegalen Netz bis zur lockeren Wandergruppe und zur Freundes-Clique, die verpönten Jazz hörte. Sie umfaßte junge Arbeiter mit fundierter sozialistischer Bildung genauso wie gläubige katholische Gymnasiasten und jugendbewegte Bündische.

Aus dieser von regionalen, sozialen, weltanschaulichen und ganz persönlichen Unterschieden geprägten Vielfalt lassen sich zum besseren Verständnis drei große Gruppen unterscheiden, immer mit dem Vorbehalt, daß ihre Wirklichkeit reicher und vielfältiger war, als die analytische Abstraktion dies zeigen kann.

— Zunächst sind diejenigen Gruppen zu nennen, deren Mitglieder sich bereits in der Weimarer Republik zusammengefunden, eine gemeinsame weltanschauliche und organisatorische Grundlage entwickelt hatten und diese jetzt gegen die Verbots- und Gleichschaltungsmaßnahmen der Nationalsozialisten verteidigten.

— Daneben entstanden im Dritten Reich, vor allem während des Krieges, auch neue weltanschaulich geprägte Gruppen Jugendlicher, die nicht direkt an die Weimarer Traditionen anknüpften.

— Sodann hatten die Nationalsozialisten wiederum besonders in den Kriegsjahren mit spontan entstandenen oppositionellen Gruppen und Cliquen zu tun, die sich von der HJ abgewandt hatten und diese oftmals erbittert bekämpften.

a) Fortführung verbotener Gruppen der Arbeiterjugendbewegung

Die Arbeiterbewegung und ihre Jugendorganisationen waren als erste dem Terror der Nationalsozialisten ausgesetzt. Ihre Heime wurden nach mancher harten Auseinandersetzung mit den Nazis in den Jahren 1931/32 schon im Februar 1933 von SA und HJ überfallen und besetzt; prominente Funktionäre wurden bereits anläßlich des Reichstagsbrandes vom 27. Februar 1933 inhaftiert oder zur Flucht ins Ausland gezwungen. Hatten auch alle Gruppen der Arbeiterjugend die Faschisten bereits vor ihrer Machtergreifung entschieden bekämpft, so waren sie doch ideologisch derart tief gespalten und in Konkurrenzkämpfe verstrickt gewesen, daß sich keine einheitliche Abwehrfront hatte bilden können. Daran änderte sich auch 1933 angesichts des nationalsozialistischen Terrors zunächst nicht viel.

Der Kommunistische Jugendverband (KJVD) führte weiterhin seinen Zweifrontenkrieg gegen „Sozialfaschisten" und Faschisten. Er rief zur „Einheitsfront von unten" auf, in der sich alle Arbeiterjugendlichen unter kommunistischer Führung zusammenschließen sollten, um den Faschismus durch die proletarische Revolution und die Errichtung von „Sowjetdeutschland" zu überwinden. Solches Revolutionspathos und eine starke Organisationsdisziplin ließen den KJVD die Massenverhaftungen vom Frühjahr 1933 überstehen und erlaubten ihm, Zellen, Orts- und Bezirksleitungen trotz häufiger polizeilicher Festnahmen bis 1934/35 aufrechtzuerhalten.

Mit mancher waghalsigen Demonstration oder heimlichen Aktion wurden kommunistische Parolen verbreitet, Aufrufe an Hauswände geschrieben, rote

Fahnen zum Zeichen des Protestes auf Schornsteinen befestigt, mühselig hektographierte Flugzettel verteilt, aber auch in hoher Auflage gedruckte Widerstandsschriften wie die „Junge Garde" von Hand zu Hand weitergegeben. Resolutionen und Arbeitsprogramme der kommunistischen Jugendverbandsleitungen orientierten zudem ihre Mitglieder auf Widerstandsarbeit in den Betrieben, Wohnvierteln und Arbeitsdienstlagern, ja sogar (nach einer Phase konzeptioneller Unsicherheit) auf die heimliche, aber legale Artikulationsmöglichkeiten einbeziehende Tätigkeit innerhalb der HJ. Diese angesichts der Gestapo-Praktiken und des Spitzelwesens verlustreichen Widerstandsaktionen sollten den antifaschistischen „Massenkampf" bis zur Revolution anfachen. Aber weder in der Phase des ultra-linken revolutionären Alleinvertretungsanspruchs der Kommunisten (bis Sommer/Herbst 1934) noch in der darauf folgenden Volksfront- und Einheitsfront-Phase gelangte der KJVD zur erwünschten Massenwirksamkeit. Die illegalen Kader blieben isoliert und weitgehend von der Sysiphosarbeit beansprucht, die immer neu durch Verhaftung gerissenen Löcher im Netz der Organisation zu stopfen.

Auch zu anderen Widerstandsgruppen konnte der KJVD nur gelegentlich festere Kontakte herstellen. Zwar gab es manche informelle freundschaftliche Verbindung zwischen Jungen aus dem sozialdemokratischen, dem katholischen und dem kommunistischen Lager, aber die immer wieder angestrebte organisierte Einheitsfront kam nie auf Dauer zustande. Bis 1935 wurden mit der Mutterpartei und den anderen kommunistischen „Massenorganisationen" auch der KJVD weitgehend zerschlagen. Seitdem arbeiteten die Jungkommunisten in den ebenfalls weniger gewordenen Parteigruppen mit. Nur vereinzelt hielten sich Jugendverbandszellen bis in die Kriegsjahre, wie etwa die Gruppe des 1942 hingerichteten Hanno Günther in Berlin.

Auf der sozialdemokratischen Seite fand die Sozialistische Arbeiterjugend (SAJ) den Weg in den antifaschistischen Untergrund nur nach manchen Konflikten mit der Mutterpartei. Vorbereitungen der Berliner SAJ für die Illegalität mußten sogar im April 1933 auf Druck des Parteivorstandes teilweise rückgängig gemacht werden, weil sich dieser durch betonte Zurückhaltung einen legalen Spielraum bewahren wollte. Das Verbot der SPD im Juni 1933 zerschlug diese Illusionen, aber die Zeit der Unsicherheit hatte die Bildung einer geschlossenen illegalen Jugendorganisation verhindert. Dennoch setzten viele junge Sozialdemokraten den Widerstand fort. Die meisten illegalen Gruppen der SPD und der linkssozialistischen Organisationen wie der SAP (mit ihrem Jugendverband SJVD), den Revolutionären Sozialisten, der Gruppe „Neu Beginnen" und des Internationalen Sozialistischen Kampfbundes (ISK) bestanden zu einem besonders großen Teil aus aktiven jüngeren Genossen, die Flugschriften über die Grenze holten, Lesezirkel für die illegale Presse organisierten und die Verbindung zwischen den einzelnen sozialistischen Freundeskreisen aufrechterhielten. Manchmal tarnten sie sich auch dadurch, daß sie sich einem Sportclub anschlossen oder einen Wanderverein bildeten, wie z.B. in Nürnberg. Dort konnte eine SAJ-Gruppe mit Mitgliedern im Alter von 19 bis 23 Jahren als Wanderverein „Alpfreunde" bis zu Verhaftungen Ende 1935 den Zusammenhalt wahren und den Vertrieb der aus Prag kommenden „Sozialistischen Aktion" organisieren. In der gleichen Stadt hielt sich auch bis 1936 eine Jugendgruppe des Arbeiter-Touristen-Vereins „Naturfreunde", der in Bayern am 29. März 1933 verboten worden war. Diese Gruppe „Falkenhorst" hatte sich zunächst zur Tarnung in „Herrenclub" umbenannt. Sie führte weiterhin das traditionelle Abzeichen der Naturfreunde, die beiden verschlungenen Hände, und grüßte sich mit dem herkömmlichen „Freundschaft!" Zwei ihrer Mitglieder nahmen sogar 1934 an der Prager Arbeiter-Olympiade teil. Ähnliche sozialdemokratische Jugendgruppen gab es in vielen Städten des Reiches.

Selbst wenn sich die ehemaligen Mitglieder der Arbeiterjugend angesichts des Gestapo-Terrors oft nicht sehr lange illegal organisieren konnten, so wahrten sie doch auch nach Auflösung der illegalen Organisationen bzw. nach der Entlassung aus den Haftanstalten und Konzentrationslagern die Verbindung zu ihren Freunden und Genossen. Man traf sich an Wochenenden zu Hause oder bei Wanderungen, führte politische Gespräche und tauschte Nachrichten ausländischer Sender aus, die man abgehört hatte. So bewährte sich die Arbeiterjugendbewegung im Dritten Reich vor allem als Gesinnungsgemeinschaft.

b) Fortsetzung Bündischer Bestrebungen

Der Zerschlagung der sozialistischen Arbeiterjugendbewegung folgten das Verbot oder die Gleichschaltung der Bündischen Jugendverbände. Diese waren nach dem Ersten Weltkrieg aus der Wandervogel-Bewegung entstanden. Zu dieser Zeit hatten die Freizeitformen, Verhaltensstile, Lieder und Organisationsmodelle der Jugendbewegung auf die meisten Jugendverbände auch der Kirchen und Parteien mehr oder weniger intensiv abgefärbt. Gemessen an diesen Großverbänden war die Mitgliederzahl der im engeren Sinne bündischen Gruppen gering. Die Bündischen besaßen gewisse gemeinsame Ideologien und Verkehrsformen, was sie aber nicht daran hinderte, sich immer weiter organisatorisch zu zersplittern, zu fusionieren und neu aufzuteilen. In ihrer Ablehnung der industriellen Klassengesellschaft, des Interessenpluralismus und der Demokratie trafen sie sich mit der Hitlerjugend, ohne diese Konkurrenz vor 1933 sonderlich ernstzunehmen. Es ist daher nicht so verwunderlich, daß viele bündische Führer die angebliche „Nationale Revolution" von 1933 zunächst begeistert begrüßten. Viele schlossen sich der Hitler-Jugend an und blieben dort anfangs weiterhin als Führer von „Jungvolk"- und HJ-Gruppen. Spätestens mit dem Verbot des „Großdeutschen Bundes" im Juni 1933 machte jedoch die HJ klar, daß sie nicht an der Kooperation Gleichberechtigter, sondern an der völligen Unterordnung der Bündischen interessiert war. Dagegen regte sich wachsender Widerspruch, der das bündische Prinzip kulturellen Eigenlebens der Jugend gegen den Herrschaftsanspruch der Partei verteidigte und die eigenen Ideen von „Führertum", das auf dem freiwilligen Vertrauen der Gruppe basieren sollte, gegen den nationalsozialistischen Konformitätsdruck und Kadavergehorsam setzte. Aus dieser Abwehrhaltung entwickelten sich im wesentlichen drei unterschiedliche Handlungskonzepte:

— Viele Bündische wahrten weiterhin den ganz persönlichen Zusammenhalt untereinander, gleich ob sie in der HJ organisiert waren oder nicht. Sie setzten die alten Formen der Freizeitgestaltung, des Wanderns, fort und sangen die alten Lieder, ohne von sich aus irgend etwas weitergehendes gegen den nationalsozialistischen Staat zu unternehmen. Insofern sie aber gegen dessen Totalitätsanspruch verstießen, gerieten sie dennoch ungewollt in Konflikt mit ihm. Seit 1934 wurden daher HJ und Jungvolk wiederholt von „Bündischen Traditionen" gesäubert und ihre Vertreter verhaftet.

— Andere waren sich dessen bewußt, daß sich ihre Leitbilder von Jugendleben und Freiheit nicht mit dem Konzept der Nationalsozialisten vertrugen und unternahmen daher aus eigener Initiative Ansätze zur illegalen Organisation und zum Widerstand. Hier ist u.a. die „Deutsche Jungenschaft vom 1.11." unter ihrem Führer „tusk" (Eberhard Koebel) zu nennen, der 1933/34 zwischen Beitritt zur KPD, Kooperationsangeboten an Schirach, Widerstand, Verhaftung und Emigration agierte.

— Einige exponierte Führer der Jugendbewegung hatten vor den Nationalsozialisten ins Ausland fliehen müssen und setzten von dort ihre Bemühungen um die Organisation des Widerstandes in Deutschland fort. Vor allem die Gruppen um Hans Ebeling und Theodor Hespers und um Karl-Otto Paetel wirkten mit Schriften und über Kuriere ins Reich zurück. Ebelings Zeitungen „Sonderinformationen Deutscher Jugend" und „Kameradschaft!" entwickelten zudem für die Emigration wie für die in Deutschland verbliebenen Gesinnungsgenossen eine informative und detaillierte Kritik am Nationalsozialismus und boten eine Plattform für die Zusammenarbeit mit anderen antifaschistischen Gruppen.

Wie schon in der Weimarer Zeit lag die eigentliche Attraktion des „Bündischen" nicht in seiner engen Idee und spezialisierten Organisation, sondern in seinen Angeboten an kulturellen Stilformen von der Kleidung über das Liedgut bis zur Wanderfreizeit, das von vielen oppositionellen Jugendlichen als Alternative zum bürokratisch-autoritären Drill der HJ angenommen wurde.

c) Kirchliche Jugendarbeit

Insofern die Kirchen als einzige nicht-faschistische Weltanschauungsorganisationen trotz aller Repressalien im Dritten Reich einen legalen Handlungsspielraum bewahren konnten, besaßen sie auch größere Möglichkeiten der legalen Jugendarbeit. In ihren Jugendorganisationen befanden sich allerdings die überzeugten Verfechter demokratischer Lebensformen in der Minderheit. Aus ihrer autoritären, auf ständestaatliche Sozialverfassungen und einen ungebrochenen Nationalismus eingeschworenen Grundhaltung heraus begrüßten die meisten offizieller Vertreter der kirchlichen Jugendverbände die sog. „Nationale Revolution" 1933. Sie waren bereit, sich in einen autoritär-faschistischen Staat einzugliedern, solange ihr eigener Einflußbereich auf die Jugend, die Kompetenz ihrer „volksmissionarischen" Arbeit nicht bestritten wurde. Manche kirchlichen Jugendgruppen schlossen sich freiwillig der HJ an, andere erlagen dem Druck unterer Staats- und HJ-Instanzen, wieder andere, besonders dem bündischen Jugendleben verpflichtete kirchliche Gruppen, wurden schon im Frühjahr 1933 verboten.
Das evangelische Jugendwerk verlor seine Selbständigkeit durch einen Vertrag des Reichsbischofs Müller mit der HJ-Führung am 19. Dezember 1933. Hierbei nutzte Müller gegen alle Proteste aus dem Jugendwerk seine vom „Führerprinzip" abgeleiteten Vollmachten zur Zwangsgleichschaltung aus. Gegen dieses „Versailles für die Kirche", wie es die Opposition im Jugendwerk nannte, trafen sich tausende Jugendlicher auf einer Protestkundgebung am 27. Dezember 1933 in Essen. Auch im Januar 1934 kursierten noch Flugblätter gegen die Gleichschaltung, fanden Aufklärungs- und Bekenntnisveranstaltungen statt. Dennoch konnte die Zwangseingliederung in die HJ nicht verhindert werden. In den folgenden Jahren blieb die kirchliche Jugendarbeit auf unmittelbare religiöse Unterweisung beschränkt, da ihr alle anderen Freizeitaktivitäten wie Sport, Wandern, Lagerleben verboten waren. In enger Anlehnung an die Bekennende Kirche entfaltete sich jedoch eine intensive Gemeinde-Jugendarbeit, die als Gratwanderung zwischen erlaubter religiöser Erziehung und verbotener kultureller Betreuung verstanden werden kann. Erst 1938 und endgültig 1940 wurden die Bibelfreizeiten der Evangelischen Kirche verboten. Zur gleichen Zeit mußte auch die protestantische Jugendpresse wegen „kriegsbedingten" Papiermangels ihr Erscheinen einstellen.
Im alltäglichen Erleben der protestantischen Jugendlichen vermengte sich sicherlich der Kampf um die Erhaltung kulturell-religiöser Autonomie mit widerstandsartigem Kleinkrieg gegen die HJ und die Behörden. Aus solchen Erfahrungen wuchs eine tiefer gehende Abneigung gegen das Regime, das sich so eindeutig als Unrechtsstaat entpuppt hatte. Jedoch überschritten die meisten Jugendlichen nicht die traditionellen Schranken von protestantisch-preußischer Staatsgläubigkeit.

Ähnlich widersprüchlich entwickelte sich die katholische Jugendarbeit. Während die Abschaffung der Weimarer Demokratie noch weitgehend mit Zustimmung und Hoffnungen auf einen autoritären Staatsaufbau begleitet wurde, so daß die Zerschlagung des politischen Katholizismus (also der Zentrumspartei und der Bayerischen Volkspartei) ohne ernste Gegenwehr erfolgen konnte, erlebten viele katholische Jugendliche bereits massive Repressionen von örtlichen HJ-Verbänden gegen ihr Gruppenleben. Diese zwiespältige Lage reflektiert auch das Tagebuch eines Führers des katholischen Jungmänner-Verbandes von Eichstätt:

„Wir jungen, nicht-hitlerischen Menschen stehen z. Zt. ganz frei und verlassen da. Die Alten, vor allem Lehrer, Beamten usw. laufen alle zu den Nazis über (des Gehalts wegen) und wir ??? . . . (10.4.33); jetzt ist bei mir Hochbetrieb, die politischen Zeitungen lesen, schimpfen, usw. (21.3.1933); wir werden als Nicht-Deutsche betrachtet. Wir fühlen uns trotzdem treudeutsch und schuldlos. (19.4.33); Schlagwörter . . .: gleichschalten, einordnen, mitaufbauen . . . wann und wie zeigt sich der Gegenstoß! (11.6.33); . . . braune Besatzungsmächte! (15.6.33)“

Zur gleichen Zeit war die Kirchenleitung darauf bedacht, sich mit der Regierung Hitler zu arrangieren und über das Reichskonkordat vom 20. Juli 1933 mit der Anerkennung des nationalsozialistischen Staates die Respektierung kirchlichen Eigenlebens zu erkaufen. Tatsächlich gewann man dadurch eine Atempause, in der der Gleichschaltungsdruck nachließ und regionale Organisationsverbote zeitweise aufgehoben wurden. Allerdings zog sich die Auseinandersetzung darüber, welche Aktivitäten der erlaubten religiösen Jugendarbeit und welche den der Kirche verbotenen allgemeinen jugendpflegerischen Tätigkeiten dienten, noch lange hin. Diese Differenzierung bot den Nationalsozialisten immer wieder Eingriffsmöglichkeiten auf lokaler wie regionaler Ebene, denen zuerst die Sportorganisation Deutsche Jugendkraft (DJK) zum Opfer fiel. Vereinsverbote, Versammlungsverbote, Verbote von Aufmärschen und Wanderungen, Abzeichen- und Uniformverbote, Überfälle und Beschlagnahmungen von kirchlichen Heimen und Freizeiteinrichtungen häuften sich und führten über zwei auf das Reichsgebiet ausgedehnte Preußische Erlasse gegen den sog. politischen Katholizismus und die Betätigung konfessioneller Jugendverbände im Jahre 1935 zum strikten Verbot jeder nicht-kirchlichen Betätigung im engsten Sinne. Im Herbst 1935 und erneut Februar 1936 wurde dann die Reichszentrale der katholischen Jugendverbände in Düsseldorf besetzt und zugleich die auflagenstarke und einflußreiche Zeitung „Junge Front“ (später: „Michael“) endgültig verboten. Die Verhaftung der katholischen Jugendführer Wolker, Clemens und Steber im Februar 1936, die die Gestapo als „Komplizen“ der zeitweiligen Zusammenarbeit einiger Sturmschar-Führer um Kaplan Rossaint mit Jungkommunisten verdächtigte, und der folgende „Volksfront-Prozeß“ vor dem Volksgerichtshof waren der Auftakt zu den endgültigen Verboten der katholischen Jugendverbände zwischen Herbst 1937 und Frühjahr 1939.

Gegen alle diese Pressionen hatten die Jugendlichen sich vielfach zur Wehr gesetzt und dabei erlaubte Aktivitäten immer wieder zur Tarnung verbotener gemeinsamer Freizeitbeschäftigungen benutzt. Formen wie religiöse Gruppenstunden, Exerzitien, die Teilnahme an Fronleichnamsprozessionen und Wallfahrten, Jugendmissionen usw. gewannen in diesem Lichte eine ganz andere, auch die politische Sphäre berührende Bedeutung. Dies belegt wiederum das Tagebuch des katholischen Jugendführers aus Eichstätt: „Wallfahrt nach Buchenhüll . . . bei der Gelegenheit konnten wir wieder einmal eine ‚staatlich verbotene‘ Wanderung ausführen . . .(26.8.34); . . . die Nazis sollen sehen, daß wir auch noch da sind. (29.4.33)“

Eine gewisse Konsolidierung der Pfarrjugend-Arbeit erfolgte während des Krieges, als sich die Partei im Interesse der „Wehrmoral“ einige Zurückhaltung auferlegte. Zugleich ging die Gestapo aber scharf gegen jeden Versuch vor, die verbotene Verbandsarbeit wiederaufleben zu lassen. So wurden Anfang 1942 im Dortmunder Raum zwölf Gymnasiasten verhaftet, die als Exerzitien getarnte regionale Treffen des 1939 verbotenen katholischen Bundes „Neudeutschland“ durchgeführt und Schulungsrundbriefe mit antinazistischer Tendenz herausgegeben hatten.

Solche bewußten illegalen Aktionen blieben aber die Ausnahme, während der Zusammenhalt in der religiösen Gemeinschaft und die Wahrung ihrer Eigenart doch einen großen Teil der katholischen Jugendlichen im Umkreis der Kirche einband und damit teilweise gegen die nationalsozialistische Ideologie immunisierte.

d) Neu entstehende Widerstandsgruppen

> „Es gibt Zeiten und Menschen, da Kinder nicht mehr Streiche aushecken, sondern es mit einem Staat aufnehmen. Kein Erwachsener hat sie beraten, keinem haben sie sich anvertrauen können!“
> (Stefan Hermlin)

Organisierter Widerstand erwuchs nicht nur aus der Verteidigung von weltanschaulichen Traditionen und der Fortführung verbotener Gemeinschaften, sondern entstand auch während des Dritten Reiches in neuen Formen, geprägt von den konkreten Erfahrungen, die Jugendliche mit dem Nationalsozialismus gemacht hatten. Selbstverständlich knüpften sie dabei an Einstellungen und Haltungen spezifischer familiärer und sozialer Milieus an, sie gingen aber in ihrer Ablehnung des Regimes über das Herkömmliche hinaus, zogen eigene Konsequenzen und handelten danach.

Zu ihnen gehörte der Verwaltungslehrling Helmuth Hübener aus Hamburg, der als 17jähriger gemäß dem Urteil des Volksgerichtshofs wegen „Vorbereitung zum Hochverrat und landesverräterischer Feindbegünstigung" am 27. Oktober 1942 hingerichtet wurde. Hübener hatte, wie seine Eltern, der Kirche Jesu Christi der Heiligen der letzten Tage (den sog. Mormonen) angehört. Aus dieser religiösen Sonderstellung heraus erfuhr er frühzeitig die Pressionen und Nivellierungszwänge des NS-Regimes. Er blieb aber nicht bei der Behauptung seines Bekenntnisses stehen, sondern lehnte auch die politische Willkür des nationalsozialistischen Staates, das Verbot freier Meinung und seinen verbrecherischen Krieg ab. Daher hörte er zusammen mit Freunden ausländische Rundfunksender und verbreitete, gestützt auf diese Informationen, Flugschriften, die über die aussichtslose Kriegslage aufklärten und zum Widerstand aufriefen. Sie reichten von Streuzetteln mit Parolen wie „Nieder mit Hitler – Volksverführer, Volksverderber" bis hin zu längeren Aufrufen an Soldaten und Jugendliche, teilweise in Gedichtform. Hübener wußte, was er tat, er kannte die Risiken und entschied sich dennoch zum Handeln. Sein Flugblatt „Wochenendkarzer" an die Mitglieder der HJ beginnt so:

„Deutsche Jungen!
Kennt Ihr das Land ohne Freiheit, das Land des Terrors und der Tyrannei? Nun, Ihr wißt es wohl und gut, nur Ihr mögt es nicht aussprechen. Man hat Euch schon so weit unterdrückt, daß Ihr aus Furcht vor der Strafe es nicht wagt. Ja, Ihr habt Recht; Deutschland ist es, das Hitler-Deutschland".
Um Herbert Baum bildete sich in Berlin eine Widerstandsgruppe junger Juden. Ihr Kern hatte wie Baum bereits vor der nationalsozialistischen Machtergreifung dem kommunistischen Jugendverband angehört und dessen Organisation in der Illegalität bis Mitte der 30er Jahre fortgeführt. Die meisten Mitglieder der Gruppe hatten sich zu dieser Zeit legalen jüdischen Organisationen, dem Ring-Bund Deutsch-Jüdischer Jugend (RBDJ) und der zionistischen Jugendorganisation Hashomer Hazair angeschlossen. Sie verbanden somit legale und illegale Organisationsformen genauso wie sozialistisch-kommunistische und zionistische Auffassungen. Diese Verbindung von Programmen sozialer Emanzipation gegen die kapitalistische Gesellschaftsverfassung, politischen Kampfes gegen Reaktion und Faschismus und von Projekten einer nationalen Befreiung des jüdischen Volkes in einem eigenen Staat entsprach den konkreten, vielschichtigen Erfahrungen der Jugendlichen als zugleich unterdrückter Arbeiter und unterdrückter Juden im Dritten Reich.
Die Mitglieder der Gruppe beteiligten sich an der Herstellung und Verbreitung antifaschistischer Schriften während des Krieges, u.a. von „Der Weg zum Sieg" vom November 1941, zwei Ausgaben von „Der Ausweg. Antifaschistische Kampfschrift" vom November und Dezember 1941 und einem Flugblatt „An die deutsche Ärzteschaft" vom März 1942.

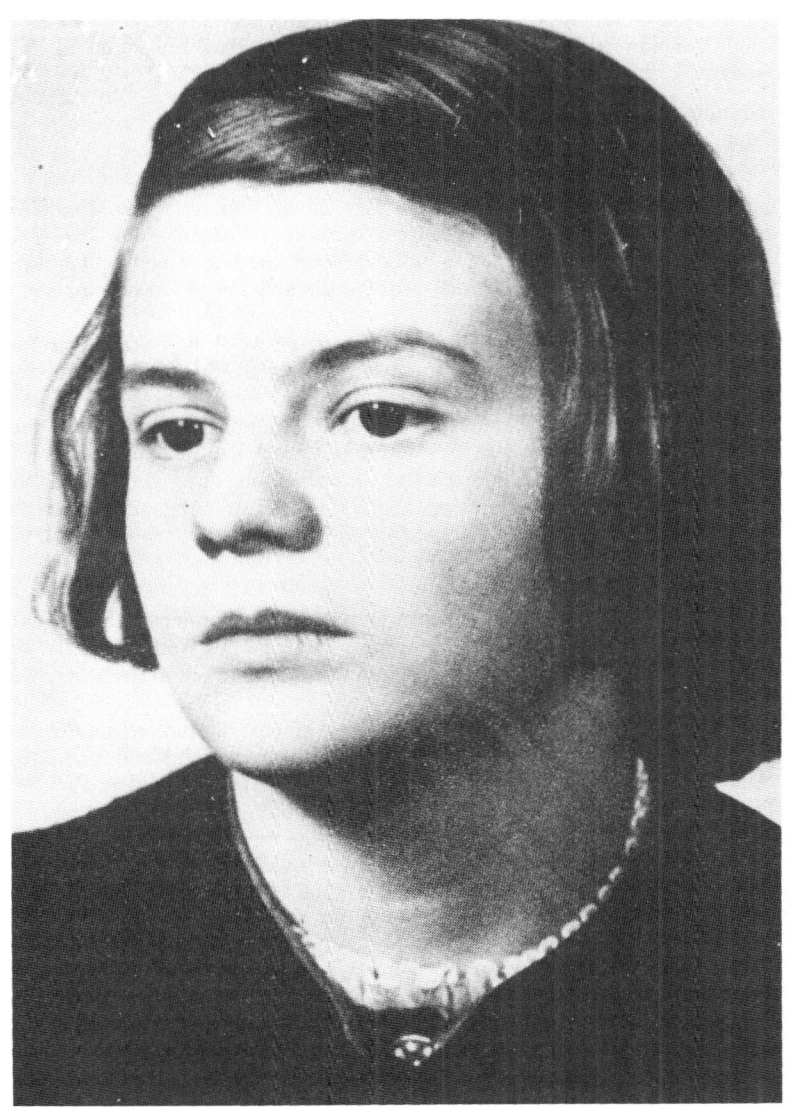

Sophie Scholl

Am 18. Mai 1942 steckten sie die nationalsozialistische Propaganda-Ausstellung „Das Sowjetparadies" in Brand und verteilten dazu Flugzettel mit folgendem Text:

„Ständige Ausstellung – das NAZI–PARADIES –
Krieg. Hunger. Lüge. Gestapo.
Wie lange noch?"

Die Gestapo antwortete mit brutaler Gewalt. Sie verhaftete die Mitglieder der Gruppe, von denen in der Folge 27 ermordet wurden. Zudem wurden als Repressalien 500 unbeteiligte jüdische Bürger Berlins festgenommen und 250 von ihnen sofort erschossen, während die anderen in ein KZ überstellt wurden.

Die „Weiße Rose" in München und Hamburg ist wohl die bekannteste Widerstandsgruppe junger Deutscher im Dritten Reich. Ihr Kern bestand aus den 21- bis 25jährigen Studenten Hans und Sophie Scholl, Willi Graf, Christoph Probst und Alexander Schmorell. Im Sommer-Trimester 1942 verfaßten sie vier Flugblätter der „Weißen Rose" mit Aufrufen zum Widerstand gegen den Krieg und gegen die geistige Unterdrückung durch die Nationalsozialisten. In Zusammenarbeit mit Prof. Kurt Huber entstanden dann im Januar und Februar 1943 ein „Aufruf an alle Deutschen" und ihr letztes und bekanntestes Flugblatt:

„Kommilitonen! Kommilitoninnen!
Erschüttert steht unser Volk vor dem Untergang der Männer von Stalingrad. 300.000 deutsche Männer hat die geniale Strategie des Weltkriegsgefreiten sinn- und verantwortungslos in Tod und Verderben gehetzt. Führer, wir danken Dir.

Es gärt im deutschen Volk: Wollen wir weiter einem Dillettanten das Schicksal unserer Armeen anvertrauen? Wollen wir den niederen Machtinstinkten einer Parteiclique den Rest der deutschen Jugend opfern? Nimmermehr! Der Tag der Abrechnung ist gekommen, der Abrechnung der deutschen Jugend mit der verabscheuungswürdigsten Tyrannis, die unser Volk je geduldet hat. Im Namen der deutschen Jugend fordern wir vom Staat Adolf Hitlers die persönliche Freiheit, das kostbarste Gut des Deutschen zurück, um das er uns in der erbärmlichsten Weise betrogen.

In einem Staat rücksichtsloser Knebelung jeder freien Meinungsäußerung sind wir aufgewachsen. HJ, SA, SS haben uns in den fruchtbarsten Bildungsjahren unseres Lebens zu uniformieren, zu revolutionieren, zu narkotisieren versucht. (. . .)

Der deutsche Name bleibt für immer geschändet, wenn nicht die deutsche Jugend endlich aufsteht, rächt und sühnt zugleich, ihre Peiniger zerschmettert und ein neues geistiges Europa aufrichtet. Studentinnen! Studenten! Auf uns sieht das deutsche Volk! Von uns erwartet es, wie 1813 die Brechung des napoleonischen, so 1943 die Brechung des nationalsozialistischen

Terrors aus der Macht des Geistes. Beresina und Stalingrad flammen im Osten auf, die Toten von Stalingrad beschwören uns!

‚Frischauf, mein Volk, die Flammenzeichen rauchen!‘ Unser Volk steht im Aufbruch gegen die Verknechtung Europas durch den Nationalsozialismus, im neuen gläubigen Durchbruch von Freiheit und Ehre".

Bei der Verteilung dieses Flugblatts in der Münchener Universität wurden Hans und Sophie Scholl am 18. Februar 1943 entdeckt, der Gestapo denunziert und zusammen mit ihren Freunden vor Gericht gestellt. Die Geschwister Scholl und Christoph Probst wurden zum Tode verurteilt und bereits am 22. Februar 1943 hingerichtet. Weitere Todesurteile folgten. Im Herbst 1943 verhaftete die Gestapo auch die Mitglieder einer Hamburger Gruppe, die über Hans Leipelt Verbindung nach München hatte und ebenfalls Flugblätter der „Weißen Rose" und weitere eigene Schriften verbreitet hatte.

In den Aktionen der „Weißen Rose" kamen noch einmal die bildungsbürgerlichen und christlichen Traditionen des deutschen Idealismus zum öffentlichen Ausdruck von moralischer Betroffenheit, grundsätzlicher Kritik am NS-Regime und zu politischer Wirksamkeit, nachdem so viele ihrer Vertreter 1933 vor dem Nationalsozialismus verstummt waren oder sich sogar zu seiner Unterstützung bereitgefunden hatten. Die Lebensläufe der Münchener Studenten zeigen daher sowohl die Gemeinsamkeiten ihrer sozialen Herkunft als auch die Vielfalt ihrer Jugenderfahrungen. Sie können als Beispiel für viele Bildungsgeschichten bürgerlicher Jugendlicher ihrer Generation stehen, die ähnlich dachten und fühlten, ohne allerdings die Konsequenz widerständigen Handelns zu ziehen.

Alexander Schmorell hatte schon von seinem Elternhaus her eine tiefe Verbundenheit zur russischen Kultur gewonnen, die ihn die nationalsozialistischen „Untermenschen"-Ideologie hassen lehrte. Seine Freiheitssehnsucht führte ihn in bündische Gruppen, in denen er sich dem Drill der HJ entzogen fühlen konnte. Christoph Probst konnte sich mit Hilfe seiner Eltern (seine Stiefmutter war übrigens Jüdin) dem schulischen Konformitätsdruck im Dritten Reich durch den Wechsel in ein Internat am Ammersee entziehen. Willi Graf entstammte dem rheinischen katholischen Milieu und schloß sich eng dem katholischen Bund „Neudeutschland" an. 1936 trat er dann dem religiös-männerbündischen „Grauen Orden" bei, weswegen er im folgeden Jahr auch zum ersten Mal verhaftet wurde. Auch Hans Scholl geriet 1937 wegen seiner Zugehörigkeit zur verbotenen bündischen Organisation „Deutsche Jungenschaft vom 1.11." zeitweise in Haft. Er hatte allerdings einige Jahre zuvor aus der Evangelischen Jugendbewegung zur HJ gewechselt, die ihm die Verwirklichung seiner jugendlich-idealistischen Vorstellungen und die Lösung vom väterlichen Einfluß zu versprechen schien. Diese Illusionen verflogen schnell in der Erfahrung des täglichen Kadavergehorsams und Drills bei der HJ. Auch Sophie Scholl hatte der HJ angehört, sich aber schon frühzeitig von Frauentyp des „Bundes Deutscher Mädel" emanzipiert. Ihre Abkehr von der regimekonformen Rollenzuweisung verband sich mit weitergehender politischer Kritik. Sie hatte, und darin steht sie für ihre ganze Gruppe, „nichts übrig für Leute, die sich nur darum sorgten, heil aus dem Krieg herauszukommen".

e) Spontan entstandene oppositionelle Cliquen

Nur vergleichsweise wenige Jugendliche fanden während des Krieges zum politisch artikulierten organisierten Widerstand, wobei allerdings zu bedenken ist, daß die über 18jährigen als eingezogene Wehrmachtssoldaten an der Front dazu auch nur wenige Möglichkeiten hatten. Jedoch fanden sich in vielen deutschen Städten während des Krieges oppositionelle Jugendliche spontan in kleinen Gruppen und Cliquen zusammen, wo sie ihre Freizeit ohne die Beaufsichtigung durch die HJ verleben konnten. Teilweise reichten die Wurzeln solcher Gruppen bis in die 30er Jahre zurück; aber erst 1939 wurden sie zur beinahe allgemeinen Erscheinung, die die Aufmerksamkeit der nationalsozialistischen Dienststellen erregte. Noch am 25. Oktober 1944 mußte der Reichsführer SS und Chef der Deutschen Polizei in einem Erlaß zur „Bekämpfung jugendlicher Cliquen" zugeben:
„In allen Teilen des Reiches, insbesondere in größeren Städten haben sich seit einigen Jahren — und in letzter Zeit in verstärktem Maße — Zusammenschlüsse Jugendlicher (Cliquen) gebildet. Diese zeigen z.T. kriminell-asoziale oder politisch-oppositionelle Bestrebungen und bedürfen deshalb, vor allem im Hinblick auf die kriegsbedingte Abwesenheit vieler Väter, Hitler-Jugend-Führer und Erzieher, einer verstärkten Überwachung".
In manchen Städten gehörten Tausende solchen oppositionellen Cliquen an, besonders seitdem die dauernden Bombenangriffe die Funktionstüchtigkeit der NS-Behörden behinderten und zugleich die letzten Reste attraktiver Freizeitangebote durch die HJ zerstörten. Alle diese Jugendlichen hatten ähnliche Erfahrungen mit der angeblichen Volksgemeinschaft der Nationalsozialisten gemacht. Sie wollten sich deren Zwängen entziehen und in der freien, spontan gebildeten Gemeinschaft Gleichaltriger ihre Zeit verbringen. Gemeinsam war ihnen auch die darauf folgende Erfahrung, daß sich die HJ diese Verletzung von „Dienstpflichten" nicht gefallen ließ, sondern die Jugendlichen mit Aktionen des Streifendienstes, mit Verwarnungen, vorläufigen Festnahmen, Arresten und Meldungen bei der Gestapo disziplinieren wollte. Daraus erwuchs ein verbreiteter Haß gegen die HJ und gegen alles Nationalsozialistische, ohne daß diese 14- bis 18jährigen in der Regel ihre Abneigung in wohlbegründete politische Konzepte umsetzen konnten. Genauso, wie sich die Konflikte mit dem NS-Regime an „kleinen" alltäglichen Erfahrungen entzündeten, so äußerten sie sich vornehmlich in „kleinen" all-

täglichen Verweigerungen und Protesten. Die oppositionellen Spontangruppen besaßen also weder eine einheitliche Ideologie noch verfügten sie über mehr als zufällige Verbindungen zu Gleichgesinnten aus anderen Teilen des Reiches. Dennoch lassen sich einige Gemeinsamkeiten, aber auch charakteristische Unterschiede feststellen.

Viele der Gruppen im Rheinland fanden sich als „Edelweißpiraten" zusammen, weil sie ein Edelweiß als Erkennungszeichen trugen und sich durch die charakteristische bunte Wanderkluft sowie die vergleichsweise langen Haare sichtbar von der HJ unterschieden. Sie übernahmen zudem die Freizeitformen des Wanderns und Zeltens sowie viele Lieder aus der Jugendbewegung, dichteten aber auch Schlager und Lieder des Nationalsozialismus so um, daß sie ihr eigenes oppositionelles Bewußtsein, die Sehnsucht nach einem freien, abenteuerlichen Leben und die Feindschaft gegenüber der HJ ausdrückten.

Aus anfänglichen Prügeleien mit dem Streifendienst der HJ, der die wilden Wanderungen der Edelweißpiraten zu unterbinden versuchte, entwickelte sich ein regelrechter Kleinkrieg, so daß manche Straße in rheinischen Großstädten nach Einbruch der Dunkelheit von SA- und HJ-Leuten in Uniform nicht mehr betreten werden konnte, ohne daß sie Gefahr liefen, verprügelt zu werden. Die auf solche Vorkommnisse folgenden Razzien und Festnahmen der Gestapo und Verurteilungen der Gerichte drängten die Jugendlichen objektiv in klarere politische Frontstellungen. Ob sie wollten oder nicht, waren sie zu „Staatsfeinden" geworden. Manche unter den Edelweißpiraten zogen daraus auch subjektive Konsequenzen und schlossen sich Widerstandsgruppen an und verteilten Flugblätter oder beteiligten sich, wie im Herbst 1944 in Köln, an Sabotageakten und Attentaten.

Die jungen Edelweißpiraten kamen aus der Arbeiterschaft, nicht wie die traditionellen Bünde aus bürgerlichen Schichten. Auch die Hamburger „Totenkopfbande" und „Bismarckbande" bestanden ebenso wie die Leipziger und Erfurter „Meuten", die Dresdener „Mobs" und die bayerischen „Blasen" oder die Hallenser „Proletenzefolgschaften" vornehmlich aus Arbeiterjugendlichen. Sie artikulierten im Gruppenleben ihre Erfahrungen als Angehörige einer unterdrückten und zugleich zwangsdisziplinierten und zwangsindoktrinierten Generation. Auch wenn sie längst nicht alle zum politisch bewußten Widerstand zählten, markierte ihr massenhaftes Auftreten doch die Grenzen nationalsozialistischen Einflusses während des Krieges auf die junge Generation.

Unter städtischen, eher bürgerlichen Jugendlichen verbreitete sich zur gleichen Zeit die „Swing"-Bewegung. Sie reichte indessen weit über die allerdings besonders provokanten kulturellen und verhaltensmäßigen Abgrenzungsmanöver von Jugendlichen etwa aus den oberen Schichten der Hamburger Gesellschaft hinaus, die die Vorliebe für alles Angelsächsische, für einen legeren, lockeren Stil und – eben für den „Swing" – kultivierten. In vielen Städten tanzten Jugendliche nach verbotenen Jazz-Melodien, besuchten Tanz-Cafés, wo sie die Bands zu „undeutscher Musik" ermunterten, und setzten den „beschwingten", individuellen Verhaltensstil des „Swing" gegen die preußisch-sture, völkisch-biedere Norm des „soldatischen Mannes". Obwohl sich die meisten Swing-Jugendlichen ganz bewußt unpolitisch hielten – der Hamburger Kreis um Thorsten Müller zählt sicherlich in mehrfacher Hinsicht zu den Ausnahmen – und sich zudem oft standesbewußt gegen die „Proleten" in der HJ wie in den oppositionellen Arbeiterjugendcliquen abgrenzten, zog die Swing-Bewegung den fanatischen Haß der Nazis auf sich, die sich durch deren lässiges, „unmännliches" Verhalten mitten ins soldatische Mark getroffen fühlten. Verbote, Festnahmen und Verurteilungen waren die Folge.

Ähnlich wie die Edelweißpiraten und Meuten das Scheitern der nationalsozialistischen Sozialpolitik, der volksgemeinschaftlichen Zwangsintegration der Arbeiterklasse signalisierten, zeigte die Swing-Bewegung an, daß auch die autoritär-kleinbürgerlichen Kulturideale der Nationalsozialisten in der jungen Generation des Bürgertums auf dem Rückzug waren. Insofern liegt die politische Bedeutung der Spontangruppen zwar eher in der Verfolgung durch die Nationalsozialisten als im bewußten Widerstand; sozial und kulturell aber kündigte sich in diesen oppositionellen Jugendbewegungen während des Krieges doch die Absage weiter Teile der jungen Generation an die NS-Gesellschaft an.

3. Zur Rolle der Jugendlichen im Deutschen Widerstand

Wenn es auch, fast möchte man sagen: naturgemäß, keinen einheitlichen Widerstand der deutschen Jugend gegen den Nationalsozialismus gab, so war der Widerstand doch nicht auf Einzelne beschränkt.

– Der Abwehrkampf der sozialistisch-kommunistischen, bündischen und kirchlichen Jugendgruppen, die ab 1933 Zug um Zug verboten wurden, demonstrierte, daß die Nazis die Macht nicht ohne Gegenwehr übernehmen konnten. In vielfältiger Form trugen sie zur Fortsetzung und Überlieferung nicht-faschistischer Werthaltungen und Traditionen bei. Zugleich deutete sich bei den kirchlichen und bündischen Gruppen ein Lernprozeß an, der zunehmend zu der Erkenntnis führte, daß sich deren Eigenständigkeit angesichts des nationalsozialistischen Totalitätsanspruchs nur im Widerstand behaupten ließ.

– Die vereinzelten Gruppen Jugendlicher, die sich in den Kriegsjahren aus unterschiedlicher Herkunft und Erfahrung zum organisierten Widerstand zusammenfanden, signalisierten, daß die Verfolgungen und Verbote aller nicht-nationalsozialistischen Gruppen doch das Aufkommen neuer politischer Widerstandsbereitschaft nicht verhindern konnten.

— Auch unterhalb der Ebene politisch-bewußten Widerstands gärte es in weiten Teilen der Jugend, wie die spontanen Gruppenbildungen aus sozialen und kulturellen Motiven während des Krieges und mit ihnen die vielfältigen alltäglichen Verweigerungs- und Protestformen von Jugendlichen zeigten.

Es bleibt als Resultat, daß nur eine Minderheit der deutschen Jugend das Dritte Reich politisch konsequent aktiv bekämpfte. Dennoch paßt das Bild von der einheitlich hinter dem „Führer" stehenden Volksgemeinschaft nur für die Schauseite des Regimes. Hinter den Kulissen vollzog sich auch die lebensgeschichtliche Entwicklung der damaligen Jugendlichen in zahlreichen Widersprüchen und Alltagskonflikten mit den Zumutungen des Regimes.

Thorsten Müller
Ich war ein Widerstand

Ja, es ist wahr: Als ich, involviert in die zwischen München und Hamburg
verzweigte „Weiße Rose", am 19. April 1945 in Hamburg vor dem Volksgerichtshof stand, angeklagt der Vorbereitung zum Hochverrat, der Feindbegünstigung, des Rundfunkverbrechens, der Wehrkraftzersetzung und, damit
nicht genug, auch noch der Verabredung eines Sprengstoffverbrechens, da
war ich 17 Jahre alt.
Wahr ist auch: Als der Sicherheitsdienst (SD) dem Statthalter des Reiches
in Hamburg, dem NSDAP-Gauleiter Karl Kaufmann, am 13. Januar 1944
eine Auswahl der im Herbst 1943 von der Geheimen Staatspolizei in Hamburg in eben dieser Affäre in Haft genommenen Personen einzeln präsen-
tierte und ich, nach Musterung meines Typus, Gestus, Habitus, für einen
jener *Einflußagenten der Angloamerikaner* erklärt wurde, vor denen Staat
und Volk sich schützen müßten, war ich 16 Jahre alt. Ich war also kaum älter als am 7. Dezember 1943, als die Gestapo mich, „dringend verdächtig,
an einem hochverräterischen Unternehmen teilgenommen zu haben", morgens verhaftet und abends, nachdem ihre Schergen vermittels Gummi-
knüppeln, Kanthölzern und geballten Fäusten einige Teilgeständnisse und
Schutzbehauptungen aus mir herausgeschlagen, in ihr Gefängnis, das Ge-
stapo-Gefängnis Fuhlsbüttel, verbracht hatte.
Wie es denn auch wahr ist, daß in den Endjulitagen des Jahres 1943, unter
Ausnutzung des alliierten Luftkriegsunternehmens „Gomorrha", jenes Tod
und Verderben bringenden Feuersturmes, der meine Heimatstadt wohnvier-
telweise zu Trümmern, Schutt und Asche verheerte, ich einer kleinen, nur
dürftig bewachten, durch die lodernde Stadt marschierende Kolonne jugendlicher Arrestanten und Fürsorgezöglinge entfliehen konnte.
In der Tat: Noch vor den sicherheitsdienstlichen Erkenntnissen ob meiner
Freunde Verbindungen zu Heinz Kucharski in Hamburg und Hans Leipelt in
München, deren Konspiration es eben war, gemeinsam mit anderen die Geschwister Scholl-Affäre fortzusetzen, – als ich am 3. Juni 1943 allein wegen
meiner als *anglophil* denunzierten Attitüde in Hamburg endlich verhaftet
und einstweilen hinter Schloß und Riegel einer Anstalt für Fürsorgezöglinge
und jugendliche Straftäter gebracht wurde, war ich 15 Jahre alt. Das Halb-
jahr nach der Flucht aus der in Flammen zum Himmel schreienden Stadt,
eben 16, bis zu meiner Wiederverhaftung, lebte ich einmal in Plauen im
Vogtland, dann in St. Blasien im Schwarzwald, in Freiburg im Breisgau, ja,
in Posen, im polnischen Viertel der Stadt, einmal in Chemnitz in Sachsen,
auch in Leipzig und Dresden, und immer wieder zwischen den Städten und
Dörfern des Reiches, in Hotels und Pensionen, in Scheunen und Ställen, im

Zuge der 1. Wagenklasse und im Waggon eines Güterzugs, in einer obskuren Absteige und im gastfreundlichen Haus eines Geistlichen, in immer wieder neuen Verkleidungen und Verstellungen, versteckt, geborgen, versorgt von Angehörigen, befreundeten Familien und, wie oft, ich weiß es nicht, auch von Unbekannt, in dieser Villa, jener Mietswohnung.

Ja, es ist wahr, zitiere ich mich noch einmal im Blick auf die Fragen, die mir bis auf den heutigen Tag hundertfach gestellt worden sind und die mir, auch in mir selbst, nachgehen werden, wie mir scheint, je mehr Zeit, gesellschaftlicher Wandel und Generationenfolge sich zwischen damals und morgen begeben: Wie ich denn nur *in dem Alter* . . ., wie ich, *so jung* . . ., wie ich, *noch ein Kind* . . . in die Verfolgungsmaschinerie des SS-Staates hätte geraten können (als ob der Mord an jüdischen und anderen, etwa als „lebensunwertes Leben" ausgewiesenen Säuglingen und Schulkindern nach Vorlage ihrer Geburtsurkunde nicht exekutiert worden wäre); aber auch im Blick auf die Fragen, wie ich denn nur *in dem Alter* . . . in den Widerstand hätte geraten können, ja ob (die Frage kam, erinnere ich mich recht, allen Ernstes von einem Sachbearbeiter im Dienste einer deutschen Wiedergutmachungsbehörde, Anfang der 1950er Jahre) ich *in dem Alter* denn überhaupt *reif* gewesen sei, um eine ernsthafte, sittlich begründete politische Überzeugung haben zu können. Ach, als ob es einer solchen bedurft hätte, wurde sie einem vom Reichsführer SS, Heinrich Himmler, oder vom Chef der Sicherheitspolizei und des SD, gleichviel, ob Heydrich oder Kaltenbrunner, oder auch nur von einem Gauleiter der NSDAP wie Karl Kaufmann, des Reiches Statthalter in Hamburg, unterstellt. Und wehe mir, ich hätte mich *in dem Alter* etwa auf die Zehn Gebote des Alten Testaments, auf den Humanismus der Gebrüder von Humboldt oder auf den kategorischen Imperativ des Immanuel Kant berufen; es wäre *in dem Alter* einer lebensgefährlichen Unverschämtheit gleichgekommen. Nein, ich war, damit das deutsche Volk und der deutsche Staat vor mir und meinesgleichen geschützt werde, auf Befehl des Gestapo-Hauptamtes in *Schutzhaft* genommen worden, weil ich, so die Begründung des Befehls, „nach dem Ergebnis der staatspolizeilichen Ermittlungen und Feststellungen die Sicherheit und den Bestand des Volkes und Staates" gefährdete, indem ich mich „hochverräterisch" betätigte.

Wie erinnerlich oder auch nicht, man brauchte für das, was seinerzeit in Deutschland *hochverräterisch* war, nach Auskunft des obersten Anklägers des Reiches nicht einmal mehr einen juristischen Kommentar, wie er, Dr. jur. Roland Freisler, in der Hauptverhandlung des Volksgerichtshofes gegen Alexander Schmorell und andere, dem zweiten Strafprozeß in der Geschwister-Scholl-Affäre, am 19. April 1943 in München jedermann verkündete: „Auch für den Volksgerichtshof ist Hochverrat das, was er für alle Volksgenossen ist, nämlich eine Gefährdung der nationalsozialistischen Lebensform des deutschen Volkes". Mehr bräuchte niemand zu wissen, meinte er, und das wisse auch ein Primaner, schloß er seinen Kommentar im Blick auf den jungen Angeklagten Heiner Guter.

Ja, ich hörte, auch das ist wahr, schon mit 14, 15 Jahren, mithin in den Jahren 1941, 1942, was zu hören bei hohen und Höchststrafen verboten war: den Londoner Rundfunk. Ich hörte ihn täglich, manchmal auch noch nach meinem Nachtgebet, und hörte ihn nicht nur allein, sondern auch schon mal in Gemeinschaft mit anderen, darunter erwachsenen, gar erziehungsberechtigten Personen, so daß mir bei Vollendung meines 15. Lebensjahres über den Äther Hugh Carlton Green, Lindley Fraser, Patrick Gordon Walker und andere Kommentatoren der BBC zu vertrautesten Freunden geworden waren, ja, zu einer täglich verfügbaren Institution der moralischen Ermutigung. Das war die Zeit, als ich, ich sehe ab von meiner Großmutter, die während meiner Kindheit Nadel und Faden geführt, meinen ersten eigenen Maßschneider gewählt hatte, – Harland war sein Name, Schneidermeister seinerzeit beim renommierten Herrenausstatter Kolbe in Hamburgs renommierter Geschäftsstraße Große Bleichen. Mochten die Hosen sehr wohl jene legere Akkuratesse verraten, die ihnen, *tailor-made*, eignen sollte, die Blazers und Sakkos, tadellos, verrieten ein wenig Extravaganz, ihrer ungemeinen, auch ganz handelsunüblichen Länge wegen, durch die ich hatte andeuten wollen: Ich, wie ihr mich hier so seht, sehe mich nicht als Hitlers Jugend; bleibet meinem Leibe fern mit Nazidress und all der ihm konformen Kluft. Fehlte nur noch der allezeit mitzuführende, auch bei strömendem Regen nicht zu entrollende, lange Regenschirm; allein er fehlte nicht: Ich trug ihn, einem Fetisch gleich, der zum einen meinen Geschmack, zum anderen meine Sympathie signalisierte in Richtung ,,10, Downing Street", ohne Rücksicht auf das Wetter. Es war die Zeit, in der ich auch auf die Kurzhosigkeit und Hemdsärmeligkeit meiner Altersgenossen – guten Glaubens führerhörig die meisten – keine Rücksicht mehr zu nehmen hatte; denn im September 1942 war seitens der Schulbehörde, einvernehmlich mit der HJ und der Gestapo (Feder der letzteren führte für gewöhnlich ein gewisser Dr. phil. Henze, Oberschulrat seines Amtes), der unanfechtbare Bescheid ergangen, ich sei, wiewohl selbst hochgradig *gefährdet*, in einem so hohen Grade *jugendgefährdend* und dem *Staate abträglich*, daß vom Besuch einer staatlichen Schule, welcher auch immer, ich fortan und ein für allemal ausgeschlossen sei.

Der Bescheid war nicht von ungefähr gekommen. Es wäre nicht gut zu leugnen gewesen: Hatte ich im Deutschen auch Zweien und Einsen, was zählten solche Noten gegen Gedichte *des Juden* Heinrich Heine und *Machwerke* anderen *jüdisches Schrifttums*, die ich zitierte? Auch hatte ich es nach wiederholten Verwarnungen nicht lassen können, sowohl während des Unterrichts als auch in den Unterrichtspausen *defätistische*, ja geradezu *feindpropagandistische* Auffassungen zu vertreten, die, wie es hieß, auf eine grobe Vernachlässigung der elterlichen Aufsichtspflicht schließen ließen. War es im Englischen anders gewesen? Nein. Die meisten mit *sehr gut*, wenn nicht mit

Alexander Schmorell

gut benoteten Leistungen hatten auf die Dauer nichts auszurichten vermocht gegen die Sarkasmen, die ich aus „The Picture of Dorian Grey" von
Oscar Wilde gelegentlich zum Besten gegeben hatte, mithin das *Gedanken-
gut* aus einer Lektüre, die dem *Lehrkörper*, wenn nicht fremd, mindestens
so suspekt gewesen war wie meine gelegentlich durchschlagenden Kenntnisse
aus den Werken von Somerset Maugham, Charles Morgan, Dorothy Sayers,
– Lektüren, die nicht nur nicht in einem Lehrplan für das achte oder neunte
Schuljahr, sondern in überhaupt keinem Lehrplan einer staatlichen Schule
des nationalsozialistischen Deutschlands vorgesehen waren. Ein Schüler gar,
der allein wegen eines bestimmten, in Deutschland nicht üblichen Kragen-
schnitts sich Hemden maßnähen ließ, der war, so sahen's die Lehrer und andere erwachsene, man ist versucht zu sagen, *reife* Personen, eine *Gefährdung,*
wie *gefährdet* der Schüler selbst auch immer sein mochte. Erschwerend, am
Ende ausschlaggebend, war etwas hinzugekommen, von dem man damals den
Eindruck hatte, es handele sich dabei um ein besonders verwerfliches Laster,
um eine Art Virus etwa, der die Volksgesundheit ruiniere: Mein Interesse an
der von Staatswegen verbotenen amerikanischen Jazzmusik war nicht unbemerkt geblieben. Auch darüber war bereits Lehrerrat gehalten und, als kon-
statiere man eine peinliche Anomalie, befunden worden, ich sei offensichtlich *swing.*
Dahin also war es mit mir gekommen, sieht man bei diesem Exempel davon
ab, wie weit es 1942 mit dem Nationalsozialismus unter Lehrern und Erzie-
hern gekommen war. Aber hatte man nicht, als, ich war 14 Jahre alt, Ge-
dichtbände von Baudelaire, Verlaine, Rimbaud, und Schallplatten von Duke
Ellington, Benny Goodman, Artie Shaw bei mir entdeckt worden waren,
meiner Familie rundheraus empfohlen, mich nach Abschluß des Schuljahres
von der Schule zu nehmen, mit der eher freundlich gemeinten Begründung,
ich sei *der Schule entwachsen?* Ein, zwei mir gewogene Lehrer, denen meine Gaben sowenig entgangen waren wie meine Schwächen, rieten dazu, mich
in ein Privatinstitut einschreiben zu lassen. Nun ja, ich lernte leicht und zuweilen mit einem solchen Eros, daß mir, da ich zu Neid und Mißgunst nicht
veranlagt war, auch schon Hochmut als *die Sünde vor dem Fall* angekreidet
worden war. Ich glänzte in Grammatik, ich genoß Sprachformen und Satz-
perioden und übte mich in ihnen zu meiner puren Lust am Text, ich delek-
tierte mich an Quadrat und Kubus und – außerhalb der Schule, versteht
sich – an einer allenthalben als *volksfremd* und *entartet* erachteten, namentlich der kubistischen Malerei, derart, daß ich mir von irgendwo versteckten
Reproduktionen heimlich Ansicht verschaffte. Aber warum nur mußte ich
unterhalb meines einsamen Enthusiasmus für die Gitarren von Picasso, Gris,
Braques, für die Schiffe und Kirchen von Lyonel Feininger oder die Pferde
und Rehe von Franz Marc die bohrende, würgende Angst verspüren: Dafür,
daß Du diese Bilder magst, schlagen sie dich mal tot!? Ein Zufall war's, als
ich einmal die Schallplatte des Titels „A Tisket A Tasket" hörte, vom

Orchester Chick Webb gespielt, gesungen von einer zur Zeit dieser Aufnahme noch recht jungen Schwarzamerikanerin des Namens Ella Fitzgerald, – aber mitten in mein Entzücken mischte sich wieder die Angst: Mein Gott, wenn das ruchbar werden sollte, daß mir *das* gefällt, was dann? Nur: Stets behielt die Lust an den Sprach-, Bild- und Klangformen die Oberhand.

Nein, ich interessierte mich sowenig für Politik wie meine Familie, eher noch weniger. Aber auch das fand keine rechte Billigung; als deutscher Junge meines Alters hatte man sich gefälligst zu interessieren für Politik, punctum. Was half's? Wir empfanden sie als Einmischung in unsere inneren Angelegenheiten. Des Führers Stimme, ich mied sie, ich hörte am liebsten weg, – nicht aus einer irgendwie politischen Aversion, nein, schlicht und einfach, weil sie mir Angst und Schrecken einflößte. Zogen die Marschkolonnen der SA oder der HJ durch die Straßen, graute mir vor ihren Demonstrationen; ich wich ihnen aus. Gelegentlich konnte man ihn im Bilde sehen, in einer Zeitung oder Wochenschau: Anthony Eden. Den mochte ich. Ich freute mich, an alten Sammelbildern prominenter Filmschauspieler: die, wie ich zu hören bekam, „bei uns in Deutschland verfemte" Marlene Dietrich, die mochte ich. Hingegen drehte der Magen sich mir um beim Anblick eines Mannes namens Robert Ley. Was konnte ich dafür? Und warum sollte der Mensch mir auch nicht zuwider sein? Er war's. Und hätte deshalb nicht der Führer der Deutschen Arbeitsfront noch überhaupt ein Nationalsozialist sein müssen. Allein warum war ich so allein mit meinen Ängsten, so allein, daß jemandem sie auch nur anzudeuten ich mich kaum getraute? Warum fühlte ich mich, auch wenn kein Luftangriff auf die Stadt im Anflug war, und wär' kein Krieg gewesen, so bedroht, daß ich es hätte kaum beschreiben können? Schließlich war's keine Maulschellenangst, vielmehr eine, die, ich wußte nicht wie, mit einer ungemeinen Lebenslust verbunden war; denn leben wollte ich ja, warum also sollte ich's nicht?

Ich hatte als sechsjähriger Junge es bange miterlebt, daß der Hausarzt unserer Familie, Dr. Jolowicz, plötzlich als *spurlos verschwunden* galt. Man sprach von ihm als von einem *Juden*. Ein Entertainer im Frack, meiner Familie befreundet, Bela Preisz, er hatte, wie es hieß, Deutschland verlassen müssen, und wann immer von ihm, dem ich viel Spaß und Naschwerk zu verdanken hatte, die Rede war, war auch von ihm als von einem *Juden* die Rede. Jahre später, ich war mittlerweile elf geworden und improvisierte Akkorde auf dem Tafelklavier meiner Großmutter, in einer Novembernacht des Jahres 1938, da wurden allerlei Geschäfte verheert; mich schützte man, hielt mich fern von den Gesprächen, die zu Hause darüber geführt wurden. Indessen hieß es in der Schule, jetzt endlich gehe es *den Juden ans Leder*, den *Feinden des Volkes*, der *Satansbrut*. Nein, wir, so hieß es, als wolle man damit sich und mich beschwichtigen, nein, wir seien nicht jüdisch. Allein ich fühlte mich fremd und in zunehmendem Maße fehl am Platze,

und mit der Zeit fühlte ich mich heimisch nur noch an solchen Plätzen, die verpönt, wenn nicht gar verboten waren.
Wahrscheinlich hatte alles mit meinem − unvorsätzlichen, wie hier eigens hervorgehoben sei − Ausstieg aus der gesellschaftlich erwünschten Kinderrolle begonnen, als ich zwölf Jahre alt und der Krieg schon im Gange war. Denn eines Septembertages 1939 verkaufte ich auf einen Schlag mein Spielzeug, darunter alle Zinn- und Bleisoldaten, mit denen zu spielen ich immer ein choreographisches Vergnügen gehabt hatte, bei einem Spielwarenhändler am Ausschlägerweg, kurz vor der Ecke der Anckelmannstraße. Für einen Teil des Erlöses erwarb ich mir, gegenüber, Ecke Borgfelderstraße, bei einem Herrenausstatter einen Gegenstand, mit dem ich schon seit Wochen geliebäugelt hatte: eine seidene Krawatte − mehr zu meiner als zur Freude anderer, wie sich herausstellen sollte. Die Reaktion einiger Erwachsener, auch dieses und jenes Familienangehörigen, auf meinen eigenwilligen und eigenmächtigen Verkauf und Kauf, war phänomenal: Es war, als hätte ich einen Skandal heraufbeschworen, den es nun, da er einmal bekanntgeworden sei, unter allen Umständen herunterzuspielen und zu kaschieren gelte als einen Fall von *jugendhafter Unart*. Das war der Effekt; mein Vorsatz war es nicht gewesen, viel eher wird's mein Geschmack gewesen sein, wenn nicht, was nicht vollkommen auszuschließen, eine *in dem Alter* absonderliche Sensibilität, Spielsoldaten, kaum, daß der Krieg begonnen, einzulösen gegen eine seidene, schmale Krawatte von dezenter Eleganz, die in einem kleinen, feinen, statt in einem dicken, derben Knoten zu binden gewesen wäre. Aber wie auch immer, von nun an war es denen, die lebens- und welterfahren und mir gewogen waren, ziemlich eindeutig: Die Nationalsozialisten wären gegen mich, noch ehe ich gegen sie sein könnte.
Ich brauchte knapp drei Jahre, um die vorgegebene Abneigung einzuholen: Als ich 15 Jahre alt war, war die Antipathie wechselseitig. Ich merkte das an der immer offenkundiger werdenden Divergenz zwischen den Erwartungen, den Ansprüchen der *Volksgemeinschaft*, wie die Nationalsozialisten ihren Staat, ihre Gefolgschaft, kurz − ihre Gesellschaft zu verstehen beliebten, und meinen mal zaghaften, mal verwegenen identitätssuchenden Versuchen. Versuchen übrigens, die mich von meiner Generation weitgehend separierten und für die ich, im Nachhinein von rund 40 Jahren, den größten Einfluß der deutschen Literatur, der modernen Kunst, dem amerikanischen Jazz und, nicht zuletzt, der BBC zuschreibe: Bestätigung und Ermutigung kamen mir, kein Zweifel, aus London.
Ein Tag im August 1942, ein sehr warmer, luftfeuchter Abend in der elternlosen Wohnung eines nur um ein Jahr älteren Freundes, Wolfgang von S., in der Oberaltenallee in Hamburg, bildete einen Kulminationspunkt: Erstmals nämlich hörte ich im Londoner Rundfunk den Dichter der mir vertrauten „Buddenbrooks" und des mir noch intimeren „Tonio Kröger" zu deutschen Hörern der BBC sprechen. Mir war hernach, als begehrte meine bis dahin

passive, wenn schon auch ein wenig exzentrische Resistenz, in den aktiven Widerstand zu mutieren, auf daß der so deliziöse wie angstbesetzte Genuß meiner illegalen Freuden, all der verbotenen Früchte aus der Literatur, Kunst und Musik, bald seinerseits Früchte tragen möge: Flugblätter zum Beispiel, Sabotageakte, Sprengstoffanschläge. Rapide wuchs mein Bewußtsein, daß im nationalsozialistischen Deutschland — Gott verhüte, daß es diesen Krieg gewinnen würde — ich nicht nur fehl, sondern überhaupt nicht am Platze sei, wenn nicht an dem, mich zu wehren, — in anderen Worten: so jung und unerfahren, so ängstlich und unbekümmert und verzweifelt, und so vor Verzweifelung nachgerade hochgemut ich auch war *in dem Alter*, aktiven Widerstand zu leisten.

Ob es eine Mutation war, ich weiß es nicht. Der Übergang vollzog sich jedenfalls mählich und es hieße, ihn vollkommen zu verzeichnen, würde ich ihn im Nachhinein antifaschistisch fixieren oder ihn beschreiben als eine anarchistische oder terroristische Militanz. Es gab den Alltag und den Sonntag mit allen Täglichkeiten des Krieges und denen der privaten Existenz, den Anachronismen des Lebens und der Liebe, wozu etwa der Flirt gehörte, gleichviel, ob mit, ob ohne Sex-Applikationen; auch ein wenig Schwarzmarkt gehörte dazu, die allabendliche Verdunkelung nicht zu vergessen, die Luftkriegswarnsirene — mit den Vergeltungsschlägen der Royal Air Force in der Folge; aber auch den Schlittschuhlauf auf der Eisbahn, eine Exkursion an die Ufer der Elbe, einen Spaziergang um die Alster, eine Verabredung in der „Condi", der Konditorei des Hotels „Vier Jahreszeiten", deren Dezenz und Feinheit jedem Nationalsozialister Schwellenangst bereitet haben würde, sie zu betreten; es gab den Jokus, nicht so knapp, es gab die Liebe, es gab Liebeskummer, Kleidersorgen und Todesnachrichten, und wer sich eben noch den Kopf darüber zerquält hatte, wie er und wohin er denn fliehen könne, wurde vielleicht schon im nächsten Augenblick in die Realität zurückgerufen durch einen Telephonanruf, in welchem es lapidar geheißen hatte: „Bruno ist verreist". Was soviel hieß wie: Den haben sie verhaftet. Aber von jener im Sommer '42 via London empfangenen Ansprache Thomas Manns an deutsche Hörer der BBC war ein starker, vor allem moralischer, widerstandsstimulierender Impuls auf mich übergesprungen, der in mir fortwirkte und mich letztendlich in der Freundschaft mit anderen, auf den Weg führte, den im Winter 1942/43 Hans und Sophie Scholl und deren Freunde dem deutschen Volk und, mehr noch, der deutschen Jugend gewiesen hatten in den Flugblättern der „Weißen Rose". Es war der Weg, der mich, im Bunde mit zweien meiner damaligen Freunde, Bruno H. und Gerd S. an der Seite anderer, schon ein wenig älterer, und wieder anderer, nämlich noch älterer Freunde in die große, wiederum zwischen München und Hamburg verzweigte Konspiration führte, die „Weiße Rose" fortzusetzen, ihre Botschaft zu erfüllen.

Die Geschichte der „Weißen Rose", eine Geschichte des Leidens Deutscher an Deutschland, eine Widerstands- und Verfolgungsgeschichte besonderer Art, ist Geschichte geworden. Das Scheitern der „Weißen Rose" ist bekannt, bekannt ist auch das Scheitern der Konspiration, ihre Flugblätter umzusetzen in die Tat: Beide Zweige der „Weißen Rose" verendeten in den Gefängnissen, den Zuchthäusern, den Konzentrationslagern, versanken im Blut ihrer insgesamt sechzehn Toten.

Ja, es ist wahr: Ich, ich war ein Widerstand.

Innere Emigration und intellektuelle Opposition

Ralf Schnell
Innere Emigration und kulturelle Dissidenz

Die Tagebuchaufzeichnungen Oskar Loerkes[1] aus den Jahren 1933 bis 1940, die uns im folgenden die Problematik künstlerischer Existenz im Dritten Reich anschaulich machen sollen, sind ein Dokument der Verzweiflung. Schwankend zwischen Ohnmacht und Aufbegehren, Aufbruch und Resignation, Melancholie und Haß, belegen die Stimmungen, über die sich der Lyriker und Lektor Loerke in unregelmäßigen Abständen Rechenschaft gab, eindrucksvoll jenen Prozeß, den wir schon vor dem Ende des Dritten Reichs mit dem Begriff „Innere Emigration" zu bezeichnen uns gewöhnt haben. Ein bildhafter Ausdruck also: „Emigration nach Innen" konstruiert sprachlich eine Parallele zwischen jenen Schriftstellern, Künstlern Wissenschaftlern, Politikern, die nach der nationalsozialistischen Machtübernahme in Deutschland den Weg ins Exil gehen mußten, um ihr Leben zu retten oder doch zumindest ihre Identität zu wahren, und jenen, die in Deutschland verblieben, ohne deshalb dem herrschenden Regime etwa Gefolgschaft leisten zu wollen. Pointiert läßt sich — freilich mit unterschiedlichen Nuancen und in unterschiedlichen Ausprägungen, die auch differenzierende Wertungen erfordern — von den Inneren Emigranten als einer breiten sozialen Gruppe sprechen, die dem Nationalsozialismus distanziert gegenüberstand, wenngleich sie nur in Ausnahmefällen den Weg zu aktivem politischen Widerstand fand.

Oskar Loerkes Tagebücher dokumentieren also — so sehr sie auch ein Dokument der Vereinzelung sind — keine einzigartige Position. Im Gegenteil: Wir haben vielfältige Aufzeichnungen, Tagebücher ebenso wie Briefe und biographisch-autobiographische Erinnerungen, aus denen sich die politisch-gesellschaftliche Situation isolierter, der Machtkonstellation im Dritten Reich unzweifelhaft entfremdeter Individuen rekonstruieren läßt. Der erst Ende der siebziger Jahre veröffentlichte Briefwechsel Gottfried Benns mit Friedrich Wilhelm Oelze läßt uns diese Situation nicht weniger anschaulich vor Augen treten als etwa die Tagebuchaufzeichnungen Jochen Kleppers, die,

[1] Siehe S. 226.

posthum, 1956 unter dem Titel *Unter dem Schatten Deiner Flügel* publiziert wurden, oder als des Schriftstellers Friedrich Reck-Malleczewen *Tagebuch eines Verzweifelten*, das, ebenfalls posthum, 1947 erschien. Doch schon der knappe Hinweis auf diese Autoren bedarf der Präzisierung, um nicht den falschen Eindruck entstehen zu lassen, es habe in grundlegenden politisch-kulturellen und persönlichen Fragen in der Inneren Emigration Übereinstimmung geherrscht. Wo etwa Jochen Klepper noch in seinem Tagebuch die Illusionen fortschreibt, mit denen er sich im Dritten Reich — schließlich vergeblich — in ein Überlebensarrangement zu retten suchte, da findet sich bei Gottfried Benn, nachdem er in den Jahren 1933/34 öffentlich für die politischen Ziele des Nationalsozialismus eingetreten war, eine zynische Abrechnung mit allem, was mit dem Anspruch der Geschichtlichkeit auftritt. Und wo Friedrich Reck-Malleczewen seinem konservativen Antifaschismus im reflektierten politischen Kommentar den Weg zurück in eine ständische Ordnung als dem Ort zukünftigen Heils weist, da bleibt Oskar Loerke desillusioniert, hoffnungslos und ohne jede geschichtlich-gesellschaftliche Perspektive in seiner radikalen Ablehnung des Dritten Reiches.

Doch nicht nur Schriftsteller, sondern auch Musiker und Publizisten, bildende Künstler, Wissenschaftler, Theaterleute und Angehörige anderer künstlerisch-intellektueller Berufe teilten jene geistige Haltung, die der Begriff Innere Emigration benennt. Für die vielen Namen, die an dieser Stelle zu nennen wären und die zu nennen doch geringe Aussagekraft nur hätte, mögen beispielhaft die des Künstlers Ernst Barlach, des Publizisten Rudolf Pechel, des Kabarettisten Werner Finck, des Literaturwissenschaftlers Werner Krauss stehen. Auch sie freilich nicht als Indikatoren politisch-kultureller Gemeinsamkeiten, sondern als Hinweis auf die Vielfalt der Meinungen und Ausdrucksformen, in denen sich Distanz zum Nationalsozialismus auszusprechen vermochte. In jedem Fall aber läßt sich diese Vielfalt als Indiz auch der Tatsache bestimmen, daß nicht nur Angehörige künstlerisch-intellektueller Berufe der Inneren Emigration im Dritten Reich zuzurechnen sind, sondern durchaus weite Teile der bürgerlichen Mittelschichten, auch wenn uns Quellen zur gültigen Beantwortung dieser Frage in hinreichendem Umfang bislang nicht erschlossen sind.

So wenig eindeutig die Position auch sein mag, die der Begriff Innere Emigration bezeichnet, so sehr war der Begriff gleichwohl unter den Zeitgenossen des Dritten Reichs verbreitet und gebräuchlich, und zwar unter Inneren Emigranten selber ebenso wie unter den Exilierten. Nach 1945 nahm beispielsweise der Schriftsteller Frank Thieß für sich in Anspruch, die Möglichkeit einer Emigration nach Innen in einem Brief an den ,,Reichskulturwalter" Hans Hinkel warnend gegen die NS-Kulturpolitik ins Feld geführt zu haben. Jochen Klepper notierte in seinen Tagebüchern seine ,,Emigranten-Stimmung" und sprach von einem ,,geistigen Exil"; Gottfried Benn nannte seinen Eintritt als Arzt in die Wehrmacht eine ,,aristokratische Form der Emigrierung"; und Ernst Barlach beklagte, daß er „im Vaterlande eine Art Emigrantendasein" führe. Die Exilschriftsteller ihrerseits sahen sehr wohl die Distanz und die Differenz, die dem herrschenden Regime nicht nur von seiten des aktiven, illegalen Widerstandes, sondern auch von politisch passiven Vertretern liberaler, christlicher und konservativer Positionen aus entgegengebracht wurde. Aus diesem Grunde konnte Thomas Mann 1938 von den Deutschen der „inneren und äußeren Emigration" sprechen, die er ausdrücklich als „Opposition extra et intra muros" verstanden wissen wollte; aus diesem Grunde würdigte Klaus Mann in seinem Roman *Der Vulkan* (1939) die Inneren Emigranten sympathetisch als diejenigen, die „heimatlos in der Heimat" geworden seien.

Diese Beispiele machen deutlich, daß Innere Emigranten und Exilierte ihre jeweilige Situation als zwar nicht identisch, wohl aber vergleichbar einschätzten. Isolation, wachsende Entfremdung, materielle und intellektuelle Bedrohung bestimmten den Grad gemeinsamer Erfahrung, die der Begriff Innere Emigration benennt. Daß der Begriff während der nationalsozialistischen Herrschaft innerhalb wie außerhalb Deutschlands verwendet wurde, läßt rückblickend einen Minimalkonsens zwischen Exil und Innerer Emigration erkennen, der über die Gemeinsamkeit der Distanz und Differenz zum Faschismus zumindest zeitweise sich hergestellt hatte.

In Wahrheit aber waren die jeweiligen Existenzbedingungen zu unterschiedlich, die Voraussetzungen für künstlerische, politische und wissenschaftliche Arbeit zu verschiedenartig, als daß sich mehr als eine gefühlsmäßige Verbindung zwischen Exil und Innerer Emigration hätte herausbilden können. Die Voraussetzungen politisch-sozialer Existenz im Dritten Reich blieben für die Inneren Emigranten aufs engste verbunden mit der Abwehr jenes Prozesses, den der von den Nationalsozialisten in propagandistischer Absicht geprägte Begriff der „Gleichschaltung" benennt. Dieser Begriff umfaßt eine zweifache Ausprägung des nationalsozialistischen Herrschaftsanspruchs: einerseits die Destruktion der tradierten politisch-kulturellen Organisationsformen und Institutionen, andererseits den Aufbau faschistischer Organisationen, die dem Staats- und Parteiapparat als letzter Entscheidungsinstanz verantwortlich waren. Die bemerkenswert frühzeitige Einbeziehung des kulturellen Sektors in den politischen Kampf nach der Machtübernahme am 30. Januar 1933 läßt die Bedeutung erkennen, die der Publizistik und den Künsten von den Nationalsozialisten zugemessen worden ist. Unmittelbar verflochten in die politischen Aktionen des Jahres 1933 (Reichstagsbrand und Kommunistenverfolgung, „Ermächtigungsgesetz", Zerschlagung der Gewerkschaften und der Parteien), diente der nationalsozialistische Kulturkampf in seiner ersten Phase dem Ziel, die kulturellen Zeugnisse jener „geistigen Dekadenz der vergangenen Zeit" (Adolf Hitler) zu vernichten, die das künstlerische und intellektuelle Niveau der Jahre vor 1933 wesentlich geprägt hatten. Die nationalsozialistische Machtübernahme innerhalb der

Preußischen Akademie der Künste, die Bücherverbrennungen am 10. Mai 1933, Pressenotverordnungen und Zeitungsverbote, die Aufstellung „Schwarzer Listen" für Buchhandlungen und Bibliotheken – alle diese Maßnahmen der ersten Stunde deuteten auf die Entschlossenheit der Nationalsozialisten, im kulturellen Bereich keine Nischen und Freiräume zu dulden. Im Gegenteil. Der Destruktion der tradierten Institutionen folgte mit dem Aufbau der Reichskulturkammer die Etablierung eines kulturpolitischen Instrumentariums, das auf die lückenlose Erfassung und Überwachung aller im kulturellen Bereich tätigen Individuen und Gruppen angelegt war. Gemeinsam mit anderen Staats- und Parteiorganisationen (etwa der Parteiamtlichen Prüfungskommission unter Philipp Bouhler und dem Hauptamt Schrifttum unter Alfred Rosenberg) garantierte die Reichskulturkammer ihrem obersten Dienstherrn, dem Minister für Volksaufklärung und Propaganda, Joseph Goebbels, herrschaftstechnisch ein Maximum an Kontroll- und Eingriffsmöglichkeiten – bis hin zur direkten, persönlichen Intervention. Die Künstler und Publizisten dürften deshalb den Zynismus sehr genau mitgehört haben, mit dem Joseph Goebbels seine Rede zur Eröffnung der Reichskulturkammer im November 1933 würzte: „Nicht einengen wollen wir die künstlerisch-kulturelle Entwicklung, sondern fördern (. . .) Wir wollen nur die guten Schutzpatrone der deutschen Kunst und Kultur auf allen Gebieten sein."

Man muß sich diesen machtpolitischen Rahmen und das ihn begründende herrschaftstechnische Kalkül sehr genau vor Augen halten, will man von heute aus die Leistungen und die Problematik einer Inneren Emigration im Dritten Reich angemessen beurteilen. Als Grenzen jeglicher künstlerischer oder publizistischer Tätigkeit im Dritten Reich, soweit diese darauf angelegt war, eine Öffentlichkeit zu erreichen, hatten die staatlichen und parteiamtlichen Erfassungs- und Überwachungsmaßnahmen zu gelten, mithin die breite, reale Skala vom zensurierenden Eingriff bis hin zum Verbot, die berufliche Tätigkeit auszuüben, von dem dirigistischen Mittel etwa der Papierzuteilung für den Druck von Zeitungen und Büchern bis hin zur Schließung eines ganzen Verlages. Künstler wie Ernst Barlach und Emil Nolde haben diese Eingriffsmöglichkeiten als „Entartete" ebenso erfahren müssen wie etwa Oskar Loerke als Lektor des S. Fischer Verlages, dessen Leiter, Peter Suhrkamp, sein Unternehmen nach 1933 fortwährend in seiner Existenz bedroht sah. Andererseits aber darf nicht übersehen werden, daß gerade die Häufung von Zensur- und Überwachungsinstanzen zu Kompetenzüberschneidungen und zu widersprüchlichen Ergebnissen in der Bewertung führen konnte, die dem einzelnen Künstler und seinem jeweiligen Werk zugute kamen. Ernst Wiecherts Roman *Das einfache Leben* ist für einen solchen Vorgang ein gutes Beispiel: Obwohl der Roman in einem Gutachten der parteiamtlichen Prüfungskommission abgelehnt worden war, erreichte er zwischen 1939 und 1942 eine Auflage von über einer Viertelmillion Exemplaren. Kalkulierbar freilich waren solche literaturpolitischen Widersprüche nicht. Wer im Dritten Reich veröffentlichen wollte, hatte, sofern er dem Nationalsozialismus und seinen Repräsentanten distanziert oder gar kritisch gegenüberstand, seine Schreibweise, seine Ausdrucksmittel, die Formen, in denen Distanz und Differenz sich aussprechen sollten, auf die Realität des kulturpolitischen Alltags einzustellen, auf die faschistischen Herrschaftstechniken also. Er hatte, mit einem Wort, jene „Schwierigkeiten beim Schreiben der Wahrheit" reflektierend in seine Arbeit einzubeziehen, von denen Bertolt Brecht 1939 gesprochen hat: „Er muß den *Mut* haben, die Wahrheit zu schreiben, obwohl sie allenthalben unterdrückt wird; die *Klugheit*, sie zu erkennen, obwohl sie allenthalben verhüllt wird; die *Kunst*, sie handhabbar zu machen als eine Waffe; das *Urteil*, jene auszuwählen, in deren Händen sie wirksam wird; die *List*, sie unter diesen zu verbreiten".

Ohne diese Überlegungen Brechts zu kennen, verfuhr eine Reihe von Schriftstellern und Publizisten in Essayistik und Belletristik nach einem ähnlichen Konzept. Als Beispiele, die zugleich die Ambivalenz dieser Konzeption verdeutlichen können, mögen zunächst jene kulturpolitischen Zeitschriften dienen, in deren Umkreis es einer Reihe Innerer Emigranten gelang, weiterhin zu publizieren. Zu diesen Zeitschriften zählen vor allem die *Deutsche Rundschau,* die von Rudolf Pechel redaktionell betreut wurde, sowie die von Peter Suhrkamp herausgegebene und redaktionell unter anderem von Karl Korn geleitete *Neue Rundschau.* Neben diesen beiden in weiterem Sinne politisch-kulturellen Zeitschriften, die auch heute noch ein mehr als nur historisches Interesse beanspruchen dürfen, können die eher literarischen Zeitschriften *Corona, Europäische Revue, Hochland, Das Innere Reich* und *Die Literatur* als begrenzte Foren einer literarischen Inneren Emigration gelten. Freilich mit Vorbehalten: *Hochland* etwa beschränkte sich konzeptionell vor allem auf einen katholischen Leserkreis, während *Das Innere Reich* ebenso wie *Die Literatur*, die organisatorisch an „gleichgeschaltete" Verlage gebunden waren, in den redaktionellen Beiträgen deutliche Kompromisse mit der offiziellen nationalsozialistischen Literatur- und Kulturpolitik zu schließen hatten.

Was Herausgeber und Redakteure, soweit sie sich einer politisch begründeten Distanz zum Nationalsozialismus verbunden fühlten, mit solchen Foren einer publizistischen Inneren Emigration beabsichtigten, hat Peter Suhrkamp nach 1945 in einer sehr grundsätzlichen Formulierung ausgesprochen: „Trost bieten, Verhaltensweisen mitteilen, auf die innere Person sammeln, die Gegenwärtigkeit von Vergangenem lebendig zeigen, den wirklichen Verhältnissen die überzeitliche Wirklichkeit entgegenstellen, die persönliche menschliche Wirklichkeit in den Wirkungen unseres Wesens und unseres Tuns für das Gedeihen des Guten in der Welt nachweisen: — das ist mit dem meisten gewollt". Man darf diese Äußerungen freilich auch dann nicht unkritisch zur Kenntnis nehmen, wenn man weiß, daß ein Verleger wie Peter

Suhrkamp für sein Engagement und seine Zivilcourage von den Nationalsozialisten mit Gefängnis bestraft und in seiner Gesundheit schwer geschädigt worden ist. Denn diese Selbstinterpretation zeigt neben dem persönlichen Mut auch die Grenzen Innerer Emigration zum antifaschistischen Widerstand. Innerlichkeit und Tröstung sind ihre vorrangigen Ziele, die „Überzeitlichkeit" tritt der vergänglichen Jetztzeit entgegen, eine abstrakte Individualität steht einer ebenso abstrakten Ethik des „Guten" ebenbürtig an der Seite. Solche Disposition der Inneren Emigranten galt im Dritten Reich zwar als „unerwünscht", weil sie Züge jener politisch-kulturellen Vorbehalte gegenüber dem Nationalsozialismus offenbarte, die der Staatstheoretiker Carl Schmitt 1933 als „Mentalreservationen" gegeißelt hatte. Doch tolerierbar waren sie zumindest solange, bis die Knappheit der Ressourcen zur Papierzuteilung und damit zum zensurierenden Eingriff in die Publikationsmöglichkeiten für derartige Presseerzeugnisse führte. Denn auch dies sollte nicht übersehen werden: Zeitschriften wie die eben genannten ermöglichten den Nationalsozialisten innenpolitisch wie gegenüber dem Ausland den Hinweis auf pressepolitische Toleranz und Liberalität des Dritten Reichs. Zudem wurde der politisch-kulturelle Freiraum für zumindest distanzierte, zum Teil unverkennbar kritische Beiträge erkauft um den Preis, auch solche Beiträge aufzunehmen, die ebenso unverkennbar die kulturpolitische Linie des Nationalsozialismus unterstützten. Als Beispiel solcher Zeitschriftenpolitik kann etwa ein 1933 in der *Deutschen Rundschau* Rudolf Pechels erschienener Aufsatz Paul Fechters dienen. Fechter, Verfasser einer im Dritten Reich weit verbreiteten *Geschichte der deutschen Literatur* in völkisch-nationalem Sinne — die nach 1945 unverändert bei Bertelsmann wieder aufgelegt worden ist —, vertrat in seinem Aufsatz die Auffassung, daß mit der nationalsozialistischen Machtübernahme nunmehr mit allem literarhistorischen Recht jener Literatur zum Durchbruch verholfen werde, die bislang durch den offiziellen Weimarer Literaturbetrieb unterdrückt worden sei: die nationalsozialistische und völkisch-nationale Literatur. Fechters Aufsatz trug den Titel *Die Auswechslung der Literaturen* — er erschien in der *Deutschen Rundschau* zu jenem Zeitpunkt, da in Deutschland öffentlich Bücher verbrannt wurden.

Doch nicht nur die politisch-ethischen Maximen und die verlagspolitische Praxis der publizistischen Inneren Emigration weisen Ambivalenzen dieser Art auf, auch die veröffentlichten Aufsätze, Essays und Kommentare selber bedürfen einer kritischen Prüfung, wenn es um die Frage nach der Qualität der in ihnen geäußerten Distanz zum Faschismus geht. Als eine „List" im oben zitierten Sinne Brechts etwa ist immer wieder ein publizistisches Verfahren interpretiert worden, das auch Rudolf Pechel in eigenen Aufsätzen verwandt hat, nämlich das Verfahren historischer Camouflage. Mit diesem Verfahren wird Kritik an Erscheinungen der Gegenwart in der Weise geübt, daß ein Geschichtsausschnitt, ein ähnlich scheinender historischer Vorgang, dargestellt und bewertet wird, die Wertungen jedoch durch offenkundige Parallelen als gegenwartsorientierte dechiffrierbar sind. Rudolf Pechel hat eine solche historische Camouflage in einer Buchbesprechung mit dem Titel *Sibirien* vorgenommen, der sich für den geübten Leser ohne Schwierigkeit die Darstellung des stalinistischen Terrors als Kritik an der Gestapo entnehmen ließ. Schon einleitend hatte Pechel in einer Art Leseanleitung auf die Möglichkeit zu solcher Parallelisierung implizit hingewiesen: ,,Bei ähnlich gearteten Vorgängen wiederholen sich in der Geschichte auch die politischen Begleitumstände in merkwürdiger Übereinstimmung von Peisistratos über Napoleon zu Stalin. Nur die Methoden verfeinern und verschärfen sich mit dem Fortschritt der Technik". Doch die Problematik eines solchen − vor der Zensur zweifellos schützenden − Verfahrens liegt gerade in der Gleichsetzung ungleicher Bewegungen wie Nationalsozialismus und Kommunismus.

Historische Camouflage dieser Art stand freilich keineswegs nur der systemkritischen Publizistik im Dritten Reich zur Verfügung, sondern auch der literarischen Inneren Emigration. In den Jahren nach 1933 entstand eine Vielzahl historischer Romane, die im Gewand des geschichtlichen Erzählvorwurfs auf Erscheinungsformen der Gegenwart zielten. Diese Romane konnten umso ungefährdeter die nationalsozialistischen Zensurinstanzen passieren, als zur gleichen Zeit ebenfalls eine große Anzahl nationalsozialistischer historischer Romane erschien. Der NS-Literaturhistoriker Hellmuth Langenbucher spricht gar von einer ,,Flut der geschichtlichen Romane, die in den Jahren 1935 und 1936 gefährliche Ausmaße anzunehmen drohte". Der Unterschied zwischen den faschistischen historischen Romanen und denen der Inneren Emigration ist evident: Stand in diesen Kritik an der gesellschaftlichen Wirklichkeit im Mittelpunkt der Erzählintention, so faßten jene Geschichte wesentlich als eine Art Vorgeschichte der Gegenwart auf, die gewissermaßen zwangsläufig und naturnotwendig ins Dritte Reich eingemündet sei.

Zu den wichtigsten und bekanntesten Beispielen historischer oder mythologischer Camouflage innerhalb der Literatur der Inneren Emigration zählen *Der Großtyrann und das Gericht* (1935) von Werner Bergengruen, *Las Casas vor Karl V.* (1938) von Reinhold Schneider und *Auf den Marmor-Klippen* (1939) von Ernst Jünger. Drei Autoren also, die auch nach 1945 noch zu den bekanntesten deutschen Schriftstellern zählten, da gerade ihre Romane in der Nachkriegszeit als Beispiele einer humanistischen Tradition gewertet wurden, in der sich ,,das andere Deutschland" gegenüber dem Nationalsozialismus behauptet habe. Und in der Tat läßt sich diesen Romanen das Bemühen um Humanität, die Kritik an Deformationen im Verlaufe historischer Entwicklungen, das Bestehen auf Nächstenliebe, Geist und Vernunft, die Hoffnung auf Gewaltlosigkeit aus einem christlich-humanistischen Weltverständnis nicht absprechen. So begeht etwa der Großtyrann in Bergengruens Roman aus seiner Position absoluter Machtvollkommenheit heraus einen Mord an einem Untertanen, dessen Aufklärung in der Folgezeit alle hieran Beteiligten in tiefe Verstrickung stürzt — ein Vorgang, der im Roman selber eine so umfassende Kritik erfährt, daß die Leser im Dritten Reich diese Kritik auf die Gegenwart, auf das Führerprinzip des Nationalsozialismus, auf Willkür und Totalitarismus haben übertragen können. Werner Bergengruen selber hat in späteren Ausführungen zu diesem Roman immer wieder darauf hingewiesen, daß eine solche Wirkung durchaus in seiner Absicht gelegen habe, ja, daß er diese Absicht mit gezielt eingesetzten literarischen Techniken und Stilmitteln bewußt durchgeführt habe.

Bergengruen und den anderen Autoren historischer Romane stellte sich dabei ein zweifaches Problem: Sie mußten einerseits dem Anspruch der Eindeutigkeit genügen, den die geschichtliche Eigenart des gewählten Gegenstandes für sich erforderte, um ein glaubwürdiges und tragfähiges Maß an historischer Identität zu verbürgen; und sie mußten andererseits die Notwendigkeit der Zwei- und Mehrdeutigkeit der Camouflage beachten, wenn sie mit der Veröffentlichung ihrer Werke zugleich auch Wirkung bei ihren Lesern erreichen wollten. Die Romane der historischen Camouflage hatten also nicht nur verständlich genug zu sein, um dem Leser die gemeinte Aussage vermitteln zu können, sondern sie bedurften vor allem auch der Tarnung, der Andeutung, des Verschweigens, um die Kontrollinstanzen des faschistischen Herrschaftsapparats ungehindert passieren zu können. Es galt also, die Zensurbehörden so zu täuschen, daß der zur Tarnung benutzte historische oder mythologische Ausschnitt bereits für den Gegenstand der Darstellung selbst gehalten wurde; und zugleich war eben dieser Eindruck auf die Leserschaft dadurch zu vermeiden, daß die Autoren hinreichend deutliche Fingerzeige auf die Doppelbödigkeit des Werks gaben, sollten nicht ihre Absichten unter dem schützenden Mantel der Geschichtlichkeit oder mythischer Überzeitlichkeit gänzlich verborgen bleiben. Die Autoren mußten sich deshalb, wie Werner Bergengruen erklärte, ,,auf die Technik der stichwortartigen Anspielung, die Technik der indirekten und doch unmißverständlichen Aussage verstehen, (. . .) auf die immer mehr sich verfeinernde Kunst des Schreibens (. . .) zwischen den Zeilen''.

Für diese hochentwickelte literarische Technik der Inneren Emigration, die sich literarhistorisch freilich auch für andere Kulturen mit einer absoluten politischen Herrschaftsform nachweisen läßt, haben sich verschiedenartige Bezeichnungen herausgebildet. Historische Camouflage ist nur eine von ihnen. Sklavensprache, Äsopische Schreibweise, Zwischen den Zeilen und Schlüsselliteratur sind Begriffe, die ebenfalls in diesem Zusammenhang Geltung haben.

Doch die literarische Technik der historischen Camouflage und die für sie in Anspruch genommene regimekritische Intention allein garantierten eine entsprechende Aufnahme durch die Leser keineswegs. Gerade Bergengruens

Roman ist beispielsweise im Parteiorgan der NSDAP, dem *Völkischen Beobachter*, als „Führerroman der Renaissancezeit" gewürdigt worden, ähnlich positiv also wie − allerdings mit einem höheren Maß an Berechtigung − Jochen Kleppers Roman *Der Vater* (1937) über den „Soldatenkönig" Friedrich Wilhelm I. Bergengruen hat sich über eine solche − von seinen Lesern vielfach unternommene − Identifizierung seines Titelhelden mit Hitler später empört gezeigt und erklärt, dieses Mißverständnis habe ihn „jedesmal verdrossen, und ich habe sie als eine Kränkung meines Helden empfunden. Gehörte denn gerade dieser Mann zu den terribles simplificateurs, dieser Mann des Gedankens, zwiegesichtig, vielschichtig, ein Mann reicher Gaben und herrscherhaften Anstandes, ein großer Herr?" Doch gerade die Wortwahl, die der Autor zur Charakterisierung seines Helden verwendet − „herrscherhafter Anstand", „großer Herr" − macht deutlich, daß das Mißverständnis im Roman selber angelegt ist. Denn Bergengruens Großtyrann übt seine autokratische Herrschaft ohne jede Einschränkung, ohne kritisch-selbstkritische Infragestellung aus, obwohl gerade diese Herrschaftsstruktur absoluter Machtvollkommenheit den Grund für den im Roman entwickelten Konflikt in sich birgt. Mehr noch: Die Herrschaft des Großtyrannen erscheint unmittelbar durch Gott legitimiert − und bot sich eben hierdurch den Nationalsozialisten zu einer zustimmenden Interpretation an.

Zu solcher inhaltlichen Problematik tritt ein strukturelles Element hinzu. Bergengruens Roman läßt sich zwar unter dem Begriff der historischen Camouflage rubrizieren, doch geht es ihm weniger um eine spezifische Geschichtlichkeit seines Konflikts als um dessen mythisch-überzeitlichen Gehalt, um die Möglichkeit seiner prinzipiellen Wiederkehr. In einer „Präambel" hat der Autor deshalb seine Erzählintention in die verallgemeinernde Formel gefaßt, „daß unser Glaube an die menschliche Vollkommenheit eine Einbuße" erfahren solle. In solcher Hervorhebung einer überzeitlichen Bedeutung des entwickelten Konflikts trifft sich Bergengruens Erzählintention mit der Ernst Jüngers. Auch in Jüngers *Marmor-Klippen* geht es um einen strukturellen Konflikt von mythisch-überzeitlicher Qualität, nämlich um den Konflikt zwischen Geist und Gewalt, symbolisiert in den Landschaften Marina und Campagna. Und selbst in Reinhold Schneiders geschichtlich auf die Konquistadorenzeit fixiertem Roman wird durch verallgemeinernde Aussagen, die zum Teil in der Metaphorik und Symbolik des Romans erzähltechnisch realisiert sind, die Überzeitlichkeit der Konfliktstruktur hervorgehoben.

Die Schwierigkeiten einer historisch camouflierten Gegenwartskritik hängen also aufs engste mit ihren grundsätzlichen Möglichkeiten zusammen. Wo der geschichtlich-mythische Rahmen benutzt werden muß, um für die Gegenwart gültige Aussagen dem Leser vermitteln zu können, da führt gerade die derart mitgeteilte Überzeitlichkeit zu einer Relativierung der beabsichtigten Kritik an Gegenwartsphänomenen. Pointiert läßt sich sogar von einer mythischen Geschichtsauffassung der genannten Autoren sprechen, die etwa bei Jünger in dem Wort zum Ausdruck kommt: „Die Menschen-Ordnung gleicht dem Kosmos darin, daß sie von Zeit zu Zeit, um sich von neuem zu gebären, ins Feuer tauchen muß". Auf diese Weise erscheint das Dritte Reich nicht nur als eine Art „Verhängnis", mit dem unbegriffener Geschichte Schicksalscharakter zugesprochen wird, sondern Geschichte selber figuriert als Naturgewalt von übergeschichtlicher Mächtigkeit.

Diese Art der Geschichtsauffassung scheint in der Literatur und Publizistik der Inneren Emigration einen festen Topos zu bilden, einen Gemeinplatz mit Glaubenscharakter, unverrückbar und unveränderbar, Indiz der Tatsache, daß das historisch-gesellschaftliche Phänomen Nationalsozialismus von den Inneren Emigranten durchweg nicht begriffen worden ist. Historische Romane wie Friedrich Sieburgs *Robespierre* (1936) und Friedrich Reck-Malleczewens *Bockelson. Geschichte eines Massenwahns* (1937) legen hiervon ebenso Zeugnis ab wie etwa die Naturlyrik Oskar Loerkes und Wilhelm Lehmanns, Ernst Wiecherts Roman *Das einfache Leben*, Hans Carossas Erzählungen und Reden im Dritten Reich oder Friedrich Georg Jüngers mythisierende Gedichte und Essays (*Der Taurus*, 1937; *Griechische Götter*, 1943).

Gelegentlich ist deshalb in der wissenschaftlichen Diskussion den Inneren Emigranten der Vorwurf des geschichtsphilosophischen Irrationalismus gemacht worden. Ebenso hat man ihre politische Position mit einem Begriff bezeichnet, der in den Auseinandersetzungen um unrühmliche akademische Traditionen und ihre Aufarbeitung entstanden ist: der Begriff des „hilflosen Antifaschismus" (Wolfgang Fritz Haug). Und in der Tat scheint die mehr kulturell bestimmte Oppositionshaltung der Inneren Emigration von ihrer wenig entwickelten Fähigkeit zur politischen Analyse bestimmt worden zu sein: Ihre Abwehrhaltung wurde dominiert von geschichtsphilosophischen Positionen, von Denk- und Gefühltraditionen, die der realen gesellschaftlichen Kraft des Nationalsozialismus, seiner geschichtsmächtigen Gewaltförmigkeit, seinen sozialpsychologischen und politisch-ökonomischen Antrieben nichts als das Beharren auf der überzeitlichen Gültigkeit einer konservativen bürgerlichen Geistigkeit entgegenzusetzen haben. Ja, es ließe sich diese Kritik noch verschärfen mit dem Hinweis darauf, daß die geschichtsphilosophischen Irrationalismen dieser Position den weltanschaulichen Irrationalismus des Nationalsozialismus eher bestätigt als ihm opponiert haben.

Doch über einer solchen Kritik darf die ehrliche und glaubwürdige Empörung der Inneren Emigration, wie sie in ihrer Literatur und Publizistik hervortritt, ebensowenig vergessen oder gar unterschlagen werden wie das persönlich mutige Auftreten einzelner Autoren, Publizisten und Künstler gegen politische Gewaltakte des Dritten Reiches. Denn nicht nur Peter Suhrkamp hatte Repressalien bis hin zur Inhaftierung zu erdulden. Auch Ernst Wiechert wurde — wegen seines Eintretens für den Theologen Martin Niemöller — von der Gestapo verhaftet und schließlich in das Konzentrationslager Buchenwald verbracht, aus dem man ihn nach knapp zwei Monaten im August 1938 wieder entließ — eine Art „Erziehungsmaßnahme" für den opponierenden Schriftsteller. Friedrich Reck-Malleczewen büßte gar mit dem Leben für seine persönliche Unbotmäßigkeit gegenüber einem Ortsgruppenleiter und seine Verweigerung offizieller Grußformeln: Im KZ Dachau wurde er im Februar 1945 umgebracht. Und schon die distanzierte äußere Haltung eines Autors wie Werner Bergengruen, der ebenfalls den Hitler-Gruß verweigerte, wenngleich er bei offiziellen Anlässen die Hakenkreuzfahne an seinem Fenster zeigte, reichte den zuständigen Instanzen hin, ein Dossier mit dem Vermerk „nicht zuverlässig" über ihn anzulegen. Erinnert sei schließlich auch daran, daß Ernst Jüngers Roman *Auf den Marmor-Klippen* gegenüber Hitler selbst durch den Reichsleiter Philipp Bouhler inkriminiert worden ist. Hitler habe, wie Jünger berichtet, nach kurzem Bedenken entschieden, er, Jünger, sei „nicht zu behelligen". Ein anekdotischer Hinweis immerhin auf die sehr genaue Wahrnehmung der Nationalsozialisten für die Dissidenz des einst von ihnen verehrten Ernst Jünger, dessen frühe „Verdienste" um die Sache des deutschen Nationalismus die späte Nachsicht begründet haben dürften.

Ambivalenzen also sind der Literatur der Inneren Emigration zu entnehmen, Ambivalenzen literarästhetischer ebenso wie geschichtsphilosophischer und ideologischer Art. In dem widerspruchsvollen Spannungsfeld von Flucht und Protest, Kontemplation und Opposition bewegt sich beispielsweise auch die Naturlyrik Oskar Loerkes: Ausdrucksform einer Emigration nach Innen, die mit dem Versuch der Denunziation politischer Wirklichkeit zugleich eine Hinwendung zu den imaginären Kräften einer irrationalen „Natur-Magie" unternimmt. In Loerkes Gedichtband *Der Wald der Welt* (1936) findet sich ein Gedicht, das die poetische Position dieses Autors grundlegend ausspricht:

An die Grundmächte

Es zählt vor euch nicht, daß ich Schmerzen leide.
Es schweigt die Weide,
Wenn man zur Flöte sie schneidet und schält.
Doch daß ich leide und nicht meutere.
Und was ich mir draus läutere
Zum Zwiegespräch mit euch, das zählt.

In diesem dialogischen Gedicht erscheint das Leiden an der Welt, erscheinen Kontemplation und Passivität als Grundvoraussetzungen für die Existenz des lyrischen Ich. Dieser Disposition eignet Fluchtcharakter: Ihr gelten die im Gedicht angesprochenen „Grundmächte" als ontologische Größe, an der sich die Bereitschaft des lyrischen Ich zur Hingabe zu bewähren vermag. Zugleich aber offenbart sich in dieser Disposition ein der Naturlyrik eigenes Protestpotential, das keineswegs nur der Realität des Dritten Reiches, sondern im umfassenden Sinne der Wirklichkeit der hochindustrialisierten kapitalistischen Gesellschaft gilt. Bei Loerke ist die Fähigkeit zum Protest gegen die in dieser Weise erfahrene Wirklichkeit erhalten geblieben, zu einem ohnmächtigen Protest freilich, von dem aus die politische Realität ebenso wie Geschichte insgesamt dem Verdikt des „Staubaufschüttens" (Loerke) verfällt. Was als Bezugspunkt der Existenz Gültigkeit bewahrt, ist die Magie einer unzerstörbaren, unversehrbaren Natur – Inbegriff einer dem menschlichen Zugriff entzogenen „Grundmacht".

Vor dem Hintergrund der bislang erörterten Beispiele literarischer Innerer Emigration lassen sich deren Konturen nun etwas genauer bestimmen, und zwar sowohl im Verhältnis zur gleichzeitig erscheinenden nicht-faschistischen – aber auch nicht dissidenten – Literatur als auch zur Widerstandsliteratur im engeren Sinne. Weist die erstgenannte alle Züge einer apolitischen, von der Wirklichkeit abgekehrten Dichtung auf, gelegentlich durchaus verbunden mit Elementen eines kaum bewußten Mitläufertums, so ist sie gegenüber die Literatur der Inneren Emigration – trotz aller Ambivalenzen – nachgerade bis in ihre Formensprache hinein geprägt durch die Realität des Dritten Reiches, auf die sie antwortet. Andererseits aber tritt gegenüber der expliziten Widerstandsliteratur das Fluchtmoment literarischer Innerer Emigration unverkennbar hervor, da nicht die aktive politische Bekämpfung der Hitler-Diktatur ihr konkretes Ziel ist, sondern eher die Überhöhung und Verklärung der von der NS-Wirklichkeit mit den Füßen getretenen humanen und kulturellen Werte, allenfalls das poetische Verweisen auf mögliche Gegenwelten.

Als Beispiel für die gleichzeitig erscheinende nicht-faschistische Literatur kann insbesondere die der „Jungen Generation" im Umkreis der Zeitschrift *Kolonne* (1929–1932) gelten, Autoren also wie Günter Eich, Peter Huchel, Horst Lange, Martin Raschke, Marie Luise Kaschnitz. In einer eindrucksvollen Mikroanalyse hat der Schriftsteller Christoph Meckel (Jahrgang 1935) Ideologie und Poetologie dieser nicht-faschistischen Schriftstellergeneration nachgezeichnet und rekonstruiert: *Suchbild. Über meinen Vater* lautet der Titel dieses 1980 veröffentlichten Vaterbildes, das nicht so sehr Individualität zu porträtieren als vielmehr das Typische zu erfassen sucht, das den Schriftsteller Eberhard Meckel und die junge Autorengeneration seiner Zeit kennzeichnet. Eine zunehmende Staatsintegration, so machen Christoph Meckels auszugsweise abgedruckte Tagebuchaufzeichnungen seines Vaters und deren Interpretation deutlich, bestimmt die Existenz dieser Autoren, ein Prozeß, der verbunden ist mit Resignation und Melancholie, mit Hoffnungen und Glückszuständen, mit Kulturidealismus und elitärem Denken. Eine durchaus verbreitete Position also: die eines apolitischen konservativen Bürgertums, das die sich wandelnden Zeitläufte als Schicksal erlebt und ihrem Wandel sich anzupassen sucht – auch literarisch. Christoph Meckels empörtes Fazit lautet: „Diesen Menschen zu kennen, war nicht möglich, ihn für möglich zu halten – unzumutbar".

Setzt man die Literatur der Inneren Emigration jedoch in ein Verhältnis zur gleichzeitig illegal verbreiteten Widerstandsliteratur, so läßt sich die unterschiedliche Qualität im Vergleich sehr deutlich benennen. Die Literatur des Widerstandes stand zumeist in einem engen politischen, zum Teil auch organisatorischen Zusammenhang mit aktiven Bemühungen um eine Beseitigung der Hitler-Diktatur in Deutschland. Soweit diese Bemühungen von der KPD ausgingen, lag ihr literaturpolitisches Organisationszentrum im wesentlichen beim „Bund proletarisch-revolutionärer Schriftsteller" (BPRS), einer 1928 gegründeten Schriftstellerorganisation, die bis zu ihrer Zerschlagung 1935 im Untergrund Zeitungen, Handzettel, Agitationsgedichte herstellte und verbreitete, aber auch die im Ausland arbeitenden Widerstandsgruppen mit dokumentarischem Material über das Leben im Dritten Reich und über die Schwierigkeiten politischer Arbeit versorgte. Diese Literatur war selbstverständlich im Unterschied zur Literatur der Inneren Emigration nicht publizierbar. Inhalt und Form waren auf die Bekämpfung der NS-Diktatur angelegt, nicht auf eine Duldung als „unerwünschte" Dichtung, die bei allem erkennbaren kritisch-distanzierten Gehalt doch zugleich als Alibi literaturpolitischer Liberalität diente. Zudem wies die Widerstandsliteratur – zumindest die innerhalb Deutschlands hergestellte und verbreitete – alle Merkmale des allgemeinen Widerstandskampfes auf, also nicht nur das einer politischen Programmatik und das der Illegalität, sondern auch jenes Merkmal, dessen der Betrachter aus sicherer (literar)historischer Ferne stets eingedenk bleiben sollte: Die Widerstandsliteratur entstand unter Lebensgefahr für ihre Autoren und Multiplikatoren.

Erscheint es deshalb notwendig, in der Diskussion über Widerstandsliteratur im Dritten Reich vor aller literarästhetischen Wertung deren politischgesellschaftliche Funktionsbestimmung mitzubedenken, so gilt dies in ähnlicher Weise für die in den Konzentrationslagern und Gefängnissen des Dritten Reiches entstandene Literatur. Zwei Funktionen dieser – zumeist erst nach 1945 bekanntgewordenen – Literatur lassen sich vor allem bestimmen: die Information über Vorgänge im Dritten Reich, gerichtet an die Öffentlichkeit im Ausland, und die Bewältigung der Haftsituation, der Isolation, der Todesangst mit den Mitteln der Poesie Beispielhaft für die erstgenannte Funktion mag Wolfgang Langhoffs KZ-Bericht *Die Moorsoldaten* stehen, der 1935 in Zürich veröffentlicht wurde, ein autobiographischer Bericht über die Erlebnisse des Autors in NS-Gefängnissen und im KZ. Exemplarisch für die zweite Möglichkeit seien hier die *Moabiter Sonette* Albrecht Haushofers genannt. Ihr Autor, der Kontakt zum Widerstand des 20. Juli 1944 besaß, wurde kurz vor der sowjetischen Einnahme Berlins von einem SS-Kommando erschossen. In den Händen des Toten fand man jene Gedichte, die noch heute von einem Widerstandsgeist aus der Tradition eines christlichen Humanismus Zeugnis geben. Vielleicht wichtiger als die Inhalte dieser Sonette – der Appell an eine unbeirrbare Individualität, an Gemeinschaftsgeist und Brüderlichkeit, der Versuch, das Dritte Reich zu begreifen – ist für uns heute die Tatsache, daß hier die Poesie, und zwar gerade in einer sehr traditionellen Formensprache, einen Beitrag zur Verarbeitung von Bedrohungen, zur Selbstverständigung, zur Wiederherstellung eines individuellen Widerstandswillens geleistet hat. Wenn diese Gedichte und mit ihnen viele andere literarische Zeugnisse des Widerstandswillens auch erst nach dem Ende des Zweiten Weltkrieges bekannt wurden, so dürfen sie uns doch als Indiz einer verbreiteten und zunehmenden Bereitschaft gelten, auch innerhalb des Dritten Reiches den Nationalsozialismus zu bekämpfen.

Freilich wird man auch dies sagen müssen: Sowohl die literarische Innere Emigration als auch die Widerstandsliteratur im Dritten Reich sind – mit Ausnahme allenfalls der BPRS-Aktivitäten – Beispiele weitgehend individueller Kritik, isolierten Widerstandes. Es bestand innerhalb Deutschlands keine literarische Widerstandsfront, die sich aus einem Geist gespeist, über eine gemeinsame Zielsetzung definiert hätte, sondern es gab ein sehr breites Spektrum sehr unterschiedlicher politischer und literarischer Positionen, die bis in die ästhetische Formensprache hinein ihre Unterschiede bewahrten. Für einen Autor wie Georg Kaiser etwa, der vor seiner Flucht ins Schweizer Exil im Berliner Untergrund 1936 eine Reihe von Gedichten mit Fäkal- und Analvokabular verbreitet hatte (1969 unter dem Titel *Die Gasgesellschaft* erstmals veröffentlicht), läßt sich keine Zugehörigkeit zu irgendeiner Gruppe oder Organisation oder Weltanschauung ausmachen – außer eben der Position eines entschiedenen, ja radikalen Antifaschismus, dessen Radikalität bis ins gewählte Vokabular spürbar bleibt.

Und auch von einer anderen wichtigen Einzelerscheinung ist zu sprechen, wenn es um den literarischen Widerstand, um Probleme der Inneren Emigration im Dritten Reich geht, nämlich von dem Kabarettisten Werner Finck. Seine Auftritte im Berliner Kabarett *Die Katakombe* waren bis zu dessen Schließung 1939 geprägt von einer genau durchdachten und pointiert formulierten Verbindung von Sklavensprache und Volkswitz. Alltägliche Begebenheiten, Beispiele nationalsozialistischer Repression, Erfahrungen am eigenen Leibe berichtete Finck in witzigen, vom Publikum leicht und lustvoll durchschauten Andeutungen, deren Mehrdeutigkeit ihrem Autor einen gewissen Schutz vor den Überwachungsinstanzen gewährte und zugleich den spezifischen Reiz seines Witzes repräsentierte. Diese Technik erinnert an die „List" der historischen Camouflage, ihre Wirkung beim entsprechend eingestimmten Publikum aber blieb frei von Mißverständnissen, wie Finck berichtet: „Für die ‚Katakombe' war die Zeit der raffinierten Andeutung gekommen. Man brauchte nur mit einem kleinen Hämmerchen an ein kleines Glöckchen zu schlagen, schon übertrug sich das wie das Läuten mit einer

Sturmglocke. (. . .) Die Angst im Publikum, die sich immer wieder im Lachen befreite, trug die Stimmung des Abends — und mir eine Verwarnung nach der anderen ein. Die Spitzel wußten immer genau, was sie mitzuschreiben hatten". Deren Tätigkeit trug Werner Finck KZ-Haft und Berufsverbot ein, das für die Zeit von 1936 bis 1939 wieder aufgehoben wurde. Finck nutzte diese Zeit, um seine literarische Arbeit fortzusetzen, im Kabarett ebenso wie durch die Veröffentlichung einer Reihe von Glossen in seinem *Kautschbrevier* (1938), das bald nach seinem Erscheinen verboten wurde. Gegen die nationalsozialistische Zensur hatte Werner Finck 1934 formuliert: „Nun wird sich mancher vielleicht im stillen wünschen, es möchte der Hydepark oder besser der Redefreihydepark bei uns Nachahmung finden, so etwa, daß aus dem Berliner Tiergarten ein Diskutiergarten entstünde. Dazu ist aber zu bemerken, daß großzügige Einrichtungen bei uns zulande vom Publikum allzuleicht in ihrem Sinne mißbraucht und damit zum Gegenteil ihres Zweckes werden".

Innere Emigration und kultureller Dissens — eine Konstellation der Ambivalenzen, der Widersprüche, der Hoffnungen und Verstrickungen. Sie wurde von einzelnen repräsentiert in durchaus unterschiedlicher Weise und in sehr verschiedenartigen Formen: in der Kunst und der Publizistik, in der Literatur und im Kabarett. Die Gemeinsamkeiten der Inneren Emigration im Dritten Reich aber, so läßt sich zusammenfassend sagen, überwiegen ihre Differenzen und erlauben uns, von einer politisch-kulturell bedeutsamen Gruppe zu sprechen, die dem Nationalsozialismus in kritischer Distanz gegenüberstand. Eine Gruppe freilich, die in ihren künstlerischen Arbeiten weder ästhetisch noch politisch konkrete Alternativen anzubieten wußte, sondern allenfalls in der Form der Negation auf den Faschismus fixiert blieb — hierin sich unterscheidend vom antifaschistischen Widerstand innerhalb und außerhalb Deutschlands. Eine Gruppe aber auch, die sich nicht mit mehr oder minder gutem Gewissen im Dritten Reich arrangiert hat und mitgelaufen ist, sondern gelitten hat unter der Diktatur, ohne ihr Leid über die Dimensionen von Flucht und Protest hinausführen zu können.

Oskar Loerke

Die Jahre des Unheils. Tagebuchaufzeichnungen

Oskar Loerke (1884–1941) studierte in Berlin Germanistik, Philosophie, Musik und Geschichte; 1914 Reisen nach Nordafrika und Italien, danach freier Schriftsteller; Dramaturg beim Bühnenverlag F. Bloch; von 1917 bis zu seinem Tode Lektor im S. Fischer-Verlag; bis 1933 Sekretär der Preußischen Akademie der Künste; Mitarbeiter der „Neuen Rundschau", Lyriker, Prosaautor und Essayist.
Loerke hat seine Tagebuchaufzeichnungen der Jahre 1933/34 mit der Aufschrift *Die Jahre des Unheils* versehen. Dieser Titel beschreibt sehr genau die Eindrücke und Empfindungen, die er seit der nationalsozialistischen Machtübernahme bis zu seinem Tode notiert hat: den Prozeß einer Emigration nach Innen, die der Bewahrung der Identität, der Arbeit am poetischen Werk und dem Widerstehen gegen die existenzbedrohende Übermacht des „Unheils" dienen sollte. Letztlich vergeblich – Oskar Loerke ist an den äußeren Bedingungen dieses Prozesses zugrundegegangen. Die folgenden Auszüge aus Loerkes Tagebuchaufzeichnungen belegen den für die Innere Emigration exemplarischen Charakter dieser Existenz: ihr Leiden am nationalsozialistischen Terror, an der wirtschaftlichen Not, an Ohnmacht und Ausweglosigkeit, aber auch ihre Unfähigkeit zu einem aktiven Widerstand.
Die Auszüge wurden folgender Edition entnommen, in der sich auch weiterführende Hinweise auf Vorgänge, Details und Personen finden: Oskar Loerke: Tagebücher 1903–1939, Herausgegeben von Hermann Kasack. Verlag Lambert Schneider, Heidelberg, 2. Aufl. 1956.
Dem Verlag Lambert Schneider sei für die freundliche Genehmigung zum Abdruck der Tagebuchauszüge gedankt.

Ralf Schnell

Dienstag, 14. Februar 1933

Viel Entsetzliches hat sich ereignet. Es hat keinen Zweck, Chronist zu sein. Am 30. Regierungsbildung mit Herrn Hitler als Reichskanzler. Aber der Juli vorigen Jahres war ja das Entscheidende. (. . .) Amersdorffer sagte mir, die Abteilung für Dichtung würde aufgelöst. Das ist nur logisch. Eine böse Stimmung. Alles bricht zusammen.

Sonntag, 19. Februar 1933

Ich stehe zwischen den Terroristen von rechts und links. Möglicherweise muß ich zu Grunde gehen. Die Nerven halten nicht mehr. Trauer, vor furchtbare Konsequenzen gestellt zu sein, ohne das mindeste begangen oder auch nur gewußt zu haben.

Eine entsetzliche Zeit der Leiden und Demütigungen. Zu sprechen darüber war zu schwer: darum habe ich nicht gesprochen. Äußeres nur: mein Amt bei der Akademie (als Sekretär) ist mir abgenommen worden. So hart die wirtschaftlichen Folgen sind, das Schlimmere war die Entehrung (. . .) Ich war gezwungen, die Entlassung zu erbitten, um nicht weitere Fußtritte zu empfangen, nun, nachdem mir die Knochen zerbrochen waren, nicht länger auf der Straße zu liegen und mich treten zu lassen, sondern endlich die Erlaubnis zu haben, in den Winkel zu kriechen. Gestern vormittag habe ich mich von meinen Mitarbeitern in der Akademie verabschiedet. Ein bißchen Spießrutenlaufen war auch dabei. Die Kehle war mir zusammengeschnürt, aber ich konnte doch jedem einzelnen meinen Dank sagen. (. .) Ich bin über alledem recht krank geworden. Die Nerven versagen. Schrillt das Telephon oder bellt unser Hündchen auf, so fahre ich hilflos in die Höhe. Die Galle, gereizt durch die seelischen Erregungen, schmerzt. In den Ohren, besonders in dem rechten Ohre, Gebrause. Plesch, den ich aufsuchen wollte, ist verreist. Niemand hat mir in der schweren Zeit helfen können, niemand hat meine Kränkung bis zum Grunde durchschaut. Niemand sollte auch sehen, wie bei mir alles bis in die Grundfesten erschüttert ist: auch der Verlag muß durch große Schwierigkeiten und legt mir übermäßig Arbeit notgedrungenerweise auf, während die Bezahlung nach der langen Zeit der Mitarbeiterschaft nicht die Höhe hat, um die Voraussetzung für die Ausfüllung meines Postens (nachdem ich mich von der Teilnahme am „Leben" nicht völlig ausschließen darf) zu schaffen, und meine eigentliche Arbeit, die dichterische, liegt weiter im Winkel — wer in der Welt fragt danach. Sie ist so sinnlos wie meine ganze schöpferische Existenz. Ich stehe im fünfzigsten Lebensjahr und kann nur beenden, nicht mehr neu beginnen. Ohne eine Sicherung des Dichters kann die übrige Person nicht arbeiten, und wenn dieser die Arbeit genommen wird, durch unerfüllbare Bedingungen oder durch Entziehung — da bleibt eben nur das Nichts übrig. (. . .)

Es ist nicht wahr, daß ich mich auf Gedichte zu beschränken hatte, es ist nicht wahr, daß nicht mehr, anderes und besseres aus mir gekommen wäre, wenn man mir erlaubt hätte zu wirken, wenn man etwas von mir verlangt und erwartet hätte. Immer nur zehn Menschen, bereit zu empfangen — nein, das ist zerstörerisch. Das ist nicht aristokratisch, das ist nicht notwendig, das ist beinahe „noch" eine Negation zur Negation, das ist die Etablierung der Kunst als Privatvergnügen, die Etablierung des Hochmuts, daß man selbst mitkönne, wo die andern nicht mitkönnen — die Verachtung, daß man „viele" meint und anspricht. Das ist eine ganz überaltete verbürgerte Anschauung. Es will ja der Mensch, der ganz gewöhnlich glückbedürftige Mensch sein bißchen Recht: eine von diesem Menschsein abgespaltene Kunst ist für die Katz, sie kann keinen Wert haben. Und die „besseren" Kräfte müssen ja nicht in „ihrem" Gebiete hungern, dursten und sterben, sondern sie werden im ganz trivialen, hundsgemeinen Alltag angegriffen. Nicht der Schreiber der Akten oder der Lektor von Manuskripten wird angegriffen, sondern in ihnen der Dichter. Der Schreiber und Lektor könnten ja ebenso gut etwas anderes tun, den „Dichter" verachtet man auf seinem Gebiet und auf allen Gebieten, auch da, wo er schweigt, sich verbirgt, Geduld hat, wartet und wartet. Ist es so schwer, das Unmenschliche daran zu begreifen?

Nirgends soll erlaubt sein aufzubauen. Überall soll erlaubt sein, grundlos einzureißen, zu zerstören. Woher soll dann noch ein Wille kommen? Warum soll denn etwas in den Wesensäußerungen von der Sinnlosigkeit ausgenommen sein? Warum sollen ein paar Verse wichtiger sein, als es der Mensch in den Stunden ihrer Hervorbringung war? Soll aber der Mensch für diese Stunden gelten, warum darf er in diesen Stunden (so ist es doch praktisch und theoretisch) zerstört werden? Dann wäre nur der Zufall, der Diebstahl, das von den Zerstörern nicht bemerkte Einbringen solcher Verse zu billigen. Und immer gälte nur die Vergangenheit, der es manchmal gelungen ist, ins „Höhere" unbemerkt zu entwischen. Dieser Wunsch, nur das gelungene Entwischen vor den Verfolgern anzuerkennen, ist mir das Peinvolle.

Inzwischen mußte die Musik schweigen. Welch ein Verlust für mich. Inzwischen habe ich unter den Martern kaum etwas zweckfrei, um seiner selbst willen, lesen können. Inzwischen Zwangsarbeiten: Auswahl aus Dehmel, woran ich noch bin. Das läuft so im großen Trakt mit hin, und hinterher ist es so wenig gewesen wie alles andere auch. Einen Aufsatz für die Rundschau über die arme Öffentlichkeit des Dichters von heute. Er ist nur aphoristisch und innerlich nicht frei.

Inzwischen ist aber auch der Frühling gekommen. Bei uns der Gartenfrühling. Mit der wehmütigen Sorge: wann werde ich von diesem Stückchen Boden vertrieben? Dann regt sich eine leidenschaftliche Sehnsucht, tot zu sein, wenn auch keine Sehnsucht zu sterben. Ach, es ist eine Pein unsäglich.

Donnerstag, 13. April 1933

Würgende Schwermut immer wieder! Goethe durfte sagen: Und wenn der Mensch in seiner Qual verstummt, Gab ihm ein Gott zu sagen, was er leidet. Das ist heute nicht mehr möglich: dieser Gott ist zum Teufel erklärt worden.

Donnerstag, 20. April 1933

Hagelschauer, als ich in den Garten hinaustrat. Einsamkeit. Die Freunde fast alle tot, fern, verschollen. Verboten zu denken, Menschen menschlich aufzufassen. Große Menschen der Vorzeit wie Götzen: gegen Thomas Manns schöne Wagnerbetrachtung wehrt sich die Stadt München. (. . .) Sollen große Könner, die den deutschen Namen in die Welt getragen haben, getötet wer-

den, weil den Herrschenden irgend eine kleine Abweichung in der Denkwei-
se nicht paßt? So feindlich waren die Mitmenschen auch wohl zur Zeit der
Hexenprozesse nicht! Gestern im Verlage hat mich das aufs tiefste und
schmerzlichste bewegt. Leben und nicht leben dürfen, das ist die Hölle. –
Heute die Akademie-Akten zusammengeräumt und gebündelt. Ich habe sie
beiseite gelegt – auch das ist abgeschlossenes Leben. Ausgetrieben aus der
Gegenwart – und wenn man in den Bälgen der Erinnerung ist, so darf mans
niemand sagen. Die Rinnsale Glück versickern, trocknen ein. Was ist der
Mensch!

Sonnabend, 22. April 1933

Die „Literarische Welt" stellt sich um. Sie wird national. Ich erhielt die erste
Nummer der neuen Leitung. Wortführer ist Paul Fechter. Das Ungeheuerli-
che geschieht: wer das Wort der Muttersprache zu bilden gesucht hat aus seinem Leben und seinen Gaben, wird an den Marterpfahl gebunden, damit die
Trägen und Rohen, denen er die Zungen lösen helfen wollte, ihn peinigen
und töten. Die seligen Geister der Vorzeit durften den Dienst ihres Schick-
sals tun, heute wird gelästert und verachtet, wer es ihnen gleichzutun sich
mühte. Die Winzigen und Mittelmäßigen brüsten sich und tun es den Bösen
zuvor.

Donnerstag, 27. April 1933

Draußen Frühling, Sonne, nach langer Kälte. Schicksalsgefühl: es ist nichts
zu machen. Am 10. Mai sollen Bücher öffentlich verbrannt werden, symbo-
lisch die Autoren. Aus unserem Verlag Schalom Asch, Döblin, Beer-Hofmann, Schnitzler! Wo führt das hin. Schwarze und weiße Listen! Auch die
Buchhändler haben welche. Suhrkamp ist gestern abend nach Hamburg gefahren, um wenigstens eine Erweiterung der positiven Listen zu erreichen.
Dr. Bermann ist noch immer nicht zurück, er verkennt offenbar die Lage.
Korrektur meines Aufsatzes. Der Bücherabsatz des Verlages war letzte Woche wie abgeschnitten. Die Bücher der neuen Autoren kamen ballenweise
zurück.

Donnerstag, 4 Mai 1933

Bitternisse über Bitternisse geschluckt. So wird es weiter gehen bis zum
ebenso bitteren Ende. Hier ist nicht mehr die Frage von Schuld und Nicht-
schuld, Recht und Nichtrecht. Alles Befehl der Gewaltigen.

Sonntag, 21. Mai 1933

Donnerstag zum Vortrag Minister Goebbels im Kaiserhof. Da ich taub bin,
verstand ich nicht alles. Mancherlei interessant und zweifellos begabt. Ge-

fährlich das ewige Herumreiten auf dem Begriffe Volk. Wer entscheidet, was es sei? Wer weiß genau, was es will? Wer kennt bestimmt sein Heil? Ist das Ganze am Ende nicht doch die Ausprägung und Aufzwingung des Willens Einzelner? Ganz gefährlich wird derlei Unduldsamkeit für die Kunst!

Freitag, 2. Juni 1933

Heute seit langem der erste wirklich schöne Tag. Vormittags war der Himmel wolkenlos. Hiobspost alle Tage. Man wird innerlich und äußerlich ausgehungert. Leben wie im Jenseits.

Freitag, 9. Juni 1933

Mehrere Nächte schlecht geschlafen und daher nicht in bestem Zustande. Aber innerlich doch gefaßt und heiter. Ich habe mich nun durchgerungen: ist mein Leben nicht gelungen, brach man ihm die Schwingen – freuen will ich mich, wills andern denn gelingen. Schutt wirft man mir ins Lebenswasser, man kann es ersticken, aber nicht seinen Sinn ändern.

Donnerstag, 29. Juni 1933

Sehr viel Regenwetter. Meist kühl dazu. Heute ist es sonniger. Ich habe in der Laube gearbeitet. Viele Manuskripte. An meinen Versen. Fertig: Was du verachtest, hüte dich zu hassen.
Untergangsgefühl oft. Oft Sehnsucht, es wäre zu Ende mit dem Leben – dann wieder ein Aufraffen. Die wirtschaftlichen Aussichten sind sehr trübe. Völlige Zurückgezogenheit. Freude nur noch an Erinnerung und Hinterlassenschaft aus alter Zeit. Der Flieder blüht und die Pfingstrosen. Auch der Rittersporn öffnet sich jetzt, so spät.

Freitag, 25. August 1933

Wer nicht selbst denken kann, ist ein Philister. Wem das eigene Denken mit Gewalt untersagt wird, soll zum Philister gemacht werden. Trumpf ist der heroische Philister. Viel Verzweiflung.
Wirtschaftlich wird es immer ärger. Aber hat es noch viel zu sagen? Welche Ziele denn bleiben übrig?
Das Leben ist das allen Wesen Gemeinsame. Der Tod ist das allen Wesen Gemeinsame. Es ist nötig, dieser einfachen Dinge zu gedenken. – Gewogen, gewogen, zu schwer befunden. – Sollte man nicht heiter sein, daß man im Ganzen lebte und noch lebt, ohne sich auf kleine vergängliche Ausschnitte zu verengen?

Donnerstag, 14. September 1933

Ich bin mehr gefaßt als bis dahin. Bis heute war es mir unmöglich, Einzeichnungen zu machen. Selbstverständlich ist auch die Gesundheit beschädigt. Es ist sehr schwer, dem riesigen Strom ins Dunkle Widerstand entgegenzusetzen. Ein Widerstand war die fast herkulische Arbeit für den Verlag. Suhrkamp sieht nicht heiter. Ich bin gefaßt. Wirtschaftlich eingepreßt. Der Ring wird immer enger.

Donnerstag, 19. Oktober 1933

Inzwischen fünf Gedichte zur Ergänzung des Bandes. Das war eine Zuflucht in der Bedrohung der Existenz hier. Alles entbehren — außer dem Fortvegetieren ist nicht mehr viel übrig geblieben.

Mittwoch, 1. November 1933

Heute nicht im Verlage. Ich war schon gestern da, weil Binding kam und über die Akademie zu reden war. Es ist aber nichts herausgekommen. Es handelte sich wieder einmal um eine politische Erklärung, die mich hinauszerrt auf ein Gebiet, auf dem ich nicht heimisch bin und nicht heimisch sein will. — Eine frühere, vom Reichsverband Deutschen Schrifttums ausgehend, hat mich völlig zerbrochen und mehrere Tage in der vergangenen Woche in einen Zustand gebracht, daß ich nicht wußte, ob ich würde weiterleben können. (. . .) Endlich innere Abwehr: ich will mich nicht zum Märtyrer machen lassen auf einem Gebiete, das mich nicht angeht. (. . .) Während der Tage meiner Depression nicht musiziert. Es war mir, als dürfe ich das Reine nicht berühren, so schwach und befleckt fühlte ich mich.
Die unangenehmste Verlagsarbeit war die zensorische Durchsicht des Romans von Schickele; zu solchen Notwendigkeiten wider das künstlerische Gewissen kann einen nur die letzte Alternative treiben!
Im Orte, im Garten fällt jetzt schnell das Laub, aber unsere Hecke vorn ist noch dicht und an den Pappeln hängt noch mehr als an größeren Pappeln anderswo. Dahlien noch immer eine Menge. Viele sind so schwer geworden, daß die Stauden, von den Herbstwinden gezaust, umbrachen. Veilchen, seit einem Monat in ungemeiner Üppigkeit, viel mehr als im Frühling. Rosen schneidet Clärchen täglich. Das schönste im Garten aber die zum zweiten Male blühende Trompetenblume, die Blüten sind vielleicht nicht ganz so lang wie im August, auch kein so schwüler Duft, aber nun schon seit mehreren Wochen folgt Blüte auf Blüte, einmal waren es sechs, heute vier frische, unbeschädigte. Vergangenen Sonntag die japanische Laternenblume abgeerntet, den Überfluß zur Freude für Freunde aufgehoben. (. . .)
Aus dem PEN-Club ausgetreten. Ich muß sparen, wo ich kann. Außerdem will ich frei sein vom Politischen.

Freitag, 2. Februar 1934

Bittere Gefühle um meinen kommenden 50. Geburtstag herum. Der wäre die wahrscheinlich letzte Möglichkeit, auf mich in der Öffentlichkeit hinzuweisen. Die Neue Rundschau, also ein kleiner und heute abseitiger Kreis, wird ein von Hermann Kasack gezeichnetes Bild wohl bringen, sonst aber wird allgemein abgewinkt. (. . .) Der Rundfunk lau – er wird meiner kaum gedenken – einer schiebt es auf den anderen. Ich selbst habe dort seit zwei Jahren nicht gesprochen. Das Leben ist kurz, zwei Jahre sind eine lange Zeit. Aber ich bin ja innerlich gefestigt: da ich ausgeschieden werden soll, so muß ich eben ausscheiden. Und so viel mir noch gegönnt ist, will ich als Privatmann atmen. Die äußere Enge, wie sie jetzt ist, sollte recht sein – wer weiß, wie lange es dauert, bis der Ring noch enger zugepreßt wird. Für anderer geistiges Leben sorgen, selbst ausgelöscht sein. Und immer vernehmen: es ist recht, es ist genug. Gespielt: Bach, Orgelwerke. Wenigstens aufnehmend teilhaben dürfen an der Größe. Gestern und heute Schnee- und Frostwetter. Glänzende Sonne darüber. Schöne Einsamkeit.

Sonntag, 1. April 1934

Es ist eine mir unfaßbare Wendung eingetreten, an meinem 50. Geburtstage. Ich muß nun die Überzeugung behalten, daß meine Verse nicht untergehen werden, bevor sie ihre Wirkung getan haben. So viel Widerhall hätte ich in meinen kühnsten und frechsten Träumen nicht erwarten können. Ziehe ich alles ab, was übertrieben ist, so bleibt doch noch so viel, daß ich beschämt und fassungslos bin. Die Presse ist erfüllt mit großen Aufsätzen. Die bisher Fremden und Abweisenden wollen mich haben – vielleicht, weil sie Passendere nicht finden, aber auch wohl, weil sie sehen, daß die gerühmten Platten in Wirklichkeit Zerstörer sind.

Freitag, 8. Juni 1934

Sehr unruhige Zeit. Die Gesundheit geht dabei drauf. Herz und Nerven. Der Verlag in ernster Gefahr. Die Erfolge lassen die Feinde nicht ruhen.

Sonnabend, 16. Juni 1934

Ferien. Ich will versuchen, in einen weniger erregten Gesundheitszustand zu kommen. Ich will auch versuchen, zu epischer Arbeit zurückzukehren. Das ist schwer, nach Anfängen werden wieder die Ablenkungen einsetzen. Was ich erzähle, muß stark autobiographisch sein. Dadurch wird am besten zum Ausdruck kommen, was meine Gestalt mit der Zeit verbindet und trennt. Lyrik? Das Verbreitungsergebnis des neuesten Bandes ist wieder niederschmetternd. 440 Exemplare, davon mindestens die Hälfte verschenkt als Rezensions- und Freiexemplare. Es muß also wohl fast jeder, der ein Buch hat, darüber geschrieben haben. Dabei: der Ruhm ist ungeheuer. Die Besprechungen haben mich ganz an die Spitze rücken lassen auf diesem Gebiet. Beanstandungen sind mir innerlich leider widerlegbar. Zum ersten Male auch im Auslande Interesse. Frankreich zum Beispiel. Dort regen sich Stimmen, ob der bisherige Aspekt der deutschen Literatur der Gegenwart nicht falsch gewesen sei und korrigiert werden müsse.

Sonntag, 1. Juli 1934

Schleicher und Frau erschossen. Hitler nach München geflogen, um Röhm abzusetzen. Gerüchte um die SA und Frick. Innere Erregung. Weitere Nachrichten. Erschießungen in Massen. Sumpf!

Freitag, 6. Juli 1934

Angesichts der großen schönen freien Natur steigende Verbitterung über die Sklaverei und Barbarei.

Sonnabend, 21. Juli 1934

Die aufgelaufenen Manuskripte gesiebt. Sehr viel Schlechtes ist eingegangen. Sorge, der dichterische Strom in Deutschland werde versiegen. Unruhig.

Sonnabend, 20. Oktober 1934

Zeit der Unruhe und vieler Verzweiflung. Die wirtschaftliche Vernichtung, also die Vernichtung selbst rückt immer näher. Ehre, Freiheit, Recht – ?

Sonnabend, 10. November 1934

Montag kam das dritte Manuskriptpaket der letzten Woche. Ich habe es mit ungeheuer nervenfressender Anstrengung aufgearbeitet. Die letzten Rosen aus unserem Garten vor mir in der Vase. Donnerstag Gedicht Die Trostfrage. An anderen gearbeitet. An den meisten Tagen übend, weiterdringend, getröstet und gestärkt das Wohltemperierte Klavier gespielt.

Silvester 1934

Trübes Wetter. Fünf Grad Wärme. Der tiefe Schnee ist fast weggetaut. Nur noch weiße Flecken im Naßbraunen. Ich pflückte Gänseblümchen, mehr als dreißig, aus den hunderten in unserem frischgrünen Rasen. In der Bedrohung treibt das Leben – sei es ein Zeichen. Und ich spielte heute vormittag Bachs Wohltemperiertes Klavier, wieder nacheinander die Präludien und Fugen des Anfangs, aufgeschlossen der tönenden Herrlichkeit der Welt. (. . .)
Nun geht das Schicksal seinen Lauf, wir wollen aufrecht und mit wahrem Fleiß dem Gewissen folgen. Ist mir das nächste Jahr nicht mehr beschieden,

so sage ich mir, ich habe mich mit allem Guten in mir gewehrt und bemüht, das Böse aber hat die Übermacht gewonnen von draußen. Früher wäre es schwerer gewesen, auf das wenige Letzte zu verzichten, das noch übrig geblieben ist. Zu hoffen bleibt nichts, auch im günstigsten Fall. Aber arbeiten bis zuletzt, es ist das Glück. Am Gedichte: Traum vom Auge des Todes. Ich grüße Euch innig, alle Freunde, die geblieben sind!

Montag, 28. Januar 1935

Diese Woche seit Mittwoch viele häßliche Manuskripte, die ich für den Verlag lesen muß. Das deprimiert sehr.

Donnerstag, 31. Januar 1935

Das Unbekannte drüben wird immer vertrauter. Für mich rückt es auch näher und näher. Der Beschluß ist gefaßt, die Neue Rundschau umzubringen. Das ist für mich die letzte freie Arbeitsmöglichkeit. Der Beschluß ist eine Vorstufe zur Beseitigung des Verlages. — Zum Steineklopfen bin ich zu alt und zu krank.

Und dann der langsame Mord an mir. Ist der Verlag kaputt, so ist auch mein Werk dahin. Da die Bücher nichts einbringen, nimmt sie keiner. Wahrscheinlich wird sie irgendwann nach meinem Tode jemand auflesen. Könnte ichs verhüten, daß ich dann „ausgewählt" werde, d.h. zerrissen, bevor vorhanden.

Freitag, 26. April 1933

Der Frühling in voller Blüte. Viel lauer Regen. Es ist ringsum jetzt voller Flor. Die Pfingstrosen schießen, Primeln und Stiefmütterchen immer voller und herrlicher. Die Hyazinthe neigt sich vom schweren Stengel, eine Anzahl Tulpen öffnen sich. Tanne und Lebensbäume tragen frischgrüne Spitzen an den Astenden. Der Garten ist voller Veilchenduft, die Ebereschen haben ihr Laub entrollt, Kastanie und Nußbaum folgen jetzt langsamer. Wirkliche Träume im Frühling sind die Birken. Es sind die Tage, da die Augen nicht folgen können; an einer Stelle sind sie aufmerksam, an anderen haben sich längst neue Wunder ereignet. Auch schon viel Vogelgesang. In der Seele aber etwas wie ein leichter froher Gottesdank. Ostermontag und Dienstag eindringlich die späten Gedichte Rilkes gelesen. Stößt man sich an den Manieren nicht, so überfällt einen ein ganz großer Reichtum. Trost: das Große kann ja nicht viele Aufnehmende zugleich finden.

Sonntag, 14. Juli 1935

Einen Ekel gibt es in der Welt, der reicht über den Tod und dauert die Ewigkeit.

Sonntag, 28. Juli 1935

Heute ist der letzte Ferientag dieses Jahres. Im Grunde ist nicht viel zu berichten. Ich habe so fleißig an meinen Versen gearbeitet wie vielleicht noch nie im Leben. Der Strom hörte nicht auf, die Spannung tut nun innerlich schon fast weh.

Freitag, 23. August 1935

Unbeschreibliche Foltern und Qualen in der Seele, die ich, gepeinigt wie wohl selten ein Mensch, alle Tage erneut zu bestehen habe. Höllenjahre.

Donnerstag, 19. September 1935

Unabsehbarer Sturz der Zeit. Sie verläuft im allgemeinen Gewürge des Ekels qualvoll über alles Aussprechbare und doch schnell.

Sonntag, 22. September 1935

Schöne, stille blanke Herbsttage. Viele Rosen. Meiner Gesundheit ergeht es nicht gut. Schlaflosigkeit. Herzunruhe. Große Schwäche. Die Nervenschmerzen könnten einen irrsinnig machen, wäre man es nicht schon auf andre Weise.

Sonntag, 29. September 1935

Ich fühle mich innerlich wieder mehr gefestigt. Die wirkliche Scheidung von Welten, die mich nichts angehen. Im Herder weiterstudiert. Unendliches Wohltun durch seine Humanität und ihren Preis.

Sonntag, 27. Oktober 1935

Suhrkamp erzählte mir, daß die Verfügung da sei, die Neue Rundschau müßte mit Ende dieses Jahres ihr Erscheinen einstellen. Doch scheint es jetzt, als könne sie vorläufig noch fortgesetzt werden. Die Verfolgungen dauern an. Im Katalog Volk und Buch ist nichts aus unserem Verlag aufgenommen.
In den Buchhandlungen von der Schrifttumskammer gesandte Aufpasser, die die Buchhändler verpetzen. Anfrage: warum hundert Exemplare von Fischer und nur zwei von den Rechtgläubigen.

Sonntag, 3. November 1935

Große, gleichsam verdeckte Unruhe, was aus dem Verlag werden soll. Immer neues Hin und Her zwischen immer neuen Gerüchten. Jetzt werden auch die Bücher der toten Juden verboten. Dr. Bermann will sie, wie verlautet, nach Zürich mitnehmen. Das Buch des Grafen Kessler verboten, nicht weil es „gefährlich" sei, sondern weil der Verfasser etwas gesagt haben soll.

Im Verlage steht es schlimm. Suhrkamp bleich, mager, abgemattet. Aus der Verkaufsgeschichte wird immer wieder nichts. Immer neue Bücher werden umgebracht. Was alles in letzter Zeit: Schickele, Kessler, Maaß, „Bohème ohne Mimi", neuerdings der dreitausendfach vorbestellte Zuckmayer. Alle Arbeit umsonst.

Große literarische Freuden: Dienstag kam das neue Heft des Bücherwurm mit einem langen und sehr eindringlichen Aufsatz von Rudolf Bach, vielleicht das Beste, was über meine Gedichte geschrieben worden ist. Thomas Mann hat sich über meinen Aufsatz über Herder auf einer Karte an Dr. Bermann folgendermaßen geäußert: „Sagen Sie doch Loerke Dank und Bewunderung für seinen Aufsatz über Herder. Ich finde ihn großartig wie schon die kosmisch orgelnde Bach-Studie. Das sind wirklich deutsche ‚Beiträge'." Gestern abend hier Musik mit Jacubeit. Der Schlaf ist meist nicht gut. An Versen gearbeitet. Das Hamburger Fremdenblatt hat mir rasch, wahrscheinlich entsetzt, die auf Wunsch eingeschickten Gedichte zurückgesandt.

Wir hörten am Radio große Teile des Wagnerschen Siegfried aus Leipzig. Im Komplizierten, auch Kranken zusammenraffend eine großartige Simplizität, manchmal auch eine großartige Rohheit. Dann spielte ich die Hammerklaviersonate Beethovens und die Variationen der letzteren. Diese Menscheneinsamkeit voll Schmerz, Sehnsucht und Festigkeit tröstete mich sehr.

Preisgegeben mit den Freunden, wie die Vögel im harten Winter – nun gut. Ich wachse immer tiefer in meinen Stolz und meine Ehre.

Froh und hoffnungsvoll. Warum? Dies Jahr hat in schlimmer äußerer Bedrängnis begonnen. Am Donnerstag im Verlag, vollkommene Öde. Niemand weiß, was werden soll. Aufregung, daß die Firma im Adreßbuch der Verleger gestrichen wird, ebenso Brockhaus und Peters. Wo das hinführen soll, ist dunkel. Nun: es wird dahin führen, wohin es führen muß. Goethe sagt, kein Volk wisse, was in ihm vorgehe. Was vorgegangen ist, wird erst nachträglich klar.

Die tiefe Wintersonne zeigt sich jeden Tag, jeden Abend der zunehmende, jetzt volle Mond. Die Knospen schwellen vorzeitig im milden Winter. Der bleibende große Trost ist die Musik, ferner Gedanken, die wie Musik sind; meine Verse ferner für mich. Meisen, Amseln und Sperlinge geben weiter das gute Beispiel: „Und der Himmlische Vater ernähret sie doch". Ich will an die Erzählung Der Lügner gehen. Verse klingen weiter. Eine Sendung von Gedichten an die Zeitschrift Schildgenossen. Es gibt eine ganze Menge Menschen, die mir innig folgen.

Donnerstag zu Fuß Potsdamer Straße, Tiergarten, Unter den Linden bis Ecke Friedrichstraße. Staunen in die Auslagen der Geschäfte hinein. Merkwürdig im Gewimmel. Entfremdete Welt, die mich verlassen hat. Aber ich weiß besser als früher, welches die wirkliche Welt ist, die über dem bunten Spuk.

Stille im Verlage. Dr. Bermann wieder verreist. Ich habe mein Gedichtbuchmanuskript abgeliefert. Es sind nur noch einige Ergänzungen und Umstellungen nötig. Im Grunde, über die Alltagsarbeit hinweg, habe ich nur in den Gedichten gelebt. Es ist Bedeutsames gelungen. Das merkwürdig Bedrängende, das irgendwo in mir wartet und sich wieder und wieder meldet, rückt plötzlich an seine Stelle. (. . .)

Freitag habe ich neue Noten angeschafft, u. a. die Ausgabe der Kunst der Fuge von Hans David. Darin mit Gewinn studiert. Ferner neu in der Genialität Regers untergetaucht. Die Bach-Variationen, die a-moll-Sonatine, Fugen 4 bis 6 für Klavier. Trotz allem und allem: Die Welt, die wahre, läßt sich nicht verdrängen. Mit merkwürdiger Ergriffenheit lese ich die Briefe Busonis weiter. – Viele Gedichte: Goethe, Hölderlin, Walther von der Vogelweide. Konrad Weiss, Rilke, Lasker-Schüler usf.

Größeste Sorge um den Verlag. Gestern war der Abschied für Dr. Bermann. Suhrkamp hatte die schöne Idee gehabt, einen großen Strauß dunkelroter Rosen an alle Mitglieder zu verteilen, wenige ernste Abschiedsworte zu sagen, denen der Vorstand des Aufsichtsrats Dr. Sarre sich anschloß. Bermann dankte bewegt und sammelte mit Händedruck an jeden die Rosen ein, so daß sie wieder den Strauß bildeten. Nachher in Sorge und Verwirrung durch die Straßen. Vorgestern erzählte mir Suhrkamp die Regelung und sagte, wie auch in der Versammlung nach Geschäftsschluß, daß er mit dem voraussichtlichen Käufer des Verlages wahrscheinlich nicht werde arbeiten können. Meine Existenz sei wohl gesichert. Das eben ist es: wenn der Verlag nicht mehr S. Fischer Verlag geistig bleibt, wie soll ich dann mittun können! Also nahe Zusammenbruchsdrohung. In jüngster Zeit eindringlich Bach gespielt.

Seit unserer Rückkehr aus Kampen sehr arbeitsamer Monat. Der Verlag nahm mich ganz außerordentlich in Anspruch. Gelesen, gelesen. Über die Zustände außerhalb meines Kreises wenig Gedanken. Drang, das Meine innerlich zu behaupten.

Acht Wochen ohne etwas zu registrieren. Völlig mit der Gesundheit herunter. Das ständige Hinfahren ins Büro, das mich von meiner dichterisch-schriftstellerischen Arbeit völlig trennt, mich wurzellos, überflüssig, sinnlos macht, wirkt in rascher Zerstörung unheimlich!

Dienstag, 16. Februar 1937

Im Körper völlige bedrohliche Unordnung. Nervenschmerzen. Galle. Herzunruhe. Sehr viele Manuskripte. Sie peinigen mich bis zur Verzweiflung. Ich denke an Schopenhauer, der schlechte Bücher als Gift des Geistes bezeichnet. Nach Tagen ein bißchen musiziert, doch nicht gut.

Montag, 5. Juli 1937

Schlechtes, schauriges Jahr. Keine Zeit, einen Gedanken zu denken, ein Gefühl zu fühlen.

Gedanken und Bemerkungen. Undatiert. 1933 bis 1938

Ein Verbrechen hört dadurch, daß es zum Gesetz erhoben wird, nicht auf, Verbrechen zu sein. Vielmehr wird ihm dann die Anerkennung gegeben und seine tausendfache Verbreitung gewährleistet. Demnach: wenn hunderttausend lügen und nur einer sagt die Wahrheit, so sagt eben nur einer die Wahrheit und die hunderttausende Majorität gegen ihn lügt.

Früher hatte das Leben einen Sinn, weil es Leben war. Einen genaueren Sinn weiß niemand. Jetzt hat es keinen Sinn, weil es nicht mehr Leben ist.

In „Romanen" heißt es oft: man solle nicht gegen den Strom schwimmen. Ich prüfte gegenüber den sich darbietenden Umständen, was das wohl heiße? Kein Strom war da, also war es unmöglich, wider einen Strom zu schwimmen. Eine Latrine war da: darin tauchten die Köpfe unter. Dem „Helden" wurde übel genommen, wenn er den Kopf nicht in die Jauche tunken wollte.

Ein „Trost". Schlimmer als der eingesperrte Wahnsinn ist der in Freiheit grassierende. Wüßten es die Wahnsinnigen, daß sie wahnsinnig sind, so wären sie es ja nicht. Der König im Irrenhause „glaubt", daß er ein König ist. Doch zieht man die rechten Folgerungen daraus.

Gesunder Menschenverstand: man freut sich, daß schwarz nicht zugleich weiß sein kann, daß also niemand zugleich Mozart und den Teufel verehren kann.

Todfeinde: Unter tausend sind nur zehn Verbrecher. Vielleicht dreißig Irre, die übrigen Dummköpfe.

Das öffentliche Verbrechen siegt sehr oft in der Welt, niemals aber auf die Dauer.

(Tagebuchaufzeichnungen vom Herbst 1937 und aus dem Jahre 1938 sind verloren. Für 1939 fanden sich in einem kleinen Kalender noch stichwortartige Notizen.)

Februar 1939

Sonnabend, 25. Die schmachvollen Tributerhöhungen. Gefühl, es werde nicht mehr möglich sein weiterzuleben.
Sonntag, 26. Die Schmach. Der Esel in der Mühle dreht das Werk. Manuskripte über Manuskripte. Nie Sonntag.
Dienstag, 28. Die Schmach. Aus der Bürgerlichkeit endlich ausgestoßen.

Mai 1939

Mittwoch, 17. Verlag. Zerschmetternde Nachrichten. Lebensekel in dieser Umwelt. Herzanfall. Suhrkamp nett, holte Auto. Am Abend ging es wieder.
Donnerstag, 18. Die drei Klaviersonaten Bachs geübt. Wieder Unheimliches um das Herz. Weiter am Aufsatz über Rückert.

August 1939

Montag, 28. Verlag. Äußerste Nervosität wegen der Spannung. Lange mit Suhrkamp gesprochen.
Mittwoch, 30. Verlag. Suhrkamp ganz zerbrochen, unerträgliche Spannung.
Donnerstag, 31. Arbeit über Hugo Wolf fortgesetzt. Die böse Spannung.

September 1939

Freitag, 1. 5,45 Uhr Kriegsbeginn mit Polen.
Sonntag, 3. 11 Uhr Kriegsbeginn mit England.

November 1939

Donnerstag, 9. Verlag. Attentat in München wird bekannt.
Dienstag, 21. übel im Verlag. Dann Erstickungsanfall, halb zwölf bis vier Uhr. Um zwei Ärztin. Nach drei Dr. Eiermann. Kampferspritzen, Strophantin usw., im Auto zurückgebracht. Sehr matt.
Mittwoch, 29. nachmittags kam Hermann Kasack. Viel Pessimismus.

Dezember 1939

Sonnabend, 16. Seit einigen Tagen Winterfrost.

(Hier enden die Aufzeichnungen.)

LETZTWILLIGE BITTEN
FÜR DEN FALL MEINES TODES
(Auszug)

Alle meine Freunde wissen, daß ich nichts, was heilig ist auf Erden, verraten habe. Seit meinem bewußten Denken und Fühlen denke ich über menschliche Ehre und Würde genau wie heute, jede Sekunde bei Tag und Nacht.

Darum hätte ich am liebsten bei meinem Begräbnis nur Menschen, die mit meiner Weltanschauung übereinstimmen. Ich kann aber nicht verhindern, wenn ich tot bin, daß Feinde meiner Grundgesinnung, wie sie in meinen Schriften, sonderlich in den sieben gedruckten und weiter in meinen unveröffentlichten Gedichtbänden aufgezeichnet ist, an meiner Bestattung teilnehmen; ich habe die Genugtuung, daß sie den Leichnam nicht schänden können, wie sie den Lebenden oft und oft geschändet haben.

Aber ich habe an meine wahren Freunde die einzige, sie schwer belastende Bitte: nicht mein Andenken besudeln zu lassen und jedem entgegenzutreten, der etwa behaupten wollte, ich sei an dieser oder jener Krankheit gestorben, etwa an meinem Herzleiden, einer Erklärung oder was es sein mag, weil eine jegliche Krankheit, selbst jede Disposition zu einem Unglücksfall, durch die feindlichen Handlungen und Anschauungen veranlaßt worden ist in langen Jahren. (. . .)

Wohl denen für die Zeit ihres Erdenwandels, die meine Wünsche achten!

Berlin-Frohnau, den 6. Februar 1940   Oskar Loerke

Widerstand hinter Stacheldraht

Falk Pingel
Widerstand hinter Stacheldraht [1]

„Hitler und Himmler nahmen an, daß sowohl jeder einzelne wie jede Gruppe durch Terror gebrochen werden können. In Buchenwald gibt es Menschen, die diese Behauptung widerlegt haben". Der englische Reporter, der dies wenige Tage nach der Befreiung des Konzentrationslagers Buchenwald bei Weimar berichtete, war tief beeindruckt von den vielfältigen Formen, in denen Häftlinge hinter dem elektrisch geladenen Stacheldraht der Lager, weitgehend abgeschlossen von Verbindungen mit der Außenwelt, Widerstand geleistet hatten. Die besonderen Bedingungen, unter denen die Häftlinge taten, machen es notwendig, den Begriff des Widerstandes im Konzentrationslager zu erläutern, bevor die Widerstandshandlungen im einzelnen beschrieben werden.
Widerstand im Lager richtete sich gegen die SS (bzw. andere Bewachungsorgane wie die SA oder Hilfseinheiten von Polizei und Wehrmacht) als die Repräsentanten der nationalsozialistischen Herrschaft, um das Lager überhaupt zu zerstören (Aufstand), ihm zu entkommen (Flucht) oder die Haftbedingungen soweit zu verbessern, daß die Absichten, die die SS mit ihnen verfolgte, durchbrochen wurden (Versorgung besonders gefährdeter Häftlinge mit Medikamenten und Nahrungsmitteln; Verbergen besonders mißhandelter Häftlinge). Allerdings war nicht jede Widerstandshandlung direkt gegen die SS und ihre Intentionen gerichtet. Hierzu zählten beispielsweise kultu-

---

1 Die wörtlichen Zitate wurden folgenden, in entsprechender Reihenfolge angeführten Werken entnommen: Klaus Drobisch: Widerstand in Buchenwald, Frankfurt am Main 1978, S. 6 f. – Henning Timpke Das KL Fuhlsbüttel, in: Studien zur Geschichte der Konzentrationslager, Stuttgart 1970, S. 27; – Hermann Langbein: Menschen in Auschwitz, Wien 1972, S. 244; – Christoph Kleßmann & Falk Pingel (Hrsg.): Gegner des Nationalsozialismus. Wissenschaftler und Widerstandskämpfer auf der Suche nach historischer Wirklichkeit, Frankfurt am Main 1980, S. 240; – Buchenwald. Mahnung und Verpflichtung, hrsg. vom Internationalen Buchenwald-Komitee, Berlin DDR 1961, S. 412 ff.; – Hermann Brill: Gegen den Strom. Offenbach 1946; – Ernst Thape: Von Rot zu Schwarz-Rot-Gold. Lebensweg eines Sozialdemokraten, Hannover 1969, S. 312 ff.

relle Aktivitäten wie Gedenkfeiern, Aufführungen oder ähnliches, die die Hälftlinge moralisch stärken sollten. Ebenfalls zum Widerstand sollen Fälle gerechnet werden, in denen sich Häftlinge gegenseitig unterstützten, um einander das Überleben zu ermöglichen. Denn eine solche Solidarität war bereits gegen die Intention der Lagerhaft gerichtet, die Hälftlinge gegeneinander auszuspielen und zu schwächen. Um die SS und nicht den Mithäftling, der um die knappe Nahrung und erträgliche Arbeitsplätze oder einen Schlafplatz konkurrierte, als den gemeinsamen Gegner zu erkennen, war die gegenseitige Unterstützung sehr wichtig. Daher soll auch jede individuelle, unorganisierte Hilfe zum Widerstand gerechnet werden, wie dies auch ehemalige Häftlinge betonen. Sie war zudem für denjenigen, der noch keinen Anschluß an eine illegale *Gruppe* gefunden hatte, die einzige, für den einzelnen oft auch sehr wirksame Möglichkeit, anderen zu zeigen, daß er bereit war, der Unterdrückung durch die SS zu widerstehen.

Nur selten war es den Häftlingen möglich, ihren Widerstand über den Kampf gegen das Lagersystem hinaus auszuweiten. Dies war der Fall bei Sabotageakten gegen die im Lager gefertigten Rüstungsgüter, um damit die Kampfkraft an der Front zu schwächen oder bei heimlichen Zusammenkünften, um Pläne für den Neuaufbau nach dem Ende der NS-Diktatur auszuarbeiten.

Es lassen sich drei Stufen unterscheiden, in denen sich der Widerstand im Konzentrationslager entfaltet hat. Als erste Stufe kann angesehen werden, daß der Häftling anderen half, das Lagerleben zu meistern, Nahrungsmittel teilte, körperlich Geschwächte bei der Arbeit unterstützte und vor Mißhandlungen durch die SS schützte. Im Erlebnisbericht von Werner Koch, der noch die Vorkriegszeit behandelt, steht diese Form des Widerstands im Vordergrund. Erst derjenige, der sich sein Leben innerhalb des Lagers einigermaßen gesichert hatte, so daß er ausreichend ernährt und nicht von dauernder Mißhandlung bedroht war, verfügte in der Regel über genügend Kraft, um nicht nur anderen helfen, sondern sich auch dauerhaft gegen die SS wenden zu können. Damit hatte er die zweite Stufe erreicht. In der Regel bedurfte er dazu des Schutzes von Mithäftlingen in einer − wie locker auch immer − zusammengehaltenen illegalen Organisation. Es kam sehr selten vor, daß sich Häftlinge spontan Anordnungen der SS widersetzten oder sich gegen Mißhandlungen direkt auflehnten, ohne dies mit anderen abgesprochen zu haben. Die dritte Stufe war dann die offene Revolte, die allerdings wegen der hohen Gefährdung für alle Häftlinge nur unter den spezifischen Bedingungen der letzten Phase der Lagergeschichte geplant wurde.

Für die Handlungen auf den letzten beiden Stufen war Voraussetzung, daß die Häftlinge Kenntnisse über interne Lagervorgänge hatten wie z.B. den Stand der Lebensmittelvorräte, bevorstehende Einlieferungen und Überstellungen in andere Lager, und diese Vorgänge auch bis zu einem gewissen Grade beeinflussen konnten. Dieses war grundsätzlich möglich, da die SS einen

Teil der Aufgaben in der Verwaltung des Lagers sogenannten Funktionshäftlingen übertrug, die als „Kapos" in den Arbeitskommandos und als Stuben- und Blockälteste in den Häftlingsbaracken Aufseherfunktionen wahrnahmen. Die höchste Häftlingsfunktion war die des Lagerältesten. Durch die Tätigkeit in der Küche, im Krankenhaus und in der Schreibstube, in der die Häftlingskartei geführt, die verschiedenen Arbeitskommandos eingeteilt und Transporte in andere Lager zusammengestellt wurden, konnten Häftlinge ihren Einfluß erweitern. Da diese Stellen einen gewissen Schutz vor der SS boten und hinreichende Unterkunft und Ernährung sicherten, waren sie bei denjenigen begehrt, die ihre Lage aktiv zu verbessern suchten. Außer diesen Vorteilen brachten die Funktionen aber auch Gefahren mit sich: den Anordnungen der SS mußte nachgekommen werden; man konnte sie im allgemeinen nicht offen unterlaufen. Die Funktionshäftlinge drohten also zum verlängerten Arm der SS zu werden und mußten daher befürchten, von den Mithäftlingen abgelehnt zu werden. Die Mitarbeit in diesen Funktionen hatte daher immer zwei mögliche Seiten: Kooperation zugunsten der Häftlinge und Kollaboration zu ihrem Schaden. Für den Widerstand wirkten sich die Funktionsstellen nur dann positiv aus, wenn den Lagerinsassen deutlich gemacht wurde, daß ihnen durch die Mitarbeit auf die Dauer tatsächlich Vorteile entstanden: es wurde weniger geschlagen und das Essen besser verteilt und die SS unternahm weniger Blockkontrollen. So war es aus Gründen des Selbstschutzes wie der Reichweite des Widerstandes entscheidend, wer Einfluß auf diese Stellen ausübte. Sich gegen Kollaboration und Verrat zu sichern, wurde in manchen Phasen der Lagergeschichte zum bestimmenden Merkmal des Widerstandes, der dann vordringlich ein Kampf gegen die Verräter in den eigenen Reihen wurde statt gegen den eigentlichen Feind, die SS.

Die Häftlinge im Widerstand hatten mit einem weiteren Verhalten zu kämpfen, das zwar ihre Existenz nicht so bedrohte wie die Kollaboration, aber ihr Wirken empfindlich einschränkte: Verzweiflung und Apathie, d.h. die Unfähigkeit, überhaupt noch eigenständig zu handeln. Der sozialdemokratische Redakteur Solmitz, der als jüdischer Häftling 1933 im KZ Hamburg-Fuhlsbüttel war, schrieb wenige Tage vor seinem Tode in geheimen Aufzeichnungen für seine Frau: „Später kam der Sturmführer ... noch zwei Mal, um mich maßlos zu beschimpfen, zu bedauern, daß ich nicht gleich ‚verreckt' sei und mir zu erklären, ich käme ‚nie' heraus. Ich weiß, daß auch dieses Nie nicht das letzte Wort ist, aber ebenso weiß ich, daß ich bis auf weiteres meinen Foltern wehr- und rettungslos ausgeliefert bin. Es bleibt mir nur die Wahl, bei jedem Schlüsselrasseln vor der Hundepeitsche zu zittern oder zum Strick zu greifen". Als während des Krieges die Lagerbedingungen so schlecht wurden, daß in manchen Lagern mehr als ein Viertel der Häftlinge innerhalb eines Jahres starben, nahm auch die Zahl derer zu, die sich selbst aufgaben. In Auschwitz, dem schrecklichsten Lager, zählte im Frühjahr 1944 selbst die

SS von den 67.000 Häftlingen 18.000 zu den „Invaliden", wie sie die Geschwächten und Handlungsunfähigen bezeichnete.

Unter diesen lebensbedrohenden Zuständen muß es als Voraussetzung dauerhaften Widerstandes gelten, daß der Häftling sich den Willen zum Überleben erhielt und trotz der Gefangenschaft, in der ihm fast der gesamte Tageslauf vorgegeben war, nach eigenen Handlungsmöglichkeiten suchte. Nicht nur bei der Planung eines Aufstandes war es von Gewicht, wieviele Häftlinge seelisch und körperlich fähig waren, sich an ihm zu beteiligen. Auch bei der Verteilung illegal beschaffter Nahrungsmittel spielte die Frage eine Rolle, wer durch zusätzliches Brot in die Lage versetzt wurde, bei der illegalen Arbeit zu helfen oder wer lediglich noch die Kraft besaß zu essen, was ihm gereicht wurde, ohne je wieder den Willen aufzubringen, auch anderen etwas zu besorgen. Wem sollten zusätzliche Rationen gegeben werden, wenn sie nicht für alle reichten? Da es in der Regel unmöglich war, solche Hilfe allen Häftlingen gleichermaßen zukommen zu lassen, war der Widerstand in doppelter Hinsicht eine Sache der Minderheit: nur wenige beteiligten sich an ihm und seine direkten Wirkungen kamen oft nur kleineren Gruppen zugute.

Da der Zwangscharakter der nationalsozialistischen Herrschaft im Konzentrationslager viel schärfer erfahren wurde als außerhalb, liegt die Vermutung nahe, daß die Notwendigkeit, sich am Widerstand zu beteiligen, unmittelbar einsichtig und die Bereitschaft dazu entsprechend hoch gewesen sei. Es sind bereits Gründe angeführt worden, die gegen eine solche Schlußfolgerung sprechen. Kollaboration, seelische und körperliche Schwächung der Häftlinge wirkten sich ungünstig auf die Verbreitung des Widerstandes aus. Hinzu kommt, daß allein der Verdacht oder der geringste Versuch, gegen die Intentionen der SS zu handeln, jeden Häftling aufs höchste gefährdete: er hatte „Bunkerhaft" in einer Einzelzelle, Nahrungsentzug, Verhöre oder die Versetzung in ein Arbeitskommando zu fürchten, wo er „fertiggemacht" werden sollte, wie gezielte Mißhandlungen im SS-Jargon hießen.

Dieses Risiko auf sich zu nehmen und die Apathie oder die Ausrichtung aller Handlungen auf die Erhaltung des eigenen Lebens zu durchbrechen, gelang in der Regel nur solchen Häftlingen, die bereits vor ihrer Verhaftung Voraussetzungen für den Widerstand im Lager besaßen. Die beste Ausgangsbedingung war sicherlich dann gegeben, wenn der Häftling schon vorher politischen, religiösen oder sozialen Gruppen angehört hatte, die dem Nationalsozialismus ablehnend gegenübergestanden hatten. Im Lager bildeten sich Kristallisationspunkte des Widerstandes zumeist in illegalen Parteigruppen, deren Angehörige teilweise schon vor der Inhaftierung illegale Erfahrungen gesammelt hatten und über die Lagerverhältnisse wenigstens grob informiert worden waren, so daß sie sich leichter darauf einstellen konnten. Vor allem fanden sie Mithäftlinge, von denen sie Hilfe erwarten konnten, so daß sie leichter die Voraussetzungen für eine dauerhafte Opposition gegen die SS erreichten als Häftlinge, die an solche Verbindungen nicht anknüpfen konnten. Zudem wurde es für die schon lange einsitzenden Häftlinge immer schwerer, die Zuverlässigen zu erkennen, als während des Krieges in jedem Lager monatlich mehrere Tausend Neuzugänge aus verschiedenen Nationen aufgenommen wurden. Der Häftling mußte nun lernen, auf eine für die SS und korrumpierte Funktionshäftlinge möglichst unauffällige Weise Kontakte zu anderen zu suchen. Die Wenigsten hatten das Glück, angesprochen und „geworben" zu werden, wie Werner Koch das von sich schildert. Der neue Häftling mußte also selbst aktiv werden und Möglichkeiten auskundschaften, um sich erträgliche Arbeitsplätze zu sichern und zu erkennen, wer unter den Häftlingen Einfluß hatte und wem zu trauen war.

Die unterschiedlichen Motivationen, die religiöse und politische Gruppen zum Widerstand führten, beeinflußten die Ausrichtung ihrer Aktivitäten. Die unmittelbare materielle Hilfe und die Ausübung religiöser Riten, also vor allem die Pflege des inneren Zusammenhalts, standen im Vordergrund religiöser Gruppen, während die Widerstandtätigkeit politischer Gruppen oft umfassender war. Unter den deutschen Häftlingen verdienen die Kommunisten besondere Beachtung, ohne deren illegale Tätigkeit in festen organisatorischen Zusammenhängen die dritte Stufe des Widerstands in den Konzentrationslagern im alten Reichsgebiet wie Sachsenhausen, Buchenwald und Dachau wohl kaum in Angriff genommen worden wäre.

Die Gründung der Konzentrationslager folgte auf die Massenverhaftung von Kommunisten nach dem Reichstagsbrand am 27. Februar 1933. Als in den folgenden Monaten Gewerkschaften und politische Parteien verboten wurden oder sich selbst auflösten, wurden zunehmend Gewerkschafter und Sozialdemokraten sowie Angehörige der bürgerlichen Opposition in die Lager eingeliefert. Obwohl bald auch Häftlinge aus anderen als politischen Gründen ins Lager kamen (z.B. mehrfach Vorbestrafte, Personen, die sich unvorsichtig, herablassend oder kritisch zum Nationalsozialismus geäußert hatten; Nationalsozialisten, die sich mit Parteiangehörigen verfeindet hatten), bildeten die politischen Gegner des Regimes, von denen die Nationalsozialisten eine ernsthafte Gefährdung ihres Systems befürchteten, die größte Häftlingsgruppe. 1933 waren noch bis zu 80 oder 90 % der Häftlinge Kommunisten (oder kommunistischer Tätigkeit Verdächtigte) und ein oder zwei Zehntel Sozialdemokraten. Da viele von ihnen in den ersten Monaten nach der Machtergreifung inhaftiert worden waren, hatten sie noch kaum Erfahrungen in der Illegalität gesammelt. Gegensätze, die das Verhältnis der beiden Parteien im Ausgang der Weimarer Republik geprägt hatten, bestanden im Lager oft weiter fort. Mehr noch als Sozialdemokraten gingen Kommunisten davon aus, daß sich Hitler nicht lange an der Regierung halten würde. Sie bemühten sich in der illegalen Propaganda, Gegensätze zwischen SA, SS und der Partei zu verschärfen und hofften auf eine Spaltung der nationalsozialistischen Organisationen. Sozialdemokraten zeigten sich eher abwartend. Wenn auch die Kommunisten und viele Sozialdemokraten mit einem Verbot der Arbeiterparteien unter Hitler gerechnet hatten, so waren sie von dem Terror und der Härte der Verfolgung doch überrascht. Daher machten es sich Kommunisten wie Sozialdemokraten gleichermaßen zur Aufgabe des Widerstandes, der Außenwelt von den unmenschlichen Brutalitäten zu berichten, die SS- und SA-Mitglieder an den Häftlingen begingen: den Nationalsozialisten verhaßte Politiker aus der Weimarer Zeit wurden geschlagen, wobei die SS sogar versuchte, die politischen Gegensätze unter den Häftlingen auszunutzen und sie ebenfalls zu Mißhandlungen zu provozieren; Häftlinge wurden gezwungen, die Postenkette zu überschreiten, worauf die Wachtposten sie wegen „Fluchtversuchs" erschossen; andere sollten durch wiederholte Mißhandlungen zum Selbstmord getrieben werden. Zwei damals bekannte Häftlinge, der Kommunist Hans Beimler und der Sozialdemokrat Gerhart Seeger, beide Reichstagsabgeordnete, nutzten 1933 die Flucht aus den Konzentrationslagern Dachau bzw. Oranienburg, um im Ausland erste Berichte über die Lager zu veröffentlichen. Im Vordergrund standen hier eindeutig die Mißhandlungen durch Angehörige der SS und SA, deren Verbrechen für eine spätere Strafverfolgung festgehalten werden sollten. Seeger hob darüber hinaus vor allem die Differenzen mit den Kommunisten heraus, womit sein 1934 in der Tschechoslowakei in der Schriftenreihe der Exil-SPD publiziertes Buch auch in die damals akutelle Diskussion über ein engeres Zusammengehen von Sozialdemokraten und Kommunisten in negativer Weise eingriff. Die Erfahrungen der Konzentrationslagerhäftlinge unter dem Terror der SS ließen zwar die Notwendigkeit einer solchen Zusammenarbeit erkennen, führten aber noch nicht – wie zu späterer Zeit – zu praktischen Maßnahmen, um die alten Gegensätze zu überwinden.

Schon 1933 bestanden die ersten Widerstandshandlungen darin, gefährdeten Gruppen oder einzelnen Häftlingen zu helfen, sie vor allem medizinisch zu pflegen, psychisch zu stärken und möglichst aus dem Blickfeld bekannter SS-Schläger zu ziehen. Die Bedingungen von seiten der Häftlinge waren hierzu relativ günstig, da sich viele kannten und politisch organisiert waren. Aber zu direkten Aktionen gegen die SS kam es, nach den nicht allzu zahlreichen Berichten aus der Frühzeit der Lager, noch nicht. Die Häftlinge erwarteten zu Recht innerhalb einiger Monate, zumindest eines Jahres ihre Entlassung. Die individuelle Haftdauer war zwar völlig ungewiß, aber länger als zwölf Monate dauerte sie in den Jahren bis 1936 nur selten. Der eigentlich politische Widerstand mußte besonders nach Auffassung der Kommunisten außerhalb der Lager geleistet werden.

Ebenso wie außerhalb der Lager reagierten auch die Widerstandskämpfer hinter dem Stacheldraht in der Wahl ihrer Ziele und der Bestimmung ihrer Mittel auf Veränderungen des nationalsozialistischen Herrschaftssystems, denen auch die Konzentrationslager unterworfen waren. Solche Veränderungen im Lagersystem erfolgten 1936 und zwangen die Häftlinge zu neuen Verhaltensweisen, die auch für die Widerstandsorganisationen in den Kriegsjahren maßgebend wurden. Neben die politischen Häftlinge traten nun die großen Gruppen der sogenannten „Asozialen" und „Kriminellen", die in einigen Lagern zeitweise ebenso stark (oder gar stärker) als die Gruppe der politischen Häftlinge wurden. Da Angehörige dieser Häftlingskategorien nicht aus politischer Opposition gegen den Nationalsozialismus inhaftiert worden waren, war bei ihnen auch keine politische Gegnerschaft gegen die SS vorauszusetzen. Die Gefahr der Kollaboration wurde nun erheblich größer. Die SS übertrug daher Lagerfunktionen bevorzugt Häftlingen aus diesen neuen Kategorien, so daß illegale Gruppen innerhalb des Lagers leichter aufgedeckt werden konnten als bisher. Gerade in diesem Abschnitt der Lagerentwicklung waren die Funktionen aber für die Häftlinge wichtiger geworden, da sich die Haftbedingungen verschärft hatten. Der Arbeitseinsatz wurde intensiviert und schließlich zur Vernichtung bestimmter Gefangenengruppen wie jüdischer Häftlinge oder der ehemaligen Spanienkämpfer mißbraucht. Der Mangel an Nahrung und Unterkünften wurde vor allem nach Beginn des Krieges für einen ansteigenden Teil der Häftlinge lebensbedrohend. Für viele verkürzte sich die Lebenserwartung besonders im Winter und in schweren Arbeitskommandos auf nur wenige Monate. Auf eine Entlassung war während des Krieges ohnehin kaum zu hoffen. Materieller Schutz wurde damit zur unabwendbaren Notwendigkeit für alle, die nicht langsam im Lager dahinsterben wollten.

Die materielle Bedrohung und die Gefahr des Verrats durch Mithäftlinge machten eine stärkere Sicherung der illegalen Arbeit notwendig Die Jahre 1937 bis 1942 waren daher in vieler Hinsicht dadurch geprägt, daß die Häftlinge sich das unmittelbare Überleben zu sichern versuchten und Gruppierungen aufbauten, die gegen Verrat geschützt waren. Der Kampf um die Funktionsstellen zwischen den „politischen" und „kriminellen" Häftlingen, die von den neuen Kategorien den deutlichsten Willen zur Selbstbehauptung zeigten, kennzeichnet in hohem Maße das Verhältnis der Häftlinge untereinander. Erst etwa ab 1943 gingen die politischen Häftlinge aus dieser Auseinandersetzung gestärkt hervor; denn die SS war nun eher geneigt, politische Lagerälteste und Kapos zu unterstützen, da die Arbeit in der Rüstungsindustrie, in der die Häftlinge 1943 und 1944 überwiegend beschäftigt waren, Qualifikationen erforderte, die Angehörige aus der Kategorie der kriminellen Häftlinge oft nicht besaßen. Zudem war der SS daran gelegen, daß willkürliche Quälereien eingeschränkt wurden; die Funktionshäftlinge aus der Kategorie der „Kriminellen" waren nicht so schnell in der Lage, sich auf diese neue Taktik der Häftlingsbehandlung im Rüstungseinsatz einzustellen.

In vielen Lagern hatten politische Häftlinge erkannt, daß der Krankenbau für ihre Arbeit wichtig war. Da die SS weder eine fachgerechte Behandlung der Häftlinge wünschte, noch für eine hinreichende Ausstattung mit Medikamenten sorgte, schleusten widerstandsbereite Häftlinge Vertrauensleute in den Krankenbau ein. Werner Koch schildert, wie erfindungsreich sie vorgingen, um die medizinische Versorgung zu verbessern. Als die Infektionskrankheiten (Fleckfieber, Ruhr) während des Krieges zunahmen, mied die SS aus Angst vor Ansteckung den Häftlingskrankenbau weitgehend, so daß hier ein vor persönlichen Eingriffen einzelner SS-Leute relativ geschützter Ort entstand — trotz des Elends, das jeden umgab, der die Krankenbaracken betrat. Hier wurden Häftlinge versteckt, um sie vor der Überstellung in ein anderes Kommando zu bewahren. Der Kommunist Emil Carlebach, als jüdischer Häftling in Buchenwald, tauchte 1945 kurzzeitig sogar im Fleckfieberblock unter, da sein Name von der SS mit auf eine Liste derer gesetzt worden war, die vor der Evakuierung des Lagers erschossen werden sollten. Doch auch hier erreichte die Hilfe und der Schutz vornehmlich diejenigen, von denen zu erwarten war, daß sie sich ihrerseits für die Verbreitung von Solidarität und Widerstand einsetzen würden. Dieses Dilemma beschreibt Robert Waitz, der als Häftling Arzt im Krankenbau von Auschwitz-Monowitz war: „Die Rolle der Ärzte war sehr wichtig. Sie bemühten sich um Medikamente, ganz besonders um Sulfonamide. Diese wurden selbst aus den Revieren der SS gestohlen. Sie trachteten danach, heimlich zusammen mit Schreibern im Krankenbau kranke oder körperschwache Kameraden aufzunehmen und bewahrten sie vor der offiziellen Aufnahme (die mit Gefahren verbunden war). Sie versteckten Abgemagerte und Kranke vor Selektionen. Sie fälschten Krankenblätter und verbargen Unglückliche, die für die Gaskammer bestimmt waren. Diese so notwendige Tätigkeit der Ärzte stellte sie ständig vor ein furchtbares Dilemma. Entweder nichts zu tun, was eine Lösung, von Feigheit diktiert, bedeuten würde, oder zu handeln; dann aber konnte man lediglich einer beschränkten Zahl von Menschen helfen und mußte sich zum Richter aufwerfen. Man durfte nur denjenigen helfen, welche Chancen hatten, sich körperlich und moralisch zu erholen, nachdem man ihnen geholfen hatte. Die Wahl zu treffen ist für einen Arzt, der dieses Titels würdig ist, eines der schwersten Probleme, vor welche er gestellt werden kann".

Der Wille zu Hilfe und Widerstand stand neben Angst und Verzweiflung. Im Auschwitzer Krankenbau ermordete der SS-Sanitäter Klehr durch Giftinjektionen kranke, geschwächte und nicht mehr arbeitsfähige Gefangene. Ein Häftling, der die Toten anschließend fortbringen mußte, beobachtete eines Tages, wie sein eigener Vater die tödliche Spritze erhielt. Auf die spätere Frage, warum er damals stumm geblieben sei, antwortete er: „Ich habe Klehr damals nicht gesagt, daß das mein Vater ist, denn ich hatte Angst, daß er sagen würde, ich solle mich danebensetzen".

Fluchtversuche wurden während des Krieges von deutschen politischen Häftlingen nur noch selten unternommen. Vielen Widerstandsgruppen schien die Gefährdung sowohl der fliehenden wie der zurückbleibenden Häftlinge zu stark. Denn die SS bestrafte oft die gesamte Häftlingseinheit, aus der jemand entflohen war. Vor allem aber hatten deutsche Häftlinge geringe Chancen, außerhalb des Lagers unterzutauchen, da ihre alten Verbindungen in der Regel der Gestapo bekannt waren und sie nicht damit rechnen konnten, von irgendeinem Bürger versteckt zu werden. Anders war dies bei ausländischen Häftlingen, die seit Kriegsbeginn in schnell zunehmender Zahl in die Konzentrationslager kamen. Nach 1942 ging der Anteil der deutschen Häftlinge auf unter 10 %, in einigen Lagern sogar bis auf 1 % zurück. In den im Reichsgebiet gelegenen Lagern versuchten ausländische Häftlinge, in den Fremdarbeiterlagern unerkannt unterzukommen. In Auschwitz, das auf polnischem Boden lag, gelang es polnischen Häftlingen, konstante Beziehungen zu Widerstandsgruppierungen außerhalb des Lagers herzustellen, so daß denjenigen, die mit Hilfe der Widerstandsorganisation flüchteten, oft Anlaufstellen außerhalb des Lagers bekannt waren. Dies spielte bei den Aufstandsplänen in Auschwitz eine wichtige Rolle. Auch Nachrichten und Fotos über die Massenvernichtung wurden auf diesem Wege nach außen gebracht.

Der hohe Anteil an ausländischen Häftlingen machte zunächst die Widerstandsarbeit komplizierter. Die Verständigung zwischen den Nationen war schwierig. Deutsch galt als die offizielle Lagersprache; die Funktionsstellen waren mit deutschen Häftlingen besetzt, die von der SS in der Regel besser als die ausländischen behandelt wurden, da die Rassenideologie, nach der Polen, Russen und insbesondere Juden als minderwertige Menschen galten, für die Lager-SS maßgebend war. Mißtrauen gegen die deutschen Häftlinge, die der „Feindnation" angehörten, erschien daher schon aus Vorsicht angebracht. Die Abkapselung der nationalen Gruppen konnte am frühesten durchbrochen werden von weltanschaulichen oder sozialen Gruppen mit internationalen Verbindungen. So nahmen insbesondere Kommunisten untereinander Kontakt auf und überzeugten langsam Häftlinge aus anderen Nationen, daß ein großer Teil der deutschen Häftlinge ebenso wie sie wegen Widerstandes gegen den Nationalsozialismus inhaftiert worden sei und auf ihre Hilfe auch für die ausländischen Kameraden gerechnet werden könne. Nach den deutschen begannen auch ausländische Häftlingsgruppen, erste Widerstandsorganisationen aufzubauen. Die wachsende Häftlingszahl — die beispielsweise in Sachsenhausen bei Berlin von 12.000 Ende 1939 auf etwa 28.000 Ende 1943 stieg — machten eine stärkere Zusammenfassung solcher Lagerinsassen notwendig, denen bei der Arbeit gegen die SS vertraut werden konnte. Am ausgeprägtesten unter den deutschen Häftlingen schufen sich die Kommunisten Organisationen, die an alte regionale Parteieinheiten anknüpften. Neuankömmlinge wurden von Genossen in den Häftlingsfunktionen auf ihre Zuverlässigkeit geprüft. Sozialdemokraten und andere, kleinere Gruppen bildeten zwar informelle Zusammenschlüsse, die an Bekanntschaften aus der Zeit vor der Inhaftierung anknüpften und dann im Lager vorsichtig ausgeweitet wurden. Ab 1943 schlossen sich solche Gruppierungen zu internationalen Komitees zusammen, die die illegale Tätigkeit im Krankenbau, in der Häftlingsverwaltung und insbesondere für den Fall eines gemeinsamen

Aufstandes koordinierten. In Buchenwald ist unter der Führung deutscher Kommunisten mit dem internationalen Lagerkomitee eine solche Organisation wohl am höchsten entwickelt worden. Mit ihren verschiedenen Gliederungen, zu denen auch die mit Häftlingen besetzte Lagerfeuerwehr und der Lagerschutz (eine Art interner Lagerpolizei) zu rechnen sind, umfaßte sie über 2.000 Personen.

In den Jahren 1943/44 weitete die SS das Lagersystem noch einmal bedeutend aus. 1944 überschritt die Gesamtzahl der Häftlinge eine halbe Million, von denen den größten Anteil Sowjetbürger und Polen stellten, aber auch Franzosen und Italiener befanden sich zu Zehntausenden in den Lagern. Die Gründe für die Einlieferung waren vielfältig: Sabotage oder einfach unerlaubtes Fernbleiben vom Arbeitsplatz insbesondere bei den ausländischen Zwangsarbeitern; aktiver Widerstand oder ein zufälliges Wort der Kritik oder allein die Zugehörigkeit zur „jüdischen Rasse". Manche Häftlinge waren das Opfer einer der willkürlichen Razzien in den besetzten Ländern geworden, ohne daß ihnen ein konkretes Vergehen vorgeworfen wurde.

Da vor allem die ausländischen Häftlinge während des Krieges kaum noch entlassen wurden, bildete sich trotz all dieser Verschiedenheiten und laufend neuer Zugänge, ständiger Überstellungen in andere Lager und der hohen Sterblichkeit ein Stamm von erfahrenen Häftlingen heraus, die schon mehrere Jahre lang inhaftiert waren, in der Regel mehrere Lager kannten und oft schon außerhalb illegal gearbeitet hatten. Diese Häftlinge wurden wegen ihrer Lagerkenntnisse zunehmend auch von der SS als Funktionäre eingesetzt, selbst wenn die SS ahnte, daß sie damit widerstandsbereite Kräfte im Lager unterstützen könne. Aber ihr blieb oft keine andere Wahl, wollte sie die Produktion aufrechterhalten, wie dies Himmler wünschte, und die Ordnung innerhalb der Lager trotz eklatanter baulicher Mängel und bei unzureichendem eigenen Verwaltungspersonal nicht gänzlich aufs Spiel setzen.

Die Arbeit in der Rüstungsindustrie, die so wichtige Fertigungszweige wie die V-Waffen und die Flugzeugproduktion umfaßte, erweiterte die Widerstandstätigkeit der Häftlinge um den wichtigen Bereich der Sabotage. Hier waren besonders die ausländischen Häftlinge aktiv, gegen deren Nationen die von ihnen verfertigten Waffen direkt gerichtet waren. Dabei mußten sie aber sehr vorsichtig vorgehen und nach Möglichkeit solche Fehler einbauen, die erst später entdeckt wurden. Denn Hitler hatte als Reaktion auf die ansteigenden Ausfälle bei Rüstungsgütern, die von Gefangenen hergestellt wurden, willkürliche Erschießungen von jeweils mehreren Häftlingen bei Sabotageverdacht angeordnet.

Gerade weil geregelter Arbeitseinsatz im Vordergrund des Haftzwecks stand, gewann auch die Freizeit wieder eine größere Bedeutung im Häftlingsleben. Denn um gute Arbeitsergebnisse zu erzielen, konnte die SS die Häftlinge nicht mehr bis zur völligen Erschöpfung einsetzen, sondern mußte ihnen eine ausreichende Ernährung und Erholungszeit gewähren. So fanden Häftlinge Gelegenheit, Theaterstücke aufzuführen, Lieder zu dichten, die das Leben im Lager behandelten, und kleine Kunstgegenstände, Bilder, Statuen und ähnliches herzustellen, die befreundeten Häftlingen zum Geburtstag oder aus anderen Anlässen überreicht wurden. Es entstanden menschliche Kontakte über Arbeit und Essen hinaus, die für viele Häftlinge monatelang kaum möglich gewesen waren, wenn sie nach schwerer Außenarbeit in das Lager zurückgekehrt waren, dort stundenlang beim Zählappell hatten stehen müssen und anschließend eine karge Suppe erhielten, bevor sie sich dann durchnäßt und frierend ihre Holzpritsche mit zwei Kameraden teilen mußten. Unter solchen Umständen hatte es kaum freundliche Worte untereinander gegeben; Gereiztheit, Verzweiflung, die Konzentration auf die absolut notwendigen Dinge beherrschten dann die Kommunikation der Häftlinge. Da bedeutete die Möglichkeit, ein Buch zu lesen oder gar einen kleinen Vortrag über Kultur und Geschichte des Heimatlandes für Kameraden aus anderen Nationen zu entwerfen, Erleichterung. Sie brachte Hoffnung und Kraft, an die Befreiung zu glauben und möglicherweise selbst im Lager dafür arbeiten zu können.

Die kulturelle Tätigkeit reicht zwar bis in die Gründungszeit der Lager zurück, aber in den besonders schweren Jahren 1939 bis 1941/42 konnten viele Häftlinge an ihr nicht teilnehmen. Wolfgang Langhoff, der 1945 Intendant der Düsseldorfer Theater wurde, berichtet über eine erste Theateraufführung aus dem Jahre 1933 im Lager Börgermoor, die eine Parodie auf die SS darstellte. Dabei mußten die Autoren entsprechend vorsichtig formulieren, damit der Witz für die Häftlinge erkennbar, der SS aber verborgen blieb. Schon hier war es die Aufgabe kultureller Darbietungen, den Widerstandswillen gegen die SS zu erhalten. Lieder und Gedichte aus Konzentrationslagern dienen noch heute einem ähnlichen Zweck: So wird das Lied der Moorsoldaten, das ebenfalls in Börgermoor entstand, jetzt auf Demonstrationen gegen neonazistische Aktivitäten gesungen. Insofern ist der Gedanke Adornos falsch, daß nach Auschwitz keine Gedichte mehr geschrieben werden könnten: das Gedicht war für den Häftling selbst ein Mittel, Auschwitz zu überwinden — in dem es von Auschwitz erzählte. Der polnische Historiker Krzysztof Dunin-Wasowicz, selbst ehemaliger KZ-Häftling, bezeichnet das Kulturleben unter den schweren Lagerbedingungen „als eine Art schöpferischer Selbstverteidigung, als Kampf um die Menschlichkeit, neben und parallel zum Kampf um das biologische Überleben. Diese Aktivitäten, am Anfang spontan begonnen, wurden später bewußt durch die Widerstandsbewegungen organisiert. Die aktive geistige Haltung verhalf manchem Häftling, die psychischen und körperlichen Schwierigkeiten besser zu meistern, aber sicherlich war sie kein Heilmittel gegen alle Lagerunglücke, gegen Hunger und Epidemie".

Aktiver Widerstand, der sich nach außen richtete — also bei Fluchtversuchen, bei der Kontaktaufnahme zu Widerstandsgruppen außerhalb des Lagers, bei Aufständen – machte es erforderlich, daß die Häftlinge über die Umgebung außerhalb des Lagers, über die Stärke von Polizeieinheiten und den Frontverlauf informiert waren, um den richtigen Zeitpunkt für ihre Handlungen bestimmen und sich vor Entdeckung schützen zu können. Zu diesem Zweck wurden in den politischen Gruppierungen vertrauenswürdige Häftlinge, insbesondere neu eingelieferte Kriegsgefangene, gebeten, Vorträge über die militärische Lage zu halten. Hierfür wurden sie manchmal sogar unter Lebensgefahr abgestellt, indem ihnen sichere Plätze im Krankenbau oder anderswo in der Häftlingsverwaltung verschafft wurden, wo sie ihre Mitteilungen ungestört von der SS ausarbeiten konnten.

Obwohl die Widerstandsarbeit etwa ab 1943 abgesicherter war als vorher, machte gerade ihr Umfang und ihre Ausdehnung auf viele kleinere nationale Gruppen sie wiederum anfälliger für Verrat und Entdeckung durch die SS. Die Häftlinge mußten empfindliche Rückschläge hinnehmen, so z.B. als in Sachsenhausen eine Hilfsaktion für sowjetische Kriegsgefangene aufgedeckt und nahezu die gesamte politische Lagerleitung abgelöst, in andere Lager verschickt wurde und 27 Häftlinge erschossen wurden. Die Aufstandsplanungen für das Kriegsende konnten sich daher in Sachsenhausen nicht so weit entwickeln wie in Auschwitz oder Buchenwald. Zum Aufbau einer militärischen Organisation kam es hier nicht mehr. Doch auch in Auschwitz vereitelte der Verrat eines SS-Mannes, der in ein mit Partisanengruppen abgestimmtes Fluchtvorhaben eingeweiht worden war, die Ausführung des ursprünglichen Aufstandsplanes. Zudem wurde ein Partisanenkurier mit Unterlagen über den Aufbau der Widerstandsbewegung entdeckt. So kam es in Auschwitz nur zu einem Verzweiflungsakt einer kleineren, besonders bedrohten Gruppe. Im Oktober 1944 schlugen die Häftlinge los, die das Krematorium bedienten, da sie wußten, daß sie selbst vor der Auflösung des Lagers vergast werden würden, wie die anderen Häftlinge, die vor ihnen die gleiche Aufgabe hatten wahrnehmen müssen. Mit Hilfe eingeschmuggelten Sprengstoffs wurde ein Krematorium zerstört; mehreren Häftlingen gelang es, die Umzäunung zu durchbrechen, doch wahrscheinlich entkam keiner von ihnen den anschließenden Verfolgungen. Dennoch bleibt diese Revolte ein wichtiges Zeugnis der Widerstandstätigkeit jüdischer Häftlinge, denn ähnliche Aufstände gab es auch in den Vernichtungslagern Sobibor und Treblinka.

Die in mehreren Lagern spätestens seit 1944 entworfenen Ausbruchspläne gingen in der Regel davon aus, daß die alliierten Truppen so weit vorgerückt seien, daß nach erfolgtem Ausbruch die Chance bestand, die Alliierten oder Partisanen noch vor der Mobilisierung von SS und Polizeieinheiten zu erreichen. Sie waren aber auch von der Furcht bestimmt, daß im letzten Augenblick die SS die Lager bombardieren oder anzünden würde, um die Häftlinge nicht in die Hände der Sieger fallen zu lassen.

Um die Auseinandersetzung mit der SS aufnehmen und die Masse der Häftlinge im entscheidenden Moment mitreißen zu können, mußten die Häftlinge über Waffen und eine relativ große Zahl von Eingeweihten verfügen. Dies verlangte eine Planung und Vorbereitung über mehrere Monate hin, die gerade in den letzten Wochen vor der Befreiung nur noch schwer durchzuführen war. Denn seit dem Herbst 1944 kamen die Lager schrittweise in den Frontbereich und wurden evakuiert, so daß sich die Zusammensetzung der Häftlinge nahezu täglich in starkem Maße änderte; der alte Stamm wurde oftmals zerrissen und dort, wo er erhalten blieb, konnte er die Reaktionen der aus den evakuierten Lagern neu eingegliederten Häftlinge nur schwer abschätzen.

In Buchenwald hatten einzelne Gruppen bereits 1943 begonnen, sich für den Fall eines gewaltsamen Ausbruchs Waffen zu beschaffen. Unter der Leitung des internationalen Häftlingskomitees wurden diese Aktivitäten im Laufe des Jahres 1944 zusammengefaßt und Pläne ausgearbeitet, nach denen gegen die SS vorgegangen werden sollte. Als die SS am 4. April 1945 die Evakuierung der jüdischen Häftlinge befahl, widersetzten sich die Häftlingsleitung und die jüdischen Mithäftlinge erfolgreich dieser Anordnung. Am nächsten Tag jedoch stellte die SS gewaltsam Evakuierungstransporte zusammen. Trotz der vom Häftlingskomitee an die Funktionshäftlinge ausgegebenen Anweisung zur Verzögerungstaktik wurden bis zum Tag vor der Befreiung ca. 28.000 Häftlinge evakuiert. Dennoch konnte es das Häftlingskomitee in diesen Tagen sogar wagen, seine Existenz nicht mehr geheimzuhalten. Als die Gestapo in Weimar noch wenige Tage vor der Befreiung die Überstellung von 46 Häftlingen forderte, die zum Kern der Widerstandsgruppen gehörten, wurden diese versteckt und die Lagerinsassen von der illegalen Häftlingsleitung gewarnt, die Verstecke an die SS zu verraten. Tatsächlich wurde keiner der 46 von der SS entdeckt. Mehrfach übten Häftlinge auf den Kommandanten Druck aus, der sich bei den Evakuierungsmaßnahmen unentschlossen zeigte. Der Häftling Eugen Kogon wurde aus dem Lager geschmuggelt. Von Weimar aus sandte Kogon an den Kommandanten eine Warnung vor weiteren Evakuierungstransporten. Der Brief war so abgefaßt, als stamme er von einer englischen Fallschirmspringereinheit. Als am 11. April schließlich die SS den inneren Lagerbereich räumte und die ersten amerikanischen Einheiten in der Nähe des Lagers operierten, stürmten Häftlingstrupps den elektrischen Zaun. Die Waffen wurden an einzelne, vorher festgelegte Gruppen ausgegeben, denen es gelang, in der Umgebung des Lagers Angehörige der Wachmannschaft festzunehmen und den Amerikanern zu übergeben. Ca. 21.000 Häftlinge erlebten auf diese Weise die Befreiung.

Anders verliefen die Ereignisse in Dachau, wo die illegalen Gruppen aus den verschiedenen Nationen sich offenbar erst im April verbunden hatten, um sich auf die Befreiung des Lagers vorzubereiten. Bei zunehmender Unsicherheit der SS gelang in den Wirren der letzten Tage zwei größeren Häftlingsgruppen, die kurzfristig aus erfahrenen, politischen Häftlingen gebildet worden waren, die Flucht. Ein Teil von ihnen versteckte sich bei einem Dachauer Bürger, der selbst ehemaliger Häftling des Lagers war und nach seiner Entlassung im geheimen die Verbindung aufrechterhalten hatte. Zusammen mit anderen Dachauer Bürgern hatte er schon seit längerem geplant, dafür zu sorgen, daß die Stadt den Alliierten kampflos übergeben würde. Am 28. April versuchte diese Gruppe, sich einer Aufstandsbewegung in München anzuschließen und die Nationalsozialisten zu entmachten. Die Aktion war freilich zu früh ausgerufen worden. Drei der aus Dachau Geflohenen, die von der SS erschossen wurden, hatten noch einen Tag, bevor die Amerikaner das Lager erreichten, ihr Leben dafür eingesetzt, daß der Ort Dachau vom Nationalsozialismus befreit würde. Aus der anderen Gruppe, die nach Aussagen Beteiligter von der illegalen Häftlingsleitung den Auftrag erhalten hatte, Verbindung mit den amerikanischen Truppen zur schnellen Hilfe aufzunehmen, hatte der Kommunist Karl Riemer (einer der wenigen Häftlinge, die von 1933 bis 1945 in Dachau inhaftiert waren) am Mittag des 29. April den Kommandanten der amerikanischen Truppen in Pfaffenhofen davon unterrichten können, daß in Dachau noch das Leben vom ca. 32.000 Häftlingen bedroht sei. Doch an diesem Tage organisierten die Häftlinge das Lagerleben bereits selbst. Die SS hatte die Bewachung bereits Hilfseinheiten übertragen. Am Nachmittag endlich erschienen die Amerikaner und nach einem kurzen Schußwechsel mit restlichen Kampfgruppen der SS war das Lager befreit.

In Buchenwald, wo unter den deutschen Lagerinsassen aller Lager die illegale Organisation wohl am besten entwickelt war, hatten Häftlinge Konzepte für den Nachkriegsaufbau ausgearbeitet, die Gedanken und Handlungen vieler Menschen in den ersten Jahren nach dem Kriege beeinflußten. Unter der Leitung des Sozialdemokraten Hermann Brill hatten schon 1944 Vertreter der Kommunisten, Sozialdemokraten und bürgerlich-christlicher Gruppen in einem „Volksfront-Komitee" eine gemeinsame Plattform für den Neuaufbau Deutschlands entworfen, die auch Vertretern der ausländischen Häftlinge bekanntgemacht wurde. Der Gedanke einer Volksfront ging auf den Volksfrontausschuß deutscher Emigranten in Paris sowie auf eine von Brill in Berlin 1936 gegründete illegale Gruppe „Deutsche Volksfront" zurück. Die im Lager entstandenen Entwürfe des Komitees mußten noch vor der Befreiung vernichtet werden, doch haben Mitglieder des Komitees später über ihre Arbeit berichtet.

Zwar wurde hier eine gemeinsame Plattform gefunden, die so wichtige Bereiche wie die Einsetzung einer zukünftigen deutschen Regierung, die Entnazifizierung und den Aufbau eines demokratischen Bildungssystems umfaßten, doch formulierten unmittelbar nach der Befreiung Kommunisten und Sozialdemokraten jeweils eigene Entschließungen, die unterschiedliche Standpunkte in der Frage einnahmen, ob sofort eine gemeinsame Arbeiterpartei gegründet und unmittelbar eine sozialistische Verfassung angestrebt werden sollte. Im Gegensatz zu Brill und seinen Anhängern verneinten die Kommunisten beides. Obwohl beide Gruppen von der Notwendigkeit der Zusammenarbeit ausgingen, erzielten sie in der relativ kurzen Zeit des illegalen Gedankenaustausches im Lager – die „offiziellen" Kontakte zwischen Buchenwalder Kommunisten und Sozialdemokraten waren erst 1942 aufgenommen worden – doch nur eine partielle Übereinstimmung. Dennoch gelang es selbst im Konzentrationslager, wo die Widerstandsgruppen unter sehr viel eingeschränkteren Bedingungen arbeiten mußten als außerhalb der Lager im Reich oder gar in der Emigration, eine konkrete Perspektive über das Lager hinaus zu entwickeln und aufgrund dieser in der Haft gewonnenen Vorstellungen den Wiederaufbau in den späteren Besatzungszonen zu beeinflussen.

Zusammenfassend läßt sich feststellen, daß die Wirkungen des Widerstands oft indirekt und nicht für alle sichtbar waren. Widerstand im Lager hieß zu allererst solidarische Unterstützung im Kampf ums Überleben, Ausnützung der Widersprüche des SS-Systems, ohne es selbst aufheben zu können. Die höchste Form des Widerstandes, der Aufstand, schien nur in Verbindung mit den Truppen der Alliierten oder mit Partisanenhilfe möglich. Warum haben sich dennoch Menschen im Konzentrationslager für den Widerstand entschieden? Ihre Alternative wäre gewesen „nichts zu tun" und sich damit dem Terror der SS gänzlich auszuliefern. Ausgangspunkt des Widerstandes war in der Regel die Erfahrung, daß der Nationalsozialismus die eigene Lebensgestaltung und die daran geknüpften Erwartungen und Ziele bedrohte. So bildete sich der Widerstand von Sozialdemokraten, Gewerkschaftern, Kommunisten mit jeweils unterschiedlichen Perspektiven und Verhaltensweisen in dem Versuch, gegen die Herrschaft des Nationalsozialismus und trotz Verbots ihrer Organisationen die politischen Ziele des Sozialismus aufrechtzuerhalten. Dabei lag für viele im Laufe der Entwicklung der Diktatur die *primäre* Motivation im Widerstand nicht mehr darin, den Sturz der nationalsozialistischen Herrschaft direkt zu erreichen, sondern Voraussetzungen für deren Überwindung zu erhalten. Der wichtigste Gesichtspunkt für die Entscheidung zum Widerstand bestand darin, daß der Nationalsozialismus Überzeugungen und Handlungen zunichte machte, für die viele Menschen lebten. „Dieses Entscheidungsmoment", so urteilt der ehemalige Widerstandskämpfer Josef Rossaint, „muß unabhängig von der Frage, wie es ausläuft, und opportunistischer Ausweichversuche im einzelnen Menschen verankert sein. Es entsteht aufgrund historischer Traditionen, historischer Erfahrungen, moralischer Beeinflussung". Dies erklärt uns, warum es so schwer war, erst im Lager den Zugang zum Widerstand zu finden. Denn dort stand der Kampf um die Erhaltung des nackten Lebens im Vordergrund, der es nahezu unmöglich machte, Überzeugungen und Erwartungen zu gewinnen, die über die unmittelbare Lebenserhaltung hinausgingen.

Werner Koch
Überleben in Sachsenhausen

Als die uns die Freiheit nahmen,
da blieben wir Menschen wie ihr.
Wir kämpften für uns, doch auch darum,
daß ihr nicht so leidet wie wir.
(Verfasser unbekannt)

„Es gehört ein außerordentlicher Wille zum Leben dazu, um durch eine
solch schwere Krankheit hindurchzukommen". Der Schutzhäftling Nr. 392,
Werner Koch, Block 28 des Konzentrationslagers Sachsenhausen in Oranienburg bei Berlin, schrieb diese verschlüsselte Mitteilung, wobei der Zensor
zum Glück den „Lebenswillen" ebensowenig begriffen hatte, wie die Sache
mit der „Krankheit", „Grüße an Hanna (Weißler). Ich denke manchmal,
daß es gut war, wenn ihr Mann (mein wichtigster Informant und „Tatge-
nosse" Landgerichtsdirektor a.D. Dr. Friedrich Weißler) durch den Herz-
schlag (W. wurde am 19. Februar 1937 – 6 Tage nach unserer gemeinsamen
Einlieferung – im Lager ermordet) vor dem langen Leiden und den immer
wiederkehrenden bösen Anfällen (!) bewahrt geblieben ist". Was mich anbe-
traf, so signalisierte ich meiner Verlobten, daß ich den Kampf ums eigene
Überleben fortzuführen gedachte, daß ich nicht zu denen gehören wollte,
die sich geistig, moralisch und körperlich selbst aufgaben und für die irgend-
eine Form des „Widerstandes hinter Stacheldraht" deshalb nicht in Frage
kam.
Den Aufnahmeschock hatte ich am 13. Februar 1937 erlitten, die ersten
Ohrfeigen und Fußtritte, die Erfahrung, daß mein Name praktisch ausgelöscht war und ich mich nur noch als „Nr. 392" zu melden hatte. Die Haare,
die meine Braut immer so schön gefunden hatte, auf 1/2 mm abgeschnitten
und abrasiert, kurz: der „warme Empfang" seitens einer schreienden, schla-
genden und höhnisch grinsenden SS, das ganze sich bei allen „Zugängen"
wiederholende „Zeremoniell" der totalen Entwürdigung und Entpersön-
lichung des Menschen – das alles war innerhalb von 2 Stunden über mich
hereingebrochen. Der letzte Rest eines Anspruchs auf Menschenrecht war
mit dem letzten Haarbüschel zu Boden gefallen. Schutzlos war ich wie alle
anderen Häftlinge der hemmungslosen Willkür der SS-Herrschaft ausgeliefert.
Am Morgen des 14. Februar 37 wird beim morgendlichen Appell meine
Nummer aufgerufen. Ebenso die Nummer meines Tatgenossen, des Vikars
Ernst Tillich, eines Neffen des bekannten Theologieprofessors Paul Tillich.

Ernst hatte mich vom Frühjahr 1936 an in Berlin vertreten, wenn ich selbst verhindert war, den ausländischen Journalisten meine Informationen über den Verlauf des Kirchenkampfes zu überbringen. Wir beiden „Pfaffen" werden ohne weitere Begründung der Strafkompanie (SK) zugeteilt. Die Abkürzung „SK" konnte aber ebensogut auch Sonder-Kommando bedeuten. Bei den Häftlingen hieß das oder die SK auch „Himmelfahrtskommando", weil die Todesrate bei diesem Kommando höher lag als bei jedem anderen.

Zu dieser Zeit hatten die Männer vom SK Loren mit Sand zu füllen, diese dann im Galopp auf einem Gleise etwa 1 km zu schieben und dann auszukippen. Im Dauerlauf zurück zu Ladestelle, immer 4 Mann an einer Lore. „Halt, die beiden Pfaffen bringen dieselbe Ladung zu zweit!", brüllte der SS-Kommandoführer. Natürlich schaffen wir das nicht. An körperliche Arbeit sind wir nicht gewöhnt. Außerdem sind wir geschwächt durch die vorhergegangene monatelange Haft in den Zellen der Gestapo. Nicht einmal das Tempo können wir einhalten mit unserer doch nur halb gefüllten Lore. „Fahrt den Pfaffen die Knochen kaputt!", schreit einer der SS-Männer aus dem Begleitkommando. Aber niemand von der Lorenbesatzung, die hinter uns ist, will uns die Beine zerquetschen zwischen den schweren eisernen Rahmen, die an jeder Lore angebracht sind. Auch die Drohung: „Ich werde euch alle melden wegen Befehlsverweigerung!" kann die Kameraden nicht dazu bringen, ihre Solidarität mit uns aufzugeben.

Nach 2 Stunden liegt Ernst Tillich neben dem Gleise, total erschöpft, ohnmächtig. „Sanitäter, Sanitäter!", rufen die nachrückenden Kameraden. Und schon stürzen 2 Sanitäter aus dem „Revier" (Häftlingslazarett) mit einer Bahre heran und bringen meinen Freund in Sicherheit. Sie werden ihm Spritzen geben, die hohes Fieber verursachen – 6 Wochen lang, bis auch ich aus der Strafkompanie entlassen werde. Anschließend werden sie ihn als Notenschreiber in das Lagerorchester stecken und später in die Strumpfstopferei, wo nur körperlich Schwache und Invaliden beschäftigt werden dürfen. So war der eine „Pfaffe" aus dem Verkehr gezogen, fiel nicht mehr auf und wurde von der SS glücklicherweise vergessen.

Ich muß durchhalten. Ich schaffe es auch. Aber nur deshalb, weil plötzlich ein großer, etwas hagerer, aber unglaublich starker und zäher Kamerad neben mir an der gleichen Lore schaufelt. „Sei nicht so aufgeregt, Pimpf" sagt er zu mir, „ich helfe Dir". Er besitzt große Autorität bei den Kameraden und wird sogar von einigen SS-Leuten respektiert. Er ist kein Kommunist, er kommt vielmehr aus einer „rechten Ecke". Man könnte diesen politisch heimatlosen Mann am ehesten als Träumer von einem „preußischen Sozialismus" bezeichnen. Er heißt Hans Boyken, war Inspektor großer Rittergüter im Osten gewesen. Er ist es, der mich mit Julius Leber bekannt macht und mir auch viel von Theodor Haubach erzählt. Er ist es, der meine Freundschaft mit diesen beiden großen Sozialdemokraten begründet, die durch ihre Hinrichtung nach dem 20. Juli 1944 auf so schreckliche Weise beendet wird.

„Warum tust Du das alles für mich?" frage ich ihn einmal. „Stell nicht so dumme Fragen", antwortet er. „Darum! Ich mag Dich eben – Pimpf!"
Am Abend meines zweiten Tages in der Strafkompanie gibt es einen neuen Schock. Ich werde zum „Revier" bestellt. Böseste Berichte, die ich „draußen" schon gehört habe, fallen mir ein. Im „Krankenbau" wird einem Benzin in die Venen gespritzt. Oder einfach Luft. Man führt mich in ein kleines Büro. Hinter einem Tisch ein SS-Arzt im weißen Arztkittel, ein Hüne von Kerl mit einer mächtigen Hornbrille auf der scharfgeschnittenen Nase. Neben ihm ein einfacher SS-Soldat, ein „Posten", wie er von uns genannt wird. „Name", herrscht mich der SS-Arzt an. „Vorname? Wann geboren? Welche Krankheiten gehabt? Krankheiten der Eltern?" Der Arzt macht sich Notizen. Offenbar für eine Gesundheitskartei. Da – er wirft einen Blick hinüber zu dem SS-Mann, der gelangweilt aus dem Fenster schaut – und mit einer unglaublich raschen Bewegung schiebt er mir einen Zettel über den Tisch. Seine Augen befehlen: Laß das verschwinden! Als er feststellt, daß ich den Zettel ebenso blitzschnell an mich gerissen und versteckt habe, brüllt er mich an: „Raus!"
Ich renne zu meiner Baracke, so schnell meine müden Füße mich tragen können. „Gott sei Dank! Keine Todesspritze!" Aber der Zettel. Was ist mit diesem verrückten Zettel? In der Baracke – „Block" genannt – schleiche ich mich – was bei Tage streng verboten ist! – in den Schlafraum, entfalte den den Zettel und lese – griechische Buchstaben: alla tarseite ego nänikäka ton kosmon! Das ist doch Johannes 16, 33: „Aber seid getrost, ich habe die Welt überwunden!" Darunter: „morgen abend hier!" Unterschrift nicht zu entziffern. Ich beginne an meinem Verstand zu zweifeln: ein SS-Arzt, der mir mit einem Spruch aus dem Neuen Testament meine Angst zu nehmen versucht? Und noch dazu im griechischen Original? In meiner äußersten Ratlosigkeit vertraue ich mich unserem Blockältesten an, Bernhard Bästlein, ehemaliger Reichstagsabgeordneter der KPD. Er lacht nur: „Das ist gar kein SS-Arzt. Das ist unser Hauptsanitäter, Walter Schwichow, einer von uns. Da brauchst Du keine Angst zu haben. Zu dem kannst Du ruhig hingehen morgen abend".
Als ich mich nach dem Abendappell auf den Weg zum Revier mache, steht er schon vor dem Eingang breitbeinig und stark, Hofbesitzer aus Ostfriesland, Diplomlandwirt. „Da bist Du ja! Na, dann komm mal mit. Wir wollen ein paar Runden drehen". Kaum kann ich seinen mächtigen, ausholenden Schritten folgen. Wir gehen an der Innenseite des mit Hochspannung geladenen 2 1/2 m hohen Zaunes aus Stacheldraht entlang. Er fragt micht: Woher? Grund der Verhaftung? Behandlung durch die Gestapo? Beurteilung des Dritten Reiches? Es läutet. Die kleine Glocke am Lagertor wird angeschlagen. „Einschluß!" Wir müssen uns trennen! „Werner, Du bist in Ordnung. Von jetzt ab sind wir Freunde, verstanden? Einverstanden?!" „Ja, Walter! Ich danke Dir!"

Wir treffen uns nun fast jeden Abend. Er erzählt mir, wie er der SS klar gemacht habe, daß Typhus-, Cholera-, Darmgrippe- und Tbc-Bazillen sich von dem elektrischen Zaun überhaupt nicht beeindrucken lassen. Auch die SS sei vor Ansteckung nicht geschützt. Man müsse wenigstens Stichproben machen bei Zugängen, die eine Seuche oder Läuse ins Lager einschleppen könnten. Man müsse Gesundheitsblätter anlegen . . . So verschafft er sich eine ganz legale Möglichkeit, Kontakt aufzunehmen mit jedem Häftling, der ihn interessiert. Am besten aber ist die Geschichte, wie er einige SS-Leute dazu anstiftete, im Interesse der Mithäftlinge des öfteren und gehörig die SS-Apotheke zu bestehlen. Sie hatten sich nämlich vertrauensvoll an Schwichow gewandt, weil sie sich im Dirnenviertel von Berlin einen Tripper geholt hatten und bei einer Meldung durch den SS-Truppenarzt bestraft worden wären. Schwichow, der nicht nur humanistische Bildung besaß, sondern auch medizinische Kenntnisse hatte, heilte sie alle. Er ließ aber viel mehr Medikamente „organisieren", als zur Heilung von Tripperinfektionen nötig gewesen wären. Alles „Zusätzliche" kam den Häftlingen zugute. Die auf solche Weise korrumpierten SS-Männer hatte er nun einigermaßen in der Hand: Sex macht's möglich . . .

Am siebenten Abend läßt Schwichow mich rufen: „Werner, wir müssen jetzt sehr aufpassen. Sie haben Deinen „Kumpel" Dr. Weißler ermordet. Letzte Nacht haben sie ihn auf den Betonboden seiner Zelle geschmissen und solange mit ihren Stiefeln auf ihm herumgetrampelt, bis er an inneren Blutungen gestorben ist. Nun, für sie war er nicht der Justitiar der Bekennenden Kirche, sondern nur das „Judenschwein", ob getauft, ob gläubig oder nicht. Aber *Dir* droht zur Zeit keine Gefahr. Sie haben mit Dir nichts vor. Noch nicht . . .! Ich habe mich erkundigt. Du mußt nur zusehen, daß Du, so gut es geht, in der Masse verschwindest. Nur jetzt nicht auffallen!"

In den ersten Wochen war ich für die Kommunisten fast ebenso der „Pfaffe" wie für die SS. Das Hetzbuch „Der Pfaffenspiegel" war schließlich auf *beiden* Seiten gelesen worden und hatte in seinen maßlosen Übertreibungen oder Einseitigkeiten das eigene Bild von der christlichen Kirche wesentlich geprägt. Eines Abends, als ich aus der Strafkompanie glücklich entlassen und nun in einem normalen Außenkommando beschäftigt war, sagt der Blockälteste Bernhard Bästlein zu mir: „Kamerad Koch, Du bist doch jemand aus der Bourgeoisie, ein Akademiker, außerdem ein Kirchenmann – wie kommst Du eigentlich unter uns Proleten?" – „Nun, das hängt mit meinem Einsatz für die Bekennende Kirche und mit dem ganzen Kirchenkampf zusammen. Das kann man nicht mit drei Worten erklären". Von da ab habe ich – was natürlich strengstens verboten war – in meinem Barackenteil Unterricht erteilt über ein Kapitel neuester Kirchengeschichte, die ihnen bislang nur sehr bruchstückhaft bekannt war. Ihre Reaktion: „Werner, es gibt so oft in Parteizeitungen – die uns auch im Lager zugänglich waren – Anspielungen auf ‚politisierende Pfaffen'. Du bist der einzige im Lager, der uns das richtig erklären kann. Zu wissen, daß es auch eine christlich-bürgerliche Opposition im Lande gibt, ist für uns sehr wichtig. Du bist uns ein unersätzlicher Informant. Wir werden darum alles tun, um Dich zu schützen oder Dir das Leben ein bißchen zu erleichtern. Sie sind ja doch immer hinter Dir her: Wo ist der Pfaffe? Was macht der Pfaffe? Da muß man schon sehen, daß Du Dich auch mal etwas verschnaufen kannst, wenn es sich gerade so einrichten läßt". Sie haben Wort gehalten. Sie taten zumindest alles, was in ihren Kräften stand. Eine organisierte illegale Lagerleitung gab es damals noch nicht. Einige wichtige Kommunisten und Sozialdemokraten führten aber regelmäßig politische Gespräche und berieten sich über die interne Situation des Lagers. Erwähnen möchte ich hier den späteren Lagerältesten und bedeutenden Widerstandskämpfer Harry Naujoks und den späteren DDR-Minister Rudi Steinwand.

Eine Lappalie brachte mich zum zweiten Mal in die Strafkompanie: In meinen Turnschuhen im Spind war etwas Sand gefunden worden! Eines Morgens beim Ausrücken höre ich zwei Posten halblaut hinter mir sagen: „Heute ist der Pfaffe dran!" Ich habe große Angst und doch ist man bereits auf alles gefaßt. Als sie anfangen, mich wegen meiner angeblichen Faulheit beim Schippen zu beschimpfen und mir befehlen, mich flach auf die Erde zu legen, weiß ich, was folgen wird. Zwei „Grüne" (auch BVer = Berufsverbrecher genannt) erhalten Befehl, meinen Kopf mit Sand zuzuschaufeln. Ich bin am Ersticken. Ich versuche nicht, zu schreien oder mich loszustrampeln. Ich denke nur: so ist das also, wenn man hier ermordet wird! Plötzlich werde ich hastig wieder freigeschaufelt. Ein SS-Sturmführer war vorbeigekommen: „Wen habt Ihr denn da in der Mache?" „Den Pfaffen!" – „Nein, den nicht! Freischaufeln, schnell, schnell!" – Als ich mich mühsam aufrappele und noch ganz benommen vor ihm stehe, erkenne ich in ihm den gleichen Sturmführer, der sich gestern – verbotenerweise – zwei Stunden mit mir unterhalten hatte. Ich habe, soviel ich konnte, mit meinen internationalen Beziehungen „geklotzt" und ihm überdeutlich klar gemacht, daß man *mich* nicht wie jeden anderen umbringen könne. Es würde in den Zeitungen der ganzen Welt zu lesen sein! Dann hat er mir noch verraten, daß sein leiblicher Vater ebenfalls evangelischer Pfarrer sei. Mittags geschieht das Unglaubliche: ganz gegen seine Gewohnheit nimmt der Kommandant, Oberführer Helwig (= im Range eines Generals) persönlich den Appell ab, was er sonst nur abends tut. Er läßt meine Nummer aufrufen. Ich melde „Schutzhäftling Nr. 392 wie befohlen zur Stelle!" Er leise zu mir: „Stimmt das, daß Sie evangelischer Pfarrer sind?" „Jawohl Oberführer!" „Sie kommen sofort aus der Strafkompanie. Lassen Sie sich zu einem anderen Kommando einteilen auf meinen Befehl! Wegtreten!"

Meine Feinde in der SS-Lagerführung geben nicht auf. Nach ein paar Wochen werde ich morgens plötzlich dem „Kanalkommando" zugeteilt. Es arbeitet weit draußen am Lehnitz-Kanal. Die Arbeit dort ist so schwer, daß das Kommando als einziges mittags doppelte Rationen erhält. Dort wird auch viel geschossen. „Auf der Flucht . . ." Nach ein paar Tagen höre ich beim Ausrücken wieder die Posten reden: „Heute ist der Pfaffe dran!" Aber an diesem Tage kommt kein Lastkahn an, der zu entladen ist. Mussolini besucht Berlin und so müssen die deutschen Arbeiter Spalier bilden und dem Duce zujubeln. Deshalb können sie keinen Kahn beladen.

„Einrücken ins Lager!", befiehlt der Kommandoführer, nachdem er telefoniert hat. Meine Gedanken arbeiten fieberhaft: Wenn jetzt der Kommandant seinen Inspektionsgang macht, mußt Du ihn direkt ansprechen, obschon das strengstens verboten ist und man dafür 25 Hiebe auf den „Bock" bekommt. Tatsächlich, da ist er! „Schutzhäftling 1051 — ich habe eine neue Nummer bekommen — bittet ausnahmsweise den Oberführer sprechen zu dürfen!" — „Nanu, was gibt's" — „Ich bitte von meinem jetzigen Arbeitskommando abgelöst zu werden!" „Dazu brauchen Sie mich doch nicht!" — „Doch, Oberführer, jeder andere könnte das vielleicht über den ‚Arbeitseinsatz' regeln — ich nicht!" — „So — wo sind Sie denn?" — „Kanalkommando, Oberführer!" „Kanalkommando? Schweinerei! Wer hat denn das schon wieder angeordnet? Na ja, kann mir schon denken!" — Pause. „Sind Sie tierliebend?" „Oberführer, es liegt in meinem Beruf, die *Menschen* zu lieben, wie sollte ich die anderen Kreaturen Gottes nicht auch lieb haben?" „Schon gut! Sie hören von mir! Ab! Wegtreten!"

Mittags geschieht nichts. Abends auch nicht. Ich habe die ganze Nacht kein Auge zugetan. Meine letzte Nacht auf dieser Erde? Am nächsten Morgen — nichts! „Kanalkommando ausrücken!" Da — buchstäblich im allerletzten Augenblick — plärrt eine Stimme aus dem Lautsprecher: „Schutzhäftling 1051 rückt nicht aus, bleibt auf dem Appellplatz stehen!" Nach zwanzig Minuten kommt ein blutjunger SS-Rekrut auf mich zu — ein Bild von einem deutschen Jüngling! — „Entschuldigen Sie, sind Sie der Herr Pastor?" (Welch eine Sprache, da ich es sonst nur gewohnt bin, als „Scheißpfaffe" angebrüllt zu werden!) „Jawohl, Posten!" — „Na, dann kommen Sie mal mit". Er führt mich bis in die äußerste Spitze des im Dreieck gebauten Lagers. Dort ist ein abgetrennter Teil, die private Gänsefarm des Kommandanten. An der Eingangspforte ein großes Schild „Eintritt für jedermann — auch für SS — verboten!" „Hier haben Sie den Schlüssel. Dort sind Sie sicher. Viel Glück!" Er sieht mich freundlich an, mein SS-Mann, und verschwindet. Mittags kommt der Oberführer selbst. „Gehen wir mal in das Blockhäuschen dort. Setzen Sie sich. Nun, Herr Pastor, wie habe ich das gemacht? Zufrieden mit Ihrem Posten als Gänsepfleger?"

Nun kommt er jeden Mittag. Er erzählt mir sein ganzes Leben. Er bekennt mir, daß er immer noch ein gläubiger Christ sei und daß ihn die Nazis ganz furchtbar hereingelegt hätten — „die Mörderbande!" Für mich sechs glückliche Wochen. — Aber dann, eines Mittags knallt er seine Schirmmütze auf den Tisch: „Mein lieber Koch, es ist aus! Obergruppenführer Eicke hat mich abgelöst. Man hat ihm hinterbracht, daß ich dabei war, als Pastor Scharf (der spätere Bischof von Berlin) dem Pastor Niemöller hier in der Zelle das heilige Abendmahl reichen durfte. Das war zuviel!"

Sein Sturz hat natürlich den meinen zur Folge gehabt. Die Gänsefarm wurde abgerissen. Für mich brechen wieder schwere Zeiten an. Fast verzweifelt schreibe ich unter dem 21. Juni 1938 an meine Braut: „Es geht mir gut. Ich bin gesund". Dann unmittelbar weiter: „Unserem Hans (Pseudonym für mich selbst) geht es also nicht zum Besten. Dein Bericht darüber hat mich recht niedergeschlagen gemacht . . . Man muß jedenfalls alles versuchen, um Hans baldmöglichst von dieser Schule abzumelden".

Gestärkt werde ich durch unsere ganz und gar illegale kleine Katakombengemeinde. Einer der zuverlässigsten: der katholische Professor Dr. Niedermeyer aus Wien. Und ganz zum Schluß noch Professor Dr. Hans Ehrenberg, jüdischer Abstammung, zuletzt evangelischer Pfarrer in Bochum. Einmal sage ich in einer kleinen Predigt: „Hier im Lager sieht man, daß Jesus eine allgemein gültige Regel ausgesprochen hat, wenn er sagt: ‚Wer da hat, dem wird gegeben. Wer aber nicht hat, dem wird auch das genommen, was er hat'. Wer mit irgendeinem Glauben — und sei es mit dem Glauben an den Sieg des Kommunismus —, wer mit irgendeiner menschlichen Substanz hier ins Lager gekommen ist, nimmt zu an Verstand und Menschlichkeit. Wer ohne nennenswerten inneren Halt gekommen ist, verliert auch die letzte innere Zuflucht, er verkommt innerlich und äußerlich, er läßt sich fallen oder geht ‚in den Draht' ". Die geistlichen Lieder, die wir ganz leise und mit vielen Unterbrechungen singen, versetzen uns plötzlich in die Gemeinschaft der Kirche in der ganzen Welt. Aber auch die nicht-christlichen Kameraden finden immer wieder neuen Lebensmut in den Liedern, die sie gemeinsam heimlich singen. Darüber wäre viel zu sagen.

Durch meinen Brief alarmiert, versuchen die Meinen wirklich *alles*. Schließlich gelingt es meinem Vater, durch einen Duzfreund Himmlers meine bedingungslose Freilassung zu erwirken. Politisches war dabei nicht im Spiel. Von Himmlers Seite eine reine Gefälligkeit gegenüber seinem Freunde. Aber die Gestapo war nunmehr verunsichert. Sie wagte natürlich nicht, den Reichsführer zu fragen, was seinen plötzlichen Gesinnungswandel veranlaßt habe. So hat mich dieser unerwartete Befehl von höchster Stelle geschützt bis zum Untergang des Dritten Reiches, selbst dann noch, als ich mehrfach erneut denunziert wurde. Unter diesem Schutz konnte ich dann auch Widerstand leisten, bei dem es nicht mehr um mein eigenes Überleben ging. Aber wiederum. ohne den zuvor im Lager geführten Kampf ums Überleben wäre nichts möglich gewesen von dem, was an Widerstand später geschah.

Deutscher Widerstand im besetzten Europa

Hartmut Mehringer/Dieter Marc Schneider
Deutsche in der europäischen Résistance [1]

In nahezu allen Ländern und Regionen, die während der Zweiten Weltkrieges von deutschen Truppen besetzt wurden, kam es, unterschiedlich nach Art, Struktur und Umfang, zum Widerstand gegen die Besatzungsmacht. Von Polen, Rußland und den südosteuropäischen Ländern reicht der Bogen über Italien, Frankreich und die Benelux-Staaten bis nach Dänemark und Norwegen. Und in nahezu allen diesen Regionen waren Deutsche am Widerstand gegen die Besatzungsmacht beteiligt — zumeist Emigranten der deutschen Arbeiterbewegung, die, in den ersten Jahren nach der nationalsozialistischen Machtergreifung exiliert, vom „Blitzkrieg" 1939–1941 in West- und Osteuropa überrollt worden waren und sich in regional recht unterschiedlicher und lokal meist geringer, insgesamt gesehen aber doch recht beachtlicher Zahl einheimischen Widerstandsgruppen anschlossen. In zweiter Linie kommen hier Deserteure aus den deutschen Besatzungstruppen hinzu, die meist aufgrund drohender Verfolgung durch die deutsche Feldgerichtsbarkeit in den Untergrund gegangen waren.
Die Formen des Widerstandes gegen die deutsche Besatzungsmacht umfaßten Attentate und Sabotagehandlungen Einzelner ebenso wie Aktionen kleiner Gruppen in den Städten oder in unzugänglichem Gelände bis hin zu großräumig und zum Teil in geschlossenen Verbänden operierenden Partisa-

---

1 Der vorliegende Aufsatz beruht im wesentlichen auf Forschungsergebnissen des Instituts für Zeitgeschichte in München im Bereich der deutschsprachigen Emigration während des Dritten Reiches, die zu einem Teil in Band I des „Biographischen Handbuchs der deutschsprachigen Emigration nach 1933" bereits publiziert wurden. Darüber hinaus konnten wichtige Informationen in Gesprächen mit ehemaligen deutschen Angehörigen der Résistance eingeholt werden.
Die Auswertung der vorliegenden einschlägigen Werke französischer und deutschsprachiger Autoren, deren politischer Standort vielfach eindeutig ist, zeigte einmal mehr, daß die einseitige kommunistisch-parteioffiziöse Geschichtsschreibung der deutschen — und vor allem der kommunistischen — Beteiligung an der Résistance ebenso problematisiert werden muß wie die verbreitete Hagiographie der französischen Résistance.

nentruppen, die im Raum Jugoslawiens in Form der jugoslawischen Volksbefreiungsarmee wohl am weitesten entwickelt waren. Dieser bewaffnete Widerstand richtete sich gegen einen ausländischen Feind, der das eigene Staatsgebiet besetzt hielt, in zweiter Linie gegen die politischen Kräfte im eigenen Land, die mit ihm kollaborierten und die „Normalisierung" des Besatzungsregimes erst ermöglichten. Obwohl es sich bei diesen Kräften der Kollaboration mit der deutschen Besatzungsmacht zumeist um Repräsentanten der traditionell herrschenden gesellschaftlichen Gruppen handelte, die im Bündnis mit dem deutschen Nationalsozialismus die essentiellen Inhalte ihrer wirtschaftlichen und gesellschaftlichen Vorherrschaft zu retten versuchten, entwickelte sich – mit Ausnahme Jugoslawiens, Albaniens und Griechenlands – kaum jene bekannte Verbindung von nationalem und sozialem Befreiungskampf, die die meisten der neuzeitlichen, gegen Fremdherrschaft gerichteten Befreiungsbewegungen prägte; die nationale Motivation für den Widerstand war eindeutig vorherrschend. Das gilt auch und gerade für den kommunistischen Widerstand, der in der europäischen Gesamtbilanz ohne Zweifel am bewaffneten Widerstandskampf den größten Anteil besaß, wenngleich diese Aussage regional durchaus zu differenzieren ist. Mit dem VII. Weltkongreß der Komintern im August 1935, der die Taktik der breiten antifaschistischen Volksfront auf das Panier hob, wurde von kommunistischer Seite die soziale Emanzipation dem politischen Antifaschismus klar nach- und untergeordnet. Daß die nationale Motivation des Widerstands gegen die deutsche Besatzungsmacht aber auch hier weithin vorherrschend war, zeigt sich in der Tatsache, daß es in vielen besetzten Ländern schon vor dem Juni 1941, also in der Phase des deutsch-sowjetischen Beistandspaktes vor dem deutschen Angriff auf die UdSSR, vereinzelt zu Widerstand von kommunistischer Seite kam, obwohl er von Moskau, der Komintern und den zentralen Parteileitungen in dieser Phase keineswegs klar und unzweideutig unterstützt oder gar propagiert, sondern vielfach sogar gebremst wurde.

Die Kräfte, die Widerstand gegen die deutsche Besetzung leisteten, reichten von der nationalen Rechten bis zur kommunistischen Linken. Obgleich all diesen Gruppen die nationale Widerstandsmotivation gemeinsam war, kam es außer in Polen meist erst spät und gewöhnlich unter dem Eindruck des alliierten Vormarsches zur Bildung einer nationalen Einheitsfront des Widerstands gegen den deutschen Nationalsozialismus; wo sie sich formierte, war die gemeinsame Basis lediglich der größte gemeinsame Nenner: die nationale Befreiung von der fremdländischen Besatzungsmacht und der mit ihr kollaborierenden Kräfte im eigenen Land.

Die tatsächliche militärisch-strategische Bedeutung der Aktionen des Widerstands in den besetzten Gebieten wird – aus der retrospektiven Sicht und zum Teil aus dem Wunsch nach legitimatorischer Selbstverklärung heraus verständlich – im allgemeinen überschätzt. In fast allen Ländern – mit Ausnahme von Jugoslawien und den besetzten sowjetrussischen Gebieten – erreichte der bewaffnete Widerstand entscheidenden Umfang erst in der Phase des definitiven Zurückweichens der deutschen Truppen, und seine eigentliche militärische Bedeutung lag weniger in den tatsächlich durchgeführten Aktionen als in der Stärke der deutschen Truppen, die durch ihn gebunden waren und in anderen kriegswichtigen Kämpfen nicht eingesetzt werden konnten; in diesem Sinn ist auch das bekannte Wort Eisenhowers zu verstehen, die Tätigkeit der französischen Widerstandsbewegung habe dem Einsatz von 15 Divisionen entsprochen.

Ebenso wie in der europäischen Gesamtbilanz die Parteien der Arbeiterbewegung und vor allem die kommunistischen Parteien quantitativ wohl den bedeutendsten Anteil am Widerstand gegen die deutsche Besetzung hatten, waren es vor allem Vertreter der deutschen Arbeiterbewegung, die auf der Seite nationaler Widerstandsbewegungen gegen die deutsche Besatzung kämpften; sie waren 1933 und in den folgenden Jahren in großer Zahl vor der polizeilichen Verfolgung innerhalb Deutschlands ins europäische Ausland geflohen, hatten vielfach während des Spanischen Bürgerkriegs in den Internationalen Brigaden Kampferfahrungen gesammelt und befanden sich nach den deutschen Blitzkriegserfolgen in der Anfangsphase des Zweiten Weltkriegs in Ost und West häufig plötzlich hinter der Front in deutsch besetztem Gebiet oder – etwa im Fall der unbesetzten Zone Vichy-Frankreichs – zumindest mittelbar in deutschem Einflußgebiet. Illegalität und der Versuch des Anschlusses an sich formierende antideutsche Widerstandsbewegungen vor allem der eigenen politischen Couleur waren durch die objektiven Verhältnisse erzwungen und/oder weiterer Ausdruck eines politischen Engagements gegen den Nationalsozialismus, das sich bereits in der Weimarer Zeit, in Widerstand, Verfolgung und Emigration und vielfach in der Beteiligung am Spanischen Bürgerkrieg manifestiert hatte.

Aufgrund des Scheiterns der Versuche innerhalb der deutschen Emigration, nach Kriegsausbruch eine von den Alliierten anerkannte Exilregierung auf der Grundlage einer nationalen Einheitsfront zu bilden, kam es trotz mannigfacher Versuche an keiner Front und auf keinem Kriegsschauplatz zur Formierung selbständiger deutscher Einheiten, die unter alliiertem Patronat und auf alliierter Seite gegen die deutschen Truppen gekämpft hätten. Für die im deutschbesetzten Europa mehr oder minder verstreut lebenden deutschen politischen Emigranten wie für Deserteure der deutschen Besatzungstruppen bestand die einzige Möglichkeit, sich über bloßes Abtauchen und Verbergen im Untergrund hinaus – was viel häufiger vorkam als die tatsächliche Beteiligung am bewaffneten Widerstand – in die „résistance armée" einzugliedern, im Anschluß an die jeweiligen nationalen und antideutschen Widerstandsgruppen. Bei kommunistischen Widerstandsbewegungen wurde dieser Anschluß zum Teil durch Verbindungen im Rahmen der Komintern, vor allem aber durch die Erfahrung der internationalen Kampfgemeinschaft

im Spanischen Bürgerkrieg und von daher rührenden persönlichen Bekanntschaften nicht unwesentlich befördert. Einzelne Fälle der Teilnahme deutscher Emigranten am bewaffneten Widerstand gegen die deutsche Besatzungsmacht sind aus Polen und den Balkanländern einschließlich Griechenlands bekannt; quantitativ wesentlich bedeutender war die Beteiligung Deutscher am bewaffneten Widerstand in Sowjetrußland: deutsche Emigranten in
der UdSSR dienten als Freiwillige in der Roten Armee oder waren als Front-
propagandisten und in der Kriegsgefangenenbetreuung mit Blickrichtung auf
das im Juli 1943 gegründete Nationalkomitee Freies Deutschland tätig. Eine
ganze Reihe kämpfte bei den russischen Partisanen in den von Deutschland
besetzten russischen Gebieten. Der Lebensweg mit den Stationen: Emigration in die UdSSR – Teilnahme am Spanischen Bürgerkrieg – Partisanenein-
satz in Rußland nach 1941 – ist dabei typisch für eine ganze Reihe deutscher Emigranten, die innerhalb sowjetischer Partisaneneinheiten kämpften.
Vergleichbare Stationen finden sich auch bei Heinrich Fomferra, nach
Kriegsende Offizier in der SBZ/DDR und 1944 während des slowakischen
Aufstandes Polit-Kommissar einer slowakischen Partisaneneinheit. Auch in
den Benelux-Staaten und in Dänemark und Norwegen kam es in einer Reihe
von Fällen zur Beteiligung Deutscher am Widerstand. Der Frankfurter Heinz
Otto Emil Wohl, Jahrgang 1914, lebte ab 1938 als leitender Mitarbeiter einer katholischen Flüchtlingshilfsorganisation in Utrecht, war bis Sommer
1943 in Haft im KZ Westerbork und arbeitete nach seiner Entlassung in der
holländischen Widerstandsbewegung mit am Vertrieb illegaler Zeitungen,
an Waffenbeschaffung und Nachrichtenübermittlung, ohne unmittelbar in eine bewaffnete Einheit eingegliedert zu sein; aufgrund seiner Verdienste erhielt er 1946 die niederländische Staatsangehörigkeit und bekleidete hohe
Funktionen im holländischen diplomatischen Dienst.
Obwohl sich noch weitere ähnlich gelagerte Fälle der Beteiligung Deutscher
am Widerstand in diesen Ländern anführen lassen, handelt es sich hierbei insgesamt gesehen nichtsdestoweniger um im Grunde nicht verallgemeinerbare
Einzelfälle. Zur weitaus stärksten Beteiligung Deutscher am Widerstand gegen die deutsche Besatzung in Westeuropa kam es zweifellos in Frankreich,
was vor allem daran lag, daß die Zahl deutscher Emigranten, die während
des deutschen Vormarsches im Frühjahr 1940 nicht mehr weiter nach Übersee hatten fliehen können und plötzlich erneut von der Verfolgung durch
die Gestapo bedroht waren, in Frankreich besonders hoch war. Das Beispiel
Frankreichs und der französichen Résistance sei daher im folgenden besonders abgehandelt.
Am 12. Juni 1940 erklärte die französische Regierung Paris zur offenen
Stadt und floh nach Bordeaux. Als Nachfolger Paul Reynauds akzeptierte
Marschall Pétain den Waffenstillstandsvertrag, der am 22. Juni 1940 an hi-
storischem Ort im Wald von Compiègne geschlossen wurde und die Niederlage Frankreichs besiegelte. Hitler hatte seine Revanche für 1918, unterließ

jedoch vorerst eine Besetzung des ganzen Landes: die deutsch besetzte Zone umfaßte die nördliche Hälfte Frankreichs und die gesamte Atlantikküste bis zur spanischen Grenze. In der unbesetzten Zone, zu der Mittel- und Südfrankreich einschließlich der Mittelmeerküste gehörten, etablierte sich unter Pétain die Regierung des Etat Français in Vichy. Gegen diese Entwicklung opponierte General de Gaulle, der nach dem Zusammenbruch nach London geflohen war und von dort aus in seiner Rundfunkrede vom 18. Juni 1940 die Franzosen zur Fortsetzung des Widerstandes aufrief; er trat an die Spitze des „Freien Frankreichs" und der „Freien Französischen Streitkräfte" (Forces Françaises Libres, FFL); am 24. September 1941 erfolgte die Gründung des Französischen Nationalkomitees (Comité National Français) als politisches Organ des „Freien Frankreich" mit dem Charakter einer Exilregierung. In Frankreich selbst bildeten sich bereits im Sommer 1940 die ersten organisierten Widerstandsgruppen gegen die deutsche Besatzung und die mit ihr kollaborierende Regierung Pétain. Ursprünglich waren die Kristallisationspunkte illegale Zeitungen wie *Combat, Libération* und *Franc-Tireur* im Süden sowie *Libération-Nord* und *Résistance* im Norden. Die bewaffnete Résistance, nach dem Gelände, in dem sie sich organisierte, auch Maquis (abgeleitet von dem Namen des unzugänglichen Buschwaldes im Inneren Korsikas) genannt, organisierte sich später vor allem im Jura, Limousin und Morvan-Gebirge sowie in der Auvergne und Dauphiné. Es war vor allem eine Maßnahme der Regierung in Vichy, die den Entschluß vieler junger Leute herbeiführte, in den Maquis zu gehen: nach einer Vereinbarung zwischen Pierre Laval und Hitlers Generalbevollmächtigtem für den Arbeitseinsatz, Fritz Sauckel, sollten in Deutschland eine größere Zahl französischer Arbeiter eingesetzt werden. Da sich jedoch nicht genügend Arbeiter für den Einsatz im Reich freiwillig meldeten, schuf Vichy mit Gesetz vom 3. September 1942 den „Service national obligatoire du Travail" zur Zwangsrekrutierung und Verschickung von Arbeitern aus der „freien" Zone. „Réfractaires" wurden die Männer genannt, die sich dieser Deportation entzogen, untertauchen mußten und sich der Résistance anschlossen. Im Rahmen dieses Arbeitsdienstes arbeitete auch der jetzige französische KP-Chef Georges Marchais in Augsburg.

Im Verlauf des Jahres 1941 bildeten die Kommunisten den Verband der „Franc-Tireurs et Partisans Français" (FTPF), der vor allem im Südwesten Frankreichs operierte. Die Anerkennung des Hitler-Stalin-Paktes, auf den der Angriff auf Polen folgte, durch die PCF und ihre anfängliche Ablehnung des Kampfes gegen Hitler-Deutschland, hatte zu ihrem Verbot durch die französische Regierung am 26. September 1939 wesentlich beigetragen. Erst nach dem deutschen Angriff auf die Sowjetunion im Juni 1941 gelang es der PCF, aus ihrem ideologischen und organisatorischen Ghetto herauszutreten und sich vorbehaltlos in die nationale Résistance einzugliedern. Die bei dem DDR-Historiker Karl-Heinz Pech nachzulesende Behauptung, daß die PCF von der französischen Kapitulation an, also ab Sommer 1940, die einzige geschlossene und effektive Kraft gewesen sei, die den Kampf gegen die deutschen Besatzer und das Vichy-Regime geführt habe, ist nicht anders zu bezeichnen denn als Geschichtsfälschung.

Im Verlauf des Sommer 1942 gelang es Jean Moulin, einem Vertreter de Gaulles, die drei großen Résistance-Gruppen im Süden Frankreichs – nach den bereits erwähnten Zeitungen genannt *Combat, Libération* und *Franc-Tireur* – in den „Mouvements unis de la Résistance" zusammenzuführen. In Erfüllung seiner zweiten Mission begründete er im Herbst des gleichen Jahres mit paramilitärischen Kadern vor allem der obengenannten Résistance-Gruppen die Armée Secrète mit zentraler militärischer Kommandostruktur, deren Operationen in Abstimmung mit dem alliierten Oberkommando erfolgten. In der Armée Secrète kommandierten zum Teil Berufsoffiziere, ihr erster Befehlshaber war General Delestraint.

Eine neue Phase des Kampfes gegen die deutschen Besatzer begann mit der Landung der Alliierten in Nordafrika und der darauffolgenden Besetzung auch Vichy-Frankreichs am 11. November 1942. Danach kam es zwischen General de Gaulle und dem französischen Residenten in Nord-Afrika, General Giroud, zu Auseinandersetzungen um die politische Führung des Widerstandes. Der innerfranzösische Widerstand, der an de Gaulle orientiert blieb, wurde von Jean Moulin im Mai 1943 mit Gründung des Conseil national de la Résistance zusammengefaßt. Im gleichen Monat entstand in Algier das Comité Français de la Libération Nationale als politischer Kopf der gesamten französischen Widerstandsbewegung, das ab November 1943 unter der alleinigen Führung de Gaulles stand. Kurz vor der Landung der Alliierten in der Normandie im Juni 1944 konstituierte sich die von de Gaulle geführte Provisorische Regierung der Französischen Republik.

Nachdem die Alliierten in Frankreich standen, erreichte der Kampf der Résistance seinen Höhepunkt. Im Frühjahr 1944 erfolgte der Zusammenschluß von Armée Secrète, FTPF sowie aller übrigen bewaffneten Résistancegruppen in den Forces Françaises de l'Intérieur (FFI), die dem Kommando von General Pierre Koenig unterstanden, dem späteren Militärgouverneur der französischen Besatzungszone in Deutschland.

Sabotageakte und militärische Aktivitäten der Résistance werden unterschiedlich eingeschätzt und sind in ihrer Wirkung umso schwerer zu verifizieren, als sie vor allem für die Kommunisten Frankreichs Mythos und nationale Legitimation zugleich sind. Zweifelsohne hatten die FTPF großen Anteil an der bewaffneten Résistance – so stand beispielsweise der Aufstand während des deutschen Abzugs aus Paris im August 1944 unter kommunistischer Führung.

Typische Aktionen der Résistance waren Sabotageakte, mit denen deutsche Truppenbewegungen zum Teil empfindlich gestört wurden – so erreichte z.B. die SS-Division „Das Reich" nach der alliierten Invasion die Normandie aufgrund der Zerstörung der Bahnlinie erst mit elf Tagen Verspätung –, aber auch Sabotageakte gegen Industrieeinrichtungen, die für die Deutschen arbeiteten. Die Résistance verfügte über ein im Verlauf des Krieges immer besser funktionierendes Nachrichtennetz, auf das sich die Alliierten stützen konnten und zu dem die sogenannte Travail Anti-allemand (TA), auf die weiter unten noch einzugehen sein wird, wesentlich beitrug. Die Alliierten unterstützten ihrerseits den Maquis durch Material- und Waffenabwürfe mit dem Fallschirm, wobei offenbar gaullistische Gruppen bzw. die Armée Secrète bevorzugt wurden. Annähernd 30.000 Maquisards wurden getötet; von 115.000 aus politischen Gründen deportierten Franzosen kamen etwa 75.000 ums Leben. Eine der bekanntesten Vergeltungsaktionen der deutschen Besatzer für Aktionen der Résistance war das Massaker der SS an der Bevölkerung von Oradour-sur-Glane.

Der Anteil von deutschen Emigranten am Befreiungskampf der Franzosen wurde bislang vornehmlich von der DDR-Historiographie sowie von Florimond Bonte unter dem Aspekt der Geschichte der Exil-KPD bzw. der Bewegung „Freies Deutschland" in Frankreich abgehandelt. Gleichwohl schlossen sich der Résistance Flüchtlinge aus allen politischen und weltanschaulichen Lagern an. Nach Angaben der Militärkommission der Französischen Kommunistischen Partei kämpften etwa 1.000 deutsche Emigranten in der Résistance. Diese Zahl dürfte einen größeren Teil derjenigen einschließen, die in der sogenannten Travail Anit-allemand aktiv wurden, die nicht eigentlich dem mit Waffen kämpfenden Maquis zuzurechnen ist. Allerdings ergaben sich in Gesprächen mit ehemaligen deutschen Mitgliedern der Résistance, die nicht der KPD angehörten, erhebliche numerische Abweichungen nach unten.

Neben der ideellen bzw. weltanschaulichen Motivation waren es auch äußere Zwänge, die deutsche und österreichische Emigranten dazu bewegten, sich dem innerfranzösischen Widerstand anzuschließen. Hier sind vor allem die ab Frühjahr 1939 einsetzenden Internierungen zu nennen. Noch vor der endgültigen Niederlage der spanischen republikanischen Armee im Frühjahr 1939 wurde Frankreich ab Herbst 1938 von einer zunehmenden Zahl von Flüchtlingen aus Spanien überflutet; darunter befanden sich auch zahlreiche Mitglieder der Internationalen Brigaden nach deren Auflösung. Diese Flüchtlinge wurden in Lagern interniert, deren größtes Gurs nördlich der Pyrenäen war. In Gurs befand sich eine große Zahl ehemaliger Spanienkämpfer aus 59 Nationen, darunter nach einer Zählung vom Juni 1939 753 Deutsche und 483 Österreicher. Die französische Rechte lehnte sich gegen die Immigration vor allem dieser ehemaligen Interbrigadisten auf, die im Lager Gurs unter strenger militärischer Kontrolle standen. Es wurde Druck ausgeübt, um Interbrigadisten für die Fremdenlegion zu gewinnen. Versuche, aus dem Lager herauszukommen und in ein anderes Land zu emigrieren, wurden durch den Ausbruch des 2. Weltkrieges erschwert bzw. unmöglich gemacht. Nach

Kriegsausbruch wurden darüber hinaus zuerst die „politisch verdächtigen", d.h. vor allem die politisch links stehenden deutschen Emigranten in den südfranzösischen Lagern Rieucros, Les Milles und dem berüchtigten Straflager Le Vernet interniert. Die ebenfalls internierten „politisch unverdächtigen" Emigranten wurden bereits Anfang 1940 wieder auf freien Fuß gesetzt, nachdem sich ein Teil der Männer unter 40 Jahren als sogenannte „prestataires" zum französischen militärischen Arbeitsdienst und in die Fremdenlegion gemeldet hatte. Die politischen Emigranten wurden jedoch weiterhin festgehalten. Nach dem deutschen Einmarsch in Belgien gewannen die Internierungen deutschsprachiger Emigranten Massencharakter, in Gurs waren Mitte 1940 allein nahezu sechseinhalbtausend Frauen und Kinder interniert.

Eine unmittelbare Bedrohung der internierten politischen Emigranten vor allem aus SPD und KPD, von denen viele in Spanien gekämpft hatten, ergab sich nach der Niederlage Frankreichs aus Artikel 19 des Waffenstillstandsvertrages, in dem Frankreich u. a. verpflichtet wurde, alle im Lande sowie in den französischen Kolonien befindlichen Deutschen, die von der Reichsregierung namhaft gemacht wurden, auszuliefern. Die Bedrohung wuchs, als im Juli 1940 eine deutsche Kommission — nach ihrem Leiter Kommission Kundt genannt — gebildet wurde, die zur Kontrolle der Erfüllung des Artikels 19 die Internierungslager inspizierte. Zum Teil mit Unterstützung des französischen Lagerpersonals floh zu dieser Zeit eine große Zahl von Internierten und tauchte in der Illegalität unter. Gleichwohl war es für diesen Personenkreis wie auch generell für deutsche Emigranten schwierig, sich der Résistance anzuschließen. Wesentliche Gründe dafür waren sicherlich ein auf französischer Seite vorhandenes Mißtrauen und nationale Ressentments. Eine Ausnahme bildeten hier vielleicht die Saarländer, die aufgrund der Geschichte des Saarlands 1918—1935 einen politischen Sonderstatus besaßen und auch auf weniger nationale Vorurteile stießen. Ein Beispiel ist der Saarbrücker Guy Kurt Lachmann, vor 1935 ein im Saarland bekannter Spitzensportler und nach 1948—1956 Landespolizeipräsident des Saarlandes; er kämpfte nach 1941 im Maquis und erreichte später in den FFI den Rang eines Commandant (Major). Nach seiner Aussage stellten die ehemaligen Spanienkämpfer — und darunter als zahlenmäßig größte Gruppe mehrere hundert exilierter spanischer Republikaner — vor allem in den FTPF ein relativ starkes Kontingent des kämpfenden Maquis im Südwesten. Sicherlich gelang es vor allem den Kommunisten, Genossen aus dem Ausland in ihre Résistance-Gruppen zu integrieren. Das entscheidende Verbindungsglied war — über die abstrakte Idee von Klassenkampf und proletarischem Internationalismus hinaus — die seit Mitte der 20er Jahre bestehende, von der PCF initiierte und bestimmte Organisation der „main d'oeuvre immigrée" (MOI — wörtlich: eingewanderte Arbeitskraft), die einen bedeutenden Beitrag zum

Widerstand gegen die deutsche Besatzungsmacht wie speziell zur „résistance armée" leistete.

Die MOI war ursprünglich eine gewerkschaftliche Organisation, in der die PCF ab 1924 die ausländischen Arbeiter in Frankreich zu erfassen suchte, die in Frankreich als klassischem Einwanderungsland zum Teil schon lange vor den Umbrüchen und Wanderungsbewegungen lebten, die auf die Herrschaft des Nationalsozialismus in Deutschland und die Kriegsereignisse ab 1939 zurückzuführen waren. Am Vorabend des 2. Weltkriegs lebten in Frankreich rund 800.000 Italiener, zum Teil vor dem faschistischen Regime geflohen, 400.000 Polen, 300.000 Spanier, unter ihnen viele Flüchtlinge vor Franco und ehemalige Soldaten der republikanischen Armee im Spanischen Bürgerkrieg, 142.000 Belgier, 50.000 aus den Balkanländern, Tausende deutscher Emigranten und Hunderttausende verschiedendster Nationalität, viele, die zu Hause keine Arbeit finden konnten, viele aber auch, um der politischen Unterdrückung in ihren jeweiligen Heimatländern zu entfliehen; zu diesen Ausländern in Frankreich, die zum Teil in der MOI organisiert waren, gehörten unter anderem auch rund 80.000 armenische Emigranten, die kurz nach dem ersten Weltkrieg auf der Flucht vor der blutigen Unterdrückung der Autonomiebestrebungen der christlichen Armenier durch die rigoros zentralistische Militärdiktatur Kemal Atatürks nach Frankreich gekommen und in eigenen armenischen Kolonien in der Region von Marseille und Paris angesiedelt worden waren. Aus diesem Umkreis stammte der wohl berühmteste ausländische Guerilla-Führer innerhalb der französischen Résistance, der Armenier Missak Manouchian, dessen aus Armeniern, Spaniern, Polen, Ungarn, Deutschen und Juden zusammengesetzte Stadtguerilla-Einheit vor allem im Laufe des Jahres 1943 in der Region von Paris zahlreiche Anschläge auf deutsche Einrichtungen, Attentate auf NS-Hoheitsträger, Angriffe auf kleinere Einheiten der Besatzungsarmee und Exekutionen sogenannter Verräter durchführte. Ende 1943 verhaftet, wurden Manouchian und knapp zwei Dutzend seiner Kampfgefährten zum Tode verurteilt und im Februar 1944 erschossen.

Im Rahmen der MOI vollzog sich auch die wohl umfassendste Form der Eingliederung deutscher Emigranten in die französische Résistance: die sogenannte „Travail Anti-allemand (anti-deutsche Arbeit, im folgenden als „TA" abgekürzt); in den einschlägigen DDR-Untersuchungen wird sie – wohl zur Schönung der eigenen Tradition und zur Aufwertung des proletarischen Internationalismus – durchwegs als „Travail Allemand" (deutsche Arbeit, das soll heißen: der deutsche Sektor der französischen Résistance) ausgegeben, was uns im folgenden, schon weil die Abkürzung identisch bleibt, nicht weiter bekümmern soll. Die TA versuchte, als Teil der MOI deutschsprachige Emigranten zu erfassen und wurde ab Frühsommer 1941, nach dem deutschen Angriff auf die UdSSR, als eigene Gruppierung innerhalb der von den französischen Kommunisten im Frühjahr 1941 proklamierten Front National pour la Libération (FNL) organisiert. Sie war nicht eine Organisation der bewaffneten Résistance; ihre Aufgabe bestand vor allem in der propagandistischen Arbeit in deutscher Sprache unter den Besatzungstruppen, später erfüllte sie in zunehmenden Maß über Vertrauensleute, die, mit einer falschen Identität versehen, als deutschsprachige zivile Hilfskräfte (Dolmetscher, Feldpostangestellte, Bedienstete der Militärverwaltung usw.) innerhalb der deutschen Wehrmachtsdienststellen arbeiteten, Aufgaben der Nachrichten- und zum Teil auch der Waffenbeschaffung.

Im Dezember 1941 wurde in Paris eine selbständige und für die gesamte Arbeit der TA verantwortliche Leitung gebildet. Sie bestand aus dem Deutschen Otto Niebergall, dem Österreicher Franz Marek und dem Tschechoslowaken Arthur London. Otto Niebergall (1904–1977) war KJVD-Mitglied und ab 1924 hoher KPD-Funktionär im Saargebiet gewesen, 1926–1935 Stadtverordneter in Saarbrücken; er emigrierte nach der Saarabstimmung 1935 nach Frankreich und war bis 1937 KPD-Abschnittsleiter für das Gebiet Saar-Pfalz in Forbach/Lothringen und anschließend für das Rheinland in Brüssel. 1940 in Frankreich interniert, wurde er im Sommer 1940 nach seiner Flucht aus dem Lager Mitglied der neugebildeten KPD-Leitung Frankreich in Toulouse in der unbesetzten Zone; neben seiner führenden Rolle bei der Organisation der TA stand er ab Mai 1942 an der Spitze der Westleitung der illegalen KPD in Paris und war ab Oktober 1943 Präsident des illegalen Komitees „Freies Deutschland" für den Westen (KFDW) bzw. des Comité „Allemagne Libre" pour l'Ouest (CALPO). Nach Kriegsende kehrte er ins Saargebiet zurück und war zunächst KPD-Vorsitzender in der französischen Besatzungszone, nach Ausweisung durch die französischen Besatzungsbehörden Landesvorsitzender Rheinland-Pfalz der KPD.

Die Organisation der TA umfaßte jedoch nicht nur deutsche Emigranten; ein großer Teil ihrer Mitglieder waren Österreicher bzw. deutschsprachige Flüchtlinge aus den Ländern der ehemaligen österreichisch-ungarischen Monarchie. Österreichische Kommunisten waren in der TA und in anderen Résistance-Organisationen in überdurchschnittlich hoher Anzahl vertreten, was nicht zuletzt darauf zurückzuführen ist, daß sich die KPÖ ab 1937 zur Idee der eigenständigen österreichischen Nation bekannte und den Widerstand gegen Deutschland auch in Frankreich als nationalen Befreiungskampf deklarieren konnte; gegen Kriegsende wurde die österreichische TA sogar als eigener nationaler Sektor organisiert. So ist es kein Zufall, daß die Führungsgruppe der TA neben Otto Niebergall den Österreicher Franz Marek und den tschechoslowakischen Kommunisten Arthur London umfaßte.

Die Organisation der TA war nach Regionen oder Gebieten aufgebaut, die im allgemeinen mit den französischen Département-Grenzen übereinstimmten, sie arbeitete innerhalb dieser Gebiete selbständig, war jedoch auf der Ebene der Gebietsverantwortlichen — der sogenannten interregionalen Instrukteure („Inter") — mit dem jeweiligen Gebietsverantwortlichen der

FNL in engem Kontakt. Eine Reihe solcher interregionaler Instrukteure der TA ließen sich hier anführen; stellvertretend für viele sei Tilly Spiegel-Marek genannt, die später eine Reihe von Arbeiten über die Österreicher im Widerstand veröffentlichte; sie war „Inter" in Ost- und später in Nordfrankreich, wurde 1944 verhaftet und lebte nach dem Krieg in Wien.

Zentren der Organisation der TA waren vor allem Paris und der Raum von Paris (die Départements Seine und Seine-et-Oise), die nordfranzösischen Départements und Industriestädte sowie Brüssel im besetzten Belgien; nach der Besetzung Südfrankreichs im November 1942 dehnte sich die TA auch im Süden aus, hier sind als Zentren vor allem Lyon und Nîmes zu nennen.

Die Aufgaben der TA waren, wie gesagt, zunächst vor allem propagandistischer Natur. Seit Sommer 1941 erschien die illegale deutschsprachige Zeitung „Soldat im Westen"; ihr erster Chefredakteur war der österreichische Kommunist und Spanienkämpfer Hans Zipper, der 1941 beim Überschreiten der Demarkationslinie zwischen besetzter und unbesetzter Zone Frankreichs von den Deutschen verhaftet und vermutlich an Ort und Stelle erschossen wurde. Nach der Besetzung Südfrankreichs kam als weitere illegale Zeitung „Soldat am Mittelmeer" hinzu, die bis 1944 in Lyon von dem Österreicher Oskar Großmann (1903–1944?) redigiert wurde.

Neben den Zeitungen „Soldat im Westen" und „Soldat am Mittelmeer" sowie der „Wahrheit" in Brüssel, die auf Seidenpapier in Kleinstdruck hergestellt und verbreitet wurden und mit einiger Häufigkeit und Regelmäßigkeit erschienen, stellten die TA-Gruppen auf lokaler Ebene eine Unzahl von Zeitungen, Flugblättern, Streu- und Klebezetteln her und betrieben mit ihnen defätistische Propaganda und Aufklärung über das NS-System, die Unbesiegbarkeit der Sowjetunion und die Sinnlosigkeit des Krieges. Sie wurden anfangs meist nachts über die Kasernenmauern geworfen; als man feststellte, daß solche Flugblätter zumeist bei Vorgesetzten abgeliefert wurden und kaum Verbreitung unter den deutschen Soldaten fanden, gingen die TA-Gruppen zu besser organisierten und umfassender angelegten Verbreitungsmethoden über: man verteilte z.B. als Programmzettel getarnte Flugblätter vor von vielen Wehrmachtsangehörigen besuchten Nachtlokalen, steckte sie in Gaststätten und Cafés in Soldatenmäntel und -tornister, legte sie auf Parkbänken oder Kinosesseln aus, klebte sie an Alleebäume und Mauern in der Nähe deutscher Kasernen usw.

Einen weiteren Zweig der TA, der zumeist von den Gruppen, die Flugblätter herstellten und verteilten, aus konspirativen Gründen organisatorisch getrennt war, bildeten die sogenannten Mädel-Gruppen: junge Frauen aus der deutschsprachigen Emigration versuchten gezielt, Kontakte mit einzelnen deutschen Soldaten aufzunehmen und auszubauen, auf die sie im Autobus oder der Metro, in einem Café oder bei sonstigen Gelegenheiten trafen und die, als Einzelne zumeist isoliert in einer fremdsprachigen Umgebung, sich nur zu gerne von einer ihrer Muttersprache kundigen jungen und womöglich noch gutaussehenden Frau in ein Gespräch ziehen ließen und den Kontakt weiter aufrechtzuerhalten suchten. Diese Kontakte dienten sowohl der Sammlung von Informationen aus der deutschen Besatzungsmacht wie der vorsichtigen Agitation unter deutschen Soldaten und erforderten von den hier engagierten jungen Frauen ein Höchstmaß an Vorsicht und realistischer Lagebeurteilung; sie konnten sich der persönlichen Loyalität der einzelnen Soldaten, mit denen sie in Verbindung gekommen waren, ja nie sicher sein und mußten immer damit rechnen, beim nächsten Treff oder dem nächsten Tanz-Rendezvous von der informierten Gestapo verhaftet zu werden, was in einer ganzen Reihe von Fällen auch geschah. Auf der anderen Seite stehen eine große Zahl von Erfolgen, die diese Mädelgruppen verbuchen konnten: sie erhielten oft wichtige Einzelinformationen, die sie weitergeben konnten, oder gewannen die Sympathie von Soldaten, die unter Umständen selbst vorsichtig antinationalsozialistische Propaganda in den Kasernen verbreiteten, einzelne Waffen beschafften und in Einzelfällen sogar desertierten und ins Maquis gingen.

Den dritten Zweig der TA bildeten die sogenannten „Eingebauten" – deutsche Emigranten, häufig auch Frauen, die, mit einer falschen Identität versehen, in Dienststellen der deutschen Wehrmacht oder der deutschen Zivilverwaltung angestellt wurden und ebenfalls Informationen sammeln, eventuell Waffen beschaffen oder vorsichtig antinationalsozialistische Agitation betreiben konnten. Die Erfindung eines glaubhaften Vorlebens für die vorgegebene Identität war oft schwierig, mußten doch gute deutsche und unter Umständen mangelhafte französische Sprachkenntnisse unverdächtig erklärt und eine lückenlose und aus den den deutschen Behörden zugänglichen Verwaltungsakten nicht widerlegbare Vorgeschichte konstruiert werden.

Leiter der TA im Raum von Paris, der bedeutendsten TA-Gebietsorganisation, war der 1918 geborene Sally Grynvogel, der diesen Bezirk 1941–1943 leitete; er war daneben ab November 1941 Mitglied der KPD-Landleitung unter Paul Grasse, die von Frankreich aus Verbindungen ins Reich aufzubauen versuchte und im November 1943 in ihrer Gesamtheit verhaftet wurde; Grynvogel überstand das KZ Auschwitz und lebte nach dem Krieg in Frankreich. Die entsprechende Position in Lyon übernahm ab November 1942, d.h. nach dem deutschen Einmarsch in die unbesetzte Zone Frankreichs, der erfahrene KPD-Funktionär Paul Vesper, Jahrgang 1897, bis 1935 im innerdeutschen Widerstand aktiv und später Spanienkämpfer; ab Frühsommer 1941 war er Mitglied der KPD-Leitung in Toulouse sowie ab Oktober 1943 des KFDW. Vesper war nach dem Krieg KPD-Bundestagsabgeordneter, ab 1952 hoher DDR-Funktionär im Nationalrat der „Nationalen Front des demokratischen Deutschland" und später hoher Diplomat.

Zumindest politisch-ideologisch wurden die deutschen Kommunisten in der TA angeleitet von der Führung der Exil-KPD in Frankreich. Auch diese mußte sich erst aus der Zwangsjacke des Hitler-Stalin-Paktes befreien, bevor sie sich ohne Vorbehalte dem französischen Widerstand anschließen konnte. Im Mai 1942 wurde die sogenannte KPD-Westleitung für Frankreich, Belgien und Luxemburg gebildet. Nach der deutschen Besetzung der Vichy-Zone etablierte sich die KPD-Leitung in Lyon, zu einem Zeitpunkt also, in dem die Arbeit der TA auch nach Südfrankreich ausgedehnt wurde. Im Oktober 1943 führte die Gründung des Nationalkomitees „Freies Deutschland" in der UdSSR in Frankreich zur Gründung des Komitees „Freies Deutschland" für den Westen (KFDW), das von Otto Niebergall präsidiert wurde und nach der Befreiung von Paris im September 1944 zum nun legalen Comité „Allemagne Libre" pour l'Ouest (CALPO) wurde. Im Frühjahr 1944 führte das KFDW Verhandlungen mit dem Comité Français de Libération Nationale, die die Anerkennung als eines Teiles der Résistance nach sich zogen.

Neben Niebergall bekleideten weitere Emigranten zum Teil höhere Funktionen in der KPD-Westleitung wie auch beim KFDW/CALPO, die zugleich im Maquis kämpften bzw. Mitglieder der TA waren. Vorsitzender der KFDW-Militärkommission war Max Brings, ihr gehörten auch Otto Kühne und Heinz Pries an. Auch Pries hatte am Spanischen Bürgerkrieg teilgenommen, zuletzt als Polit-Kommissar des Hans-Beimler-Bataillons der XI. Internationalen Brigade. Er wurde ebenfalls in Frankreich interniert, war später Chef der KPD-Gruppe Lyon und verantwortlich für die KFDW-Arbeit in Südfrankreich. Im Verlauf des Jahres 1944 versuchten KPD-Westleitung und KFDW, aus deutschen Partisanengruppen in den FTPF ein eigenes Freischarregiment mit dem Namen „Ferdinand von Schill" aufzustellen, für das vor allem auch deutsche Deserteure gewonnen werden sollten. Dieser Versuch wie auch ein späterer, unter dem Kommando von Otto Kühne ein Partisanenkontingent aufzustellen, das mit dem Fallschirm in Deutschland abgesetzt werden sollte, fand jedoch weder die Zustimmung der gaullistischen Kräfte in der Résistance noch die der Amerikaner und Briten. Weitere ähnliche Versuche, z.B. in Lyon und in Südfrankreich, autonome kommunistische deutsche Maquis-Einheiten zu bilden, wurden von gaullistischen Kräften in den FFI vereitelt und bereits bestehende Gruppen wieder entwaffnet.

Obwohl zwischen TA und den Gruppen der bewaffneten Résistance eine Reihe von Querverbindungen bestanden und TA-Aktivisten vor allem gegen Ende der deutschen Besatzung zum Teil in den Maquis überwechselten, ist die TA insgesamt, wie bereits angeführt, nicht der „résistance armée" zuzurechnen. Aber auch in der Résistance armée kämpften deutsche Partisanen – vor allem in Süd- und Mittelfrankreich, ein Umstand, der sich mit Internierung und Flucht in die unbesetzte Zone erklären läßt. Unter diesen Maquisards, deren Zahl im Vergleich zum Anteil der Emigranten in der TA wohl nicht sehr hoch angesetzt werden darf, war ein Großteil ehemaliger Interbrigadisten. Diese brachten für den sich formierenden bewaffneten Widerstand wichtige militärische Erfahrungen ein. Die zahlenmäßig größte Gruppe dürften Kommunisten gewesen sein, die sich jedoch – aufgrund des bis dahin bestehenden Hitler-Stalin-Paktes — erst in den nach dem deutschen Angriff auf Rußland von der KPF ins Leben gerufenen FTPF zum Kampf bereit fanden.

Einige dieser deutschen Emigranten spielten eine herausragende Rolle. Der ehemalige Reichstagsabgeordnete der KPD, Otto Kühne, hatte bereits am Ersten Weltkrieg teilgenommen und diese Erfahrung in den Spanischen Bürgerkrieg und dann in die Résistance eingebracht. Kühne, Jahrgang 1895, emigrierte 1933 in die skandinavischen Länder und später in die UdSSR. Ab 1937 nahm er als Offizier auf republikanischer Seit am Spanischen Bürgerkrieg teil und war zuletzt Brigadekommissar der XI. Internationalen Brigade. Er wurde 1939 in Frankreich interniert und faßte später im französischen Zentralmassiv ehemalige Spanienkämpfer zu Partisanengruppen zusammen. Ende 1943/Anfang 1944 vereinigte er diese Gruppen mit dem ursprünglich gaullistischen Maquis „Bir Hakeim" zu einer schlagkräftigen internationalen Einheit, die er zusammen mit Commandant Barot unter dem Nom de guerre Jean Paul (auch Robert, Otto) im Range eines Oberstleutnant befehligte. Dieser Maquis wurde im Mai 1944 von deutschen Truppen völlig aufgerieben. Kühne spielte später eine wichtige Rolle bei der Befreiung von Nimes und war danach der erste Stadtkommandant. Wesentlichen Anteil an der Befreiung der Region Marseille hatten Max Brings und August Mahnke. Brings, ehemaliger Seemann und KPD-Funktionär, hatte ebenfalls am Spanischen Bürgerkrieg teilgenommen. Später in Südfrankreich, organisierte er ab 1940 Partisanengruppen mit ehemaligen Spanienkämpfern. Er avancierte im Maquis zum Colonel mit dem Nom de guerre Maxime und gehörte zur Leitung des Aufstandes von Marseille. Brings war bekannt durch mutige Aktionen wie z.B. den Sprengstoffanschlag auf das deutsche Offizierskasino in Nizza und die handstreichartige Inbesitznahme des Gestapo-Archivs von Aix-en-Provence. Auch Mahnke war ehemaliger Spanienkämpfer. Als Stabschef des von Brings kommandierten Partisanenkontingents erreichte er den Rang eines Oberstleutnants. Ein typisches Beispiel ist auch Norbert Kugler. Nach Teilnahme am Spanischen Bürgerkrieg organisierte er im Frühjahr 1943 eine internationale FTPF/MOI-Gruppe aus polnischen, spanischen, jüdischen und deutschen Partisanen, deren militärische Leitung er für die Départments Rhone, Isère, Haute-Savoie und Savoie übernahm. 1944 beteiligt an der Befreiung von Lyon, erhielt er den Rang eines Oberleutnants.

In der legendären Guerilla-Einheit des Armeniers Missak Manouchian, die aus der MOI hervorgegangen war, spielte Leo Kneler eine wichtige Rolle. Der ehemalige Zimmermann aus Berlin war Mitglied der KPD und hatte bereits vor 1933 eine militante politische Vergangenheit. Nach der nationalsozialistschen Machtübernahme saß er drei Jahre lang in einem Kölner Gefängnis. Danach emigrierte er nach Frankreich und kämpfte während des Spanischen Bürgerkrieges in der XI. Internationalen Brigade. Nach Frankreich zurückgekehrt, wurde er in den Lagern St. Cyprien, Gurs und Le Vernet interniert.

Er konnte fliehen und versuchte anschließend, als Fremdarbeiter getarnt eine kommunistische Widerstandsgruppe im Ruhrgebiet aufzubauen. Herbst 1942 kehrte er nach Frankreich zurück und schloß sich unter dem Decknamen Leo Basmadjan der Gruppe Manouchian an. Er wurde Capitaine und Chef des Détachement „Stalingrad". Kneler war beteiligt an dem Attentatsversuch gegen den Militärbefehlshaber von Paris, General Schaumburg, vom 28. Juli 1943 sowie an dem Attentat auf den deutschen Generalbevollmächtigten für den Arbeitseinsatz in Frankreich, Dr. Ritter, der am 28. September 1943 erschossen wurde. Später nahm er an den Kämpfen des Maquis „Libération Nord" in der Normandie und dem Aufstand zur Befreiung von Paris im August 1944 teil.

Eine andere Gruppe deutscher Emigranten stieß zur Armée Secrète. Dabei handelte es sich um Emigranten, die zum Teil in der französischen Armee gedient hatten, darunter eine Reihe von Saarländern, die aufgrund der Geschichte ihres Landes oft ein besonderes persönliches Verhältnis zu Frankreich hatten. Diese Gruppe kam bis auf wenige Ausnahmen aus dem sogenannten bürgerlichen Lager. Typische Beispiele sind der schon erwähnte Guy Kurt Lachmann sowie der spätere saarländische Innenminister, Edgar Hector. 1911 in Saarlouis geboren, ging Hector nach der Rückgliederung des Saarlandes an das nationalsozialistische Deutschland ins französische Exil. Nach Kriegsbeginn trat er in die französische Armee ein, wurde Offizier und geriet in deutsche Kriegsgefangenschaft. Nach seiner Flucht im Jahre 1941 schloß er sich unter dem Decknamen Jacques Henry der Résistance an. 1945 kehrte er als Commandant (Major) im Stab von Gilbert Grandval an die Saar zurück, der eine bedeutende Rolle in der Résistance gespielt hatte und zuletzt Befehlshaber des 20. Militärbezirks war. Grandval wurde Militär- bzw. Generalgouveneur des Saargebietes, Hector 1947 Staatssekretär für Inneres und 1951—1955 Innenminister der saarländischen Regierung unter Johannes Hoffmann. Eine Ausnahme von dieser „bürgerlichen" Regel war Julius Schneider, Jahrgang 1908, der aus Schnappach im Saargebiet stammt. Schneider kam aus der SAJ, emigrierte 1936 nach Frankreich und ging noch im gleichen Jahr nach Spanien, um auf republikanischer Seite am Bürgerkrieg teilzunehmen. Er kämpfte in der XI. und XIII. Internationalen Brigade, u.a. in dem Bataillon Capaev, und war zuletzt Offiziersaspirant. Nach Auflösung der Internationalen Brigaden kehrte er nach Frankreich zurück und wurde dort nach Kriegsausbruch interniert. 1942 ging er in den Maquis und schloß sich unter dem Decknamen Georges Pierron der Armée Secrète an; zuletzt war er im Range eines Capitaine Abschnittsleiter im Département Basses-Alpes. Er ging später von der SPD zur KPD und war nach 1946 vorübergehend Stadtrat und Kreisrat in Sulzbach/Saar.

Vor allem ehemalige Partisanen der Armée Secrète, aber auch Kommunisten wie Julius Schneider, betonen den zahlenmäßig eher geringen und in den meisten Fällen sehr individuellen Einsatz von deutschsprachigen Emigranten im bewaffneten Maquis. Die hier aufgeführen Namen und Schicksale sind besonders herausragende Beispiele für die Beteiligung von Deutschen und Österreichern an der „résistance armée" in Frankreich; aus den im Biographischen Archiv der deutschsprachigen Emigration nach 1933 im Institut für Zeitgeschichte zusammengetragenen Quellen ließen sich noch Dutzende weiterer Namen anführen. Der Münchener Hubert von Ranke (1902–1978), vor der nationalsozialistischen Machtübernahme in Berlin Mitglied des Militärapparats der KPD und enger Mitarbeiter Hans Kippenbergers auch nach 1933 in der französischen Emigration, nahm Sommer 1936 bis Ende 1937 am Spanischen Bürgerkrieg teil und war zeitweise Mitarbeiter der spanisch-republikanischen Géheimpolizei. Er brach jedoch 1938 nach seiner Rückkehr nach Frankreich mit der KPD und lebte nach der französischen Kapitulation unter falschem Namen in der unbesetzten Zone Frankreichs; Anfang 1942 schloß er sich der gaullistischen Résistance im Raum von Lyon an und war ein enger Mitarbeiter von Georges Bidault. 1944 wurde er Offizier im operativen Nachrichtendienst der französischen Armee unter General Delattre de Tassigny und erhielt nach Kriegsende aufgrund seiner Verdienste in der Résistance die französische Staatsbürgerschaft.

Groß war vor allem auch die Gruppe derjenigen, die – wie Karl Mommer – nicht unmittelbar am bewaffneten Kampf teilnahmen oder in französischen Einheiten dienten, durch mannigfaltige materielle oder auch logistische Unterstützung des Maquis jedoch wichtige Dienste leisteten.

Emigranten finden sich auch in weniger bekannten Gruppierungen der Résistance, z.B. der Gruppe „Témoignage chrétien". Für diese Widerstandsorganisation, die u.a. von Kardinal Saliège von Toulouse unterstützt wurde, arbeitete Karl-Heinz Beck. Jahrgang 1914, war Beck vor 1933 SAJ-Mitglied und bereits vor seiner Emigration im Jahre 1936 nach Belgien Mitglied einer Berliner Widerstandsgruppe; in Brüssel gehörte er zu „Neu Beginnen" und dem Kreis um Max Sievers und war Mitarbeiter der Zeitung „Le Peuple". 1940 floh er in die unbesetzte Zone Frankreichs, wurde in St. Cyprien interniert und schloß sich 1941 der Résistance an. Er floh später in die Schweiz, wurde dort erneut interniert und studierte anschließend am Institut de Hautes Etudes Internationales in Genf. Nach 1945 war er vorübergehend für die SPD Mitglied des Bayerischen Landtags.

Auch in linkskommunistischen und trotzkistischen Résistance-Gruppierungen, die im allgemeinen in einer doppelten Illegalität lebten und sich sowohl gegenüber Gestapo bzw. Vichy-Polizei als auch vor parteikommunistischen Denunziationen zu schützen hatten, finden sich eine Reihe deutscher Emigranten.

Im Verlauf des 2. Weltkriegs gab es eine Reihe von Versuchen, deutsche bzw. deutschsprachige Einheiten im Verbund der alliierten Armeen zu bilden – angefangen von dem 1939 nach Kriegsausbruch unternommenen Versuch des Aufbaus einer Légion allemande bzw. autrichienne bis hin zu den Bemühungen Otto von Habsburgs und der konservativ-legitimistischen österreichischen Emigration zur Schaffung eines österreichischen Bataillons in der US-Army. Alle diese Versuche schlugen fehl — wesentlich aufgrund der Tatsache, daß weder die deutsche noch die österreichische Emigration sich politisch zu einigen und eine von allen Kräften getragene Exilregierung zu konstituieren vermochte, die von den Alliierten anerkannt worden wäre. Zwar dienten zahlreiche deutsche Emigranten — nach Beantragung bzw. Erhalt der amerikanischen Staatsangehörigkeit — in der US Army oder im Pionierkorps der britischen Armee, wofür die britische Staatsangehörigkeit nicht erforderlich war, oder in der Roten Armee, doch kam es nirgends zur Bildung einer deutschen Militäreinheit auf alliierter Seite; lediglich österreichische Emigranten und desertierte österreichische Wehrmachtsangehörige konnten auf Initiative des KPÖ-Funktionärs Franz Honner mit jugoslawischer Hilfe in Slowenien und Belgrad fünf österreichische Bataillone als geplante Befreiungsarmee aufbauen, von denen aber nur eines zum militärischen Einsatz kam. Offiziere dieser Bataillone wurden unmittelbar nach Kriegsende in der sowjetischen Besatzungszone Österreichs in die neu gebildete Polizei übernommen, einige machten später in der Polizei sogar Karriere.

Daß Emigranten, die während des Zweiten Weltkrieges in europäischen Widerstandsbewegungen gegen das Dritte Reich gekämpft hatten, nach Kriegsende eine oft große Rolle beim Aufbau von Polizei und Armee spielten, gilt vor allem für die SBZ/DDR und bis zum Jahre 1955 für das Saarland. Die Karrieren solcher Rückkehrer verstehen sich einerseits als Anerkennung ihres Engagements im Kampf gegen Hitler-Deutschland, zum andern liegt ihnen auch der politisch prinzipielle Verzicht zugrunde, beim Aufbau der neuen bewaffneten Staatsorgane auf ehemalige nationalsozialistische Beamte oder Offiziere der alten Wehrmacht zurückzugreifen. Dies galt vor allem für die DDR; hier rückten jedoch in erster Linie die Emigranten aus der Sowjetunion, die in der Roten Armee und als Partisanen gekämpft hatten, in Spitzenpositionen der Volkspolizei und später der Nationalen Volksarmee (NVA) auf. Die sogenannten Westemigranten hingegen, die in die Sowjetische Besatzungszone zurückkehrten, wurden von der militärischen Macht ferngehalten bzw. im Zuge einer gezielten Kampagne Anfang der 50er Jahre aus erreichten Positionen wieder entfernt. Dies gilt für nahezu alle bekannteren Mitglieder westlicher Résistance-Bewegungen. Eine der wenigen Ausnahmen ist anscheinend der Generalmajor der Kasernierten Volkspolizei und spätere stellvertretende Verteidigungsminister der DDR, Ewald Munschke, der während des Zweiten Weltkriegs der holländischen kommunistischen Widerstandsgruppe „De Waarheid" angehörte. Max Brings war von 1945 bis zu seinem Tode 1947 Polizeipräsident in Potsdam und entging vermutlich nur aufgrund seines frühen Todesdatums der späteren Säuberung. Auf dem zivilen Verwaltungs- bzw. politischen Sektor reüssierte Karl Gaile, der frühere stellvertretende Bataillonskommandeur im Maquis „Jean Pierson". Gaile war in der ersten Hälfte der sechziger Jahre Konsul der DDR in Damaskus. Otto Kühne hingegen, der nach 1945 zum Leiter der Hauptabteilung Verkehr bei der Deutschen Wirtschaftskommission bestellt wurde, verlor 1950 als Westemigrant alle seine Funktionen. In Volkspolizei und NVA haben u. a. nachfolgend genannte höhere Kommandeure als Partisanen in den von Deutschen besetzten russischen Gebieten sowie später auch in anderen ost- und mitteleuropäischen Ländern gekämpft: Heinrich Fomferra (Oberst im Ministerium für Staatssicherheit); Wilhelm Gaida (Oberst im Ministerium für Staatssicherheit); Josef Hegen (1948–1950 Chef der Volkspolizei in Sachsen-Anhalt, später Botschafter in Warschau und zuletzt Staatssekretär und 1. stellvertretender Außenminister); Karl Otto Kleinjung (Generalmajor, Generalinspekteur der Volkspolizei); Erhard König (Generalmajor der Volkspolizei); Otto Schliwinski (genannt Partisanen-Otto, Mitte der 60er Jahre Oberst der Volkspolizei); Josef Schütz (1947–49 Chef der SBZ-Grenzpolizei, später Oberst der NVA). Zahlreiche hohe Offiziere der Volkspolizeit und NVA waren Soldaten der regulären Roten Armee, so u. a. der Generaloberst Erich Mielke, die Generalmajore Paul Blechschmidt und Hans-Hugo Winkelmann sowie der Generalleutnant und stellvertretende Minister für Staatssicherheit Markus Wolf.

Von den Saarländern, für die das gleiche gilt, wurde bereits gesprochen. Der Innenminister Edgar Hector und der Landespolizeichef Guy Kurt Lachmann waren Emigranten, die in der Résistance gekämpft hatten. Darüber hinaus waren in nachgeordneten Stellen noch eine Anzahl weiterer Remigranten aus Frankreich anzutreffen. Ein Beispiel ist Jacques Becker, ehemals Funktionär der SAJ aus Püttlingen an der Saar, der 1935 nach Frankreich emigrierte, später als französischer Soldat das Croix de Guerre erhielt und nach seiner Rückkehr an die Saar Karriere bei der Polizei machte; von 1949 bis 1955 war er Leiter der saarländischen Grenzpolizei. Allerdings wurde dieser Personenkreis nach der neuerlichen Saarabstimmung 1955 wieder von den Schaltstellen der Macht verdrängt.

Da auch nur einigermaßen verläßliche Zahlen fehlen, ist es unmöglich, die Beteiligung von deutschen Emigranten und von Deserteuren aus der deutschen Wehrmacht an den verschiedenen nationalen Befreiungsbewegungen quantitativ abzuschätzen. Die Tatsache, daß eine solche aktive Teilnahme in – betrachtet man die Summe der Einzelschicksale – durchaus nicht kleiner Anzahl stattgefunden hat, verdient allein schon historische Anerkennung. Auf der anderen Seite bleibt festzuhalten, daß der Anteil deutscher Widerstandskämpfer in der Gesamtbilanz der europäischen Résistance gegen das nationalsozialistische Deutschland, in realistischer Proportion gesehen, nur wenig ins Gewicht fällt – so vielfältig auch die Formen dieser Beteiligung von Deutschen am antinationalsozialistischen Widerstand im besetzten Europa gewesen sind und so erstaunlich einzelne Leistungen waren.

Die doppelte Ausnahmesituation und besondere Gefährdung, in der sich deutsche Hitlergegner im besetzten Ausland befanden, wenn sie sich am Widerstand gegen das deutsche Besatzungsregime beteiligten, setzte Mut, Idealismus, hohe moralische Integrität und Bereitschaft zu Opfern und Leiden voraus, und groß ist die Zahl derer, die Überzeugung und Kampf mit dem Leben zu bezahlen hatten. Nachdem der innerdeutsche Widerstand über die Jahre hinweg immer wieder durch den Zugriff der NS-Machtorgane erstickt worden und auch den Versuchen der Exilparteien, vom Ausland her nach Deutschland hinein- und auf den politischen Umsturz hinzuwirken, sichtbar kein Erfolg beschieden war, ergab sich mit Kriegsausbruch und deutscher Besetzung großer Teile Europas die qualitativ neue Möglichkeit, im Rahmen der sich formierenden nationalen Résistance-Bewegungen den Widerstand gegen das nationalsozialistische Regime konkret wieder aufzunehmen. Unmittelbarer Gegner, aber auch indirekter Ansprechpartner war hierbei jene große Gruppe der deutschen Bevölkerung, die in Wehrmachtsuniform in dem Land stand, das den Emigranten zuvor Exil geboten hatte und das sie nun verteidigten, zum Teil mit der Waffe in der Hand.

Diese neuartige Form des Widerstandes gegen das nationalsozialistische Regime stand für die Beteiligten unter dem Zeichen des Kampfes für ein neues, demokratisches Deutschland. So ist dieser Widerstand des ,,anderen Deutschland" gegen die NS-Herrschaft ein wesentlicher und untrennbarer Bestandteil der deutschen Geschichte, und darin liegt seine eigentliche Bedeutung.

Karl Mommer
Im besetzten Frankreich

Wir hatten Glück, kamen nach Süden durch, ehe die deutschen Divisionen die alliierte Front bis zum Atlantik durchstoßen hatten. Wir, das waren die deutschen Staatsangehörigen jeder Art, die sich bei dem Angriff der Wehrmacht auf das neutrale Land Belgien in dessen Staatsgebiet aufhielten. Ob Freunde oder Feinde und Opfer Hitlers: sie wurden Zivilinternierte, in Viehwaggons verladen und nach Südfrankreich geschickt. Wir „Politischen" und die deutschen Juden waren zufrieden; dort im Süden glaubten wir uns sicherer vor dem Verfolger. Auf dem Sandstrand des Mittelmeers, mit Blick auf die nahen Pyrenäen, lag hinter Wasser und Stacheldraht ein großes Lager für uns bereit. Bis kurz vorher hatten es die Republikaner des spanischen Bürgerkrieges bewohnt. Die „Inneneinrichtung" der Baracken bestand aus bloßem Sandboden. Luken ersetzten Fenster. Es gab ein Viertel Wein täglich, dazu viel Hunger. Wenige Meter hinter dem Stacheldraht glitzerten die Wellen des Mittelmeeres in der Maiensonne.

Unsere Stimmung, d.h. die der geschätzten 95 % jüdischer und politischer Emigranten, sank in dem Maße, wie die der 5 % mitinternierten Nazis stieg. Der Blitzkrieg ließ vermuten, daß bald ganz Frankreich besetzt sein werde. Das Waffenstillstandsabkommen mit Pétain ließ uns im Zweifel, ob wir ausgeliefert würden. Zunächst konnte man optieren: heim ins Reich oder als „hébergé provenant d'Allemagne", als Flüchtling, im Lager bleiben. Die regulären Deutschen fuhren triumphierend heim. Die 95 % blieben bangend auf dem von Millionen Flöhen bevölkerten Sande liegen.

Diese Zeit war das tiefste Tal der Hoffnung auf Freiheit und Heimkehr in ein freies Deutschland. Aus der Ferne erklang de Gaulles trotzige Stimme: Frankreich hat eine Schlacht, nicht den Krieg verloren. Churchill organisierte den britischen Widerstand mit der Verheißung von „Blut, Schweiß und Tränen". Die Vereinigten Staaten traten den Briten mehr und mehr zur Seite. Schon vor dem Einfall Hitlers in die Sowjetunion war klar: Hitler hatte den Krieg noch nicht gewonnen. Widerstand jeglicher Art gegen den Nationalsozialismus war nicht nur mutig, sondern auch sinnvoll, realistisch. Für uns im Lager hieß das zunächst nur, daß man wieder Mut faßte, daß der Wille zum Überleben und Zusammenhalt gestärkt wurde. Aber das Interniertendasein ging weiter, ab Oktober 1940 im Lager Gurs, nahe der Demarkationslinie zum besetzten Teil Frankreichs und unweit der Stadt Pau. Die Baracken waren besser als die in St. Cyprien, aber nicht heizbar. Der Winter brachte minus 17 Grad; der heutige Friedhof beim ehemaligen Lager Gurs zeugt davon, daß sehr viele ältere und schwache Internierte Hunger und Kälte nicht überlebten.

In diesem Lager trafen wir auf eine Episode in der Entwicklung von Hitlers Holocaust. Ein Nazigewaltiger in Baden hatte allen dort ansässigen Juden befohlen, sich mit Handgepäck am Bahnhof einzufinden. Sie wurden in das leerstehende ehemalige Spanierlager Gurs verbracht, m.W. etwa 17.000 an der Zahl. Die „Endlösung der Judenfrage" war im Sommer 1940 noch nicht beschlossen. Für viele wurde der Gauleiter in Baden zum Lebensretter. Sie konnten erfolgreich untertauchen. Für die meisten, die bei liberalerer Handhabung der Einreisebestimmungen in Zufluchtsländern hätten gerettet werden können, wurde es nur eine Wartestation bis zum Abtransport in die Vernichtungslager im Osten.

Im Mai 1941 wurde ich aus dem Lager Gurs entlassen. Der Personalausweis lautete auf meinen richtigen Namen. Die Nationalität definierte er entgegenkommend-mehrdeutig als „réfugié provenant d'Allemagne". Ich fand Aufnahme bei mutigen und solidarischen französischen Freunden in einem Städtchen im Departement Gers. Dort hatte meine Frau, belgischer Nationalität, mit unseren zwei Kleinkindern Zuflucht gefunden. Schon bald brachte mir ein Gendarm den Ausweisungsbefehl aus Frankreich. Hätte man gewußt, wohin, hätte es des Befehls nicht bedurft. Da man es nicht wußte, war auch der Befehl nur ein Stück Papier. Wie überleben angesichts der Nähe der Gestapo und der Aufgabe, eine Familie zu ernähren? Es wäre nicht gegangen ohne Hilfe der französischen Freunde, ohne die Schweizer Kinderhilfe, ohne die belgische Flüchtlingshilfe und, was die Sicherheit gegen Denunziation und Gestapo betraf, nicht ohne die Solidarität französischer Sozialisten in der Résistance. Mein Beitrag war der für einen Unerfahrenen ungewöhnliche Entschluß, Landwirt zu werden. Es gab unbewohnte Naturalpachthöfe, métairies; sie werden vom Eigentümer dem Pächter mit lebendem und totem Inventar übergeben. Dieser zahlt mit Ablieferung von mehr oder weniger der Hälfte des Ertrages. Es gelang, diese Chance zu nutzen und ein in Kriegszeiten hohes Ziel zu erreichen: Selbsterzeuger der Nahrung zu werden. Der zu Armagnac destillierte Weißwein brachte auch bares Geld.

Vom einsamen Bauernhof war die Besatzungsmacht auch noch fern, als 1943 der sogenannte freie Teil Frankreichs besetzt wurde. Trotzdem, wie war es möglich, der deutschen Fahndung nach Gegnern und wehrfähigen Männern zu entgehen? Nach dem Waffenstillstandsvertrag mußte das Regime von Vichy namentlich angeforderte Deutsche ausliefern. Dem sind Prominente wie Breitscheid und Hilferding zum Opfer gefallen, aber auch zahlreiche andere Verfolgte, die sich zunächst der Gestapo durch Flucht hatten entziehen können. Wie sich französische Behörden verhalten konnten, habe ich erlebt. Im Sommer 1943 klopfte es in aller Frühe an der Haustür. Zwei Gendarmen fragten mich, ob hier der Saarländer H.E. wohne. Ich bejahte und log dazu, er sei auf Reisen. Das wurde protokolliert, ich unterschrieb, die beiden zogen ab, ohne einen Blick in ein Zimmer zu werfen. Der Gesuchte hatte hinter seiner Tür zugehört, war flugs durch's Fenster gesprungen und fort in den Maquis zur französischen Résistance. Die Gendarmen hatten formal ihre „Pflicht" getan, aber gestreikt durch „Dienst nach Vorschrift".

Warum wollte man H.E. ausliefern lassen? Er hatte 1935 am Abstimmungskampf an der Saar besonders aktiv teilgenommen und sich bei den Nazis verhaßt gemacht. Er wurde gesucht und nach 3 Jahren Besetzung — beinahe — gefunden. Da ich selbst meine „Vorbereitung zum Hochverrat" am Nazistaat mit 21 Monaten Gefängnis abgebüßt hatte, wurde ich nicht angefordert, so wenig wie zwei andere sozialdemokratische Familien, die nur wenige Kilometer entfernt lebten.

Schließlich kam dann doch die Jagd auf Deutsche ohne Fahndungsliste. Im Mai 1944 gab es eine Volkszählung. Ich bat den Dorfbürgermeister, alles richtig aufzuschreiben, aber meine Nationalität zu ändern, vergeblich. Anders ein Beamter im Ausländerbüro des Departements. Ich hörte über ihn, daß er gefährliche Akten vor den Deutschen mutig verheimlichte. Am 14. Juli 1944 erhielt ich einen Brief mit langem Fragebogen vom deutschen Konsulat in Toulouse. Die erwähnte Volkszählung schien die nötigsten Angaben über mich geliefert zu haben. Man war dabei, mich „zu erfassen".

Der Schreck war groß, die Flucht in den Maquis schien geboten. Aber das Gegenteil war richtig: ich hatte an diesem Tage das Dritte Reich und den Krieg endgültig überlebt. Das war so: Einen Monat zuvor waren die Alliierten in der Normandie gelandet. Die Résistance war zum bewaffneten Aufstand aufgerufen worden und hatte die Bewegungsfreiheit der deutschen Einheiten eingeengt, auch im Departement Gers. Weder französische Gendarmen noch kleine deutsche Einheiten hätten mich holen können.

Über die Entwicklung der französischen Résistance war man durch Sendungen der BBC London unterrichtet. Die BBC war die nie versiegende politische Informationsquelle der Franzosen, die sich nicht mit Versionen aus Vichy begnügten. Je näher der Tag der Landung der Alliierten in der Normandie kam, umso mehr waren ihre Sendungen mit Code-Sätzen beladen, die der organisierten Résistance Aktionen meldeten, insbesondere Waffenabwürfe durch nächtliche britische Flugzeuge. Sie brausten auch über meine Gegend und brachten Fracht.

In den ersten Jahren nach der deutschen Besetzung war dort auf dem Lande von Widerstand nichts zu spüren. Als Marschall Pétain einmal des Weges kam, schwenkten, so habe ich mir berichten lassen, nicht nur die Schulkinder Fähnchen. Der Widerstand organisierte sich nach und nach und in dem Maße, wie Hitlers Niederlage sich abzeichnete. Um diese Zeit, etwa Anfang 1943, begann auch meine Zusammenarbeit mit der örtlichen Résistance. Ihr Chef im Nachbarort war der Mechaniker C., ein Sozialist, ein urteilsfähiger und ungewöhnlich mutiger und sympathischer Mensch und Familienvater. Bei ihm lernte ich zusammen mit jungen Franzosen mit Gewehr und Pistole umzugehen — eine mehr symbolische militärische Ausbildung. Nützlicher war ich für die Résistance durch den abgelegenen Bauernhof, auf dem ich lebte. Wenn an der Nationalstraße, an der C. wohnte, „dicke Luft" entstand, fand er mit Weib und Kind ein Notlager und Schutz vor deutschen Uniformträgern bei dem deutschen Sozialdemokraten, bis der Alarm abgeblasen war.

Zuflucht konnte ich auch für jüdische Franzosen aus Paris, die Familie B., besorgen, die der Deportation nach dem Osten rechtzeitig entflohen waren. Ich konnte nahebei ein leerstehendes Häuschen für sie finden. Falsche echte Papiere gab's von der Résistance; falsch war der Name; Foto und Stempel waren echt. Antisemitismus war mir unbegreiflich. Es war mir eine Genugtuung, als Deutscher zur Rettung von Juden vor Deutschen beitragen zu können. Der junge Mann wurde aktives Mitglied der FFI, der Französischen Streitkräfte des Innern. Diese FFI hatten Partisanenfunktion und Partisanen-„Uniform". Letztere bestand aus schnell an- und ablegbaren weißen Armbinden mit der Aufschrift „FFI".

Eines Tages hörte ich aus der Richtung des nahen Städtchen E. eine Schießerei. Ich hatte dort Bekannte und erfuhr, was geschehen war. Eine durchziehende deutsche Heereseinheit war von Partisanen beschossen worden und hatte Verluste. Sie trieb alle Männer, deren sie habhaft werden konnte, auf dem Platz des Ortes zusammen. Der deutsche Offizier sprach sie auf französisch an. Er müsse etwas Schreckliches tun. Acht (?) Mann habe seine Einheit verloren. Er werde acht der Männer des Städtchen erschießen lassen. Ein Gedenkstein in der Nähe bezeugt heute die Erschießung. Die Inschrift ist ohne Haß geschrieben, erwähnt aber nicht, was der Anlaß gewesen war. Franzosen, die die Besetzung 1940 und die Besatzung der ersten Jahre erlebt hatten, haben sich über die Korrektheit der Besatzer gegenüber den Besetzten beeindruckt gezeigt (ganz anders im Osten!). Anders wurde das erst später, als der Heckenkrieg geführt wurde.

Meine markanteste und für mich gefährlichste Hilfe für die lokale Résistance leistete ich im Frühjahr 1944. Allnächtlich donnerten die britischen Flugzeuge über unsere Gegend mit Waffen an Fallschirmen für die Résistance. Eines Nachts wurden sie in der Nähe abgeworfen. Man bat mich, die Container auf dem Bauernhof zu verbergen. Zu nächtlicher Stunde fuhr ich mit einem Ochsengespann zur nahen Provinzialstraße und übernahm die Ladung von einem Lieferwagen. Kräftige Männer halfen, sie im Maisfeld zu vergraben. Diese kamen wieder, um sie auszugraben, nachdem die Landung der Engländer und Amerikaner in der Normandie vollzogen und die Résistance zum offenen Aufstand aufgerufen worden war.

Noch ehe der Krieg zu Ende war, kamen mehr als zweihundert Sozialdemokraten aus ihren Schlupfwinkeln hervor und organisierten sich in Paris als „Deutsche Sozialdemokraten in Frankreich". Zweck der Vereinigung war die Klärung der politischen Konzeptionen nach dem deutschen Debakel und die Anknüpfung von Beziehungen zu der neu entstehenden politischen Führung der SPD. Es ging ebenso sehr um die Rückkehr nach Deutschland, wo politisch Unbelastete und Erfahrene gebraucht wurden. Die Heimkehr war weder aus London noch aus Paris eine einfache Sache. Für die Durchsetzung kurzsichtiger Siegerpolitik konnten Unbelastete aus den Konzentrationslagern, den Zuchthäusern und der Emigration unbequeme, selbstbewußte Kritiker sein und, von den Kommunisten abgesehen, keineswegs Befehlsempfänger „ihrer" Siegermacht.

Bei den wöchentlichen Zusammenkünften diskutierten wir bis in die Nächte hinein. Zwei Grundsatzprobleme bedurften der Klärung, weil manches wirr war in den mit Informationen unterversorgten Köpfen. Da ging es zunächst um das Verhältnis zu den deutschen Kommunisten und um die Rolle der Sowjetunion. Nur durch die Spaltung der Arbeiterbewegung in Sozialdemokraten und Kommunisten, sagten Letztere, habe der Nazismus siegen können. Jetzt sei der Moment, die Spaltung rückgängig zu machen. Das wurde nicht von allen gleich durchschaut. Die Kommunisten warben eifrig, verfügten über viel Geld und besaßen eine „überparteiliche" Organisation, die sich „Neues Deutschland" nannte. Die politische Praxis des Stalinismus verurteilte ihn jedoch damals zur argumentativen Wirkungslosigkeit.

Das zweite Problem, das uns sehr beschäftigte, ergab sich aus den territorialen Plänen unseres Gastlandes gegenüber Deutschland. An Saar, Rhein und Ruhr sollte das besiegte Deutschland zerstückelt und ohnmächtig gehalten werden. Akut war die Gefahr an der Saar, die im Zeitraum von kaum 30 Jahren zum zweiten Mal vom Reich abgetrennt wurde. Diesmal sollten Not und Hoffnungslosigkeit, der Antifaschismus und angebliche „europäische" Perspektiven die Saarbevölkerung für die Abtrennung gewinnen. Organisierter Widerspruch wurde nicht geduldet. Da klang das Wort Kurt Schumachers ermutigend in unseren Ohren, die Sozialdemokratie müsse die Klammer sein, die deutsches Gebiet zusammenhalte. Dahinter stand die Überzeugung, die auch ganz meine eigene war, daß jede Verletzung des Selbstbestimmungsrechts durch fremde Gewalt den gemeinsamen Friedensinteressen aller Europäer zuwiderlaufe. Meine erste Reise nach Deutschland führte mich Anfang 1946 nach Saarbrücken – ein trostloser Trümmerhaufen – mit der Absicht, einige Sozialdemokraten von dem separatistischen Irrweg abzuhalten. Wissen und Sorge um diese Gefahr unterbreitete ich wenig später auf einer Reise nach Hannover dem Vorstand der SPD. Hitler war tot. Deutschland sollte leben. Unvergeßlich ist mir der Zwiespalt in der Brust der deutschen Feinde des Hitlerstaates, wie ein Parteifreund aus Köln und ich ihn besonders schmerzlich am Tag der deutschen Kapitulation, dem 8. Mai 1945, auf den Champs Elysées in Paris empfanden. Von oben bis unten war die überbreite Prachtstraße vollgestopft mit jubelnden Franzosen. Der Tyrann war tot, Deutschland besiegt und besetzt! Uns beiden war zum Jubeln und zum Heulen zumute. Die Schrecken des Totalitarismus waren ausgestanden, das deutsche Vaterland aber war in den tiefsten Abgrund seiner Geschichte gestürzt worden. Moralisch-politischer und materieller Wiederaufbau war jetzt die Aufgabe insbesondere derjenigen, die sich widersetzt hatten, deren Kraft aber nicht ausgereicht hatte, den Verderbern den Weg zur Macht zu sperren.

Zeittafel: Unterdrückung und Widerstand im Überblick

1933

30. Januar	Ernennung Hitlers zum Reichskanzler.
1. Februar	Auflösung des Reichstages, wodurch für die entscheidenden nächsten Wochen die parlamentarische Kontrolle ausgeschaltet wird. — Auf dem Verordnungswege werden Presse- und Meinungsfreiheit (4.2.) aufgehoben und Preußen endgültig gleichgeschaltet (6.2.).
28. Februar	„Reichstagsbrandverordnung": Einführung der rechtlich nicht eingeschränkten „Schutzhaft" für politische Gegner; Verbot der KPD.
3. März	Verhaftung Ernst Thälmanns und zahlreicher anderer Funktionäre der KPD. Die Partei stellt sich auf illegale Arbeit um.
5. März	Reichstagswahl (NSDAP: 43,9 %).
20. März	Wegen Überfüllung der Gefängnisse läßt Heinrich Himmler als Polizeipräsident von München in Dachau das erste Konzentrationslager errichten; danach rascher Ausbau des KZ-Systems. SA-Trupps verhaften auf eigene Faust Tausende in provisorischen Lagern; im März/April etwa 30.000 Festnahmen. In umfangreichen Razzien werden die Arbeiterviertel durchkämmt und Einrichtungen und Materialien der Arbeiterparteien beschlagnahmt.
23. März	Gegen die Stimmen der SPD beschließt der Reichstag das Ermächtigungsgesetz, wodurch der Weg in die Diktatur legalisiert wird. Teile der SPD, besonders der Berliner SAJ, beginnen illegale Aktivitäten ohne Genehmigung des Parteivorstandes.
28. März	Erste große Boykottaktion gegen Juden.
29. März	Durch Gesetz wird die Bestrafung aufgrund nachträglich erlassener Strafbestimmungen ermöglicht; Beginn der Aushöhlung des Rechtssystems.

7. April	„Gesetz zur Wiederherstellung des Berufsbeamtentums", Entfernung jüdischer und politisch mißliebiger Personen aus dem Staatsdienst. – Im April/Mai rascher Ausbau der Geheimen Staatspolizei (Gestapo).
2. Mai	Zerschlagung der Gewerkschaften und Zwangseingliederung ihrer Mitglieder in die nationalsozialistische „Deutsche Arbeitsfront" (DAF).
10. Mai	Bücherverbrennungen; in der Folgezeit Gleichschaltung des Kulturlebens und Verbot unliebsamer Literatur. Beschlagnahme des Parteivermögens der SPD. Ein Teil des Parteivorstandes verlegt seinen Sitz daraufhin nach Prag („Sopade") und versucht von dort aus, über Kuriere mit der Parteibasis den Widerstand zu organisieren.
26./27. Mai	Gegen den offiziellen Kandidaten und „Bevollmächtigten des Führers" Ludwig Müller wird Pfarrer Fritz von Bodelschwingh zum Reichsbischof gewählt. – Am 24. Juni wird ein Staatskommissar für die evangelischen Kirchen Preußens eingesetzt und Bodelschwingh tritt zurück.
22. Juni	Verbot der SPD. Darauf Selbstauflösung der übrigen Parteien; Errichtung der Einparteiendiktatur. Aus Mitgliedern vor allem der verbotenen Linksparteien formieren sich illegale Widerstandszellen.
20. Juli	Abschluß des Konkordats zwischen dem Heiligen Stuhl und dem Deutschen Reich. – Bei den evangelischen Kirchenwahlen siegen die „Deutschen Christen".
11. September	Gründung eines „Pfarrernotbundes" für das Gesamtgebiet der Deutschen Evangelischen Kirche gegen die versuchte Gleichschaltung durch die „Deutschen Christen" (Arierparagraph in der Kirche). Pfarrer Martin Niemöller versendet eine Aufforderung zum Beitritt, der etwa ein Drittel aller Pfarrer folgt. Mit dem „Reichskulturkammer-Gesetz" (22.9.) und dem „Schriftleiter-Gesetz" (4.10.) wird die „Gleichschaltung" im Bereich von Literatur, Kunst und Presse gesetzlich verankert.
November	Die Gestapo zerschlägt den sozialdemokratisch gelenkten „Roten Stoßtrupp", der vorwiegend in Berlin Widerstand geleistet hatte.

Gründung der illegalen Reichsleitung der verbotenen Gewerkschaften, durch die ab Januar 1934 Widerstand und Opposition auf Betriebsebene und in Tarnorganisationen koordiniert wird. Protestschreiben Kardinal Faulhabers an die Bayerische Staatsregierung gegen die Unterdrückung katholischer Belange. Im Dezember folgen seine regimekritischen „Adventspredigten".

1. Dezember

„Gesetz zur Sicherung der Einheit von Partei und Staat", endgültige Errichtung der Einparteiendiktatur.

1934

20. Januar

Das „Gesetz zur Ordnung der nationalen Arbeit" überträgt das Prinzip von „Führung und Gefolgschaft" auf die Betriebe.
Der Exil-Vorstand der SPD (Sopade) ruft in seinem „Prager Manifest" (8.1.) zum revolutionären Kampf gegen die Hitler-Diktatur auf.

März/April

Wahlen zu den sogenannten Vertrauensräten in den Betrieben, bei denen etwa die Hälfte der Arbeiter mit „Nein" stimmt oder die Wahlen boykottiert. Nach einem erneuten Mißerfolg der Vertrauensrätewahlen im Jahre 1935 führt das NS-Regime keine weiteren betrieblichen Wahlen mehr durch.

29.–31. Mai

Erste Reichsbekenntnissynode in Barmen. Nach monatelangem Kampf gegen die deutschchristlichen Machtansprüche formiert sich in der Folgezeit die Bekennende Kirche.

30. Juni

„Röhm-Putsch"; Hitler beseitigt Rivalen aus der eigenen Partei und rechnet mit früheren Gegnern aus anderen Parteien ab; im Verlauf der Aktion werden 150–200 Personen ermordet.

2. August

Tod Hindenburgs. Hitler vereinigt auf sich auch das Amt des Reichspräsidenten als „Führer und Reichskanzler" – In der Folgezeit Vereidigung von Wehrmacht und Beamtenschaft auf die Person Hitlers.

18. August

Bei der Volksabstimmung hierüber zeigen sich trotz des Terrors zahlreiche Anzeichen der Ablehnung. Besonders in proletarischen und katholischen Wahlkreisen stimmen bis zu einem Viertel

	der Wahlberechtigten mit „Nein", geben ungültige Stimmzettel ab oder üben Wahlboykott.
Herbst	Der reichsweite „Technik-Apparat" der KPD, der allein für das Rheinland bis zu 15.000 Exemplare der „Roten Fahne" dreimal monatlich drucken und verteilen ließ, wird von der Gestapo zerschlagen. Bis März 1935 werden auch viele kommunistische Bezirksleitungen und die Berliner Inlandsleitung der KPD aufgerollt.
19./20. Oktober	Zweite Reichsbekenntnissynode in Berlin-Dahlem, auf der die Grundlagen der organisatorischen Gestaltung der Bekennenden Kirche gelegt werden.

1935

21. Februar	Wort der Leitung der Bekennenden Kirche gegen das „Neuheidentum".
1. März	Mit der Rückgliederung des Saargebiets geht eine für die Widerstandsarbeit wichtige Anlaufstelle verloren.
4./5. März	Die Bekennende Kirche der altpreußischen Union verurteilt auf ihrer Dahlemer Synode die NS-Rassenideologie. Darauf werden zahlreiche ihrer Mitglieder verhaftet.
13. April	Erlaß des Justizministers, nach dem Gefangene nach Abbüßung ihrer Strafe auf unbestimmte Zeit in ein KZ überführt werden können.
Mai/Juni	Mit der Verhaftung von 74 Personen zerschlägt die Gestapo den „Germania-Kreis" und damit die größte sozialdemokratische Widerstandsgruppe am Niederrhein. Kleinere Zellen arbeiten mit Hilfe der ITF in Amsterdam bis Februar 1937 weiter.
26./27. Juli	Vertreter der illegalen deutschen Gewerkschaften beschließen in Reichenberg (CSR) die Gründung einer Auslandsvertretung zur besseren Koordinierung der Widerstandsarbeit in Deutschland.
20. August	Katholischer Hirtenbrief gegen das „Neuheidentum" sowie Denkschrift der katholischen Bischöfe an Hitler gegen die nationalsozialistische Zurückdrängung des Christentums aus dem öffentlichen Leben.

	Im Spätsommer Verhaftungswelle gegen die Mitglieder der Gruppe „Neu Beginnen" in Berlin; Restgruppen setzen ihre Aktivitäten fort.
5. September	„Nürnberger Gesetze": das „Blutschutzgesetz" verbietet Eheschließungen mit Juden, das „Reichsbürgergesetz" unterscheidet zwischen „deutschblütigen" Reichsbürgern und rechtlich nicht vollwertigen Staatsangehörigen.
Oktober	Beginn einer Verhaftungswelle der Gestapo, in deren Verlauf bis Mai 1936 über 7000 Personen aus politischen Gründen festgenommen werden.
3.–15. Oktober	Die sog. „Brüsseler Konferenz" der KPD bei Moskau beschließt die Einheitsfront- und Volksfrontpolitik. Nach Zerschlagung eines großen Teils ihrer Organisation geht die KPD von einem mehr auf Breitenwirkung abgestimmten Widerstand zum stärker konspirativen Kampf gegen die NS-Diktatur über.
22. November	Im Pariser Hotel „Lutetia" treffen sich unter dem Vorsitz von Heinrich Mann Emigranten verschiedener politischer Richtungen, um Möglichkeiten für eine deutsche Volksfront zu diskutieren. Der Kreis zerfällt 1937/38 wegen parteipolitischer Kontroversen und unter dem Eindruck der Moskauer Prozesse.

1936

28. Mai	Denkschrift der Bekennenden Kirche an Hitler: Widerspruch gegen staatliche Unrechtsmaßnahmen.
17. Juni	Durch „Führererlaß" wird Himmler zum „Chef der Deutschen Polizei" ernannt, wodurch SS und Polizei in eine Hand gelegt werden.
Juli	Nach Ausbruch des Spanischen Bürgerkrieges eilen zahlreiche Deutsche nach Spanien, um auf seiten der Republik gegen den von Hitler und Mussolini unterstützten Franco zu kämpfen. In den Jahren 1936–1939 kämpfen etwa 5000 Deutsche in den Milizen der spanischen Parteien, im republikanischen Heer und in den Internationalen Brigaden.

| November | Die Gestapo zerschlägt die Organisation des „Roten Kämpfer-Kreises", einer überregionalen linksoppositionellen Gruppierung innerhalb der Sozialdemokratie. |

1937

Januar/Februar	Die Gestapo verhaftet zahlreiche Mitglieder der KPO, deren Aktivitäten bis auf einige Restgruppen weitgehend zum Erliegen kommen.
Frühjahr	Die Gestapo beschlagnahmt die Exemplare der päpstlichen Enzyklika „Mit brennender Sorge", kann jedoch ihre Verkündung von den Kanzeln nicht verhindern. Verhaftungswelle unter katholischen Geistlichen. Auf mehreren Auslandsreisen nach England und in die Benelux-Staaten versucht Carl Goerdeler, Unterstützung für den sich anbahnenden zivilen Widerstand zu finden.
4. Juli	Kardinal Faulhaber predigt gegen den Gestapo-Terror und die Verhaftung katholischer Geistlicher. Durch technisch verbesserter Überwachungs- und Fahndungsmethoden gelingt es der Gestapo in den Jahren 1935–1937, wichtige Widerstandsgruppen von KPD, KPO, SPD, „Neu Beginnen", SAP, ISK und anderen Parteien zu zerschlagen. Die verbleibenden oder sich neu formierenden Widerstandszellen stellen sich um auf einen stärker dezentralisierten, vielfach isolierten und streng konspirativen Kampf gegen die Hitler-Diktatur.

1938

| 13. März | Mit dem „Anschluß" Österreichs wird das Unterdrückungssystem geographisch ausgeweitet. |
| Juli/August | Beratungen hoher Offiziere unter Generaloberst Beck und der Abwehr zur Verhinderungen eines Kriegsausbruchs wegen der Sudetenfrage. Eine für den 28. September geplante Verhaftung Hitlers wird durch den Beginn der Münchener Konferenz und seine außenpolitischen Erfolge (Münchner Abkommen) überholt. Gestapo-Berich- |

te registrieren eine weitverbreitete Kriegsfurcht in der Bevölkerung, die sich in den Septembertagen zu massiver Kritik am Regime steigert.

Herbst	Die Gestapo zerschlägt die „Zehn Punkte-Gruppe für eine deutsche Volksfront" und die meisten noch aktiven Widerstandszellen der Gruppe „Neu Beginnen"; Restgruppen arbeiten weiter bis 1944.
9./10. November	„Reichskristallnacht"; Aktion zur Zerstörung von Synagogen und jüdischen Geschäften, in deren Verlauf etwa 100 Personen ermordet und 35.000 verhaftet werden. Gestapo-Berichte registrieren eine weitgehende Ablehnung der Terrorakte und Kritik sowie Versuche, Juden zu helfen.
Dezember	Beginn der Proteste des württembergischen Landesbischofs Wurm an die Reichsregierung gegen Unrechtsmaßnahmen des NS-Regimes. In der Folgezeit richten die Kirchen Hilfsstellen für verfolgte Juden ein.

1939

	In der NS-Führung mehren sich Sorgen über die Zunahme von Langsamarbeit, Bummelstreiks zur Erkämpfung übertariflicher Lohnerhöhungen, illegalen Arbeitsplatzwechsel und Fehlschichten in Bergbau und Industrie, wodurch die Aufrüstung behindert wird.
Sommer	Vereinigung von intellektuellen Oppositionsgruppen um Harro Schulze-Boysen und Arvid Harnack zur sog. „Roten Kapelle", die unter stark kommunistischem Einfluß einerseits Spionage für die Sowjetunion, andererseits Widerstandsarbeit im Innern betreibt. Die Gruppe wird im Herbst 1942 zerschlagen, etwa 100 Personen werden hingerichtet.
23. August	Der Abschluß des Hitler-Stalin-Paktes stiftet Verwirrung innerhalb des kommunisten Widerstandes und führt teilweise zu einer Verminderung der illegalen Arbeit.
1. September	Überfall auf Polen, Beginn des Zweiten Weltkrieges; Ende September erste Massenerschießungen in den besetzten Gebieten an Polen und Juden durch SS-Verbände. Beginn der Deportation der

Juden in den Osten als Vorstufe zum systematischen Völkermord.
Sicherheitspolizei und Sicherheitsdienst (SD) werden am 27. September im Reichssicherheitshauptamt unter Reinhard Heydrich zusammengelegt.

8. November   Das Attentat des Einzeltäters Johann Georg Elser auf Hitler im Münchener Bürgerbräu mißlingt.

1940

Frühjahr/Sommer   Mit der Besetzung der meisten Nachbarstaaten Deutschlands gehen auch die Auslandsverbindungen der verschiedenen Widerstandsgruppen größtenteils verloren und bestehen nur noch über Schweden und die Schweiz.

1. August   Protestschreiben katholischer Bischöfe an die Reichsregierung gegen die Euthanasiemaßnahmen.

1941

19. März   Gründung der „Union deutscher sozialistischer Organisationen in Großbritannien" durch Vertreter von SPD, „Neu Beginnen", SAP und ISK. Damit beginnen in England und in anderen Exilländern die Vorbereitungen für den demokratischen Wiederaufbau Deutschlands nach dem Kriege.

Juli/August   Predigten des Bischofs von Münster, Clemens Graf v. Galen, gegen die Unterdrückung der Kirche und gegen die Ermordung sog. „unproduktiver" Menschen.

9./10. Dezember   Proteste der evangelischen Kirchenführerkonferenz (Bischof Wurm) und der katholischen Bischofskonferenz (Kardinal Bertram) gegen die Beschneidung der Rechte der Kirchen und gegen die Euthanasiemaßnahmen, worauf letztere weitgehend eingestellt werden.
Im KZ Chelmno werden erstmals Gaskammern zur Massenvernichtung von Juden eingesetzt.

1942

20. Januar   Auf der sog. „Wannsee-Konferenz" staatlicher

und parteiamtlicher Stellen wird die „Endlösung" der Judenfrage beschlossen.

Versuch Wilhelm Knöchels, in Berlin eine neue Reichsleitung der KPD aufzubauen; die Gruppe wird Anfang 1943 zerschlagen. — In Thüringen bildet sich die kommunistische Neubauer-Poser-Gruppe, die im Juli 1944 zerschlagen wird.

Februar	Zerschlagung der kommunistischen Gruppe Robert Uhrig, die seit etwa 1938 Widerstand in Berlin organisiert hatte.
2. März	Denkschrift des Landesbischofs Wurm an den Reichskanzler über den antikirchlichen „Kulturkampf" der NSDAP.
22. März	Hirtenwort der katholischen Bischöfe gegen den nationalsozialistischen „Kampf gegen Christentum und Kirche".
November	Die kommunistische Widerstandsorganisation Jacob-Bästlein-Abshagen in Hamburg wird von der Gestapo zerschlagen. Reste der Gruppe arbeiten weiter bis 1944.

1943

18. Februar	Nach einer ersten Flugblattaktion im Frühjahr 1942 unternimmt die „Weiße Rose" in München eine zweite Flugblattaktion. Ihre Mitglieder werden noch am selben Tage verhaftet; in der Folgezeit werden auch die Ableger der „Weißen Rose" in Hamburg, Saarbrücken und anderen Orten zerschlagen, ihre Mitglieder zum Tode oder zu schweren Zuchthausstrafen verurteilt.
Ostern	Der „Münchener Laienbrief" verurteilt die Vernichtung des deutschen Judentums durch das NS-Regime.
April/Mai	Niederschlagung der Aufstände von Warschau und Sobibor.
Sommer	Ausarbeitung des Plans „Walküre" durch Offiziere der Wehrmacht zur gewaltsamen Absetzung Hitlers. Konkrete Attentatspläne für den 13. August scheitern an unerwarteten Terminänderungen Hitlers.

In Berlin formiert sich eine kommunistische Widerstandsgruppe um Anton Saefkow. Bis zu ihrer Zerschlagung im Juli 1944 existiert in Berlin eine |

illegale Reichsleitung der KPD um Saefkow, Jacob, Neubauer und Schumann.

Die kommunistische Gruppe Schumann-Engert-Kresse organisiert in Leipziger Betrieben Widerstand; sie wird im Juli 1944 zerschlagen.

12./13. Juli — Gründung des „Nationalkomitees Freies Deutschland" bei Moskau aus Vertretern der KPD und kriegsgefangenen Angehörigen der Wehrmacht.

19. August — Dekalog-Hirtenbrief des Episkopats gegen die Tötung unschuldigen Lebens.

16./17. Oktober — Die Bekenntnissynode der Evangelischen Kirche der altpreußischen Union verurteilt die Tötung unschuldiger Menschen.

1944

Januar/Februar — Nach der Verhaftung Moltkes und Yorcks wird der „Kreisauer Kreis" zerschlagen; die nicht entdeckten Mitglieder schließen sich Oppositionskreisen um Stauffenberg an.

Durch die Verhaftung von Tausenden von Personen in den Monaten Januar bis März aus politischen Gründen werden die noch intakten Widerstandszentren maßgeblich geschwächt.

Frühjahr — Bildung des Volksfront-Komitees im KZ Buchenwald.

Juli — In mehreren großen Verhaftungswellen zerschlägt die Gestapo Widerstandszentren in der Wehrmacht, im Staatsapparat, in der Arbeiterschaft und in den Kirchen. Um einer weiteren Schwächung der Oppositionskreise zuvorzukommen, plant Stauffenberg das Attentat auf Hitler für den 20. Juli. Durch sein Scheitern wird eine Massenverhaftung ausgelöst, die weitere Widerstandstätigkeiten größtenteils lahmlegt. In den nachfolgenden Schauprozessen, die sich bis in die letzten Kriegstage hinziehen, werden allein im zivilen Bereich etwa 5000 Personen zum Tode verurteilt und hingerichtet.

Oktober — Eine Häftlingsrevolte im Vernichtungslager Auschwitz, bei der ein Krematorium gesprengt wird, wird niedergeschlagen.

Im Herbst Zunahme von Sabotageakten von seiten der „Edelweißpiraten" im Rheinland und ähnlich oppositionellen Jugendgruppen in anderen Gegenden.

1945

11. April

Bewaffnete KZ-Häftlinge in Buchenwald übernehmen das Lager und übergeben es den anrückenden Amerikanern. Ähnliche Vorgänge ereignen sich auch in anderen Lagern.

April/Mai

In vielen von den Alliierten befreiten Städten bilden sich spontane antifaschistische („Antifa"-) Komitees aus Angehörigen verschiedener Parteien, um die Entnazifizierung einzuleiten, die betriebliche und lokale Selbstverwaltung zu organisieren und die Demokratisierung voranzutreiben. Die meisten Antifa-Komitees werden noch im Mai 1945 von den alliierten Besatzungsmächten aufgelöst, aber ihre Mitglieder in die Verwaltungen übernommen.

8. Mai

Kapitulation Deutschlands. Ende des Zweiten Weltkrieges in Europa.

Auswahlbibliographie

Handbücher, Bibliographien, Quellenverzeichnisse

Benz, Wolfgang/Walter H. Pehle (Hrsg.): Lexikon des deutschen Widerstandes, Frankfurt am Main 1994.
Goguel, Rudi: Antifaschistischer Widerstandskampf 1933–1945. Bibliographie, Berlin 1975.
Hochmuth, Ursel: Faschismus und Widerstand 1933–1945. Ein Verzeichnis deutschsprachiger Literatur, Frankfurt am Main 1973.
Röder, Werner/Herbert A. Strauss (Hrsg.): Biographisches Handbuch der deutschsprachigen Emigration nach 1933, Band I: Politik, Wirtschaft, Öffentliches Leben, München u.a. 1980.
Schmidt, Walter: Damit Deutschland lebe. Ein Quellenbuch über den deutschen antifaschistischen Widerstand 1933–1945, Berlin 1958.
Steinbach, Peter (Hrsg.): Lexikon des Widerstands, München 1994.

Drittes Reich, Gesamtdarstellungen des Widerstandes

Altmann, Peter: Der deutsche antifaschistische Widerstand 1933–1945 in Bildern und Dokumenten, Frankfurt am Main1975.
Bracher, Karl Dietrich: Die deutsche Diktatur. Entstehung, Struktur, Folgen des Nationalsozialismus, Köln 1979.
Broszat, Martin: Der Staat Hitlers, München 1969.
Hoffmann, Peter: Widerstand gegen Hitler. Probleme des Umsturzes, München 1977.
Kleßmann, Christoph/Falk Pingel (Hrsg.): Gegner des Nationalsozialismus. Wissenschaftler und Widerstandskämpfer auf der Suche nach historischer Wirklichkeit, Frankfurt am Main 1980.
Müller, Klaus-Jürgen (Hrsg.): Der deutsche Widerstand 1933–1945, Paderborn 1990.
Niethammer, Lutz (Hrsg.): Arbeiterinitiative 1945, Wuppertal 1976.
van Roon, Ger: Die deutsche Opposition gegen Hitler, Frankfurt am Main 1958.
Schmädeke, Jürgen/Peter Steinbach (Hrsg.): Der Widerstand gegen den Nationalsozialismus. Die deutsche Gesellschaft und der Widerstand gegen Hitler, München–Zürich 1985.
Schmidthenner, Walter/Hans Buchheim (Hrsg.): Der deutsche Widerstand gegen Hitler, Köln–Berlin 1966.
Steinbach, Peter/Johannes Tuchel: Widerstand gegen den Nationalsozialismus, Berlin 1994.

301

Terror und Widerstand 1933–1945. Dokumente aus Deutschland und dem besetzten Europa. Idee, Auswahl und Bearbeitung von Eberhard Aleff, Ilse Kemter und Friedrich Zipfel, Berlin 1966.

Weisenborn, Günther: Der lautlose Aufstand. Bericht über die Widerstandsbewegung des deutschen Volkes, Frankfurt am Main 1974.

Zentner, Kurt: Illustrierte Geschichte des Widerstandes in Deutschland und Europa 1933–1945, München 1966.

Regionale Darstellungen, „Volksopposition" im Alltagsleben

Beuys, Barbara: Vergeßt uns nicht. Menschen im Widerstand 1933–1945, Reinbek 1987.

Boberach, Heinz (Hrsg.): Meldungen aus dem Reich, Neuwied–Berlin 1965.

Broszat, Martin u.a.: Bayern in der NS-Zeit, 6 Bde., München 1977 ff.

Deutschlandberichte der SOPADE, hrsg. von Klaus Behnken, 6. Bde., Frankfurt am Main 1980.

Mallmann, Klaus-Michael/Gerhard Paul: Herrschaft und Alltag. Ein Industrierevier im Dritten Reich. Widerstand und Verweigerung im Saarland 1933–1945, Bonn 1991.

Mason, Tim W.: Arbeiterklasse und Volksgemeinschaft, Opladen 1975.

von zur Mühlen, Patrik: Schlagt Hitler an der Saar! Abstimmungskampf, Emigration und Widerstand im Saargebiet 1933–1935, Bonn 1979.

Peukert, Detlev/Jürgen Reulecke (Hrsg.): Die Reihen fast geschlossen. Studien zur Geschichte des Alltags unterm Nationalsozialismus, Wuppertal 1981.

Sozialdemokratischer und linkssozialistischer Widerstand

Brill, Hermann: Gegen den Strom, Offenbach 1946.

Drechsler, Hanno: Die Sozialistische Arbeiterpartei Deutschlands (SAPD), Meisenheim am Glan 1965.

Edinger, Lewis J.: Sozialdemokratie und Nationalsozialismus, Hannover–Frankfurt am Main 1960.

Foitzik, Jan: Zwischen den Fronten. Zur Politik, Orgnisation und Funktion linker politischer Kleinorganisationen im Widerstand 1933 bis 1939/40, Bonn 1986.

von Freyberg, Jutta: Sozialdemokraten und Kommunisten. Die Revolutionären Sozialisten Deutschlands vor dem Problem der Aktionseinheit 1934–1937, Köln 1973.

Grasmann, Peter: Sozialdemokraten gegen Hitler 1933–1945, München 1968.

Hammer, Walter: Theodor Haubach zum Gedächtnis, Frankfurt am Main 1955.

Küstermeyer, Rudolf: Der Rote Stoßtrupp, Berlin 1970.

Leber, Julius: Schriften, Reden, Briefe, hrsg. Von Dorothea Beck und Wilfried E. Schoeller, München 1976.

Kliem, Kurt: Der sozialistische Widerstand gegen das Dritte Reich. Dargestellt an der Gruppe „Neu Beginnen", Marburg 1957.

Link, Werner: Die Geschichte des Internationalen Jugend-Bundes (IJB) und des Internationalen Sozialistischen Kampfbundes (ISK), Meisenheim am Glan 1964.

Reichhardt, Hans J.: Neu Beginnen. Ein Beitrag zur Geschichte des Widerstandes der Arbeiterbewegung gegen den Nationalsozialismus, Berlin 1953.

Widerstand und Exil der deutschen Arbeiterbewegung 1933–1945, Bonn 1982.

Kommunistischer Widerstand

Bahne, Siegfried: Die KPD und das Ende von Weimar. Das Scheitern einer Politik 1932–1935, Frnakfurt am Main 1976.

Duhnke, Horst: Die KPD von 1933 bis 1945, Köln 1971.

Herlemann, Beatrix: Die Emigration als Kampfposten. Die Anleitung dfes kommunsitischen Widerstandes in Deuschland aus Frankreich, Belgien und den Niederlanden, Königstein/Taunus 1982.

Herlemann, Beatrix: Auf verlorenem Posten. Kommunistischer Widerstand im Zweiten Weltkrieg. Die Knöchel-Organisation, Bonn 1986.

Mammach, Klaus: Die deutsche antifaschistische Widerstandsbewegung 1933–1939, Berlin 1974.

Mammach, Klaus: Widerstand 1933–1939. Geschichte der deutschen antifaschistischen Widerstandsbewegung im Inland und in der Emigraiton, Köln 1984.

Peukert, Detlev: Die KPD im Widerstand. Verfolgung und Untergrundarbeit anRheinundRuhr 1933–1945, Wuppertal 1980.

Pikarski, Margot/Günter Uebel: Die KPD lebt. Flugblätter aus dem antifaschistischen Widerstandskampf der KPD 1933–1945, Berlin 1980.

Stroech, Jürgen: Die illegale Presse. Eine Waffe im Kampf gegen den deutschen Faschismus. Ein Beitrag zur Geschichte und Bibliographie der illegalen antifaschistischen Presse 1933 bis 1939, Leipzig 1979.

Tjaden, Karl-Heinz: Struktur und Funktion der „KPD-Opposition" (KPO), Meisenheim am Glan 1964.

Gewerkschafter im Widerstand

Beier, Gerhard: Willi Richter. Ein Leben für die soziale Neuordnung, Köln 1978.

Beier, Gerhard: Die illegale Reichsleitung der Gewerkschaften 1933–1945, Köln 1981.

Esters, Helmut/Hans Pelger: Gewerkschafter im Widerstand, Hannover 1967.

Leithäuser, Joachim G.: Wilhelm Leuschner. Ein Leben für die Republik, Köln 1962.

Nebgen, Elfriede: Jacob Kaiser. Der Widerstandskämpfer, Stuttgart 1970.

Reichold, Ludwig: Arbeiterbewegung jenseits des totalen Staates. Die Gewerkschaften und der 20. Juli 1944, Wien 1965.

303

Albrecht, Dieter (Hrsg.): Katholische Kirche im Dritten Reich. Eine Aufsatzsammlung zum Verhältnis von Papsttum, Episkopat und deutschen Katholiken zum Nationalsozialismus 1933–1945, Mainz 1976.

Beckmann, Joachim (Hrsg.): Kirchliches Jahrbuch für die Evangelische Kirche in Deutschland 1933–1944, Gütersloh 1976.

Bethge, Eberhard: Dietrich Bonhoeffer. Theologe – Christ – Zeitgenosse,. München 1978.

Boberach, Heinz (Hrsg.): Berichte des SD und der Gestapo über Kirche und Kirchenvolk in Deutschland 1934–1944, Mainz 1971.

Delp, Alfred: Im Angesichts des Todes, Frankfurt am Main 1976.

Denzler, Georg/Volker Fabricius: Christen und Nationalsozialismus, Frankfurt am Main 1993.

Gotto, Klaus/Konrad Repgen (Hrsg.): Kirchen, Katholiken und Nationalsozialismus, Mainz 1980.

Kempner, Benedicta Maria: Nonnen unter dem Hakenkreuz. Leiden – Heldentum – Tod, Würzburg 1980.

Läpple, Alfred: Kirche und Nationalsozialismus in Deutschland und Österreich. Fakten – Dokumente – Analysen, Aschaffenburg 1980.

Meier, Kurt: Der evangelische Kirchenkampf, 2 Bde., Göttingen 1976.

van Norden, Günther: Der deutsche Protestantismus im Jahr der nationalsozialistischen Machtergreifung, Gütersloh 1979.

Scholder, Klaus: Die Kirchen und das Dritte Reich, Frankfurt am Main 1977.

Wolf, Ernst: Kirche im Widerstand? Protestantische Opposition in der Klammer der Zweireichelehre, München 1965.

Zipfel, Friedrich: Kirchenkampf in Deutschland 1933–1945, Berlin 1965.

Bürgerlicher und militärischer Widerstand

Aufstand des Gewissens. Der militärische Widerstand gegen Hitler und das NS-Regime. Im Auftrag des Bundesministeriums der Verteidigung hrsg. vom Militärgeschichtlichen Forschungsamt, Herford–Bonn 1987.

Braubach, Max: Der Weg zum 20. Juli 1944, Köln–Opladen 1953.

Finker, Kurt: Graf Moltke und der Kreisauer Kreis, Berlin 1978.

Graml, Hermann: Die deutsche Militäropposition vom Sommer 1940 bis zum Frühjahr 1943, in: Die Vollmacht des Gewissens, Bd. II, hrsg. von der Europäischen Publikation e.V., Frankfurt am Main 1965.

von Hassell, Ulrich: Vom anderen Deutschland. Aus nachgelassenen Tagebüchern 1938–1944, Zürich–Freiburg/Br. 1947

Henk, Emil: Die Tragödie des 20. Juli 1944, Heidelberg 1946.

Hoffmann, Peter: Claus Schenk Graf von Stauffenberg und seine Brüder, Stuttgart 1992.

Hoffmann, Peter: Widerstand, Staatsstreich, Attentat. Der Kampf der Opposition gegen Hitler, München 1979.

Leber, Annedore (Hrsg. zus. mit Willy Brandt und Karl Dietrich Bracher): Das Gewissen steht auf, Berlin 1954.

Leber, Annedore: Das Gewissen entscheidet, Berlin 1957.

Mommsen, Hans: Gesellschaftsbild und Verfassungspläne des deutschen Widerstands, in: Hermann Graml (Hrsg.): Widerstand im Dritten Reich. Probleme, Ereignisse, Gestalten, Frankfurt am Main 1984.

Müller, Christian: Oberst i.G. Stauffenberg. Eine Biographie, Düsseldorf 1971.

Müller, Klaus-Jürgen: Armee, Politik und Gesellschaft, Paderborn 1979.

Ritter, Gerhard: Carl Goerdeler und die deutsche Widerstandsbewegung, Stuttgart 1965.

van Roon, Ger: Neuordnung im Widerstand. Der Kreisauer Kreis innerhalb der deutschen Widerstandsbewegung, München 1967.

Scheurig, Bodo: Henning von Tresckow, Oldenburg 1973.

von Schlabrendorff, Fabian: Offiziere gegen Hitler, Frankfurt am Main 1969.

Sykes, Christopher: Adam von Trott. Eine deutsche Tragödie, Köln 1969.

Jugend im Widerstand

Breyvogel, Wilfried (Hrsg.): Piraten, Swings und Junge Garde. Jugendwiderstand im Nationalsozialismus, Bonn 1991.

von Hellfeld, Matthias: Bündische Jugend und Hitlerjugend. Zur Geschichte von Anpassung und Widerstand 1930–1939, Köln 1987.

Jahnke, Karl-Heinz: Entscheidungen. Jugend im Widerstand 1933–1945, Frankfurt am Main 1970.

Jahnke, Karl-Heinz: Jungkommunisten im Widerstand gegen den Hitlerfaschismus, Berlin 1977.

Klönne, Arno: Gegen den Strom. Bericht über den Jugendwiderstand im Dritten Reich, Hannover–Frankfurt am Main 1957.

Klönne, Arno: Jugend im Dritten Reich Die Hitler-Jugend und ihre Gegner, Düsseldorf–Köln 1982.

Petry, Christian: Studenten aufs Schafott. Die Weiße Rose und ihr Scheitern, München 1968.

Peukert, Detlev: Die Edelweißpiraten. Protestbewegungen jugendlicher Arbeiter im Dritten Reich, Köln 1980.

Piarkski, Margot: Jugend im Berliner Widerstand. Herbert Baum und seine Kampfgefährten, Berlin 1978.

Priepke, Manfred: Die evangelische Jugend im Dritten Reich 1933–1936, Hannover–Frankfurt am Main 1960.

Schellenberger, Barbara: Katholische Jugend und Drittes Reich, Mainz 1975.

Scholl, Inge: Die Weiße Rose, Frankfurt am Main 1961.

Innere Emigration und intellektuelle Opposition

Denkler, Horst/Karl Prümm (Hrsg.): Die deutsche Literatur im Dritten Reich. Themen, Traditionen, Wirkungen, Stuttgart 1976.
Frommhold, Erhard (Hrsg.): Kunst im Widerstand. Malerei, Graphik, Plastik 1922–1945, Frankfurt am Main 1968.
Schnell, Ralf: Literarische Innere Emigration 1933–1945, Stuttgart 1976.
Schnell, Ralf (Hrsg.): Kunst und Kultur im deutschen Faschismus, Stuttgart 1978.
Schonauer, Franz: Deutsche Literatur im Dritten Reich. Versuch einer Darstellung in polemisch-didaktischer Absicht, Olten–Freiburg/Br. 1961.
Widerstand statt Anpassung. Deutsche Kunst im Widerstand gegen den Faschismus 1933–1945, hrsg. vom Badischen Kunstverein, Berlin 1980.
Zwischen Widerstand und Anpassung. Kunst in Deutschland 1933–1945. hrsg. von der Akademie der Künste, Berlin 1978.

Widerstand hinter Stacheldraht

Drobisch, Klaus: Widerstand in Buchenwald. Frankfurt am Main 1978.
Dunin-Wasowicz, Krzysztof: Resistance in the Nazi Concentration Camps 1933–1945, Warschau 1982.
Kogon, Eugen: Der SS-Staat, München 1977.
Langbein, Hermann: ...und nicht wie Schafe zur Schlachtbank. Widerstand in den nationalsozialistischen Konzentrationslagern, Frankfurt am Main 1980.
Pingel, Falk: Häftlinge unter SS-Herrschaft. Widerstand, Selbstbehauptung und Vernichtung im Konzentrationslager, Hamburg 1978.
Sofsky, Wolfgang: Die Ordnung des Terrors. Das Konzentrationslager, Frankfurt am Main 1993.
Solidarität und Widerstand. Dachauer Hefte 7 (1991).

Deutscher Widerstand im besetzten Europa

Badia, Gilbert u.a.: Les barbelés de lèxil. Etudes sur l'émigration allemande et autrichienne (1938–1949), Grenoble 1979.
Bonte, Florimond: Les antifascistes allemands dans la résistance française, Paris 1969.
Kühnrich, Heinz: Der Partisanenkrieg in Europa 1939–1945, Berlin 1968.
Noguères, Henri: Histoire de la Résistance en France de 1940 à 1945, 4 Bde., Paris 1967 ff.
Pech, Karlheinz: An der Seite der Résistance. Zum Kampf der Bewegung „Freies Deutschland" für den Westen in Frankfreich (1943–1945), Frankfurt am Main 1974.
Résistance. Erinnerungen deutscher Antifaschisten. Zusammengestellt und bearbeitet von Dora Schaul, Frankfurt am Main 1973.
Rings, Werner: Leben mit dem Feind. Anpassung und Widerstand in Hitlers Europa 1939–1945, München 1979.

Mitarbeiter des Bandes

Gerhard Beier, geb. 1937, Studium in Kiel und Tübingen, 1966 Promotion in Kiel, Bildungsarbeit in Gewerkschaften und im Volkshochschul-Verband, seit 1976 Redaktionsmitglied der „Internationalen Wissenschaftlichen Korrespondenz zur Geschichte der Deutschen Arbeiterbewegung" (IWK), 1978 Habilitation an der Universität Kiel.
Veröffentlichungen: Schwarze Kunst und Klassenkampf (1966); Ost-West-Vorurteile in der Politischen Bildung (1971); Das Lehrstück vom 1. und 2. Mai 1933 (1975); Der Demonstrations- und Generalstreik vom 12. November 1948 (1975); Willi Richter. Ein Leben für die soziale Neuordnung (1978).

Karl Dietrich Bracher, geb. 1922, Studium der Geschichte, Philosophie und Literatur, 1948 althistorische Promotion in Tübingen, 1955 Habilitation für Neuere Geschichte und Politische Wissenschaft in Berlin; seit 1959 Professor für Politische Wissenschaft und Zeitgeschichte in Bonn; Beiratsvorsitzender des Instituts für Zeitgeschichte München; Mitherausgeber der *Vierteljahrshefte für Zeitgeschichte.*
V: Die Auflösung der Weimarer Republik (1955); Die nationalsozialistische Machtergreifung (1960); Deutschland zwischen Demokratie und Diktatur (1964); Die deutsche Diktatur. Entstehung, Struktur, Folgen des Nationalsozialismus (1969); Das deutsche Dilemma (1971); Zeitgeschichtliche Kontroversen (1976); Schlüsselwörter in der Geschichte (1978); Europa in der Krise (1979); Geschichte und Gewalt (1981); Zeitalter der Ideologien (1982).

Walter Dirks, 1901 – 1991, Studium der Philosophie, Theologie und Soziologie in Münster, Gießen und Frankfurt; 1924–33 Feuilletonredakteur der Rhein-Main-Volkszeitung; 1933 Schutzhaft; 1935–43 Mitarbeiter der Frankfurter Zeitung; ab 1946 Mitherausgeber der „Frankfurter Hefte", Mitarbeit am Südwestfunk, zuletzt Hauptabteilungsleiter im Westdeutschen Rundfunk.
V u.a.: Die zweite Republik (1947); Die Antwort der Mönche (1952); Bilder und Bildnisse. Christi Passion (1956); Das schmutzige Geschäft. Die Politik und die Verantwortung der Christen (1965).

Helmut Gollwitzer, 1908 – 1993, Studium der Theologie in Bonn, Pfarrer in Thüringen und Berlin; Mitarbeit in der Bekennenden Kirche; 1949 Professor der Theologie in Bonn, danach Berlin; 1975 Emeritierung.
V u.a.: Und führen, wohin Du nicht willst. Bericht einer Gefangenschaft (1951); Die Christen und die Atomwaffen (1957); Die marxistische Religionskritik und der christliche Glaube (1962); Die reichen Christen und der arme Lazarus (1968); Krummes Holz – aufrechter Gang (1970); Befreiung zur Solidarität. Einführung in die evangelische Theologie (1978).

Hans Gottfurcht, 1896 – 1993, Besuch des humanistischen Gymnasiums (ohne Abschluß), Studium (als Hospitant) der Volkswirtschaft in Berlin und Halle; kaufmännische Lehre und Angestellter in der Bekleidungsindustrie. Seit 1913 gewerkschaftlich organisiert, seit 1914 Mitglied der SPD. 1916/18 Teilnahme am Ersten Weltkrieg; ab 1919 hauptberuflich in der Gewerkschaftsarbeit tätig; 1933–1938 illegale Arbeit, verbunden mit vielen Reisen innerhalb und außerhalb Deutschlands. 1938 Emigration nach England; 1945–1949 Verbindungsarbeit für die deutschen und britischen Gewerkschaften; seit 1950 im Internationalen Bund Freier Gewerkschaften (ab 1952 stellvertretender Generalsekretär). 1960 Ruhestand; danach weiterhin umfangreiche Tätigkeiten im Sozialbereich.
V: Die internationale Gewerkschaftsbewegung im Weltgeschehen (1962); Die Internationale Gewerkschaftsbewegung von den Anfängen bis zur Gegenwart (1966).

B. Carola Karg, 1910 – 1986, geboren als neuntes Kind einer Arbeiterfamilie; Volksschule, anschließend kaufmännische Lehre; seit 1924 gewerkschaftlich organisiert, ab 1926 Mitglied der KJVD, ab 1932 im ZK des KJVD tätig; 1933–34 illegale Tätigkeit für den KJVD; 1934 Verhaftung und 1935 Verurteilung vor dem Volksgerichtshof zu 15 Jahren Zuchthaus; nach dem Kriege Tätigkeit in der Verwaltung; intensive Öffentlichkeitsarbeit in und für Widerstands- und Verfolgtenorganisationen.

Werner Koch, 1910 – 1994, Studium der evangelischen Theologie in Marburg, Tübingen, Paris und Bonn; 1935/36 Predigerseminar bei Dietrich Bonhoeffer, Examen bei der rheinischen Bekennenden Kirche in Barmen (illegal); wegen geheimer Berichterstattung für ausländische Zeitungen Verhaftung im November 1936, ohne Gerichtsverfahren Überführung ins KZ Sachsenhausen (bis Ende 1938); während des Krieges Dolmetscher für französische Kriegsgefangene, März 1945 Flucht nach England; Lagerpfarrer für deutsche antifaschistische Soldaten, gleichzeitig Mitarbeiter an der BBC; 1947–69 Gemeindepfarrer; Mitarbeiter in der „Notgemeinschaft für den Frieden Europas", Mitglied der Gesamtdeutschen Partei, danach der SPD; 1972 Promotion zum Dr. theol. in Paris. – Präsident des Sachsenhausen-Komitees in der Bundesrepublik Deutschland und Bezirksbeauftragter der Arbeitsgemeinschaft verfolgter Sozialdemokraten (AvS).
V: Bekennende Kirche gestern und heute (1946); Kirche und Staat im Dritten Reich (1971); Heinemann im Dritten Reich. Ein Christ lebt für morgen (1972).

Ludwig Linsert, 1907 – 1981, aus sozialdemokratischer Arbeiterfamilie stammend; Volksschule, Schlosserlehre, ab 1933 Betrieb eines Lebensmittelgeschäfts; seit 1922 gewerkschaftlich organisiert, seit 1931 Mitglied des ISK, später der SPD; 1933–38 illegale Tätigkeit im Münchener Widerstand, Juli 1938 Verhaftung und Verurteilung zu mehr als zwei Jahren Haft; ab 1943 Fronteinsatz im Osten im Strafbataillon 999, 1947 Rückkehr aus sowjetischer Kriegsgefangenschaft, ab 1949 im DGB tätig, zuletzt Vorsitzender des DGB-Landesbezirks Bayern (bis 1969), 1956–69 Mitglied des Bayerischen Senats, zuletzt Vizepräsident; Bundesvorsitzender der Arbeitsgemeinschaft verfolgter Sozialdemokraten.

Richard Löwenthal, 1908 – 1991, Studium der Nationalökonomie und Soziologie in Berlin und Heidelberg, Promotion 1931; Mitglied der KPD 1926 bis zum Parteiausschluß als „Rechter" 1929, 1929–31 Mitglied der KPO, ab 1933 Widerstandsarbeit in der Gruppe „Neu Beginnen", zuletzt in der Führung; 1935 Emigration über Prag und Paris nach London, dort politische Exilaktivität; ab Ende 1942 journalistische Tätigkeit in England und 1948–54 in Deutschland, 1954–58 außenpolitischer Leitartikler des „Observer"; danach wissenschaftliche Tätigkeit in Berlin und auf Gastprofessuren in den USA, England und Israel, 1961–74 o. Professor für politische Wissenschaft an der Freien Universität Berlin.
V u.a.: Jenseits des Kapitalismus (Pseud. Paul Sering, 1946; Neuaufl. 1977 mit Einleitung „Nach 30 Jahren"); Ernst Reuter – eine politische Biographie (mit Willy Brandt, 1957); Chruschtschew und der Weltkommunismus (1963); Der romantische Rückfall (1970); Sozialismus und aktive Demokratie (1974); Die zweite Republik – 25 Jahre Bundesrepublik Deutschland: Eine Bilanz (hrsg. Mit Hans Peter Schwarz, 1974); Model or Ally; The Communist Powers and the Developing Countries (1977); Gesellschaftswandel und Kulturkrise (1979); Franz Borkenau. End and Beginning (Hrsg., 1981); Weltpolitische Betrachtungen (hrsg. v. H.A. Winkler, 1983).

Hartmut Mehringer, geb. 1944, Studium der Osteuropäischen Geschichte, Neueren Geschichte und Politischen Wissenschaften in Erlangen, Paris und Amsterdam, 1976 Promotion, danach Tätigkeit als Lektor, freier Publizist und Übersetzer; seit 1976 wissenschaftlicher Mitarbeiter des Instituts für Zeitgeschichte in München.
V u.a.: Russische Revolution und Permanente Revolution. Die Entwicklung der Theorie der permanenten Revolution im Rahmen der marxistischen Revolutionskonzeption 1848–1907 (1978); Biographisches Handbuch der deutschsprachigen Emigration nach 1933, Bd. I (Mitverfasser, 1980); Kommunistischer und sozialdemokratischer Widerstand in Bayern 1933–1945 (1982); Die KPD in Bayern. 1919–1945. Vorgeschichte, Verfolgung und Widerstand; Die bayersiche Sozialdemokratie bis zum Ende des NS-Regimes. Vorgeschichte, Verfolgung und Widerstand, in: Broszat, Martin/Mehringer, Hartmut: Bayern in der NS-Zeit Bd. V: Die Parteien KPD, SPD und BVP in Verfolgung und Widerstand (1983).

Freya von Moltke, geb. Deichmann. Jahrgang 1911, seit 1931 mit Helmut James von Moltke verheiratet; Studium der Rechtswissenschaften und 1935 Promotion in Berlin; bis 1945 Verwaltung des Gutes Kreisau in Schlesien; zwei Söhne; 1947–56 in Kapstadt als Fürsorgerin tätig; 1956–60 zahlreiche Vorträge und Öffentlichkeitsarbeit; 1960 Übersiedlung in die USA.

Karl Mommer, 1910 – 1990, Studium der Sozialwissenschaften in Graz, Köln und Berlin, seit 1930 Mitglied der KPD, 1934 Verhaftung wegen illegaler Tätigkeit, 1935 Flucht vor erneuter Verhaftung; Fortsetzung des Studiums in Brüssel und Promotion („Der junge Marx und der Staat"); Tätigkeit als Privatlehrer, seit 1938 Mitglied der SPD, 1940/41 Internierung in Südfrankreich, danach Pächter eines Bauernhofes; Kontakte zur Résistance; ab 1945 Mitarbeit in der „Landesgruppe Deutscher Sozialdemokraten in Frankreich", 1948/49 Mitglied des Wirtschaftsrates in Frankfurt, 1949–69 Mitglied des Deutschen Bundestages, 1957–66 Parlamentarischer Geschäftsführer der SPD-Fraktion, 1966–69 Vizepräsident.

Patrik von zur Mühlen, geb. 1942, Studium der Geschichte, Politischen Wissenschaft und Philosophie in Berlin und Bonn, 1971 Promotion, seit 1975 Mitarbeiter der Friedrich-Ebert-Stiftung in Bonn.
V: Zwischen Hakenkreuz und Sowjetstern. Die sowjetischen Orientvölker im Zweiten Weltkrieg (1971); Rassenideologien. Geschichte und Hintergründe (1977); „Schlagt Hitler an der Saar"! Abstimmungskampf, Emigration und Widerstand im Saargebiet 1933–1935 (1979); Sozialdemokratie in Europa (1980); Spanien war ihre Hoffnung. Die deutsche Linke im Spanischen Bürgerkrieg 1936 bis 1939 (1983).

Thorsten Müller, 1927 – 1991, wegen Widerstandsarbeit in nationalsozialistischer Haft (1943–1945), Ausbildung als Journalist, ab 1956 Nachrichtenredakteur des „Telegraph", 1961 Presse- und PR-Referent der „Deutschen Stiftung für Entwicklungsländer", 1962 Chef vom Dienst des Presse- und Informationsamtes des Landes Berlin, Drehbuch-Autor, ab 1968 Tätigkeiten in der Öffentlichkeitsarbeit, im Presse- und Verlagswesen; seit 1973 Redakteur der Wochenzeitschrift „Deutsches Allgemeines Sonntagsblatt" in Hamburg.

Günther van Norden, geb. 1928, Studium der Geschichte, Germanistik und Philosophie in Köln; 1955 Staatsexamen und Promotion; Studienrat und Dozent, 1965 ordentlicher Professor; Inhaber des Lehrstuhls für Neuere Geschichte an der Universität-Gesamthochschule Wuppertal.
V u.a.: Kirche in der Krise (1963); Das Dritte Reich im Unterricht (1970); Berichte und Dokumente aus dem Dritten Reich (1970, ⁶1980); Evangelische Frauen im Dritten Reich (1979); Der deutsche Protestantismus im Jahr der nationalsozialistischen Machtergreifung (1979).

Detlev Peukert, 1950 – 1990, Studium der Geschichtswissenschaft und Germanistik in Bochum, 1979 Promotion, Assistent an der Universität/Gesamthochschule Essen.
V u.a.: Die KPD im Widerstand. Verfolgung und Untergrundarbeit an Rhein und Ruhr 1933–1945 (1980); Die Edelweißpiraten. Protestbewegungen jugendlicher Arbeiter im Dritten Reich (1980); Die Reihen fast geschlossen. Beiträge zur Geschichte des Alltags unterm Nationalsozialismus (Mitherausgeber, 1981).

Falk Pingel, geb. 1944, Studium der Geschichte, Philosophie und Altphilologie in Hamburg, Göttingen und Heidelberg; 1976 Promotion, seit 1973 Assistent an der Universität Bielefeld.
V: Häftlinge unter SS-Herrschaft. Widerstand, Selbstbehauptung und Vernichtung in Konzentrationslagern (1978); Gegner des Nationalsozialismus. Wissenschaftler und Widerstandskämpfer auf der Suche nach historischer Wirklichkeit (zus. Mit Christoph Kleßmann, 1980).

Dieter Marc Schneider, geb. 1941, Studium der Neueren Geschichte, der Osteuro-päischen Geschichte und Politischen Wissenschaften in Bonn, Heidelberg, Erlan-gen und Paris; 1973 Promotion; danach als freier Publizist und Übersetzer tätig; seit 1975 wissenschaftlicher Mitarbeiter des Instituts für Zeitgeschichte in Mün-chen.
V u.a.: Bolschewismus und revolutionärer Syndikalismus (1974); Saarpolitik und Exil, *Vierteljahrshefte für Zeitgeschichte* (1977); Biographisches Handbuch der deutschsprachigen Emigration nach 1933, Bd. I (Mitverfasser, 1980).

Ralf Schnell, geb. 1943, Studium der Germanistik, Publizistik, Philoscphie und Theaterwissenschaft in Köln und Berlin; Magisterexamen und Promotion; 1978 Habilitation für das Fachgebiet Neuere deutsche Literaturgeschichte; seit 1981 Professor für Neuere deutsche Literaturgeschichte mit den Schwerpunkten Literatur des 20. Jahrhunderts und Theorie und Praxis audiovisueller Medien an der Univer-sität Hannover.
V: Sprache, Literatur und Kommunikation, 2 Bde. (Mitherausgeber, 1974); Litera-rische Innere Emigration 1933–1945 (1976); Projektorientierter Deutschunterricht in der Sekundarstufe I (Mitherausgeber, 1977); Kunst und Kultur im deutschen Faschismus (Herausgeber, 1978); „Schreiben ist ein monologische Medium". Dialoge mit und über Peter-Paul Zahl (Herausgeber, 1979); Die Literatur der Bun-desrepublik, in: Deutsche Literaturgeschichte von den Anfängen bis zur Gegenwart (1979).

Hermann Weber, geb. 1928, 1947–49 Besuch der SED-Parteihochschule „Karl Marx"; Parteiausschluß aus der KPD 1954; Tätigkeiten als Publizist; Studium der Politischen Wissenschaften, der Osteuropäischen Geschichte und der Soziologie in Marburg und Mannheim, 1968 Promotion, 1970 Habilitation, seit 1973 Professor für Politische Wissenschaft und Zeitgeschichte an der Universität Mannheim, Leiter des Arbeitsbereichs „Geschichte und Politik der DDR".
V u.a.: Lenin. Aus den Schriften 1895–1923. Hrsg. H.W. (1967); Von der SBZ zur DDR 1945–1968 (1968); Die Wandlung des deutschen Kommunismus. Die Stalini-sierung der KPD in der Weimarer Republik, 2 Bde. (1969); Demokratischer Kom-munismus? Zur Theorie, Geschichte und Politik der kommunistischen Bewegung (1969); Lenin. In Selbstzeugnissen und Bilddokumenten (1970); Ansätze einer Politikwissenschaft in der DDR (1971); Das Prinzip links. Eine Dokumentation. Beiträge zur Diskussion des demokratischen Sozialismus in Deutschland 1947–1973 (1973); DDR. Grundriß der Geschichte 1945–1976 (1976); Kleine Geschichte der DDR (1981).

Personenregister

Ackermann, Anton   92
Ammon, Fritz   41
Asch, Schalom   229
Aufhäuser, Siegfried   34, 40

Bachmann, Hugo   45
Bäcker, Otto   46
Bästlein, Bernhard   98, 258, 259
Barlach, Ernst   212–214
Barth, Karl   121, 129, 130
Bauer, Erwin   95
Baum, Herbert   194
Beck, Karl-Heinz   278
Beck, Ludwig   147, 153, 155, 156, 158, 162
Becker, Jacques   280
Beer-Hofmann   229
Beimler, Hans   108, 246
Benn, Gottfried   211, 212
Bergengruen, Werner   23, 217–219, 221
Bermann, Gottfried   229, 235–237
Bertram, Adolf   122, 124
Best, Werner   26, 31
Bidault, Georges   278
Blechschmidt, Paul   280
Blenkle, Konrad   95
Blumenberg, Werner   62
v. Bodelschwingh, Friedrich   115
Böckler, Hans   43
Bolz, Eugen   156
Bonhoeffer, Dietrich   117, 121, 128, 136, 150, 152, 155, 162, 170
Bonhoeffer, Klaus   170
Bouhler, Philipp   214, 221
Boyken, Hans   257
Bräuning, Karl   94
Brandes, Alwin   28, 42, 43
Brandler, Heinrich   94

Brandt, Willy   18, 24, 62, 64
Brass, Otto   66, 70
Bracht, Bertolt   215, 216
Breitscheid, Rudolf   283
Brill, Hermann   66, 70, 254
Brings, Max   275, 176, 179
Brüning, Heinrich   28
Bührig, Erich   41
Busch, Ernst   156

Canaris, Wilhelm   128, 150, 155, 158, 170
Carossa, Hans   220
Castan, Rudolf   41
Churchill, Sir Winston   282

Dahlem, Franz   87, 90, 92
Delattre de Tassigny, s. de Lattre de Tassigny
Delestraint   268
Delp, Alfred   128, 142, 176
Dill   125
Dimitroff, Georgi   90
Döblin, Alfred   229
Dönitz, Karl   168
v. Dohnanyi, Hans   147, 150, 152, 155, 170
Dunin-Wasowicz, Krzysztof   251

Eberlein, Hugo   95
Ehrenburg, Hans   262
Eichler, Willi   62, 64
Eich, Günter   222
Eichmann, Adolf   136
Eisenhower, Dwight D.   165, 265
Emmen, Paul   45
Emmerlich, Arthur   97
Enderle, August   94
Engert, Otto   98
Erdmann, Lothar   48
Erkelenz, Anton   28, 43

313

315

Verzeichnis der Abbildungen

Die Deutsche Bibliothek – CIP-Einheitsaufnahme

Widerstand und Verweigerung in Deutschland 1933 bis 1945 /
Richard Löwenthal ; Patrik von zur Mühlen (Hg.). - Neuausg.,
(1.-5- Tsd.). - Bonn : Dietz, 1997
(Dietz-Taschenbuch ; 78)
ISBN 3-8012-3078-3

Die Deutsche Bibliothek – CIP-Einheitsaufnahme

Widerstand und Verweigerung in Deutschland 1933 bis 1945 /
Richard Löwenthal ; Patrik von zur Mühlen (Hg.). - Neuausg.,
(1.-5- Tsd.). - Bonn : Dietz, 1997
(Dietz-Taschenbuch ; 78)
ISBN 3-8012-3078-3